Autor

Frank B. Gilbreth jr. und Ernestine Gilbreth Carey sind Geschwister, zwei von einem Dutzend natürlich. Ihr Vater Frank B. Gilbreth sen. war Werksingenieur und Erfinder eines »Bewegungsstudiums«, ihre Mutter Dr. Lillian M. Gilbreth war ebenfalls Ingenieurin.
Ernestine Gilbreth promovierte am Smith College, wo sie auch mit viel Humor das Jahrbuch des Colleges herausgab. Sie arbeitete später als Einkäuferin in einem New Yorker Warenhaus, ist verheiratet und hat zwei Kinder.
Frank B. Gilbreth jr. promovierte an der Michigan University, wurde Journalist und arbeitete für so namhafte Blätter wie die »New York Herald Tribune«. Es ist ebenfalls verheiratet und hat eine Tochter.

Als Einzelausgabe ist im Goldmann Verlag folgender Titel von Frank B. Gilbreth und Ernestine Gilbreth Carey erhältlich:

Aus Kindern werden Leute (7256)

FRANK B. GILBRETH
ERNESTINE GILBRETH CAREY

Im Dutzend billiger
Aus Kindern werden Leute

Zwei Romane in einem Band

Aus dem Amerikanischen
von Susanna Rademacher

GOLDMANN VERLAG

Titel der Originalausgabe:
Cheaper by the Dozen
Belles on their Toes

Umwelthinweis:
Alle bedruckten Materialien dieses Taschenbuches
sind chlorfrei und umweltschonend.
Das Papier enthält Recycling-Anteile.

Der Goldmann Verlag
ist ein Unternehmen der Verlagsgruppe Bertelsmann

Umschlaggestaltung: Design Team München
Umschlagfoto: TSW / Peter Corree
Druck: Elsnerdruck, Berlin
Verlagsnummer: 11634
UK · Herstellung: sc
Made in Germany
ISBN 3-442-11634-1

1 3 5 7 9 10 8 6 4 2

Im Dutzend billiger

Für Paps
der nur zwölf Kinder großzog
und für Mutter
die zwölf einzelne Kinder erzog

Erstes Kapitel

Kniffe und Pfiffe

Paps war groß, hatte einen mächtigen Schädel und breite Kinnladen und trug einen hohen, steifen Kragen. Schlank war er nicht mehr; als er Anfang Dreißig war, hatte er die neunzig Kilo so weit hinter sich gelassen, daß er zuzeiten den Frachttarif zu Hilfe nehmen mußte, um seine eigene Tonnage zahlenmäßig auszudrücken. Aber er hatte die selbstsichere Haltung eines erfolgreichen Mannes, der auf seine Frau, auf seine Familie und auf seine geschäftlichen Fähigkeiten stolz ist.

Paps besaß so viel Unverfrorenheit wie drei gewöhnliche Sterbliche zusammen und hatte außerdem die Geschicklichkeit und die innere Ruhe, um den Eindruck, den er nach außen erweckte, auch zu festigen. Er konnte in einen Betrieb wie die Zeisswerke in Deutschland oder die Pierce-Arrow-Automobilfabrik in den Vereinigten Staaten gehen und verkünden, er sei imstande, die Produktion um fünfundzwanzig Prozent zu steigern. Das tat er dann auch.

Er hatte so viele Kinder (wir waren zwölf), weil er fest davon überzeugt war, alles, was er und Mutter gemeinsam unternähmen, könne nur zu einem Erfolg führen.

Paps setzte das, was er predigte, immer in die Praxis um, und es war eigentlich nicht feststellbar, wo sein Büro für Betriebswissenschaft aufhörte und wo das Familienleben begann, Paps' Büro war immer voller Kinder, und oft nahm er zwei oder drei von uns, manchmal sogar alle zwölf, auf Geschäftsreisen mit. Oft hefteten wir uns, mit Bleistift und Notizbuch in der Hand, an seine Sohlen, wenn er eine Fabrik besichtigte, die ihn als Leistungsfachmann engagiert hatte.

Andererseits war unser Haus in Montclair im Staate New Jersey eine Art Schule für wissenschaftliche Haushalts- und Lebensführung, für die Abschaffung unnützer Bewegungen – eine Art »Bewegungsstudio«, wie Paps und Mutter es nannten.

Paps machte von uns Kindern beim Geschirrspülen Filmaufnahmen,

um zu berechnen, wie wir unsere Bewegungen verringern und die Aufgabe so rasch wie möglich erledigen könnten. Besondere Arbeiten – wenn etwa die Hinterveranda zu streichen oder ein Baumstumpf aus dem Rasen vor dem Hause zu entfernen war – wurden an denjenigen vergeben, der das niedrigste Angebot einreichte. Jedes Kind, dem an einem Extrataschengeld gelegen war, gab in einem verschlossenen Umschlag ein Angebot ab, in dem stand, für welchen Preis es die Arbeit ausführen würde. Wer das niedrigste Angebot einreichte, erhielt den Auftrag.
In den Baderäumen brachte Paps Tabellen für alle Arbeiten und sonstige Verrichtungen an. Jedes Kind, das des Schreibens kundig war – und Paps erwartete von seiner Nachkommenschaft, daß sie frühzeitig mit Schreiben anfing –, mußte morgens die Tabellen abzeichnen, nachdem es die Zähne geputzt, gebadet, das Haar gekämmt und sein Bett gemacht hatte. Abends mußte jedes Kind sich wiegen und sein Gewicht in eine Tabelle eintragen, und auch nachdem die Hausarbeiten erledigt, Hände und Gesicht gewaschen und die Zähne geputzt waren, mußte man derartige Eintragungen machen. Mutter wollte auf den Tabellen auch eine Spalte für das Sprechen des Nachtgebets haben, Paps aber meinte: soviel er wisse, seien Gebete etwas Freiwilliges.
Ein strenger Drill – gewiß. Aber man vergegenwärtige sich, wieviel Mühe es die meisten Eltern kostet, auch nur ein einziges Kind morgens für die Schule fertigzumachen, und dann denke man sich diese Mühe mit zwölf multipliziert. Etwas Drill war notwendig, wenn nicht ein Irrenhaus entstehen sollte. Natürlich kam es vor, daß ein Kind die Tabellen ausfüllte, ohne tatsächlich das Entsprechende getan zu haben. Aber Paps hatte geradezu einen Röntgenblick und ein erschreckend lockeres Handgelenk. Diese beiden Dinge zusammen verhalfen gewöhnlich der Wahrheit zum Siege.
Ja – zu Hause oder im Geschäft: immer war Paps Fachmann für Leistungssteigerung. Er knöpfte seine Weste von unten nach oben und nicht von oben nach unten zu, weil das Verfahren von unten nach oben nur drei Sekunden in Anspruch nahm, von oben nach unten dagegen sieben. Er benutzte sogar zum Einseifen des Gesichts zwei Rasierpinsel, weil er auf diese Weise die Rasierzeit um siebzehn Sekunden verkürzen konnte. Eine Zeitlang versuchte er, sich mit zwei Messern zu rasieren, aber das gab er bald auf.
»Ich kann vierundzwanzig Sekunden einsparen«, brummte er, »aber heute morgen hab' ich zwei Minuten gebraucht, um mir den Hals zu verbinden.«
Dabei ärgerte er sich keineswegs über den Schnitt in seinem Hals, sondern nur über die zwei Minuten.

Manche Leute behaupteten, Paps habe so viele Kinder, daß er sie nicht alle im Auge behalten könne. Paps selber erzählte, daß Mutter einmal wegging, um einen Vortrag zu halten, und ihm das Haus überließ. Als sie wiederkam, fragte sie, ob alles friedlich abgelaufen sei.

»Ging alles gut, bis auf den einen da drüben«, antwortete er. »Aber eine Tracht Prügel brachte ihn zur Räson.«

Mutter meisterte jede kritische Situation, ohne die Fassung zu verlieren.

»Der gehört nicht zu uns, Lieber«, sagte sie. »Der gehört denen nebenan.«

Keiner von uns besinnt sich auf diese Geschichte, und vielleicht ist sie überhaupt nicht passiert. Paps machte es nämlich gar nichts aus, die Wahrheit ein bißchen zu korrigieren, denn einen guten Spaß liebte er über alles, besonders wenn er selber der Gegenstand dieses Spaßes war und, ganz besonders, wenn es über Mutter herging. Soviel aber ist sicher:

Im Nebenhaus wohnten zwei rothaarige Kinder, und alle Gilbreths waren blond oder rothaarig.

Paps war zwar zu Hause ein gestrenger Zuchtmeister, aber von Außenstehenden duldete er keine Kritik an der Familie.

Einmal beklagte sich sein Nachbar, eines der Gilbreth-Kinder habe den Nachbarjungen den Sohn eines unaussprechlichen Wortes genannt.

»Na – und wie verhält sich's in Wirklichkeit?« fragte Paps höflich und ging davon, noch ehe der Nachbar ihn ganz begriffen hatte.

Aber Paps haßte unaussprechliche Wörter, und die Tatsache, daß er für seinen Sohn eingetreten war, hinderte ihn nicht, zu Hause in aller Form ein Verhör anzustellen und den Schuldigen zu bestrafen.

Paps fühlte sich am wohlsten unter vielen Menschen, vor allem unter vielen Kindern. Wo er auch auftauchte – immer folgte ihm ein ganzer Schwarm von Kindern; und die mit den vielen Sommersprossen waren bestimmt seine eigenen.

Er konnte gut mit Kindern umgehen und lehrte sie, sich einzuordnen. Dabei respektierte er sie aber auch, ohne daraus ein Hehl zu machen.

Er war der Ansicht, daß die meisten Erwachsenen mit dem Tage, an dem sie die Schule verlassen, zu denken aufhörten – manche sogar noch früher.

»Ein Kind dagegen bleibt eindrucksfähig und lernbegierig. Wenn man's nur jung genug packen kann«, betonte Paps, »kann man ihm unendlich viel beibringen.«

Tatsächlich war mehr als alles andere seine Liebe zu Kindern schuld daran, daß er sich einen Haufen eigener Kinder gewünscht hatte. Selbst ein Dutzend war ihm noch nicht genug. Manchmal überblickte er uns und sagte zu Mutter:
»Schon in Ordnung, Lillie. Du hast dein Bestes getan.«
Wir Kinder hatten allerdings den Verdacht, er habe sich auch deshalb eine große Familie gewünscht, um immer, auch innerhalb seines Hauses, einer verständnisvollen Zuhörerschaft sicher zu sein. Solange wir da waren, hatte er immer ein Haus, das bis zur Galerie hinauf ausverkauft war.
Immer wenn Paps von einer Reise zurückkam – mochte er auch nur einen Tag lang fortgewesen sein –, pfiff er, sobald er in den Fußsteig vor unserem großen braunen Haus in Montclair einbog, den »Familiensammelpfiff«. Diese Tonfolge hatte er selber komponiert, und er pfiff sie laut und schrill mit Zungenschlag. Das war ziemlich anstrengend, und da Paps sich vor körperlichen Anstrengungen, wenn irgend möglich, drückte, war er nach einem »Sammelpfiff« gewöhnlich völlig erschöpft und außer Atem.
Dieser Pfiff aber war wichtig. Er bedeutete, daß man alles stehen- und liegenzulassen und loszurennen hatte, oder man riskierte fürchterliche Folgen. Beim ersten Ton stürzten die Gilbreth-Kinder aus allen Ecken des Hauses und des Hofes herbei. Aus den benachbarten Häuserblocks liefen mit höllischem Gebell die Hunde zusammen, und an den Fenstern der Nachbarhäuser erschienen neugierige Gesichter.
Paps pfiff ziemlich oft. Er pfiff, wenn er der Familie etwas Wichtiges mitteilen und sichergehen wollte, daß alle es hörten. Er pfiff, wenn er sich langweilte und von seinen Kindern eine Anregung erwartete. Er pfiff, wenn er einen Freund eingeladen hatte und sowohl diesen der ganzen Familie vorstellen als auch dem Freund zeigen wollte, wie rasch die Familie sich versammeln konnte. Dabei benutzte er dann eine Stoppuhr, die er immer in der Westentasche trug.
Wie die meisten Ideen von Paps erwies der Familiensammelpfiff sich keineswegs nur als eine Plage, sondern auch als etwas durchaus Vernünftiges. Das zeigte sich vor allem eines Tages, als ein unbeaufsichtigtes Laubfeuer sich vom Fahrweg zum Hause hin ausbreitete. Paps pfiff, und in vierzehn Sekunden war kein Mensch mehr im Hause – der bisherige Rekord war um acht Sekunden unterboten worden. Dieses Feuer wurde außerdem durch die freimütigen Bemerkungen eines Nachbarn, der von seinem Garten aus die Flammen beobachtete, zu einem denkwürdigen Ereignis. Als die Aufregung ihren Höhepunkt erreicht hatte, trat nämlich die Frau des Nachbarn vor die Tür und rief ihrem Manne zu:

»Was ist denn los?«
»Das Haus von Gilbreths brennt ab«, rief er zurück. »Gott sei Dank!«
»Soll ich die Feuerwehr rufen?« schrie sie.
»Was fällt dir ein, bist du verrückt?« antwortete der Mann höchst verwundert.
Das Feuer wurde übrigens schnell gelöscht, und man brauchte die Feuerwehr gar nicht zu rufen.
Paps pfiff zum Sammeln, wenn er wissen wollte, wer seinen Rasierapparat benutzt oder wer die Tinte auf seinem Schreibtisch vergossen hatte. Er pfiff, wenn er eine besondere Arbeit erledigt oder einen Botengang besorgt haben wollte. Meistens aber ertönte der Sammelpfiff, wenn er irgendwelche wunderbaren Überraschungen austeilen wollte, und die größte und schönste bekam derjenige, der als erster bei ihm war. So wußten wir, wenn wir seinen Pfiff hörten, nie, ob wir gute oder schlechte Neuigkeiten, wertlose oder kostbare Dinge zu erwarten hatten. Eines aber wußten wir: Es war ratsam, sich zu beeilen.
Manchmal war er, wenn wir alle zur Eingangstür gerannt kamen, zunächst sehr streng.
»Zeigt mal alle eure Nägel her!« brummte er mit schrecklich gerunzelter Stirn. »Sind sie auch sauber? Habt ihr sie auch nicht abgebissen? Müssen sie geschnitten werden?«
Und dann kamen lederne Maniküreetuis für die Mädchen und Taschenmesser für die Jungen zum Vorschein. Oh, wie wir ihn dann liebten, wenn die Falten in seinem Gesicht sich glätteten und einem breiten Grinsen wichen!
Oder er schüttelte feierlich einem nach dem andern die Hand, und wenn man die Hand wegzog, lag ein Riegel Nußschokolade darin. Oder er fragte, wer einen Bleistift habe, und dann verteilte er ein Dutzend Drehbleistifte.
»Woll'n doch mal sehn, wie spät es ist«, sagte er einmal und zog für alle Armbanduhren heraus – sogar für das sechs Wochen alte Baby.
»Oh, Pappi, die sind goldrichtig!« riefen wir.
Und wenn wir ihn umarmten und sagten, wie er uns gefehlt habe, konnte er vor unterdrückter Rührung nicht antworten, verwuschelte uns statt dessen das Haar und gab uns eins hinten drauf.

Zweites Kapitel
Die Narrenkutsche

Es gab noch andere Überraschungen: Schachteln mit Konfekt, Puppen und anderes Spielzeug, Fotoapparate aus Deutschland, wollene Socken aus Schottland, ein Dutzend Berghühner aus Plymouth und zwei Schafe, die den Rasen kurz halten sollten; aber die armen Geschöpfe wurden vom Sattel wund gescheuert und so viel gestreichelt und am Schwanz gezogen, daß sie bald starben. Solange sie's aushielten, machten die Schafe uns Spaß, und ich kann mir kaum denken, daß jemals ein Paar Vierfüßler so oft von so vielen Leuten geschoren wurde.

»Wenn ich je wieder was Lebendiges in diesen Haushalt bringen sollte«, sagte Paps, »dann hoffe ich, daß der Tierschutzverein mich vor die Schranken des Gerichts schleppt und mich zwingt, meine Buße zu bezahlen. Über nichts in meinem Leben hab' ich mich so geschämt wie über diese Schafe. So wahr ich hier stehe.«

Als Paps das Haus in Montclair kaufte, beschrieb er es uns als eine verfallene Baracke in einer heruntergekommenen Gegend. Wir hielten das wieder für eine seiner Überraschungen, aber schließlich glaubten wir ihm, daß es eine elende Hütte sei.

»Diese Familie kostet einen Haufen Geld«, sagte er. »Essen, Kleidung, Taschengelder, Arztrechnungen, Zahnbehandlungen und die vielen Eiskrem-Sodas. Tut mir leid, aber was Besseres konnte ich mir nicht leisten. Wir werden es so gut wie möglich einrichten, dann wird's schon gehn.«

Wir wohnten damals in Providence in Rhode Island. Auf der Fahrt von Providence nach Montclair deutete Paps auf jedes termitenverdächtige Holzhaus, an dem wir vorbeikamen.

»So ungefähr sieht's aus«, sagte er, »nur daß noch mehr Fenster kaputt sind und der Garten vielleicht ein bißchen kleiner ist.«

Als wir nach Montclair kamen, fuhr er durch den häßlichsten Stadtteil und hielt schließlich vor einem verlassenen Gebäude, in dem sich selbst eine greuliche Märchenhexe nicht wohl gefühlt hätte.

»So, das ist es«, sagte er. »Wir sind zu Hause. Alles aussteigen!«

»Du machst doch bloß Spaß, nicht wahr, Lieber?« fragte Mutter hoffnungsvoll.

»Was ist denn los? Gefällt's dir etwa nicht?«

»Wenn du es schön findest, Lieber«, sagte Mutter, »wird's mir wohl auch genügen.«

»Das ist eine Elendshütte und weiter nichts«, sagte Ernestine.

»Dich hat niemand um deine Meinung gefragt, mein Fräulein«, erwiderte Paps. »Ich hab' mit deiner Mutter gesprochen und wär' dir dankbar, wenn du nicht dazwischenredetest.«

»Von mir aus«, sagte Ernestine, die wohl fühlte, daß sie sich auf ein gefährliches Pflaster begab, sich aber vor lauter Aufregung nicht darum kümmerte. »Von mir aus – bitte schön. Ganz wie du willst. Nur möchte ich nicht mit einer Feuerzange drin wohnen.« (Sie meinte: »Es ist so eklig, daß ich's nicht mit der Feuerzange anfassen möchte.«)

»Ich auch nicht«, sagte Martha. »Nicht mit zwei Feuerzangen.«

»Ruhig«, sagte Mutter. »Pappi wird's schon richtig machen.«

Lill fing an zu schluchzen.

»Wenn man's neu anstreicht und die Löcher dort mit ein paar Brettern vernagelt, wird's gar nicht so schlecht aussehn«, sagte Mutter vergnügt.

Paps suchte inzwischen grinsend in der Tasche nach seinem Notizbuch.

»Donnerwetter, Kinder! Wartet mal einen Augenblick!« schrie er. »Falsche Adresse. Das soll einer ahnen! Alles wieder einsteigen! Mir kam's doch gleich so vor, als hätte es beim letztenmal nicht so runtergekommen ausgesehn.«

Und dann fuhr er mit uns zum Eagle Rock Way 68, und das war ein altes, aber schönes Haus im Stile des Indischen Grabmals, mit vierzehn Zimmern, einem zweistöckigen Schuppen, einem Gewächshaus, Hühnerhof, Weinspalieren, Rosenstöcken und einigen Dutzend Obstbäumen. Zuerst glaubten wir, Paps führe uns wieder an und übertreibe nun nach der anderen Seite: Dieses Haus sei viel besser als das wirklich von ihm gekaufte.

»Das ist's nun wirklich«, sagte er. »Warum ich euch erst zu dem andern fuhr und warum ich nicht versuchte, euch dieses zu beschreiben – nun ja, ihr solltet nicht enttäuscht sein. Könnt ihr mir verzeihen?«

Ja, das taten wir.

Paps hatte das Auto im Jahr vor dem Umzug gekauft. Es war unser erster Wagen, und Autos waren damals das Allerneueste. Natürlich war auch der Wagen eine Überraschung. Paps hatte mit uns allen einen Spaziergang gemacht, der vor einer Garage endete, und da stand der Wagen.

Obwohl Paps seinen Lebensunterhalt damit verdiente, sich in komplizierte Mechanismen hineinzudenken, um die dafür erforderlichen Bewegungen zu vermindern, hat er den verzwickten Mechanismus unseres Autos doch nie richtig begriffen. Es war ein grauer Pierce-Arrow mit zwei Handhupen und einer elektrischen Hupe, die Paps womöglich alle zugleich ertönen ließ, wenn er jemand überholen wollte. Die Motorhaube war eckig und langgestreckt, und wenn man in der Morgenkälte Treibstoff zum Starten nachfüllen wollte, mußte man sie aufmachen.

Paps hatte den Wagen in der Fabrik gesehen und sich in ihn verliebt. Diese Zuneigung war völlig einseitig und wurde nicht erwidert. Er nannte den Wagen die Narrenkutsche, denn er sagte, ein Mann mit so vielen Kindern wie er müsse ein Narr sein, wenn er sich einbilde, sich einen Kraftwagen leisten zu können.

Die neumodische Maschine trat nach ihm, wenn er sie ankurbelte, spuckte ihm Öl ins Gesicht, wenn er ihr in die Eingeweide sah, quietschte, wenn er auf die Bremse trat, und rumpelte drohend, wenn er die Gänge schaltete. Manchmal spuckte, quietschte und rumpelte Paps wieder, aber er zog immer den kürzeren.

Ehrlich gesagt: Paps fuhr keineswegs gut. Aber er fuhr schnell. Er versetzte uns alle in Schrecken, vor allem aber Mutter. Sie saß, die beiden Kleinsten auf dem Schoß, gleich neben ihm auf dem Vordersitz und griff bald krampfhaft nach Paps' Arm, bald schickte sie mit geschlossenen Augen ein Stoßgebet zum Himmel. Sobald wir um eine Ecke fuhren, versuchte sie, mit ihrem Körper die Babys wie mit einem Schild vor Tod oder Verstümmelung zu bewahren.

»Nicht so schnell, Frank, nicht so schnell«, flüsterte sie und biß die Zähne zusammen. Paps aber schien das nie zu hören.

Die Narrenkutsche hatte Rechtssteuerung; deshalb mußte derjenige, der vorne links von Mutter und den Babys saß, die Straße im Auge behalten und Paps sagen, wann er den vor uns fahrenden Wagen überholen könne.

»Jetzt kannst du!« brüllte der Aufpasser.

»Hand raus!« brüllte Paps.

Elf Hände – nur Mutter und die Jüngsten ließen die Hände aus dem Spiel – fuhren auf beiden Seiten zum Wagen hinaus: vom Vordersitz, Rücksitz und von den Klappsitzen mittschiffs. Wir hatten erlebt, wie Paps Kotflügel abgerissen, Hühner gemordet, Verkehrspolizisten dahingemäht und ausgewachsene Bäume umgefahren hatte, und wollten uns keiner Gefahr mehr aussetzen.

Die Idee, daß vorne ein Aufpasser saß, stammte von Paps selber. Die

anderen Sicherheitsmaßnahmen, die wir aus Selbsterhaltungstrieb einführten, stammten von uns.
Einer übernahm es, auf Wagen zu achten, die aus linken Seitenstraßen auf uns zukamen; einer mußte auf die rechte Seite aufpassen, und einer mußte auf dem Rücksitz knien und nach hinten durch das Fenster aus Marienglas sehen.
»Wagen von links, Paps!« grölte der eine Aufpasser.
»Zwei von rechts!«
»Motorrad von hinten!«
»Ich seh' ja schon, ich seh' ja schon«, sagte Paps gereizt, obwohl er meistens gar nichts sah. »Habt ihr denn gar kein Vertrauen zu eurem Vater?«
Ganz besonders liebte er die elektrische Hupe, ein ohrenzerreißendes Instrument, das mit schreckenerregendem metallischem Bariton »Tatütah« heulte. Wie Paps es fertigbrachte, gleichzeitig diese und die beiden Handhupen ertönen zu lassen, Gas zu geben, zu steuern, »elender Sonntagsfahrer!« zu brüllen und eine Zigarre zu rauchen – das spricht schon an sich für seine Fähigkeiten als Fachmann für Bewegungsrationalisierung.
Einige Tage nachdem er den Wagen gekauft hatte, nahm er uns Kinder, eins nach dem andern, zum Wagen mit, klappte die Haube auf und sagte, wir sollten mal hineinsehen, ob wir das Piepvögelchen im Motor entdecken könnten. Während wir ihm den Rücken drehten, ging er auf Zehenspitzen wie ein komischer Nikolaus in Zivil zum Steuersitz und drückte auf die elektrische Hupe.
»Tatütah, tatütah!« Wenn einem das Horn so direkt ins Ohr tutete, machte man vor Schreck und Verblüffung einen Satz. Paps lachte, bis ihm die Tränen kamen.
»Hast du das Piepvögelchen gesehn? Ha, ha, ha!« schrie er. »Du bist zwei Meter weit gehopst, wetten? Ha, ha, ha!«
Als wir eines Tages von einem besonders anstrengenden Ausflug zurückkamen, begann der Motor zu bocken; er hustete, spuckte und blieb stehen.
Paps war verschwitzt und müde. Wir Kinder waren ihm auf die Nerven gegangen. Er ließ uns alle aussteigen, denn der Wagen war überhitzt und dampfte. Paps bemühte sich, aus dem Rücksitz die Werkzeuge herauszuholen. Der Sitz klemmte. Paps trat dagegen. Er zog die Jacke aus, krempelte die Ärmel auf und öffnete die linke Seite der Motorhaube.
Paps fluchte selten. Vielleicht hier und da mal ein »Verdammt!«, aber sonst fand er, daß er mit gutem Beispiel vorangehen müsse. Gewöhnlich hielt er sich an Redensarten wie »Donnerwetter!« und »potz Blitz!« Beide gebrauchte er auch jetzt, aber bei dem Ton, in

dem er sie hinausbrüllte, konnte einem schon angst und bange werden.
Sein Kopf und seine Schultern verschwanden in der Haube. Man sah nur noch sein patschnasses Hemd, das ihm am Rücken klebte.
Niemand hatte auf Bill geachtet. Der war auf den Steuersitz gekrabbelt und – »Tatütah! Tatütah!«
Paps machte einen solchen Satz, daß er kopfüber in den Motor plumpste und seine Füße in der Luft baumelten. Er stieß sich den Kopf an der Haube und kam mit dem rechten Handgelenk an das rotglühende Auspuffrohr. Man konnte sein Fleisch direkt zischen hören.
Schließlich gelang es ihm, sich zu befreien. Er rieb sich den Schädel und schmierte sich dabei die Stirn voller Öl. Er pustete sich das verbrannte Handgelenk. Er sah leichenblaß aus.
»Allmächtiger!« schrie er, als habe er sich diesen Fluch seit seinem Hochzeitstag gerade für diese Gelegenheit aufgespart.
»Allmächtiger! Wer war das?«
»Ach, du liebes bißchen!« sagte Mutter, und das war das Fluchähnlichste, was sie je hervorgebracht hat.
Bill, der sechs Jahre alt war und immer irgend etwas ausgefressen hatte, war einzig imstande zu lachen. Aber dieses Lachen klang etwas nervös.
»Hast du das Piepvögelchen gesehn, Pappi?« fragte er.
Paps langte nach ihm, und Bill lachte nicht mehr.
»Das war doch ein netter Spaß mit dir, Pappi«, sagte Bill hoffnungsvoll, aber sehr zuversichtlich klang es nicht.
»Es gibt eine Zeit und einen Ort für Piepvögelchen«, sagte Paps mit zusammengebissenen Zähnen, »und es gibt eine Zeit und einen Ort für Prügel.«
»Du bist zwei Meter weit gehopst, wetten, Pappi?« sagte Bill, der Zeit gewinnen wollte.
Paps ließ ihn los. »Ja, Billy«, sagte er, »das war ein netter Spaß mit mir, Donnerwetter, ja! Und sicher bin ich zwei Meter weit gehopst.«
Paps hatte es sehr gern, wenn man sich einen Spaß mit ihm erlaubte. Aber am liebsten hatte er es, wenn der Spaß schon ein paar Monate vorbei war, und nicht, wenn er gerade passierte. »Bill und das Piepvögelchen« wurde eine seiner Lieblingsgeschichten. Niemand lachte am Ende der Geschichte herzlicher als Paps. Natürlich außer Bill. Donnerwetter, ja!

Drittes Kapitel
Waisenkinder in Uniform

Wenn Paps mit der Familie im Pierce-Arrow ausfahren wollte, pfiff er zum Sammeln und fragte:
»Wie viele wollen denn mitfahren?«
Das war eine rein rhetorische Frage, denn wenn Paps fuhr, dann hatten eben alle mitzufahren, und so antworteten wir auch alle, daß wir gerne mitfahren wollten.
Und das entsprach auch beinahe der Wahrheit. Denn obwohl Paps' Fahren äußerst gefährlich war, so hatten sein Wettlauf mit dem Tode und die dramatischen Szenen, mit denen er den Verkehr zum Stillstand brachte, doch etwas seltsam Faszinierendes für uns. Es gehörte zu den Dingen, die man von sich aus nicht angefangen hätte, die man aber auch nicht hätte missen mögen. Es war etwa so, wie stehend auf einem Rodelschlitten bergab zu sausen, wie auf die Bühne zu gehen, wenn der Zauberkünstler Freiwillige aus dem Publikum aufruft, oder wie der Salto vom hohen Sprungbrett.
Und dann bedeutete eine Autofahrt für uns, mit Paps und Mutter zusammen zu sein, ja, wenn man Glück hatte, vorne neben ihnen zu sitzen. Wir waren so viele, und sie waren ja nur zwei, da hatten wir niemals so viel von ihnen, wie wir uns eigentlich wünschten. Etwa alle Stunde wechselten wir die Plätze, damit jeder einmal vorne neben ihnen sitzen konnte.
Paps sagte, wir sollten uns fertigmachen, inzwischen werde er mit dem Wagen vorfahren. Er sagte das so leichthin – als käme ihm gar nicht der Gedanke, daß die Narrenkutsche sich etwa *weigern* könnte vorzufahren. Paps war ein unverbesserlicher Optimist; er vertraute darauf, daß eines Tages der Verstand über den leblosen Stahl triumphieren würde, und er fühlte sich stark in dem Glauben, daß er mit sauberen Händen und reinem Herzen in den Kampf ging.
Während aus dem Schuppen stöhnende oder teuflisch gurgelnde Frühzündungsgeräusche drangen, brachte die Familie mit ihren planmäßig durchgeführten Vorbereitungen das Haus in eine wohl-

organisierte Unordnung. Es war wie in einer Zeitungsredaktion in der Nacht der Präsidentenwahl, wie im Großen Hauptquartier am Tage vor der Invasion.

Fertigmachen hieß: Hände und Gesicht waschen, Schuhe putzen, Kleider abbürsten und Haar kämmen. Es war nicht ratsam, zu spät zu kommen, *wenn* Paps schließlich vor die Einfahrt rollte, und es war ebensowenig ratsam, schmutzig zu erscheinen, denn er kontrollierte jeden von uns.

Jedes ältere Kind mußte nicht nur sich selber fertigmachen, sondern war auch für eines von den jüngeren verantwortlich. Anne hatte für Dan zu sorgen, Ern für Jack und Mart für Bob. Das galt nicht nur für Autofahrten, sondern überhaupt. Die ältere Schwester mußte ihrem Schützling morgens beim Anziehen helfen, mußte dafür sorgen, daß er sich wusch, rechtzeitig zu den Mahlzeiten kam und seine Tabelle im Badezimmer richtig ausfüllte.

Anne als die Älteste war für Betragen, Sauberkeit und Ordnung dieser ganzen Gruppe verantwortlich. Mutter mußte natürlich auf das Baby Jane aufpassen. Die mittleren Kinder, Frank, Bill, Lill und Fred, waren alt genug, um auf sich selber achtzugeben, aber noch nicht so alt, daß sie sich um andere hätten kümmern können. Paps rechnete sich aus Gründen der Bequemlichkeit (nämlich *seiner* Bequemlichkeit!) zu der mittleren Kategorie.

Letzten Endes war es Mutter zu verdanken, wenn dieses ganze System funktionierte. Mutter drohte nicht, schrie nicht und wurde nicht aufgeregt, und sie hat nicht eines von ihren Kindern jemals geschlagen – übrigens auch kein fremdes Kind.

Mutter war Psychologin. Auf ihre Weise kam sie mit der Familie zu noch besseren Ergebnissen als Paps. Aber strenge Disziplin lag ihr nicht. Wenn der Vorschlag zu einer Autofahrt immer von Paps und nie von Mutter ausging, so hatte diese schon ihre Gründe dafür.

Sie ging von Zimmer zu Zimmer, schlichtete, trocknete Tränen und knöpfte Jacken zu.

»Mutter, er hat mein Hemd genommen. Sag ihm, er soll mir's wiedergeben.«

»Mutter, kann ich vorne bei dir sitzen? Nie darf ich vorne sitzen.«

»Das ist meins, du hast mir's gegeben. Du hast gestern meins angezogen.«

Wenn wir uns dann – die Mädchen in Staubmänteln, die Jungen in Leinenanzügen – vor dem Haus versammelt hatten, rief Mutter die Namen auf: Anne, Ernestine, Martha, Frank und so weiter.

Wir behaupteten gewöhnlich, das Nameaufrufen wäre Zeit- und Bewegungsverschwendung, und die Verschwendung von Zeit und

Bewegung galt bei uns als Todsünde. Aber Paps erinnerte sich sehr lebhaft an zwei Fälle, wo Kinder versehentlich zurückgelassen worden waren.
Das eine Mal geschah das in Hoboken an Bord des Überseedampfers *Leviathan*. Paps hatte kurz vor der Ausreise des Schiffes die Jungen zu einer Besichtigung mitgenommen. Er hatte, als er über die Laufbrücke ging, nicht daran gedacht, die Kinder nachzuzählen, und erst als die Brücke eingezogen war, merkte er, daß Dan fehlte. Erst als man Dan schlafend in einem Sessel auf dem Promenadendeck gefunden hatte, konnte die *Leviathan* abfahren – mit zwanzig Minuten Verspätung.
Die andere Geschichte war ein bißchen unheimlicher. Wir waren von Montclair nach New Bedford in Massachusetts unterwegs, und Frank jun. war versehentlich in einem Restaurant in New London vergessen worden. Erst gegen Ende der Fahrt stellten wir fest, daß er fehlte.
Wie ein Rasender wendete Paps und sauste unter Nichtachtung sämtlicher Verkehrsregeln zurück nach New London. Als wir in dem Restaurant dort zum Lunch eingekehrt waren, hatte es einen ganz ehrbaren Eindruck gemacht. Als wir jedoch abends wieder dorthin kamen, erstrahlte das Lokal im Glanz farbiger Lämpchen. Paps ließ uns im Wagen und ging hinein. Nach der Fahrt im Dunkeln blendete ihn das grelle Licht, und er konnte nicht gut sehen. Aber er ging schnell nach hinten zu den Nischen und sah in jede hinein. In der zweiten Nische saß eine hübsche junge Dame bei einem Whisky-Soda und wartete auf Kundschaft. Paps guckte aufgeregt hinein.
»Hallo, Dickerchen«, sagte sie. »Nur nicht so schüchtern! Suchst du 'n unartiges kleines Mädel?«
Paps verschlug es die Sprache.
»Um Gottes willen, nein«, stotterte er, und seine sonst so sichere Haltung geriet ins Wanken. »Ich such' 'n unartigen kleinen Jungen.«
»Huch, Süßer, sagte sie. »Entschuldige man!«
Uns allen war eingeschärft worden, wenn wir verlorengingen, hätten wir dort zu bleiben, wo wir waren, bis jemand uns holen käme; Frank jun. fand sich hinten in der Küche, wo er zusammen mit der Wirtstochter Eiskrem aß.
Nach diesen beiden Erlebnissen ist es wohl zu verstehen, daß Paps immer auf dem Namensaufruf bestand.
Wenn wir vor dem Einsteigen in einer Reihe vor dem Hause standen, musterte Paps aufmerksam einen nach dem andern.
»Seid ihr auch alle noch mal verschwunden?« fragte er.

Er stieg aus und half Mutter mit den beiden Kleinsten auf den Vordersitz. Dann suchte er sich denjenigen von uns heraus, der sich besonders gut betragen hatte, und erlaubte ihm, als linker Aufpasser ebenfalls vorne zu sitzen. Wir andern drängelten uns hinten in den Wagen, und unter der Wagendecke wurde geknufft und gepufft, bis wir alle Platz gefunden hatten.
Endlich ging's dann los. Mutter, mit den beiden Kleinen auf dem Schoß, sprühte von Lebenskraft. Ihr glattfrisiertes rotes Haar wehte in Strähnen unter ihrem Hut hervor. Solange wir noch in der Stadt waren und Paps nicht schnell fuhr, schien sie die Fahrt zu genießen. Sie saß neben ihm, hörte ihm zu oder unterhielt sich lebhaft mit ihm. Gleichzeitig aber spitzte sie die Ohren, ob auch hinten alles in Ordnung sei.
Da hatte sie dann allerlei Anlaß zur Besorgnis, denn je enger wir saßen, desto unruhiger wurden wir. Schließlich konnte Paps das Durcheinander nicht mehr aushalten.
»Was ist denn da hinten los?« schnauzte er Anne an. »Hab' ich dir nicht gesagt, du sollst für Ruhe sorgen?«
»Dazu müßte man wohl der liebe Gott sein«, war Annes bittere Antwort.
»Du verläßt dich auf den lieben Gott, wenn du selber da hinten keine Ordnung schaffen kannst. Ich habe Ruhe gesagt, und ich wünsche Ruhe.«
»Ich versuche ja, ihnen Räson beizubringen, Pappi. Aber es hört ja keiner auf mich.«
»Ich will keine Entschuldigungen; ich will Ordnung. Du bist die Älteste. Von jetzt an will ich nicht einen Ton mehr von da hinten hören. Oder wollt ihr alle nach Hause laufen?«
Die meisten von uns hätten das jetzt ganz gerne getan, aber keiner wagte es zu sagen.
Für eine Weile legte sich der Lärm. Selbst Anne kam zur Ruhe und vergaß ihre Verantwortung als Älteste. Aber schließlich ging's mit dem Treten und Kneifen unter der Wagendecke wieder los.
»Laß das, Ernestine, du bist gemein«, zischte Anne.
»Du nimmst den ganzen Platz ein«, entgegnete Ernestine. »Warum rutschst du nicht ein bißchen? Ich wünschte, du wärst zu Hause geblieben.«
»Das wünschte ich noch viel mehr als du«, sagte Anne aus tiefstem Herzen. Bei solchen Gelegenheiten wäre Anne gern das einzige Kind ihrer Eltern gewesen. Wir waren so recht eine Sehenswürdigkeit, wenn wir in dem Wagen mit zurückgeklapptem Verdeck dahinfuhren. In den Städten und Dörfern, durch die wir kamen, verursachten wir einen Aufruhr wie sonst nur eine Zirkustruppe.

Das war nun eine von Paps' Lieblingsrollen. Er verlangsamte die Fahrt bis auf acht Stundenkilometer und ließ zwei Häuserblocks weit die Hupen gegen nicht vorhandene Hindernisse und Wagen ertönen. Auf den Hupen spielte Paps wie auf einem elektrischen Klavier.
»Ich seh' elf, den Mann und die Frau nicht mitgerechnet«, rief jemand vom Gehsteig.
»Sie haben das zweite Baby hier vorne vergessen, Herr«, rief Paps über die Schulter zurück.
Mutter tat, als hätte sie nichts gehört, und sah starr vor sich hin.
Aus den Seitenstraßen drängten die Fußgänger herbei, und die Kinder ließen sich von ihren Eltern auf die Schultern heben.
»Wie ziehst du denn bloß all die Rotköpfe groß?«
»Die?« brüllte Paps. »Sind doch nicht viele, Freundchen. Solltest mal die sehn, die ich noch zu Hause hab'.«
An jeder Straßenkreuzung, an der wir bei rotem Licht halten mußten, sammelten sich die Menschen, und früher oder später kam die unvermeidliche Frage:
»Wie kriegen Sie nur all die Kleinen satt, lieber Herr?«
Paps überlegte ein Weilchen, und als hätte er sich's gerade ausgedacht, sagte er, sich weit zurücklehnend, damit auch die weitest Entfernten es hören konnten:
»Ja, wissen Sie – im Dutzend kommen sie billiger.«
Das sollte die Zuhörer zum Lachen bringen, und gewöhnlich lachten sie auch. Paps hatte sehr viel Sinn für Bühnenwirkung, und er versuchte diesen Auftritt zeitlich immer so auszudehnen, daß sein Schlußeffekt mit dem Wechsel der Verkehrszeichen zusammenfiel. Während die Bauern noch kicherten, brauste der Pierce-Arrow, in graue Rauchwolken gehüllt, davon, und der Herr Professor am Steuer schmetterte sein »Tut! Tut! Tatütah!«
Stets brachten wir sie zum Lachen!
Paps benutzte dieses »im Dutzend billiger« immer, wenn wir an einem Schlagbaum hielten, ins Kino gingen oder Fahrkarten für die Eisenbahn oder für ein Schiff kauften.
»Kriegen's meine Irländer hier im Dutzend billiger?« fragte er etwa den Mann an der Zollschranke. Paps brauchte einen Menschen bloß einmal anzusehen, und schon kannte er seine Nationalität.
»Irländer – natürlich, hätt' ich mir gleich denken können. Gott schütze Sie, man muß schon Ire sein, um so einen Haufen rothaariger Iren großzuziehen. Das kann unser Herr Jesus nicht gewollt haben, daß so eine Familie bei mir Zoll zahlen soll! Fahren Sie einfach durch.«
»Wenn der wüßte, daß du Schotte bist, würde er seinen irischen Ei-

chenknüppel nehmen und dir deinen geizigen Schädel einschlagen«, kicherte Mutter, als wir weiterfuhren.
»Höchstwahrscheinlich«, gab Paps zu, »weiß der Himmel!«
Und dann einmal im Zirkus.
»Kriegen's meine Holländer hier im Dutzend billiger?«
»Holländer, ach? Und solch eine Menge gesunder Holländer!«
»Kennen Sie schon die Geschichte von dem Mann mit der großen Familie, der seine Kinder mit in den Zirkus nahm?« fragte Paps.
»›Meine Kinder wollen Ihre Elefanten sehn‹, sagte der Mann. ›Das ist noch gar nichts‹, sagte der Mann am Billettschalter, ›meine Elefanten wollen Ihre Kinder sehen.‹«
»Hab' ich schon mal gehört«, sagte der Zirkusmann. »Schon oft. Gehn Sie nur einfach da drüben durch den Eingang, wo keine Sperre ist.«
Einmal aber gingen Paps' Szenen in der Narrenkutsche Mutter über die Hutschnur. Das war mitten im Stadtzentrum von Hartford in Connecticut. Wir hielten gerade an einem Verkehrszeichen, und wie üblich begann sich eine Volksmenge um uns zu sammeln. Da hörten wir ganz deutlich, wie eine dicke Dame sagte:
»Sieh doch nur die armen, lieben Kinderchen! Sehn sie nicht süß aus in ihren Uniformen?«
Paps war drauf und dran, eine neue Szene hinzulegen: der wohlwollende Waisenhausdirektor, der die kleinen Waisen einmal ausführt.
»Gott steh' mir bei!« begann er mit lauter, jovialer Stimme.
»Ja, meiner Treu . . .«
Da aber legte Mutter los. »Das geht zu weit«, sagte sie. »Das geht absolut und ausdrücklich zu weit.«
Paps war betroffen, denn das war etwas Neues. »Was gibt's denn, Lillie?« fragte er rasch.
»Das geht nicht nur etwas zu weit und auch nicht ein bißchen zu weit«, sagte Mutter, »das geht schlechthin endgültig zu weit.«
»Aber was ist denn los, Lillie? Komm, erzähl mir's!«
»Jetzt ist der Bart ab«, sagte Mutter. »Eben hat uns jemand für ein Waisenhaus gehalten.«
»Ach so«, sagte Paps. »Natürlich, das hab' ich gehört. War's nicht ulkig?«
»Nein«, sagte Mutter. »Keineswegs.«
»Weil wir immer diese Staubmäntel anziehen müssen«, sagte Anne halb weinend. »Diese verdammten, verdammten Staubmäntel sehen genau wie Uniformen aus.«
»Im Ernst, Pappi«, sagte Ernestine, »man muß sich ja genieren, wenn du unterwegs immer dieses schreckliche Theater machst.«
Die Menschenmenge war größer denn je.

»Ich komm' mir vor, als müßt' ich Spießruten laufen«, sagte Martha. Mutter war außer sich, rügte aber trotzdem Anne wegen ihres Fluchens.
Paps schüttelte sich bereits vor Lachen, und auch die Leute fingen an zu lachen.
»Die ist richtig«, rief jemand. »Spießrutenlaufen! Geben Sie's ihm nur richtig, Fräulein. Spießruten!«
Jetzt fingen die Jungen an, Theater zu spielen. Bill saß oben auf dem Rücksitz wie ein heimkehrender Held, der von der jubelnden Bevölkerung empfangen wird. Er schwenkte den Hut und verbeugte sich mit starrem Bühnenlächeln liebenswürdig nach allen Seiten. Frank und Fred lösten ihm von Kopf und Schultern imaginäre Papierschlangen. Die Mädchen dagegen verkrochen sich mit hochroten Gesichtern unter der Wagendecke. »Geh da runter, Bill«, sagte Mutter.
Paps brüllte immer noch vor Lachen. »Ich versteh' euch Mädels einfach nicht«, keuchte er. »In meinem ganzen Leben hab' ich so was Komisches noch nicht gehört: ein Waisenhaus auf Rädern. Und ich als Vorsteher. Gilbreths Heim für rothaarigen Nachwuchs unverehelichter, aber bußfertiger gefallener Mädchen.«
»Nicht sehr witzig«, sagte Mutter. »Können wir jetzt weiterfahren?«
Als wir Hartford hinter uns gelassen hatten, war Paps ganz klein und reuig, vielleicht sogar ein bißchen erschrocken.
»Ich wollte dich nicht verletzen, Lillie«, sagte er.
»Das glaub' ich schon, Lieber. Du hast mich auch nicht verletzt.«
Aber Ernestine ließ sich die günstige Gelegenheit nicht entgehen.
»Also, mit den Staubmänteln ist jetzt Schluß«, verkündete sie von hinten. »Die ziehn wir nie wieder an. Nie wieder – so sprach der Rabe und ›Nimmermehr!‹, so sag' ich. Ich habe gesprochen.«
Das konnte Paps sich von Mutter, nicht aber von seinen Töchtern bieten lassen.
»Wer sagt, daß mit den Staubmänteln Schluß ist?« brüllte er. »Diese Mäntel haben einen Haufen Geld gekostet, schwerverdientes Geld. Wenn ihr nur einen Augenblick glaubt, daß . . .«
»Nein, Frank«, fiel ihm Mutter ins Wort. »Diesmal haben die Mädchen recht. Schluß mit den Staubmänteln!«
Es kam selten vor, daß die beiden nicht einer Meinung waren, und wir genossen das alle sehr.
»Gut, Lillie«, sagte Paps grinsend, und damit war alles wieder in Ordnung. »Ich hab' ja immer gesagt, du hast die Hosen an. Und damit hab' auch ich gesprochen.«

Viertes Kapitel
Besuch bei Mrs. Murphy

Damals waren die Wege nicht sehr gut markiert, und außerdem glaubte Paps nicht an Wegweiser.
»Wahrscheinlich hat irgendein Kind diese Pfeile rumgedreht«, sagte er und dachte dabei vielleicht an seine eigene Jugend. »Mir scheint, wenn wir dem Pfeil folgen und diesen Weg fahren, dann kommen wir wieder dahin, wo wir herkommen.«
Genauso war es mit dem »Blauen Autobuch«, der Bibel für den Autofahrer in jener Frühzeit des Autos. Mutter las ihm daraus vor: »Einen Kilometer hinter der Windmühle halte man sich links von einer Backsteinkirche und folge dem gepflasterten Weg.«
»Das muß die falsche Windmühle sein«, sagte Paps. »Der Kerl, der das Buch geschrieben hat, hat das sicher nicht nachgeprüft, als er diesen Weg lang kam. Mein Ortssinn sagt mir, daß wir nach rechts abbiegen müssen. Die Windmühle in dem Buch da haben sie wahrscheinlich abgerissen.«
Wenn er dann nach rechts abgebogen und in die Irre gefahren war, dann schalt er Mutter, sie hätte ihm falsch Bescheid gesagt. Mehrfach rief er Anne zu sich nach vorne und ließ sie aus dem Blauen Buch vorlesen.
»Deine Mutter hat keinen besonderen Ortssinn«, sagte er laut und fixierte Mutter über seinen Kneifer hinweg. »Wenn im Buch rechts steht, sagt sie, ich solle links fahren. Und dann beklagt sie sich, wenn wir uns verirren. Du liest mir jetzt genau das vor, was da steht. Du änderst nicht ein Wort, verstanden? Und erzähl mir nichts von Windmühlen, die es gar nicht gibt, oder von nicht vorhandenen Backsteinkirchen, damit verwirrst du mich nur. Lies einfach das, was da steht.«
Aber er richtete sich ebensowenig nach Annes Anweisungen und verirrte sich natürlich genauso.
Wenn alles ganz hoffnungslos aussah, dann fragte Paps in einem Laden oder an einer Tankstelle nach dem Weg. Er hörte aufmerksam

zu und fuhr dann gewöhnlich genau in die entgegengesetzte Richtung.
»So ein Idiot«, brummte Paps dann. »Wohnt ein Leben lang acht Kilometer von Trenton entfernt und weiß nicht mal, wie man da hinkommt. Der wollte mich nach New York zurückschicken.«
Mutter bewahrte bei alldem philosophische Ruhe. Wenn sie der Ansicht war, daß Paps hoffnungslos falsch gefahren war, dann öffnete sie einen kleinen Eiskasten, der zu ihren Füßen unten im Wagen stand, und gab Jane ihre Flasche. Damit war das Zeichen zum Lunch gegeben.
»Schön, Lillie«, sagte Paps dann. »Wir können ebensogut anhalten und essen, bis ich mich orientiert hab'. Hast einen guten Picknickplatz ausgesucht.«
Während wir aßen, begab Paps sich auf die Suche nach etwas Interessantem. Er war der geborene Lehrer und fand, daß man jede Minute ausnutzen müsse. Essen war seiner Ansicht nach »unvermeidlicher Zeitverlust«, ebenso wie Anziehen, Waschen und Kämmen. Aber auch der »unvermeidliche Zeitverlust« durfte nicht verschwendet werden.
Wenn Paps einen Ameisenhaufen fand, dann erzählte er uns vom Ameisenstaat mit Sklaven und Kuhherden. Dann legten wir uns auf den Bauch und sahen den Ameisen zu, wie sie hin und her liefen und Brotkrümchen aufsammelten.
»Seht mal, alle arbeiten, und nichts wird verschwendet«, sagte Paps, und es war offensichtlich, daß die Ameise zu seinen Lieblingstieren gehörte. »Seht mal, wie sie zusammenarbeiten und zu viert das Fleischstückchen da zu transportieren suchen. Daran könnt ihr Bewegungsrationalisierung lernen.«
Oder er zeigte auf einen Steinwall und sagte, der sei ein Musterbeispiel der Baukunst. Und dann erklärte er uns, wie die Gletscher vor vielen Jahren über die Erde gewandert seien und beim Schmelzen die Steinblöcke zurückgelassen hätten. Wenn eine Fabrik in der Nähe war, erklärte er, wie man eine Senkschnur verwendete, damit der Schornstein senkrecht würde, und daß die Fenster an bestimmten Stellen eingesetzt waren, um ein Maximum an Licht einzulassen. Wenn die Fabriksirene ertönte, zog er die Stoppuhr heraus und stellte den Zeitunterschied zwischen dem Hören des Tones und dem Sichtbarwerden des Dampfes fest.
»Nun nehmt mal eure Bleistifte und eure Notizbücher raus, dann will ich euch zeigen, wie man die Geschwindigkeit des Schalls berechnet«, sagte er.
Er erzog uns dazu, daß wir jeden Moment Augen und Ohren aufsperrten.

»Sieh mal«, sagte er. »Was siehst du? Ja, ich weiß, einen Baum. Aber sieh ihn dir an. Studier ihn. Was *siehst* du wirklich?«
Aber Mutter spann erst die Geschichten, die uns alles, was wir betrachteten, wirklich unvergeßlich machten. Paps sah in einem Ameisenhaufen Bewegungsrationalisierung und Zusammenarbeit; Mutter dagegen sah darin eine hochentwickelte Zivilisation, vielleicht mit einer dicken, alten Königin als Oberhaupt, der tausend schwarze Sklaven morgens das Frühstück ans Bett brachten. Wenn Paps stehenblieb und uns die Konstruktion einer Brücke erklärte, so entdeckte sie den Arbeiter in blauen Baumwollhosen, der hoch oben auf einer Verspannung saß und frühstückte. Dadurch gab sie uns das Gefühl für die atemberaubende Höhe der Konstruktion und für die Winzigkeit der Menschen, die sie errichtet hatten. Oder wenn Paps auf einen krummgebogenen, knorrigen Baum deutete, dann machte Mutter uns klar, wie der Wind in jahrelangem Kampf dem Baum sein unbarmherziges Siegel aufgedrückt hatte. Dann saßen wir und merkten uns jedes Wort, und Paps sah Mutter an, als wollte er sagen: »Hab' ich nicht die wunderbarste Frau der Welt geheiratet?«
Bevor wir von unserem Picknickplatz aufbrachen, bestand Paps darauf, daß Butterbrotpapier und anderer Abfall sorgfältig gesammelt, in den Picknickkoffer gepackt und mit nach Hause genommen wurde.
»Wenn ich etwas nicht leiden kann, so ist es Liederlichkeit beim Lagern«, sagte er. »Nicht ein Stückchen Papier darf auf diesem fremden Grundstück liegenbleiben. Wir müssen alles so hinterlassen, wie wir's vorgefunden haben, womöglich noch ordentlicher. Nicht mal ein Stück Apfelschale darf liegenbleiben.«
Apfelschalen waren besonders geeignet, Anstoß zu erregen. Die meisten von uns aßen Äpfel gern geschält, aber Paps hielt das für Verschwendung. Wenn er einen Apfel aß, dann verzehrte er ihn mit Schale, Kerngehäuse und Kernen und erklärte, gerade diese seien das Gesündeste und Wohlschmeckendste an der ganzen Frucht. Anstatt an der Seite anzufangen und sozusagen um den Äquator herum zu essen, fing Paps am Nordpol an und aß sich durch das Kerngehäuse bis zum Südpol durch.
Er verbot uns nicht direkt, die Äpfel zu schälen und die Kerngehäuse wegzuwerfen, aber er erwähnte es immer wieder, damit wir ja wüßten, daß er es bemerkt hatte.
Manchmal ließ er uns, damit auch sicher kein Abfall zurückblieb, wie eine Kompanie Soldaten in einer Reihe antreten und über den Picknickplatz marschieren. Jeder mußte den Abfall auf dem Geländestreifen aufsammeln, den er abschritt.
Infolgedessen kamen wir oft mit den Überbleibseln zahlloser Leute

nach Hause, die vor uns an der betreffenden Stelle gelagert hatten.
»Es ist mir unbegreiflich, wie ihr eine derartige Menge Zeug herumstreuen könnt«, grinste Paps, wenn er alte Zeitungen, leere Flaschen und verrostete Konservendosen in den Picknickkoffer stopfte.
»Das ist nicht unser Zeug, Pappi. Das weißt du genauso wie wir. Oder was sollten wir vielleicht mit alten Whiskyflaschen oder mit einer vorjährigen Nummer vom Hartford *Courant* anfangen?«
»Das möcht' ich auch wissen«, sagte er und schnupperte an den Flaschen.
Weder Paps noch Mutter hielten die Toiletten an den Tankstellen für hygienisch. Sie ließen sich nie im einzelnen darüber aus, welche Krankheiten man sich da holen könne, aber sie erklärten, diese Krankheiten seien häßlich und ansteckend. Verglichen damit war Lepra nur eine Art Schnupfen. Paps machte die Tür zu einer öffentlichen Toilette immer mit seinem Rockschoß auf, und die dann folgenden Vorbereitungen und Vorsichtsmaßnahmen waren »unvermeidlicher Zeitverlust« in des Wortes schlimmster Bedeutung.
Da also für ihn und Mutter die Tankstellen nicht in Betracht kamen, blieben uns nur die Wälder. Vielleicht war es die Nervenanspannung, die wir aufbringen mußten, um Paps' Fahrten zu ertragen; vielleicht war es aber auch einfach die Tatsache, daß vierzehn Personen verschiedenartige persönliche Bedürfnisse haben. Jedenfalls schienen wir bei jeder einigermaßen geeigneten Baumgruppe zu halten.
»Ich kenne Hunde, die sich aus Bäumen weniger machen als ihr«, stöhnte Paps.
Um innerhalb der Familie das notwendige Taktgefühl zu wahren, erfand Paps zwei Ausdrücke für das »Verschwinden« im Walde. Der eine hieß »Mrs. Murphy besuchen«, der andere »mal nach dem hinteren Reifen sehn«. Beide bedeuteten dasselbe.
Nach einem Picknick sagte er:
»Wie viele müssen Mrs. Murphy besuchen?«
Meistens mußte keiner. Wenn wir aber zehn oder fünfzehn Minuten unterwegs waren, dann meldete sich bestimmt einer. Dann hielt Paps an, Mutter führte die Mädchen in den Wald auf der einen Straßenseite, Paps die Jungen in den Wald auf der andern Seite.
»Ich kenne die gesamte Flora und Fauna von Bangor in Maine bis nach Washington in Columbia«, stellte Paps erbittert fest.

Auf dem Heimweg war es schon dunkel, und dann kletterte Bill auf einen Klappsitz direkt hinter Paps. Immer wenn es um eine Kurve ging und Paps eifrig mit Steuern beschäftigt war, beugte Bill sich vor und packte ihn beim Arm. Bill war ein glänzender Schauspieler, und so flüsterte er in Mutters Ton: »Nicht so schnell, Frank. Nicht so schnell.« Paps meinte, Mutter zupfe ihn am Arm, und flüsterte ihm etwas zu; er tat, als höre er nicht.

Manchmal aber machte Bill sich den Spaß, wenn der Wagen würdevoll im Fünfzigkilometertempo dahinkroch; dann drehte Paps sich angewidert zu Mutter und sagte:

»Du meine Güte, Lillie! Ich fahre ja höchstens mit dreißig Sachen!«

Er zog, sobald er mit Mutter über die Geschwindigkeit sprach, automatisch zwanzig Kilometer ab.

»Ich hab' nichts gesagt, Frank«, sagte Mutter. Dann drehte Paps sich um und sah, wie wir alle hinter unsern Taschentüchern kicherten. Gut gelaunt knuffte er Bill und zauste ihm das Haar. Insgeheim war Paps stolz auf Bills schauspielerisches Talent. Er sagte manchmal, wenn Bill einen Vogel nachahme, dann wage er (Paps) nicht hochzugucken.

»Junge, du bist ein Nagel zu meinem Sarge«, sagte Paps zu Bill.

Wenn wir dann so dahinfuhren, sangen wir drei- und vierstimmig, wobei Mutter und Paps den Sopran und den Baß übernahmen. Wir sangen »Bobolink Swinging on the Bow«, »Love's Old Sweet Song«, »Our Highland Goat« und »I've Been Working on the Railroad«.

»Was sollte man nur anfangen, wenn man einziges Kind wäre?« dachten wir.

Paps lehnte sich in seinen Sitz zurück und setzte sich den Hut flott aufs Ohr. Mutter tat, als fröre sie, und kuschelte sich an ihn. Die Babys schliefen. Manchmal drehte Mutter sich zwischen den Liedern zu uns um und sagte: »Solche Augenblicke sind die glücklichsten im ganzen Leben.« Und vielleicht hatte sie recht.

Fünftes Kapitel
Der Herr Präsident

Paps war in Fairfield in Maine geboren, wo sein Vater ein Kaufhaus und eine Farm betrieben und Trabrennpferde gezüchtet hatte. John Hiram Gilbreth starb 1871 und ließ seine strenge und harte Frau mit dem dreijährigen Sohn und zwei älteren Töchtern zurück.

Paps' Mutter, Großmama Gilbreth, glaubte daran, daß ihre Kinder zu etwas Besonderem in der Welt berufen seien, und hielt es für ihre erste Pflicht, sie so zu erziehen, daß sie für ihre Begegnung mit dem Schicksal gerüstet waren.

»Dann«, sagte sie mit vielsagendem Kopfnicken zu ihren Nachbarn in Fairfield, »wird sich's zeigen, was für Blut in ihren Adern rollt.«

Da sie in Maine keine geschäftlichen Bindungen hatte, siedelte sie nach Andover in Massachusetts über, damit die Mädchen die Abbot-Akademie besuchen konnten. Als die älteste Tochter sich später als musikalisch begabt erwies, beschloß Großmama Gilbreth, wieder umzuziehen: Sie siedelte nun mit ihrer Kinderschar nach Boston über, das, wie jeder Neuengländer wußte, der kulturelle Mittelpunkt der Welt war.

Paps hatte keinen größeren Wunsch, als Bauingenieur zu werden, und seine Mutter beabsichtigte, ihn auf das Technikum in Massachusetts zu schicken. Als er aber mit der höheren Schule fertig war, fand er, daß das für den Geldbeutel der Familie eine zu große Belastung wäre und das Studium seiner Schwester gefährden würde. Ohne seine Mutter zu fragen, nahm er Arbeit als Maurergehilfe an.

Da es nun einmal geschehen war, beschloß Großmama Gilbreth, das Beste daraus zu machen. Schließlich hatte Abraham Lincoln am Anfang seiner Laufbahn Holzschwellen behauen.

»Wenn du schon Maurergehilfe werden willst«, sagte sie, »dann werde in Gottes Namen ein guter Maurergehilfe.«

»Ich werd' mich bemühen, einen guten Maurer zu finden, der mich als Gehilfen nimmt«, grinste Paps.

Wenn Großmama glaubte, daß Paps ein guter Maurergehilfe wer-

den könne, so war der Polier anderer Meinung: Er hielt ihn für den schlechtesten aller alten und jungen Maurer, die ihm in vierzig Jahren vorgekommen waren.
In der ersten Arbeitswoche machte Paps so viele Vorschläge, wie man schneller und besser mauern könne, daß der Polier ihn wiederholt rauszuschmeißen drohte.
»Du bist hergekommen, um was zu lernen«, schrie der Polier ihn an. »Versuch um Gottes willen nicht, uns was beizubringen.«
Solche zarten Anspielungen machten Paps aber nichts aus. Im Grunde wußte er schon, daß die Bewegungsrationalisierung sein eigentliches Gebiet war, und er hatte etwas entdeckt, was bisher offenbar keinem Menschen in der Industrie aufgefallen war. Er versuchte, es dem Polier auseinanderzusetzen.
»Haben Sie noch nicht bemerkt, daß keine zwei Leute auf genau dieselbe Weise mauern?« fragte er. »Das ist wichtig, und wissen Sie, warum?«
»Wenn du deine Schnauze noch mal aufreißt und über Mauern redest, dann stopf' ich sie dir mit 'nem Mauerstein, das weiß ich.«
»Es ist deshalb wichtig, weil nämlich – gesetzt den Fall, daß einer richtig mauert – alle andern falsch mauern. Wenn ich Sie wäre, würde ich rauszufinden suchen, wer richtig mauert, und dafür sorgen, daß alle andern es ebenso machen.«
»Und wenn ich ich wäre«, brüllte blaß vor Wut der Polier, »dann würde ich zuallererst diesen rothaarigen nichtswürdigen Lausejungen rausschmeißen, der sich da in meine Angelegenheiten mischen will. Denn das willst du!«
Er nahm einen Mauerstein auf und wog ihn drohend in der Hand.
»Vielleicht bin ich nicht so gescheit, meinen besten Maurer herauszufinden, aber meinen schlechtesten Mörtelträger, den kenn' ich. Ich warne dich: Hör auf, mich zu ärgern, oder dieser Backstein landet in deiner Schnauze – aber hochkant.«
Nach einem Jahr hatte Paps ein Gerüst gefunden, mit dessen Hilfe er der schnellste Maurer der Baustelle wurde. Diesem Gerüst lag das Prinzip zugrunde, daß die losen Mauersteine und der Mörtel stets in derselben Höhe greifbar waren wie die im Bau befindliche Mauer. Die anderen Maurer mußten sich nach ihrem Material bücken, was Paps nicht brauchte.
»Du bist nicht ganz bei Trost«, spottete der Polier. »Sogar zum Bükken bist du zu faul.«
Aber er ließ für die andern Arbeiter die gleichen Gerüste anfertigen und machte sogar den Vorschlag, Paps solle das Original ans Institut für Mechanik schicken, wo es dann auch preisgekrönt wurde. Später wurde Paps auf Empfehlung des Poliers zum Polier eines eigenen

Bautrupps gemacht. Er erreichte so erstaunliche Rekorde, daß er zum Inspektor befördert und dann selbst Bauunternehmer wurde und Brücken, Kanäle, Industriesiedlungen und Fabrikanlagen baute. Manchmal bat man ihn, wenn der Bau fertig war, dort zu bleiben und seine Methoden der Bewegungsrationalisierung in der neuerbauten Fabrik einzuführen.

Mit siebenundzwanzig Jahren hatte er eigene Büros in New York, Boston und London. Er besaß eine Segeljacht, rauchte Zigarren und galt als eleganter junger Mann.

Mutter stammte aus einer wohlhabenden Familie in Oakland in Kalifornien. Sie hatte Paps in Boston kennengelernt, als sie sich auf einer Europareise befand, wie sie wohlbehütete amerikanische junge Damen aus guten Familien in den neunziger Jahren unternahmen.

Mutter war Phi Beta Kappa (das heißt Ehrenmitglied einer Studentinnenverbindung) und hatte an der Universität von Kalifornien in Psychologie promoviert. Damals wurden studierte Frauen noch mit einigem Mißtrauen betrachtet. Als Mutter und Paps heirateten, war in der Zeitung von Oakland zu lesen:

»Obwohl die Braut an der Universität von Kalifornien promoviert hat, ist sie doch eine äußerst reizvolle junge Dame.«

Und das war sie auch wirklich.

So beschlossen Mutter als Psychologin und Paps als Organisator und Fachmann für Bewegungsrationalisierung, das neue Gebiet der Betriebspsychologie und das alte Gebiet der psychologischen Führung eines kinderreichen Haushalts zu untersuchen. Sie gingen von der Ansicht aus, daß das, was in der Fabrik anwendbar sei, auch in der Häuslichkeit funktionieren müsse und umgekehrt.

Kurz nach unserem Umzug nach Montclair probierte Paps diese Theorie aus. Das Haus war zu groß, als daß unser Hausfaktotum Tom Grieves und die Köchin Mrs. Cunningham es hätten in Ordnung halten können. Paps beschloß, daß wir ihnen helfen müßten, wollte aber, daß wir diese Hilfe von uns aus anböten. Er hatte festgestellt, daß die Angestellten eines Betriebes am besten zur tätigen Mitarbeit zu bringen waren, wenn man einen gemeinsamen Arbeitgeber-Arbeitnehmer-Ausschuß bildete, der die Verteilung der Arbeit je nach persönlicher Eignung und Geschicklichkeit vornahm. Paps und Mutter gründeten also nach dem Muster eines solchen Arbeitgeber-Arbeitnehmer-Ausschusses einen Familienrat, der jeden Sonntagnachmittag nach dem Dinner zusammentrat.

Bei der ersten Sitzung erhob Paps sich feierlich, goß sich ein Glas Eiswasser ein und begann folgendermaßen:

»Ich bitte euch, zur Kenntnis zu nehmen, daß ich zu eurem Präsidenten ernannt worden bin. Widerspruch wird dagegen wohl nicht erhoben. Da sich also kein Widerspruch erhebt, wird der Präsident . . .«

»Herr Präsident«, unterbrach ihn Anne. Sie ging schon in die höhere Schule und wußte in den parlamentarischen Gepflogenheiten einigermaßen Bescheid; daher fand sie, es sei ganz gut, wenn der Präsident die Volksmeinung kennenlerne.

»Unzulässig«, sagte Paps. »Vollkommen unzulässig, jetzt hat der Präsident das Wort.«

»Aber du hast gesagt, es erhebe sich kein Widerspruch, und ich wollte doch widersprechen.«

»Unzulässig heißt: Setz dich hin!« brüllte Paps. Er nahm einen Schluck Eiswasser und fuhr in seiner Rede fort: »Die erste Aufgabe des Rates ist, die notwendige Haus- und Gartenarbeit gleichmäßig zu verteilen. Hat jemand hierzu etwas vorzuschlagen?«

Nein, keiner hatte was vorzuschlagen. Paps lächelte etwas gezwungen und bemühte sich, gute Laune zu verbreiten.

»Nun, meine lieben Mitarbeiter«, sagte er, »hier herrscht Demokratie. Jeder hat das Recht, seine Meinung zu sagen. Wie denkt ihr euch die Verteilung der Arbeit?«

Keiner wollte die Arbeit verteilen oder überhaupt mit Arbeit in jeglicher Art, Form oder Gestalt etwas zu tun haben. Alle schwiegen.

»In einer Demokratie muß jeder reden«, sagte Paps, »also, zum Donnerwetter, redet endlich!« Aus war's mit der guten Laune. »Jack, ich erteile dir das Wort. Wie denkst du über die Verteilung der Arbeit? Wehe, wenn du dir nichts darüber denkst!«

»Ich denke mir«, sagte Jack langsam, »Mrs. Cunningham und Tom sollten die Arbeit machen. Sie kriegen ja dafür bezahlt.«

»Setz dich!« brüllte Paps. »Ich entziehe dir das Wort.«

Jack setzte sich unter allgemeinem Beifall, an dem nur Paps und Mutter sich nicht beteiligten.

»Sei bloß still, Jackie«, flüsterte Mutter. »Wenn sie dich hören, kündigen sie womöglich. Es ist so schwer, Dienstboten zu kriegen bei den vielen Kindern.«

»Von mir aus sollen sie ruhig kündigen«, sagte Jack. »Sie nehmen sich viel zuviel raus.«

Als nächster erhielt Dan das Wort.

»Ich glaube, Tom und Mrs. Cunningham haben genug zu tun«, sagte er, während Paps und Mutter strahlten und beifällig nickten. »Ich glaube, wir sollten noch ein paar Leute engagieren, die für uns arbeiten.«

»Unzulässig!« schrie Paps. »Setz dich und halt den Mund!«

Paps sah ein, daß die Geschichte verfahren war. Aber Mutter würde sie schon wieder in Ordnung bringen – dafür war sie ja Psychologin!

»Der Präsident erteilt dem Vizepräsidenten das Wort«, sagte er und gab Mutter durch ein Kopfnicken zu verstehen, daß er ihr soeben diesen Titel verliehen habe.
»Ja«, sagte Mutter, »wir könnten noch Hilfskräfte engagieren, das wäre eine Lösung.«
Wir grinsten und stießen uns gegenseitig an.
»Aber«, fuhr sie fort, »dann müßten wir das Budget an anderer Stelle beschneiden. Wenn wir auf Nachtisch und Taschengelder verzichteten, dann könnten wir uns ein Mädchen leisten. Und wenn wir ein Jahr lang nicht ins Kino gingen, keine Eiskrem kauften und keinerlei Garderobe anschafften, dann könnten wir uns sogar einen Gärtner leisten.«
»Stellt jemand hierzu einen Antrag?« fragte Paps strahlend. »Wünscht jemand auf sein Taschengeld zu verzichten?«
Keiner meldete sich. Nachdem Paps noch etwas gestichelt hatte, wurde schließlich der Antrag auf Verteilung der Arbeit gestellt und angenommen. Die Jungen sollten den Rasen mähen und die Blätter zusammenharken. Die Mädchen sollten kehren, Staub wischen und abends das Geschirr spülen. Jeder außer Paps hatte sein Bett zu machen und sein Zimmer sauberzuhalten.
Als man daranging, die Arbeit je nach Fähigkeit zu verteilen, wurde entschieden, daß die kleinen Mädchen die Beine und die unteren Fächer der Möbelstücke, die größeren Mädchen die Tischplatten und die oberen Fächer abstauben sollten. Die älteren Jungen sollten den Rasenmäher bedienen und das Laub wegtragen, die jüngeren sollten zusammenrechen und Unkraut jäten.

Als Paps am nächsten Sonntag die zweite Sitzung des Rats einberief, saßen wir etwas befangen und gespannt um den Tisch. Der Präsident spürte, daß etwas in der Luft lag, und mußte sich das Lachen verbeißen. Als er die Sitzung eröffnete, hatte er Mühe, ernst zu bleiben.
Martha, die schon privat gründlich vorgearbeitet hatte, stand auf.
»Es ist den Mitgliedern des Rats zu Ohren gekommen«, begann sie, »daß der Vizepräsident einen neuen Teppich für das Eßzimmer zu kaufen beabsichtigt. Da sämtliche Mitglieder des Rats diesen Teppich vor Augen haben werden und auf Stühlen sitzen müssen, die auf diesem Teppich stehen, beantrage ich, daß der Rat um seine Meinung befragt wird, bevor der Teppich gekauft wird.«
»Ich unterstütze den Antrag«, sagte Anne.
Paps wußte nicht recht, was er dazu sagen sollte. »Wird eine Diskussion gewünscht?« fragte er, um Zeit zu gewinnen und inzwischen den Gegenangriff vorzubereiten.

»Herr Präsident«, sagte Lillian, »wir müssen den Teppich kehren, also sollen wir ihn auch aussuchen dürfen.«
»Wir hätten gern einen mit einem Blumenmuster«, warf Martha ein. »Wenn Blumen drauf sind, sieht man die Krümel nicht so, muß nicht so oft kehren und spart dadurch Bewegung.«
»Es würde uns interessieren zu hören, was für einen Teppich der Vizepräsident kaufen will«, sagte Ernestine.
»Wir möchten sichergehen, daß er unser Budget nicht zu sehr belastet«, verkündete Fred.
»Ich erteile dem Vizepräsidenten das Wort«, sagte Paps.
»Dieser ganze Familienrat war überhaupt deine Idee, Lillie. Was machen wir denn nun?«
»Ja«, sagte Mutter nachdenklich, »ich hatte an einen einfarbigen lila Teppich gedacht und wollte hundert Dollar dafür ausgeben. Aber wenn die Kinder meinen, daß das zuviel ist, und wenn sie Blumen haben möchten, dann füge ich mich der Mehrheit.«
»Ich beantrage«, sagte Frank, »daß nur fünfundneunzig Dollar ausgegeben werden.«
Paps zuckte die Achseln: Wenn Mutter nichts dagegen hatte, an ihm sollte es nicht liegen. »Wer dafür ist, daß nur fünfundneunzig Dollar ausgegeben werden, soll ›Ja!‹ sagen.«
Der Antrag wurde einstimmig angenommen.
»Wünscht noch jemand etwas vorzubringen?«
»Ich beantrage«, sagte Bill, »daß wir die ersparten fünf Dollar dazu verwenden, einen jungen Schäferhund zu kaufen.«
»Halt!« rief Paps. »Moment mal!« Die Sache mit dem Teppich konnte man noch als Spaß auffassen, aber ein Hund – da wurde es ernst. Seit Jahren wünschten wir uns einen Hund. Paps fand, daß jedes Haustier, das keine Eier legte, für einen Mann mit zwölf Kindern einfach sträflicher Luxus sei. Er hatte das Gefühl, daß es gar nicht abzusehen wäre, worüber der Rat das nächste Mal abstimmen würde, wenn er jetzt bei dem Hund nachgäbe. Ihm wurde ganz schlecht bei dem Gedanken an einen Stall voll Ponys, ein Sportauto für Anne, Motorräder, ein Schwimmbassin, und das Ende von alldem würde das Armenhaus oder der Schuldturm sein, falls es solche Dinge noch gäbe.
»Ich unterstütze den Antrag«, sagte Lillian und riß damit Paps aus seinen Träumen.
»Ein Hund«, sagte Jack, »ist ein Haustier. Die ganze Familie dürfte ihn streicheln, aber ich wäre sein Herr.«
»Ein Hund«, sagte Dan, »ist ein Freund. Er könnte fressen, was übrigbleibt, und würde uns vor Verschwendung und den Müllkutscher vor unnötigen Bewegungen bewahren.«

»Ein Hund«, sagte Fred, »verscheucht die Bettler. Er würde am Fußende meines Bettes schlafen, und ich würde ihn immer waschen, wenn er schmutzig ist.«

»Ein Hund«, äffte Paps sie alle nach, »ist ein verdammter Unfug. Er würde unser Herr sein. Er würde mir die Haare vom Kopf fressen. Er würde vom Speicher bis zur Diele alles mit seinen Flöhen verseuchen. Er würde ausgerechnet auf dem Fußende *meines* Bettes schlafen. Und kein Mensch würde je seinen gräßlichen, dreckigen, verflöhten Wanst waschen.« Flehend sah er Mutter an. »Lillie, Lillie, bist du denn blind?« bettelte er. »Siehst du denn nicht, wohin das führt? Ponys, Sportwagen, Reisen nach Hawaii, seidene Strümpfe, Rouge und Bubikopf!«

»Lieber, ich glaube, wir müssen etwas Vertrauen zu der Vernunft unserer Kinder haben«, sagte Mutter. »Ein Hund für fünf Dollar ist schließlich keine Reise nach Hawaii.«

Wir stimmten ab, und die einzige Neinstimme gab Paps ab. Mutter enthielt sich der Stimme. Und noch nach Jahren, als der Schäferhund längst nicht mehr jung war, als alle Möbel mit seinen Haaren besät waren, als er den Briefträger biß und tatsächlich versuchte, sich auf dem Fußende von Paps' Bett häuslich niederzulassen, hörte man gelegentlich den Präsidenten zum Vizepräsidenten sagen:

»Jeden Abend danke ich meinem Schöpfer, daß ich damals nicht dafür gestimmt habe, daß dieses faule, gemeine, unleidliche Vieh in dieses Haus kommt, das einst mein Haus war. Ich freue mich, daß ich den Mut hatte, offen gegen diesen schamlosen Flohbastard zu stimmen, mit dem ich jetzt Tisch und Bett teilen muß, du Stimmenthalter, du!«

Sechstes Kapitel
Blindschreiben

Wie den meisten Ideen von Paps und Mutter lag auch dem Familienrat ein gesunder Gedanke zugrunde, und wenn der Familienrat sich manchmal auch hart an der Grenze der Hysterie bewegte, führte er doch zu Ergebnissen. Einkaufskomitees, die für eine bestimmte Zeit gewählt wurden, kauften Lebensmittel, Kleidung, Möbel und Sportausrüstungen für die Familie. Ein Sparkomitee erhob von Wasser- und Stromverschwendern Geldstrafen in Höhe eines Cents. Ein Planungskomitee achtete darauf, daß die Arbeiten so durchgeführt wurden, wie sie vorgesehen waren. Der Rat setzte die Taschengelder fest, auch Belohnungen und Strafen. Trotz der düsteren Prophezeiungen von Paps kam er weder zu Ponys noch zu Sportwagen.

Ein Einkaufskomitee entdeckte ein großes Warenhaus, das uns alles, von der Unterwäsche bis zu Baseballhandschuhen, zu Engrospreisen lieferte. Ein anderes kaufte lastwagenweise Konserven direkt vom Fabrikanten.

Der Familienrat hatte es auch eingeführt, daß für besondere Arbeiten Angebote eingereicht wurden.

Als Lill acht Jahre alt war, legte sie ein Angebot vor, einen langen, hohen Zaun im Hintergarten für 47 Cent zu streichen. Natürlich war es das niedrigste Angebot, und die Arbeit wurde ihr zugesprochen.

»Sie ist zu klein, um den ganzen Zaun allein zu streichen«, sagte Mutter zu Paps. »Laß sie's nicht machen.«

»Unsinn«, sagte Paps. »Sie soll lernen, den Wert des Geldes einzuschätzen und sich an Vereinbarungen zu halten. Laß sie nur machen.«

Lill, die für ein Paar Rollschuhe sparte und das Geld gern haben wollte, ließ sich nicht davon abbringen.

»Wenn du's anfängst, mußt du's auch fertigmachen«, sagte Paps.

»Ich werd's auch fertigmachen, Pappi. Ich weiß, ich kann's.«

»Du hast den Vertrag selber abgeschlossen.«
Lill brauchte zehn Tage dazu und arbeitete täglich nach der Schule und am Wochenende den ganzen Tag. Sie bekam Blasen an den Händen und konnte manche Nacht vor Übermüdung nicht schlafen. Paps machte sich Sorgen, so daß er manchmal auch nicht sehr gut schlief. Aber er bestand darauf, daß sie ihren Vertrag erfüllte.
»Du mußt sie aufhören lassen«, sagte Mutter immer wieder zu ihm. »Sie klappt uns zusammen, oder es passiert sonst etwas Schreckliches.«
»Nein«, sagte Paps. »Sie lernt den Wert des Geldes kennen, und sie lernt, daß man das, was man angefangen hat, auch zu Ende führen muß, wenn man Geld dafür kriegen will. Sie muß es fertigmachen; das steht in ihrem Vertrag.«
»Du redest wie Shylock«, sagte Mutter.
Aber Paps blieb fest.
Als Lill endlich mit der Arbeit fertig war, kam sie tränenüberströmt zu Paps.
»Fertig«, sagte sie. »Hoffentlich bist du zufrieden. Kann ich jetzt meine 47 Cent haben?«
Paps zählte die Geldstücke auf.
»Weine nicht, mein Süßes«, sagte er. »Was du auch von deinem alten Pappi denken magst – er tat's zu deinem Besten. Wenn du unter deinem Kopfkissen nachsiehst, wirst du merken, daß Pappi dich die ganze Zeit wirklich liebgehabt hat.«
Das Geschenk war ein Paar Rollschuhe.
Fred leitete das Sparkomitee und zog die Strafgelder ein. Einmal entdeckte er kurz vor dem Schlafengehen, daß jemand einen Wasserhahn nicht fest zugedreht hatte, so daß er tropfte und die ganze Badewanne mit heißem Wasser vollgelaufen war. Jack schlief schon über eine Stunde, aber Fred weckte ihn.
»Steh auf und geh baden«, sagte er.
»Aber ich hab' ja grade vorm Schlafengehn gebadet.«
»Weiß ich, aber du hast den Hahn offengelassen«, sagte Fred. »Willst du denn das herrliche Wasser vergeuden?«
»Warum badest du denn nicht?« fragte Jack.
»Ich bade morgens, das weißt du doch. So steht's im Plan.«
Jack mußte an jenem Abend zweimal baden.
Eines Tages kam Paps mit zwei Grammophonen und zwei Stößen Platten heim. An den Eingangsstufen pfiff er zum Sammeln, und wir halfen ihm beim Auspacken.
»Kinder«, sagte er, »da hab' ich eine wunderbare Überraschung. Zwei Grammophone und lauter hübsche Platten.«
»Aber wir haben doch ein Grammophon, Pappi.«

»Weiß ich, aber das Grammophon, das wir haben, ist für unten; jetzt haben wir zwei für oben. Wird das nicht lustig?«
»Warum?«
»Also von jetzt an«, sagte Paps, »werden wir versuchen, den unvermeidlichen Zeitverlust einzuschränken. Diese Grammophone kommen in die Badezimmer – eins ins Jungenbad, das andere ins Mädchenbad. Wetten, daß wir die einzige Familie in der Stadt sind, die in jedem Badezimmer ein Grammophon hat? Und wenn ihr badet, die Zähne putzt oder sonst was tut, dann spielt ihr Grammophon.«
»Warum?«
»Warum! Warum? Warum?« äffte Paps nach. »Warum dies und warum das? Muß denn bei allem ein Warum sein?«
»Muß nicht, Pappi«, erklärte Ernestine geduldig. »Aber bei dir ist meistens eins dabei. Wenn du von unvermeidlichem Zeitverlust und von Grammophonen redest, dann tippen wir nicht grade auf Tanzmusik.«
»Nein«, gab Paps zu. »Tanzmusik ist's nicht. Aber ihr werdet diese Platten in gewisser Weise ebensogut finden und dazu noch belehrender.«
»Was sind's denn für Platten?« fragte Anne.
»Oh«, sagte Paps, »sehr amüsante. Französische und deutsche Sprachkurse. Ihr braucht nicht richtig zuzuhören. Spielt sie nur einfach ab. Am Ende bleibt doch was hängen.«
»O nein!«
Paps wurde der Diplomatie und der Psychologie bald müde.
»Haltet den Mund und hört zu«, schrie er. »Ich hab' hundertundsechzig Dollar für das ganze Zeug ausgegeben. Hab' ich das etwa für mich getan? Nein! Zum Donnerwetter, nein! Zufällig kann ich nämlich Deutsch und Französisch schon so fließend, daß man mich oft für einen Deutschen oder für einen Franzosen hält.«
Das war zumindest eine ungeheuerliche Übertreibung; Paps hatte erst als Erwachsener angefangen, Sprachen zu lernen, und war mit Französisch nie recht vertraut geworden, während er Deutsch ganz gut radebrechte. Meistens setzte er es durch, daß Mutter ihn auf seinen Geschäftsreisen nach Europa als Dolmetscher begleitete. Mutter hatte eine natürliche Begabung für Sprachen.
»Nein«, fuhr Paps fort, »nicht für mich hab' ich diese kostspieligen Dinger gekauft, obwohl ich gestehen muß, daß ich sehr gern ein Grammophon und einen Haufen Sprachplatten für mich allein hätte. Aber diese hier hab' ich als Geschenk für euch gekauft, und ihr werdet sie auch benutzen. Wenn diese Grammophone nicht jeden Morgen laufen – vom Aufstehn an, bis ihr zum Frühstück runterkommt –, dann werd' ich schon rauskriegen, weshalb.«

»Zum Beispiel deshalb«, sagte Bill, »weil man die Platten nicht auswechseln kann, wenn man in der Badewanne sitzt.«
»Wenn man nach den Grundsätzen der Bewegungsrationalisierung verfährt, dann braucht man in der Badewanne nicht länger zu sitzen, als eine Platte läuft.«
Das war allerdings richtig. Paps setzte sich in die Wanne und nahm die Seife in die rechte Hand. Dann legte er die rechte Hand auf die linke Schulter, fuhr damit die Oberseite des linken Arms hinunter, die Unterseite des linken Arms wieder hinauf bis zur Achselhöhle, dann die ganze linke Seite und die Außenseite des linken Beins hinunter und die Innenseite dieses Beins wieder hinauf. Dann nahm er die Seife in die linke Hand und verfuhr ebenso mit seiner rechten Seite. Dann fuhr er ein paarmal kreisförmig über Bauch und Rükken, wusch sich Gesicht und Füße, tauchte zum Abspülen unter und stieg heraus. Er versammelte mehrmals alle Jungen im Badezimmer und zeigte ihnen genau, wie er's machte, und eines Tages saß er völlig angezogen mitten auf dem Wohnzimmerteppich und brachte es den Mädchen bei. Nun also gab es im Badezimmer keinen unvermeidlichen Zeitverlust mehr; es dauerte nicht lange, und wir sprachen alle wenigstens ein holperiges Französisch und Deutsch. Zehn Jahre lang erteilten die Grammophone im Obergeschoß unseres Hauses in Montclair ihren Elementarunterricht. Als wir einigermaßen fließend sprechen konnten, unterhielten wir uns oft beim Mittagessen deutsch oder französisch. Im letzteren Falle beteiligte Paps sich nicht an der Unterhaltung.
»Eure deutsche Aussprache ist gar nicht so schlecht«, sagte er. »Wenn ihr deutsch sprecht, kann ich fast alles verstehn. Aber eure französische Aussprache ist so grauenhaft, daß euch wahrscheinlich kein Mensch verstehen kann. Ich glaube, ihr habt euch da eine eigene Fremdsprache zurechtgemacht, die mit Französisch ebensowenig zu tun hat wie mit Küchenlatein.«
Wir kicherten, und er wandte sich wütend an Mutter:
»Findest du nicht auch, Lillie?«
»Weißt du, Lieber«, sagte sie, »ich glaube kaum, daß jemand sie für geborene Franzosen halten würde, aber meistens kann ich verstehen, was sie meinen.«
»Weil du dein Französisch hier gelernt hast«, sagte Paps würdevoll, »wo jeder mit Akzent spricht, während ich es direkt in Paris gelernt habe.«
»Mag sein, mein Lieber«, sagte Mutter, »mag schon sein.«
An diesem Abend nahm Paps sich das Grammophon aus dem Jungenbad mit in sein Schlafzimmer, und wir hörten ihn bis spät in die Nacht hinein französische Platten spielen.

Ungefähr zu der Zeit, als Paps uns die Grammophone mitbrachte, wurde er Berater bei der Remington-Schreibmaschinen-Gesellschaft, und er war daran beteiligt, durch Bewegungsrationalisierung die schnellste Maschinenschreiberin der Welt heranzubilden.
Eines Abends beim Essen erzählte er uns davon: wie er an den Fingern der Schreiberin kleine Leuchtpunkte angebracht und davon Zeitlupenaufnahmen gemacht habe, um festzustellen, welche Bewegungen sie mache und wie man diese Bewegungen reduzieren könne. »Jeder kann schnell schreiben lernen«, schloß Paps. »Ich habe ein System entwickelt, nach dem man garantiert in zwei Wochen blindschreiben lernen kann.«
Wir sahen direkt, wie das große Experiment in seinem Hirn reifte.
»In zwei Wochen«, wiederholte er. »Sogar einem Kind könnte ich in zwei Wochen Blindschreiben beibringen.«
»Kannst du blindschreiben, Pappi?« fragte Bill.
»In zwei Wochen«, sagte Paps, »könnte ich's einem Kind beibringen. Jeder kann das, wenn er nur genau das tut, was ich ihm sage.«
Am nächsten Tag brachte er eine neue schneeweiße Schreibmaschine, ein goldenes Messer und eine billige Uhr mit. Er packte alles aus und stellte es auf den Eßzimmertisch.
»Kann ich die Maschine mal probieren?« fragte Mart.
»Warum ist die Maschine weiß?« wollte Anne wissen. »Alle Schreibmaschinen, die ich bisher gesehen hab', waren schwarz. Sie sieht hübsch aus, sicher, aber warum ist sie weiß?«
»Sie ist weiß, damit sie sich besser fotografieren läßt«, erklärte Paps. »Außerdem möchte aus irgendeinem Grund jeder, der eine weiße Schreibmaschine sieht, daran tippen. Fragt mich nicht, warum? Das gehört zur Psychologie.«
Wir alle wollten einmal tippen, aber Paps erlaubte nicht, daß wir die Maschine anrührten.
»Jeder kann sich an diesem Experiment beteiligen«, sagte er. »Ich glaube, ich kann euch das Blindschreiben in zwei Wochen beibringen. Wer's lernen will, darf auf der weißen Maschine üben. Wer nach zwei Wochen am schnellsten tippen kann, bekommt die Schreibmaschine geschenkt. Messer und Uhr werden als Preise für diejenigen ausgesetzt, die durch ihre Jugend benachteiligt sind.«
Alle, außer den beiden Jüngsten, die noch nicht sprechen konnten, sagten, daß sie es lernen wollten.
»Kann ich zuerst üben, Pappi?« fragte Lill.
»Keiner darf üben, bis ich's sage. Jetzt will ich euch erst mal zeigen, wie die Maschine funktioniert.« Paps nahm ein Blatt Papier. »Hier spannt man das Papier ein. Und so-oo wird gedreht. Und wenn man den Wagen an den Zeilenanfang haben will, macht man's so.«

Und Paps tippte unsicher mit zwei Fingern das erste beste, was ihm gerade einfiel: seinen Namen.
»Ist das Blindschreiben, Pappi?« fragte Bill.
»Nein«, sagte Paps. »Das Blindschreiben zeig' ich euch nachher.«
»Kannst du denn blindschreiben, Pappi?«
»Billy, mein Junge, ich weiß, wie man's jemand beibringt.«
»Aber kannst du's selber, Pappi?«
»Ich kann's beibringen!« brüllte Paps. »In zwei Wochen kann ich's einem Kind beibringen. Hast du mich verstanden? Gerade jetzt hab' ich mitgeholfen, die schnellste Maschinenschreiberin der Welt auszubilden. Hast du das auch verstanden? Wie ich gehört habe, kann Carusos Gesanglehrer nicht einen einzigen Ton singen. Ist damit deine Frage beantwortet?«
»Ich denke, ja«, sagte Bill.
»Sonst noch eine Frage?«
Keiner hatte etwas zu fragen. Dann holte Paps Papiermodelle von der Schreibmaschinentastatur und gab jedem von uns eins.
»Zuerst müßt ihr die Tastatur auswendig lernen. QWERT YUIOP. Das sind die Buchstaben der oberen Reihe. Die lernt ihr auswendig. Ihr müßt sie vorwärts und rückwärts können. Ihr müßt sie mit geschlossenen Augen hersagen können – so.«
Paps machte das rechte Auge zu, linste aber ein bißchen durch das linke Auge, so daß er die Tabelle noch lesen konnte.
»QWERTYUIOP. Versteht ihr mich? Das müßt ihr im Schlaf können. Das ist der erste Schritt.«
Wir sahen etwas niedergeschlagen aus.
»Ich weiß schon, ihr wollt die weiße Schreibmaschine probieren. Hübsch, nicht wahr?«
Er schlug einige Tasten an.
»Geht so leicht wie eine Taschenuhr, was?«
Das mußten wir zugeben.
»Schön. Morgen oder übermorgen werdet ihr sie benutzen. Aber erst müßt ihr die Tasten auswendig lernen. Dann müßt ihr lernen, welche Finger ihr zu benutzen habt. Dann seid ihr so weit, daß ihr Moby Dick probieren dürft. Und einer von euch wird ihn gewinnen.«
Nachdem wir die Tasten auswendig konnten, wurden unsere Finger mit bunter Kreide bezeichnet: die kleinen Finger blau, die Zeigefinger rot usw. Auf die entsprechenden Tasten auf den Papiermodellen kamen die gleichen Farben. Beispielsweise wurden alle Buchstaben, die mit dem kleinen Finger der linken Hand angeschlagen werden – wie Q, A und Z –, blau bezeichnet, entsprechend dem blauen kleinen Finger.

»Nun habt ihr nichts weiter zu tun, als zu üben, bis jeder Finger weiß, zu welcher Farbe er gehört«, sagte Paps. »Und wenn ihr das intus habt, können wir anfangen.«

In zwei Tagen waren wir so weit, daß wir die Farben unserer Finger mit den Farben auf den Papiermodellen zusammenbrachten. Ernestine war die Schnellste und durfte sich als erste an die weiße Schreibmaschine setzen. Zuversichtlich rückte sie ihren Stuhl heran, während wir alle um sie herum standen.

»Aber Pappi – das gilt nicht«, jammerte sie. »Du hast ja auf alle Tasten weiße Kappen gesetzt. Ich kann gar nicht sehen, was ich anschlage.«

Heutzutage sind weiße Kappen allgemein bekannt, aber Paps hatte sie sich ausgedacht und von Remington besonders anfertigen lassen.

»Du brauchst nichts zu sehen«, sagte Paps. »Stell dir einfach vor, die Tasten hätten verschiedene Farben, und tippe genau wie am Modell.«

Ern fing langsam an und wurde dann schneller, als ihre Finger instinktiv von einer Taste zur anderen sprangen. Paps stand mit seinem Bleistift in der einen und mit einem Modell in der anderen Hand hinter ihr. Jedesmal, wenn sie einen Fehler machte, gab er ihr mit dem Bleistift einen Klaps auf den Kopf.

»Laß das, Pappi. Das tut weh. Ich kann mich nicht konzentrieren, wenn ich weiß, daß dieser Bleistift über meinem Kopf schwebt.«

»Es soll ja weh tun. Dein Kopf soll deine Finger lehren, keine Fehler zu machen.«

Ern tippte weiter. Bei jedem fünften Wort machte sie einen Fehler, und dann bekam sie mit dem Bleistift eine Kopfnuß. Aber die Kopfnüsse kamen immer seltener, und schließlich legte Paps den Bleistift weg. »Sehr schön, Ernie«, sagte er. »Ich glaube, ich werde dich behalten.«

Nach zwei Wochen konnten Mutter und alle über sechs Jahre alten Kinder ziemlich gut blindschreiben. Paps behauptete, er könne es auch. Wir waren noch weit davon entfernt, schnell zu schreiben – denn das erlangt man nur durch Übung, aber wir schrieben einigermaßen fehlerfrei.

Paps wollte, daß Ernestine sich als eine Art Wunderkind an einem staatlichen Wettbewerb beteilige, aber Mutter redete es ihm aus, und so hat Ern sich nie beworben.

»Ich will sie ja nicht vorführen«, sagte er zu Mutter. »Ich will den Leuten ja nur einen Gefallen tun: Ich will ihnen zeigen, was man mit der richtigen Lehrmethode und mit Bewegungsrationalisierung fertigbringen kann.«

»Ich halte das für keine gute Idee, Lieber«, sagte Mutter. »Ernestine ist ziemlich überspannt, und die Kinder sind auch so schon eingebildet genug.«
Paps begnügte sich damit, von uns Filmaufnahmen zu machen, erst mit den farbig bezeichneten Fingern am Papiermodell und dann richtig an der Schreibmaschine. Er sagte, die Bilder seien »für mein Archiv« aber etwa einen Monat später wurden sie für die Wochenschau freigegeben, und es wurde alles gezeigt – außer dem auf unsere Köpfe heruntersausenden Bleistift. Und manche von uns schrecken noch heute zusammen, sobald sie die Rücktaste berühren.

Da nach Paps' Ansicht Essen eine Form von unvermeidlichem Zeitverlust war, nutzte er die Essenszeit zum Unterricht aus. Oberstes Gesetz war: Niemand darf sprechen, wenn sein Thema nicht allgemein interessant ist.
Paps entschied, welche Themen allgemein interessant waren. Da er überzeugt war, daß er selber nur interessante Sachen sagte, hatte die übrige Familie Mühe, überhaupt zu Wort zu kommen.
»Also bestimmt – wir haben im Geschichtsunterricht den dümmsten Jungen«, fing Anne etwa an.
»Sieht er gut aus?« fragte Ernestine.
»Nicht allgemein interessant!« brüllte Paps.
»Mich interessiert's«, sagte Mart.
»Aber ich«, verkündete Paps, »langweil' mich tot. Wenn Anne zum Beispiel in der Geschichtsstunde einen Jungen mit zwei Köpfen gesehn hätte, dann wär' das allgemein interessant.«
Zu Beginn einer Mahlzeit war es gewöhnlich so, daß an einem Ende des Tisches Mutter das Essen austeilte, während Paps am anderen Ende das Unterhaltungsthema des Tages servierte.
»Heute traf ich einen Ingenieur, der gerade aus Indien zurückgekommen ist«, verkündete er. »Wißt ihr, was er sagt? Er glaubt, Indien habe verhältnismäßig die kleinste Industrie aller Länder der Welt.«
Dann wußten wir, daß während dieser Mahlzeit auch die langweiligsten Tatsachen über Indien für allgemein interessant gehalten wurden – die Nachbarstaaten Siam, Persien, China und die Mongolei aus irgendeinem Grunde dagegen für weniger allgemein interessant galten und Vorfälle, die sich in Montclair in New Jersey ereignet hatten, als völlig uninteressant verworfen wurden. Wenn einmal Indien als Reiseziel ausersehen war, dann ließ Paps sich nicht davon abbringen und steuerte drauflos, als hätten wir eine wichtige Botschaft dorthin zu bringen.
Manchmal hing das Gesprächsthema mit dem Gebiet der Bewe-

gungsrationalisierung zusammen, beispielsweise das Abräumen des Eßgeschirrs. Alles, was mit Bewegungsrationalisierung zu tun hatte, war natürlich immer ganz besonders allgemein interessant.
»Ist es besser, das Geschirr am Tisch aufeinanderzustellen und in einem großen Stoß hinauszutragen?« fragte Paps. »Oder ist es besser, immer nur ein paar Teller in die Anrichte zu bringen und sie beim Abspülen aufeinanderzustellen? Wir werden nach dem Essen zwei Parteien bilden, und jede Partei wird eine dieser beiden Methoden ausprobieren.«
Besonders allgemein interessant war auch eine Reihe von Kunstgriffen, mittels deren Paps große Zahlen ohne Bleistift und Papier im Kopf multiplizieren konnte. Die Ableitung für diese Kunstgriffe ist zu kompliziert, um sie hier ausführlich wiederzugeben; zwei ziemlich elementare Beispiele mögen genügen.
1. Um sechsundvierzig mit sechsundvierzig zu multiplizieren, berechnet man, wieviel größer sechsundvierzig ist als fünfundzwanzig. Antwort: einundzwanzig. Dann berechnet man, wieviel kleiner sechsundvierzig ist als fünfzig. Antwort: vier. Man nimmt das Quadrat von vier und erhält sechzehn. Man schreibt einundzwanzig und sechzehn nebeneinander und erhält einundzwanzigsechzehn, d. h. 2116.
2. Um vierundvierzig mit vierundvierzig zu multiplizieren, berechnet man, wieviel größer vierundvierzig ist als fünfundzwanzig. Antwort: neunzehn. Dann berechnet man, wieviel kleiner vierundvierzig als fünfzig ist. Antwort: sechs. Man nimmt das Quadrat von sechs und erhält sechsunddreißig. Man schreibt neunzehn und sechsunddreißig nebeneinander und erhält neunzehnsechsunddreißig, d. h. 1936.
»Ich möchte euch allen beibringen, wie man zweistellige Zahlen im Kopf multipliziert«, fing Paps beim Mittagessen an.
»Nicht allgemein interessant«, sagte Anne.
»Ja, wenn du einem Kalb mit zwei Köpfen beibringen könntest, zweistellige Zahlen zu multiplizieren!« schlug Ern vor.
»Wer das nicht allgemein interessant findet, kann vom Tisch aufstehn und in sein Zimmer gehn«, sagte Paps kalt. »Soviel ich weiß, gibt's zum Nachtisch Apfelkuchen.«
Niemand stand auf.
»Da sich jetzt alle dafür zu interessieren scheinen«, sagte Paps, »werde ich erklären, wie man's macht.«
Für Kinder war das schwer verständlich, man mußte dabei die Quadrate aller Zahlen von eins bis fünfundzwanzig im Kopf haben. Aber Paps ging langsam vor, und nach einigen Monaten hatten die älteren Kinder die notwendigen Kunstgriffe gelernt.

Während Mutter tranchierte und das Essen austeilte – Paps schnitzte zwar manchmal an einem Stück Holz herum, hätte aber nie bei Tisch ein Tranchiermesser angerührt –, rief Paps Rechenaufgaben aus: »Neunzehn mal siebzehn.«
»Dreihundertdreiundzwanzig.«
»Richtig. Gut, Bill.«
»Zweiundfünfzig mal zweiundfünfzig.«
»Zweitausendsiebenhundertvier.«
»Richtig. Gut, Martha.«
Dan war damals fünf und Jack drei Jahre alt. Eines Abends bombardierte Paps Dan mit Fragen nach den Quadraten der Zahlen bis fünfundzwanzig. Das hatte mit Kopfrechnen nichts zu tun, sondern war reiner Gedächtniskram.
»Fünfzehn mal fünfzehn«, sagte Paps.
»Zweihundertfünfundzwanzig«, sagte Dan.
»Sechzehn mal sechzehn«, sagte Paps.
Jack, der in seinem hohen Stuhl neben Mutter saß, antwortete: »Zweihundertsechsundfünfzig.«
Zuerst war Paps ärgerlich, weil er glaubte, einer von uns Älteren habe dazwischengeredet.
»Ich hab' Dan gefragt«, sagte er. »Ihr andern drängt euch nicht so vor und ...« Dann aber fiel bei ihm der Groschen.
»Was hast du gesagt, Jackiebub?« flötete er.
»Zweihundertsechsundfünfzig.«
Paps zog ein Fünfcentstück aus der Tasche und wurde sehr ernst.
»Hast du die Quadratzahlen auswendig gelernt, während ich die andern abfragte, Jackie?«
Jack wußte nicht, ob das gut oder schlecht war, aber er nickte.
»Wenn du mir sagen kannst, wieviel siebzehn mal siebzehn ist, Jakkiebub, kriegst du fünf Cent.«
»Natürlich, Pappi«, sagte Jack. »Zweihundertneunundachtzig.«
Paps reichte ihm das Fünfcentstück und sah Mutter strahlend an.
»Lillie«, sagte er, »ich glaube, wir behalten den Jungen.«

Martha konnte mit elf Jahren am schnellsten von der ganzen Familie kopfrechnen. Paps litt noch unter der Enttäuschung, daß er Ernestine nicht zu dem Schnellschreibewettbewerb hatte schicken können, und bestand darauf, Martha zu einer Ausstellung von Rechenmaschinen in New York mitzunehmen.
»Nein, Lillie«, sagte er zu Mutter, »Martha ist nicht überspannt. Beim Blindschreiben hab' ich mich mit Filmaufnahmen begnügt, aber dies hier kann man nicht filmen. Sie fährt mit nach New York.«

Bei dieser Ausstellung stand Martha auf einem Podium und löste die Aufgaben schneller als die Rechenmaschinen. Paps stand natürlich immer daneben.
Wenn das Publikum am Schluß applaudierte, sagte er bescheiden: »Das ist wirklich noch gar nichts. Zu Hause hab' ich einen Jungen namens Jack, der ist fast so gut wie sie. Ich hätte ihn ja mitgebracht, aber meine Frau meint, er sei noch zu klein. Vielleicht nächstes Jahr, dann ist er schon vier . . .«
Damals sahen wir schon ein, daß Paps als Lehrer etwas los hatte und genau wußte, was er wollte. Einmal aber mißlang es ihm doch.
»Morgen werde ich ein Vogelbassin aus Zement machen«, sagte er nach dem Dinner. »Wer zusehn will, muß gleich nach der Schule nach Hause kommen, dann machen wir's am späten Nachmittag.«
Paps hatte sein Bauunternehmen schon lange aufgegeben und sich ganz der Betriebswissenschaft und der Bewegungsrationalisierung gewidmet, aber wir wußten, daß er ein perfekter Maurer war und ein Buch über Eisenbeton geschrieben hatte.
Am nächsten Nachmittag machte er eine Form, mischte zuversichtlich seinen Beton und goß das Vogelbassin.
»Jetzt lassen wir es eine Weile trocknen, und dann nehmen wir die Form weg«, sagte er.
Danach mußte er für einige Wochen verreisen. Als er wiederkam, zog er sich einen alten Anzug an, pfiff zum Sammeln und ging vor uns her in den Garten.
»Die ganze Zeit, die ich fort war, hab' ich an dieses Vogelbassin gedacht«, sagte er. »Jetzt müßte es richtig hart sein.«
»Werden die Vögel drin baden, Pappi?« fragte Fred.
»Freddy, ich nehm' an, die Vögel werden meilenweit herkommen, um drin zu baden. Und am Samstagabend werden die Vögel höchstwahrscheinlich Schlange stehn, um unsere süße kleine Badewanne benutzen zu dürfen.«
Er beugte sich über die Gußform. »Tretet alle zurück«, sagte er. »Jetzt wird das Meisterwerk enthüllt. Ihr kleinen Vögelchen – haltet eure Handtücher bereit, gleich könnt ihr baden.«
Wir standen mäuschenstill da und warteten. Als er aber das Vogelbassin aus der Form heraushob, gab es zu unserer Überraschung ein knirschendes Geräusch, und vor unseren Füßen lag ein Haufen Sand und Steinchen. Paps stand sprachlos und ganz kleinlaut da. Es ging ihm so nahe, daß er uns leid tat.
»Schadet nichts, Pappi«, sagte Lill. »Du hast's jedenfalls mal versucht.«
»Bill«, sagte Paps streng, »hast du etwa . . .?«
»Was, Pappi?«

»Hast du mein Vogelbassin angefaßt?«
»Nein, Pappi. Ehrenwort.«
Paps bückte sich und nahm ein Stückchen Beton auf. Es zerfiel zwischen seinen Fingern zu Staub.
»Zuviel Sand«, brummte er und sagte dann zu Bill: »Nein, meine Schuld. Zuviel Sand. Ich weiß, du hast es nicht angefaßt, und es tut mir leid, daß ich dich verdächtigt hab'.«
Aber die Niedergeschlagenheit dauerte bei Paps nicht lange.
»Na ja«, sagte er, »diesmal hat's nicht geklappt. Aber ich hab' eins der schönsten und höchsten Gebäude der ganzen Welt gebaut. Und Brücken und Straßen und Kanäle, viele, viele Kilometer lang.«
»Ist ein Vogelbassin schwerer zu bauen als ein hohes Haus, Pappi?« fragte Dan.
Paps fiel wieder ganz in sich zusammen, gab dem Schutthäufchen einen kleinen Tritt mit der Fußspitze und ging langsam ins Haus.
»Zuviel Sand«, brummte er.

Siebentes Kapitel
Klassen werden übersprungen

Mutter betrachtete ihre Kinder als zwölf individuelle Wesen, als zwölf verschiedenartige Persönlichkeiten, die möglicherweise einmal einzeln durch die Welt kommen müßten. Paps betrachtete sie als eine geschlossene Gruppe, die er nach einem allgemeinen Plan erziehen müßte, nach einem Plan, der aus allen Kindern das Beste herausholte. Er glaubte, was für Anne gut war, müßte auch Ernestine, Bill oder Jack dienlich sein.

Zu Paps' Plan gehörte es, daß wir in der Schule Klassen überspringen mußten. Er fand es nicht notwendig, daß seine Kinder durch eine Schule aufgehalten würden, die auf Kinder von gewöhnlichen Durchschnittseltern zugeschnitten war.

Von Zeit zu Zeit machte Paps überraschende Besuche in unseren Schulen, um festzustellen, ob und wann wir springen könnten. Durch alles, was er uns zu Hause beibrachte – Schreibspiele, geographische Fragen, Rechnen und Fremdsprachen –, waren wir in manchen Fällen durchaus in der Lage, eine Klasse zu überspringen – allerdings nie in dem Maße, wie Paps es von uns verlangte.

Als Belohnung für das Überspringen einer Klasse gab es gewöhnlich ein neues Fahrrad. Keiner von uns sprang gern, denn das hieß sich wieder neue Freunde suchen und in der Klasse nachhinken, bis man alles nachgeholt hatte. Aber das Fahrrad war ein großer Anreiz, und außerdem war immer zu befürchten, daß eines der jüngeren Geschwister springen und in der Klasse landen würde, in der man gerade saß. Und das wäre der Gipfel der Schande gewesen. Wenn also eine der jüngeren Familienmitglieder sich offensichtlich zum Springen anschickte, begannen alle älteren Kinder wahnsinnig zu büffeln, damit sie ihrerseits auch springen könnten.

Mutter sah sehr wohl die Schattenseiten dieser Methode. Sie wußte, daß wir zwar in gewissen Fächern weit voraus waren, daß wir aber in so schwer greifbaren Dingen wie Reife und Sicherheit nicht über den Durchschnitt hinausragten. Andererseits war ihr eines klar:

Paps war jetzt in den Fünfzigern, und er wollte, daß möglichst viele seiner Kinder vor seinem Tode Schule und College hinter sich gebracht hätten.

Wenn wir gute Zeugnisse nach Hause brachten, wurden wir gefeiert und belohnt.

»Der Apfel fällt nicht weit vom Stamm«, rief Paps dann. »Der Jüngste in der Klasse – und bringt die besten Zensuren heim! Als ich in der fünften Klasse saß, war ich auch Erster, und zum Thanksgiving-Tag durfte ich immer den Truthahn an die Tafel zeichnen. Meine einzige schwache Seite war die Orthographie. Ich hab' nie richtig schreiben gelernt, bis ich erwachsen war. Zu meinen Lehrern sagte ich immer, ich würde mir mal einen Haufen Sekretärinnen leisten können, die die Rechtschreibung für mich besorgten.« Dann lehnte er sich zurück und brüllte vor Lachen. Man wußte nie, ob er ernsthaft prahlte oder ob er uns nur aufziehen wollte.

Wer ein schlechtes Zeugnis hatte, mußte nachmittags lernen und wurde dabei von den älteren Geschwistern und von Mutter und Paps beaufsichtigt. Aber Schelte bekamen wir deswegen fast nie von Paps. Im Grunde war er überzeugt davon, daß die schlechten Noten lediglich auf einen Irrtum des Lehrers zurückzuführen seien.

»Diese Lehrerin hat ihren Beruf verfehlt«, raunte er Mutter zu. »Stell dir vor, eins von meinen Kindern soll versagt haben! Die kann ja nicht mal ein gescheites Kind von einem Dummkopf unterscheiden!«

Als wir nach Montclair zogen, stand unsere Anmeldung in der Schule als erster Punkt auf dem Programm. Paps lud sieben von uns in den Pierce-Arrow und fuhr los.

»Mir nach, ihr Würmer!« sagte er. »Es wird mir ein Genuß sein. Wir werden uns jetzt in die Hallen der Gelehrsamkeit begeben. Bedenkt: Das ist ein bedeutsamer Augenblick in eurem Leben. Tut euer Bestes und haltet Augen und Ohren offen. Laßt mich nur reden.«

Zuerst hielten wir vor der Grundschule Nishuane, einem imposanten, abstoßend dunkelroten Backsteinbau. In der Vorderfront waren zwei Türen; über der einen stand »Knaben«, über der anderen »Mädchen«.

»Frank, Bill, Lill und Fred – das ist eure Schule«, sagte Paps. »Kommt, gehn wir rein. Seht bloß nicht so aus wie abgestochene Kälber?! Geradehalten und 'n bißchen munter!«

Wir kletterten hinaus; uns war gräßlich zumute.

»Ihr großen Mädels auch«, sagte Paps. »Warum sollen wir nicht Eindruck schinden?«

»Ach nein, Pappi.«

»Was ist denn los? Kommt, kommt!«
»Aber das ist doch gar nicht unsere Schule.«
»Weiß ich, aber wir können ihnen doch mal 'ne richtige Familie vorführen. Eigentlich könnte ich schnell nach Hause fahren und Mutter und die Babys holen; Zeit haben wir noch dazu.«
Daraufhin sprangen die älteren Mädchen schleunigst aus dem Wagen.
Als wir uns der mit »Knaben« bezeichneten Tür näherten, drehten die Mädchen um und gingen zum anderen Eingang.
»Wo geht ihr Mädchen denn hin?« fragte Paps.
»Die Tür für die Mädchen ist da drüben.«
»Quatsch«, sagte Paps. »Solche blöden Bestimmungen brauchen wir nicht zu beachten. Was denken die sich denn hier überhaupt? Wollen wohl die Kinder drillen, was?«
»Still, Pappi! Sie können dich ja hören.«
»Laß sie doch. Werden sowieso bald genug von mir hören.«
Wir gingen also alle durch die mit »Knaben« bezeichnete Tür. In den Klassenzimmern saßen bereits die Kinder und starrten uns durch die offenen Türen nach, während wir durch den Korridor zum Zimmer der Direktorin gingen. An der Tür trat uns eine Lehrerin entgegen; bei unserem Anblick schnappte sie nach Luft.
»Guten Morgen, Fräulein«, sagte Paps mit schwungvoller Verbeugung. »Nur eine Invasion der Gilbreths – oder vielmehr eine Teilinvasion, denn die meisten hab' ich zu Hause bei ihrer Mutter gelassen. Ein herrlicher Morgen, nicht wahr?«
»Ja, ganz herrlich«, sagte sie lächelnd.
Die Direktorin von Nishuane war eine ältere Dame, fast so dick wie Papas, aber viel kleiner als er. Sie hatte die gepflegteste Ausdrucksweise der ganzen mittelatlantischen Staaten. Wahrscheinlich war sie eine sehr gütige und liebenswürdige Dame, aber sie war die Direktorin, und wir hatten Angst vor ihr. Wir alle – außer Paps.
»Guten Morgen, gnädige Frau«, sagte er und verbeugte sich wieder. »Gilbreth ist mein Name.«
»Guten Tag, Mr. Gilbreth. Ich habe schon viel von Ihnen gehört.«
»Komm' bloß, um die da anzumelden«, sagte Paps und wies mit dem Kopf auf uns. »Die andern drei hab' ich nur mitgebracht, damit Sie sich von unserm Nachwuchs eine bessere Vorstellung machen können. Fast alle rothaarig. Ein paar Blonde drunter. Alle sommersprossig.«
»Schon recht, Mr. Gilbreth. Ich werde alles berücksichtigen. Ich freue mich, daß Sie vorbeigekommen sind.«
»Moment mal«, sagte Paps. »Ich bin nicht bloß so vorbeigekommen. Ich möchte die Lehrer kennenlernen und möchte wissen, in welche

Klassen die Kinder kommen. Ich hab's gar nicht eilig. Ich hab' mich so eingerichtet, daß ich Ihnen den ganzen Vormittag zur Verfügung stehe.«

»Ich will Sie gerne mit den Lehrern bekannt machen, Mr. Gilbreth. In welche Klassen die Kinder kommen, hängt von ihrem Alter ab.«

»Halt! Halt!« unterbrach Paps. »Natürlich hängt's vom Alter ab, das heißt von der geistigen Reife. Komm mal her, Bill. Wie alt bist du? Acht, nicht wahr?«

Bill nickte.

»In welche Klasse kommen Achtjährige gewöhnlich?«

»In die dritte«, antwortete die Direktorin.

»Ich möchte bitten, daß er in die fünfte kommt.«

»Sagen wir: in die vierte«, sagte die Direktorin. Aber man sah schon, daß sie geschlagen war.

»Gnädige Frau«, sagte Paps, »wie heißt die Hauptstadt von Columbia? Wie groß ist die Bevölkerung von Des Moines nach der Volkszählung von 1910? Sie wissen das natürlich, weil Sie Schuldirektorin sind. Aber Bill weiß das auch. Und unser kleiner Jackie auch, aber den mußte ich zu Hause lassen, es ist jetzt Zeit für sein Fläschchen.«

»Also in die fünfte«, sagte die Direktorin.

Nachdem wir angemeldet waren, begann Paps mit seinen überraschenden Besuchen. Wir fürchteten sie, denn Paps setzte sich über die ganze Schulordnung hinweg. Er kam durch Türen, an denen »Ausgang« stand, ging Treppen hinauf, die man nur hinuntergehen durfte, und behielt manchmal sogar im Schulkorridor den Hut auf. Für eines dieser Vergehen hätte ein Kind eine Woche lang nachsitzen müssen; für alle drei Vergehen hätte ein Kind so lange in die Erziehungsanstalt gehört, bis es einen meterlangen Bart gehabt hätte. Aber die Lehrer schienen Paps' Besuche und die Aufmerksamkeit, die er ihnen entgegenbrachte, reizend zu finden, und die Schuldirektorin – auch die Direktorin in Nishuane – war immer sehr darauf aus, ihn als Redner für die Schulversammlungen zu gewinnen.

»Wenn du nur halb soviel Verstand oder Manieren hättest wie dein Vater oder deine Mutter!« sagten die Lehrer dann, wenn sie einen von uns schalten.

Manchmal war die Klasse gerade beim Flaggengruß, wenn Paps, übers ganze Gesicht grinsend, hereinplatzte. Jedes Kindergartenbaby kannte die eiserne Regel, daß man während des Flaggengrußes einen Raum nicht betreten durfte, und kein Schulkind würde so etwas gewagt haben, und wenn es den Ausbruch eines Feuers, eines Monsuns oder der Pest zu melden gehabt hätte. Ganz anders Paps!

Der Erdboden schien zu schwanken, und man wartete darauf, daß Miß Billsop ihre Zähne fletschte und auf Paps losging. Statt dessen lächelte sie ihn ganz freundlich an. Dann erwies auch Paps der Flagge seinen Gruß, und man hörte seine tiefe Stimme über dem Chor der Kinder dröhnen:

»One nation, indivisible, with liberty and justice for all.«

Jeder in der Schule wußte, daß auf den Flaggengruß das Vaterunser folgte und daß man nach »justice for all« sich hinsetzen und mit gesenktem Kopf und geschlossenen Augen warten mußte, bis die Lehrerin mit »Vater unser, der du bist im Himmel« anfing. Aber – was tat Paps?

»Guten Morgen, Miß Billsop«, sagte er und dann – und das war das allerschlimmste: »Hallo, Frank junior! Warum versteckst du dich hinter dem Buch da? Kleine Überraschung, was? Hallo, ihr Halunken! Entschuldigt die Unterbrechung. Ich bin der Vater von Frank junior. Ich will eure Lehrerin nicht lange aufhalten. Kann gleich weiterunterrichten, weil ihr das doch so gern habt!«

Die ganze Klasse lachte, und Paps lachte mit. Er hatte Kinder zu gern.

»Wie macht er sich denn, Miß Billsop?« (Einmal nannte er sie aus Versehen »Milksop« – Milchsuppe – und schickte ihr dann im Laufe des Vormittags ein Dutzend Rosen als Entschuldigung.) »Wie steht's mit ihm? Kommt er mit, oder muß er zu Hause mehr arbeiten? Sie verstehen's sehr gut mit ihm, er schwärmt zu Hause immerzu von Ihnen. Glauben Sie, daß er die nächste Klasse überspringen kann? Wenn er sich nicht anständig benimmt, dann lassen Sie's mich nur wissen.«

Paps hörte Miß Bilsop ein paar Minuten zu, blinzelte seinen Sprößling kurz an, und schon war er wieder draußen, auf dem Weg zur Klasse eines anderen Gilbreth-Kindes.

Wenn Miß Billsop sich der Klasse wieder zuwandte, lächelte sie immer noch.

»Nun, Kinder, wollen wir den Kopf senken, die Augen schließen und das Vaterunser sprechen.«

Ängstlich wartete man auf die Pause, denn man wußte, daß man sich zur Wehr setzen mußte, wenn etwa jemand eine Anspielung machen würde, daß Vater so dick war oder daß er die Schulordnung schlechter kannte als ein Kindergartenbaby. Statt dessen kamen aber ein paar Kinder schüchtern heran und sagten:

»Du, dein Alter Herr, der ist in Ordnung. Der fürchtet sich vor nichts.«

»Ja-a«, sagte man dann.

Manchmal versuchten wir Paps nach einem solchen Besuch klarzumachen, wie er uns durch sein plötzliches Erscheinen in Verlegenheit bringe.

»Verlegenheit?« fragte er ein bißchen beleidigt. »Wieso denn Verlegenheit?« Dann packte er einen fest bei der Schulter und sagte: »Na ja, vielleicht macht es mich alten Knaben auch ein bißchen verlegen. Aber man muß lernen, das nicht zu zeigen, und wenn man das einmal gelernt hat, dann macht's einem gar nichts mehr aus. Wichtig ist nur, daß mein plötzliches Erscheinen was nützt. Die Lehrer schlucken es glatt.«

Und das taten sie wirklich.

Paps ging nur zur Kirche, wenn eines von uns getauft wurde – mit anderen Worten: ungefähr einmal im Jahr; daher war es Mutters Sache, uns in der Sonntagsschule anzumelden. Paps sagte, er glaube an Gott, könne aber die Pfarrer nicht ausstehen.

»Mir graust's vor ihnen«, sagte er. »Ein Mensch, der das Maul aufreißt, der einen nicht richtig ansehn kann, ein Mensch mit einem feisten Hintern und einem leeren Schädel – da hast du einen Pfarrer.«

Paps war einmal auf einem Dampfer zusammen mit einer Delegation von Geistlichen gereist, die zu einer Tagung nach Europa fuhren. Auf dieser Reise hatte sich der Abscheu vor den ehrwürdigen Herren hauptsächlich in ihm festgesetzt.

»Bei Tisch rissen sie die ganze Unterhaltung an sich«, beklagte er sich – und diese Sünde war für seine Begriffe wirklich unverzeihlich. »Sie entschlüpften einem bei jeder Diskussion, indem sie Jehova, Gott den Herrn, als höchste Autorität anführten. Acht elende Tage lang mußte ich mir täglich durchschnittlich achtmal ihr ›Komm, Herr Jesus‹ anhören oder ähnliches Zeug. Und eine Stewardeß erzählte mir, sie sei zwischen Hoboken und Liverpool so oft heimlich in den Hintern gekniffen worden, daß sie nicht mehr sitzen konnte.«

Trotzdem hielt Paps die Sonntagsschule für wichtig, denn seiner Ansicht nach sollte jeder die Bibel kennenlernen.

»Ein Mensch, der es im Leben zu was bringen will, muß überall Bescheid wissen«, sagte er.

Gewöhnlich fuhr er Mutter und uns zur Sonntagsschule, blieb aber draußen im Wagen sitzen und las die New York Times, wobei ihn auch die entsetzten Blicke vorübergehender Kirchgänger nicht stören konnten.

»Du solltest wenigstens in die Wärme hereinkommen«, schlug Mutter ihm vor. »Du wirst dir draußen den Tod holen.«

»Nein«, erwiderte Paps. »Wenn ich einmal vor meinem Schöpfer stehe, dann will ich ihm sagen können: Ich habe gebetet, wann ich wollte, weder Hagel noch Schnee oder eiskalte Blicke haben mich davon abgehalten, und die Hilfe eines Vorbeters in schwarzem Rock, der den Kragen hinten zuknöpft, habe ich nicht nötig gehabt.«

»Dann könntest du doch wenigstens so parken, daß dich nicht alle Leute sehen.«

»Die Gaffer der ganzen Christenheit werden mich nicht zum Rückzug zwingen«, sagte Paps. »Außerdem bin ich überzeugt, daß die halbe Stadt für meine arme Seele betet.«

Die einzige Kirche, die für ihn in Betracht käme, sei die katholische Kirche, sagte Paps zu Mutter.

»Das ist die einzige Firma, bei der ich wegen meiner großen Familie besonderen Kredit genießen würde«, sagte er. »Außerdem sehen mir die katholischen Priester, die ich kennengelernt habe, nicht aus aus, als ob sie andere heimlich in den Hintern kniffen.«

»So«, sagte Ernestine und kniff Anne in ihre Sitzfläche.

»Laß das!« sagte Mutter entsetzt und fügte, zu Paps gewendet, hinzu. »Du solltest dich wirklich vor den Kindern etwas mehr in acht nehmen. Sie hören alles.«

»Je früher sie wissen, was sie von Pfarrern zu erwarten haben, desto besser«, sagte Paps. »Möchtest du, daß sie alle nicht mehr sitzen können?«

Mutter behauptete zwar, sie gehe gerne zur Kirche, aber meistens fuhr sie direkt nach der Sonntagsschule ganz bereitwillig wieder nach Hause.

»Na, was ist denn, Lillie?« fragte Paps. »Bleib doch noch hier. Ich fahr' die Kinder nach Hause und komm' dann wieder und hol' dich ab.«

»Ach nein. Heute nicht, glaube ich.«

»Aber hör mal – Petrus wird dich nicht in den Himmel lassen, wenn du nur zur Sonntagsschule gegangen bist.«

»Na ja, ohne dich werd' ich da oben überhaupt verraten und verkauft sein«, sagte Mutter lachend. »Komm, fahren wir nach Hause. Nächsten Sonntag geh' ich in die Kirche.«

Mutter betätigte sich eifrig in der Sonntagsschule. Sie gab keinen Unterricht, gehörte aber einer Reihe von Komitees an.

Einmal ging sie zu einer Dame, die gerade in unsere Stadt gezogen war, und bat sie, einem Komitee für Geldsammlungen beizutreten.

»Gerne – wenn ich Zeit dazu hätte«, sagte die Dame. »Aber ich habe drei kleine Söhne, die halten mich den ganzen Tag in Atem. Wenn Sie selber einen haben, werden Sie sicherlich verstehen, wieviel Mühe drei Jungen machen.«

»Natürlich«, sagte Mutter, »das stimmt. Ich verstehe das durchaus.«

»Haben Sie denn Kinder, Mrs. Gilbreth?«
»O ja.«
»Auch Jungen?«
»Ja, gewiß.«
»Darf ich fragen, wie viele?«
»Ja, ich habe sechs Jungen.«
»Sechs Jungen!« japste die Frau. »Nicht auszudenken – eine Familie mit sechs Kindern!«
»Oh, das ist noch nicht alles; ich habe auch noch sechs Mädchen.«
»Ich bin geschlagen«, flüsterte die Dame. »Wann ist die nächste Sitzung des Komitees? Ich werde kommen, Mrs. Gilbreth, ich werde bestimmt kommen.«
Mrs. Bruce, eine Sonntagsschullehrerin, hatte die nächstgrößte Familie in Montclair. Sie hatte acht Kinder, fast alle älter als wir. Ihr Mann war ein gut verdienender Geschäftsmann, und sie bewohnten etwa acht Kilometer von uns entfernt ein großes Haus. Mutter und Mrs. Bruce hatten sich sehr angefreundet.
Ungefähr ein Jahr später kam eine Dame, die irgend etwas mit einer Organisation für Geburtenkontrolle zu tun hatte, aus New York nach Montclair, um hier eine Ortsgruppe zu gründen. Sie hieß Mrs. Alice Mebane oder so ähnlich. Sie erkundigte sich bei ihren Bekannten, wer sich wohl in Montclair für Geburtenkontrolle interessiere, und irgend jemand empfahl sie aus Ulk an Mrs. Bruce.
»Ich würde mit Freuden mitarbeiten«, sagte Mutters Freundin zu Mrs. Mebane, »aber wie Sie sehen, habe ich selbst mehrere Kinder.«
»Ach, davon hatte ich keine Ahnung«, sagte Mrs. Mebane. »Wie viele denn?«
»Mehrere«, antwortete Mrs. Bruce unbestimmt. »Deshalb bin ich wohl nicht geeignet, in Montclair eine Bewegung für Geburtenkontrolle zu leiten.«
»Da muß ich Ihnen leider zustimmen. Wir müssen wissen, was wir wollen, und müssen das, was wir predigen, auch verwirklichen.«
»Aber ich weiß die richtige Frau für Sie«, fuhr Mrs. Bruce fort. »Und die hat ein großes Haus, das für Versammlungen einfach ideal wäre.«
»Genau das, was wir brauchen«, schnurrte Mrs. Mebane. »Wie heißt sie denn?«
»Mrs. Gilbreth. Sie interessiert sich sehr für öffentliche Angelegenheiten und ist überhaupt eine selbständige Frau.«
»Genau das, was wir brauchen. Eine selbständige Frau, die sich mit öffentlichen Angelegenheiten befaßt und – das Wichtigste – die ein großes Haus hat. Noch etwas anderes – aber das wäre fast zu

schön –: Hat sie etwa zufällig auch Organisationstalent? Wissen Sie – kann sie die Dinge in die Hand nehmen und dafür kämpfen?«

»Ihre Beschreibung paßt haargenau auf sie«, sagte Mrs. Bruce voller Schadenfreude.

»Fast zu schön, um wahr zu sein«, sagte Mrs. Mebane und rang die Hände in Ekstase. »Darf ich mich bei Mrs. Gilbreth auf Sie berufen?«

»Bitte, tun Sie das auf alle Fälle!« sagte Mutters Freundin. »Es würde mich enttäuschen, wenn Sie es unterließen.«

»Und glauben Sie ja nicht, daß ich Ihre Kinder mißbillige«, lachte Mrs. Mebane. »Wissen Sie, schließlich haben ja viele Leute Kinder.«

»Ja, ja – sehr leichtsinnig«, bemerkte Mrs. Bruce.

An dem Nachmittag, an dem Mrs. Mebane zu uns kam, waren wir Kinder wie gewöhnlich entweder oben in unseren Zimmern, oder wir spielten im Hintergarten. Mrs. Mebane stellte sich Mutter vor.

»Es handelt sich um Geburtenkontrolle«, sagte sie.

»Ja, bitte?« fragte Mutter und errötete.

»Man sagte mir, Sie interessierten sich dafür.«

»Ich?«

»Ich komme gerade von Ihrer Freundin Mrs. Bruce, und die interessiert sich bestimmt dafür.«

»Ist es für sie nicht ein bißchen zu spät?« fragte Mutter.

»Ich verstehe schon, Mrs. Gilbreth. Aber besser spät als nie, finden Sie nicht?«

»Aber sie hat doch acht Kinder«, sagte Mutter.

Mrs. Mebane erbleichte und faßte sich an den Kopf.

»Mein Gott«, sagte sie. »Das ist ja nicht möglich!«

Mutter nickte.

»Nein, wie entsetzlich! Sie machte mir einen ganz normalen Eindruck. Gar nicht wie eine Achtkinderfrau.«

»Sie hat sich gut gehalten«, gab Mutter zu.

»Ach ja – da gibt es viel zu tun«, sagte Mrs. Mebane. »Bedenken Sie doch, da lebt sie nun keine dreißig Kilometer entfernt von unserer Zentrale der staatlichen Geburtenkontrolle in New York City und hat acht Kinder. Ja, da gibt es viel zu tun, Mrs. Gilbreth, und deswegen bin ich hier.«

»Was gibt es da zu tun?«

»Wir würden Sie gerne als treibende Kraft für eine hiesige Ortsgruppe für Geburtenkontrolle gewinnen.«

Hier nun fand Mutter die Situation so komisch, daß sie sie Paps nicht vorenthalten wollte; er hätte es ihr nie verziehen, wenn sie ihn nicht daran hätte teilnehmen lassen.

»Ich muß meinen Mann fragen«, sagte sie. »Entschuldigen Sie bitte, ich will ihn nur rufen.«
Mutter ging zu Paps und klärte ihn kurz auf. Dann ging sie mit ihm in den Salon und stellte ihn vor.
»Ich freue mich, eine Dame kennenzulernen, die eine so edle Sache vertritt«, sagte Paps.
»Ich danke Ihnen. Und ich freue mich, einem Manne zu begegnen, der diese Sache für edel hält. Im allgemeinen sympathisieren die Ehemänner mit unseren Bestrebungen viel weniger als die Frauen. Sie würden überrascht sein, wenn Sie hörten, was ich schon von Männern für schreckliche Sachen zu hören bekommen habe.«
»Ich schwärme für Überraschungen«, grinste Paps. »Was antworten Sie denn darauf?«
»Wenn Sie wie ich relativ junge Frauen gesehen hätten«, sagte Mrs. Mebane, »die vorzeitig gealtert sind durch die Geburt unerwünschten Nachwuchses! Und die Bevölkerungsstatistik zeigt . . . Aber Mr. Gilbreth, was machen Sie denn?«
Was machte Paps? Er pfiff zum Sammeln.
Beim ersten Ton konnte man im oberen Stockwerk ein Getrappel von Füßen hören. Türen schlugen, einem Erdrutsch gleich kamen wir die Treppen heruntergestürzt und rasten in den Salon.
»Neun Sekunden«, sagte Paps und steckte die Stoppuhr wieder ein. »Drei unter dem bisherigen Rekord.«
»Heiliger Bimbam!« sagte Mrs. Mebane. »Was ist denn das? Sagen Sie bloß! Eine Schule? Nein. Oder ist das etwa . . .? Um Gottes willen – ja!«
»Was denn?« fragte Paps.
»Ihre Kinder! Nein, Sie können es nicht leugnen. Sie sind Ihnen beiden wie aus dem Gesicht geschnitten.«
»Ich wollte Sie gerade bekannt machen«, sagte Paps. »Mrs. Mebane, darf ich Ihnen meine Familie vorstellen – oder wenigstens den größten Teil. Es scheint mir, daß da irgendwo noch ein paar mehr stecken müssen.«
»Gott steh' mir bei!«
»Wieviel sind es eigentlich, jetzt, Lillie? Kannst du's ungefähr überschlagen?«
»Als ich das letztemal zählte, war's, glaube ich, gerade ein Dutzend«, sagte Mutter. »Vielleicht hab' ich eins oder zwei vergessen, aber viele nicht.«
»Ja – zwölf wird wohl so ungefähr hinkommen«, sagte Paps.
»Sie sollten sich was schämen! Und das keine dreißig Kilometer von unserer Zentrale entfernt!«
»Darf ich zum Tee bitten?« sagte Mutter.

Aber Mrs. Mebane griff nach ihrem Mantel. »Sie Arme, Liebe«, gluckste sie Mutter an. »Mein armes Kind!« Dann wandte sie sich Paps zu. »Mir scheint, ich bin in dieser Stadt heute zweimal an der Nase herumgeführt worden.«

»Ist ja empörend!« sagte Paps. »Und das keine dreißig Kilometer von der Zentrale entfernt!«

Achtes Kapitel
Kußfreudige Verwandte

An dem Tage, als die Vereinigten Staaten in den ersten Weltkrieg eintraten, schickte Paps folgendes Telegramm an Präsident Wilson: »Eintreffe Washington 7 Uhr 03 abends. Falls Sie keine Verwendung für mich haben, erteile Auskunft.«

Ob diese herzerfrischende Nachricht geeignet war, die Last, die der geplagte Mr. Wilson zu tragen hatte, zu erleichtern, oder nicht – das hat Paps nie herausbekommen. Jedenfalls wurde er am Zuge abgeholt und ins Kriegsministerium gebracht. Als wir ihn das nächste Mal sahen, war er in Uniform und hatte die Aufgabe, das Lewis-Maschinengewehr und andere automatische Waffen nach den Prinzipien der Bewegungsrationalisierung zusammensetzen und auseinandernehmen zu lassen.

Er hatte wahrscheinlich den vorschriftsmäßigsten Haarschnitt der ganzen Armee, und wenn er in den Salon marschierte und »Achtung!« brüllte, dann mußten unsere Absätze knallen.

Mutter hatte sich seit Jahren vorgenommen, mit uns allen ihre Familie in Kalifornien zu besuchen. Als Paps ein Kommando nach Fort Sill in Oklahoma bekam, schien ihr die Zeit dafür gekommen.

Mutters Familie war vornehm und wohlhabend. Mutter war das älteste von neun Kindern, von denen nur drei geheiratet hatten. Die übrigen sechs, zwei Brüder und vier Schwestern, wohnten bei ihren Eltern in einem geräumigen Hause in Oakland, Twenty-Ninth Street 426. Das Haus war von Palmen und herrlichen Gärten umgeben, in denen imposante Nebengebäude versteckt lagen, wo die Familie ihren verschiedenen Liebhabereien frönte. Da gab es einen Billardraum, ein Radiohäuschen, ein Gewächshaus, einen Taubenschlag und einen Stall, in dem preisgekrönte Meerschweinchen gezüchtet wurden.

Mollers hatten drei Packards, einen französischen Chauffeur namens Henriette, einen Gärtner, einen chinesischen Koch und zwei Stubenmädchen. Trotz ihrer weltlichen Güter lebten sie ziemlich einfach. Sie waren ruhige, konservative Leute mit einem gepflegten Innenleben. Sie sprachen selten laut und bezeichneten sich gegenseitig als »die liebe Elinor, die liebe Mabel, die liebe Gertrude« und so weiter. Mutter war »die liebe Lillie«.

Mutter war als einzige der ganzen Familie aus Kalifornien weggezogen. Als Mutter nach der Hochzeit ihr Elternhaus verließ, war sie ebenso konservativ und nach innen gekehrt und vielleicht noch schüchterner und stubengelehrter gewesen als die anderen. Nach zehn Jahren hatte sie sieben Kinder. Sie reiste umher und hielt Vorträge. Sie war eine selbständige Frau, und ihr Name tauchte immer wieder in den Zeitungen auf. Kurz gesagt: Mollers wußten nicht recht, was sie von der lieben Lillie halten sollten. Aber sie wußten, daß sie sie liebhatten.

Schon ehe wir nach Kalifornien kamen, kannten wir den Haushalt und seine Bewohner ganz genau, denn Mutter erzählte uns gerne aus ihrer Kindheit. Wir kannten die Einrichtung des Hauses bis zu dem großen Türspiegel in der Halle, den Mutters jüngere Schwestern immer gerade so weit aufmachten, daß sie sehen konnten, wie Paps Mutter den Hof machte.

Wenn Mutter uns erzählte, wie Vater um sie anhielt, wie sie auf dem Sofa saßen und er sie anhimmelte, dann fragten wir uns, was Mutters Eltern sich wohl gedacht haben mochten, als Paps das erstemal zu ihnen kam.

Er hatte Mutter ein Jahr vorher in Boston kennengelernt, als sie sich wohlbehütet mit einigen anderen Mädchen aus Oakland auf einer Europareise befand. Die Anstandsdame war eine Kusine von Paps und hatte ihn allen Mädchen vorgestellt; aber er zeichnete allein Miß Lillie mit seiner Aufmerksamkeit aus.

Er lud Mutter zu einer Fahrt in seinem ersten Auto, einem frühen Vorfahren der Narrenkutsche, ein. Als Paps und Mutter in Staubmänteln und Schutzbrillen durch die Straßen von Boston rasten, riefen die Fußgänger ihnen allerlei Schimpfworte und Spottreden nach.

»Nehmen Sie lieber 'n Pferd!«

Paps wollte etwas zurückrufen, besann sich aber eines Besseren. Er war schon in Mutter verliebt und wollte einen guten Eindruck machen. Mutters schüchternes und damenhaftes Auftreten übte eine beruhigende Wirkung auf ihn aus, und er befleißigte sich seiner besten Manieren.

»Nehmen Sie doch 'n Pferd! Eins-zwei-drei, verdufte!«

Paps konnte es fast nicht mehr aushalten, aber er antwortete immer noch nicht.

»Noah, was machste denn mit deiner Arche?«

Das war zuviel. Paps bremste und schob seine karierte Mütze angriffslustig aufs Ohr.
»Ich sammle die Tiere, wie Gott mir befohlen hat«, schrie er zurück. »Ich brauch' nur noch 'n Esel. Spring auf!«
Danach fand Paps, daß er sich ebensogut natürlich benehmen könne, und bei seiner frischen Art und seinem herzhaften Lachen vergaß Mutter alle Schüchternheit und Zurückhaltung. Bald lachte sie über seine Witze fast ebenso laut und lange wie er.
Wie üblich geschah das Unvermeidliche: Das Auto hatte eine Panne, und bald war es von einer Kinderschar umgeben. Damit die Kinder Paps nicht so sehr bedrängten, nahm Mutter sie beiseite und erzählte ihnen Geschichten. Als der Wagen wieder in Ordnung war und sie weiterfuhren, fragte Paps, wie sie es fertiggebracht habe, die Kinder so abzulenken.
»Ich habe ihnen Geschichten aus *Alice im Wunderland* erzählt«, sagte Mutter. »Sehen Sie, ich habe acht jüngere Brüder und Schwestern, ich weiß, was Kinder gern haben.«
»*Alice im Wunderland?*« rief Paps. »Meinen Sie wirklich, daß Kinder so was mögen? Das müssen andere Kinder sein als zu meiner Zeit. Ich konnte nie was damit anfangen.«
»Natürlich mögen sie es, sogar sehr gerne«, sagte Mutter. »Sie sollten es wahrhaftig einmal lesen. Ich finde, das muß man gelesen haben, es ist sozusagen ein klassisches Buch.«
»Wenn Sie's sagen, Miß Lillie«, sagte Paps, »dann werd' ich's lesen.« Er hatte sich nämlich bereits entschlossen, daß sie Mrs. Gilbreth werden müsse.
Mutter fuhr weiter nach Europa. Als sie zurückkam, reiste Paps ihr bis zur Westküste nach.
In Oakland angekommen, rief er bei Mollers an.
»Hallo«, sagte er, »raten Sie mal, wer hier ist.«
»Ich habe keine Ahnung.«
»Na, raten Sie doch mal!«
»Nein, tut mir leid, ich habe wirklich keine Ahnung.«
»Ach, Sie wissen schon, wer am Apparat ist«, sagte Paps, der das Buch, das man nach Mutters Ansicht gelesen haben mußte, inzwischen gelesen hatte. »Hier ist das weiße Kaninchen aus Boston.«
»Wer, bitte?«
»Das weiße Kaninchen aus Boston.«
»Aha – ich merke schon: Sie möchten wahrscheinlich eine von meinen Töchtern sprechen.«
»Gottsdonner«, sagte Paps, der sich das Fluchen erst in der Ehe abgewöhnte, »wer ist denn da?«
»Hier ist Mrs. Moller. Wen möchten Sie denn sprechen?«

»Kann ich bitte Miß Lillie sprechen?« fragte Paps kleinlaut.
»Wer, soll ich sagen, ist am Apparat?«
»Sie können bitte sagen: Mr. Kaninchen«, sagte Paps. »Mr. W. Kaninchen aus Boston.«
Einige Tage später wurde Paps in Mutters Elternhaus zum Tee eingeladen und lernte ihre Eltern und die meisten ihrer Geschwister kennen.
Im Wohnzimmer baute gerade ein Arbeiter einen neuen Kamin, und als Paps durch das Zimmer geführt wurde, blieb er stehen und sah zu.
»Interessante Arbeit«, sagte Paps im Plauderton zu Mollers. »Maurerarbeit. Kommt mir ganz leicht vor. Kinderleicht. Ich verstehe nicht, wieso diese Arbeiter behaupten, mauern sei gelernte Arbeit. Wetten, daß das jeder kann?«
»Immer geradeaus, Mr. Gilbreth«, sagte Mutters Vater.
»Den Tee trinken wir auf der Veranda.«
Paps hatte es nicht so eilig. »Mir scheint«, fuhr er mit seinem näselnden New-England-Akzent fort, »sie nehmen bloß einen Stein auf, tun Mörtel drauf und setzen ihn in den Kamin.«
Der Maurer drehte sich um und sah sich den dicken, aber netten Gent aus dem Osten an.
»Nichts gegen Sie persönlich, lieber Mann«, sagte Paps mit seinem gönnerhaftesten Lächeln.
Der Maurer wurde wütend. »Kinderleicht, was? Vielleicht mal probieren, Herr?«
Paps, der gerade das hatte erreichen wollen, sagte: »Nein, lieber nicht.« Mutter wurde unruhig und zupfte ihn am Ärmel.
»Geradeaus geht es zur Veranda«, wiederholte ihr Vater.
»Hier«, sagte der Maurer und reichte Paps die Kelle. »Versuchen Sie's nur.«
Paps grinste und nahm die Kelle. Er ergriff einen Stein, wippte ihn in der Hand, klatschte mit einem Schwung den Mörtel darauf, setzte den Stein ein, kratzte den überflüssigen Mörtel ab, langte nach einem zweiten Stein, wiegte ihn zurecht, und als er gerade Mörtel daraufklatschen wollte, streckte der Arbeiter die Hand aus und nahm die Kelle wieder an sich.
»Genug, Sie alter Ziegelträger«, rief er und klopfte Paps liebevoll auf den Rücken. »Sie mögen ja ein feiner Herr aus dem Osten sein, aber Sie haben in Ihrem Leben viele tausend Steine gesetzt, da lass' ich mir nichts weismachen.«
Paps sträubte sich mit einem blitzsauberen Taschentuch lässig die Hände ab.
»Kinderleicht, mein lieber Mann«, sagte er.

Während des Tees benahm Paps sich ganz ordentlich, aber bei seinen späteren Besuchen unterbrach er manchmal Mutters Eltern mitten im Satz, stand auf und hob Mutter von ihrem Stuhl auf.
»Entschuldigen Sie nur einen Augenblick«, sagte er zu seinen künftigen Schwiegereltern. »Ich glaube, hier oben macht Miß Lillie sich viel dekorativer.«
Er schwang sie hoch und setzte sie oben auf ein Bücherregal oder auf eine Porzellanvitrine, ging dann zurück und setzte sich wieder. Mutter wagte sich kaum zu rühren, um ihre Sitzgelegenheit nicht ins Wackeln zu bringen; so blieb sie steif sitzen, fest entschlossen, sich nichts zu vergeben. Paps tat so, als hätte er sie total vergessen, und setzte die Unterhaltung fort.
Wir wußten auch, daß Paps bei seinem ersten Wochenendbesuch bei Mollers sich mit einem tiefen Seufzer aufs Bett geworfen hatte, daß dieses zusammenbrach und ihn unter einem schweren, quastenbesetzten Betthimmel begrub.
»Was euer Pappi da alles gebrüllt hat, bevor Papa und Onkel Fred ihn aus den Quasten herausgewickelt hatten!« kicherte Mutter. »Ich kann euch sagen, da konnten wir Mädchen was lernen und die Jungen auch. Gott sei Dank, daß er sich das heute abgewöhnt hat.«
»Und was hielt eigentlich deine Familie von ihm?« fragten wir. »Mal ehrlich!«
»Mir war es immer unbegreiflich«, sagte Mutter mit einem Blick auf Paps, der höchst selbstgefällig lächelte, »aber sie fanden ihn einfach wunderbar. Mama sagte, mit ihm komme direkt ein frischer Wind ins Zimmer. Und Papa meinte, das sei gar keine Großtuerei gewesen, wie er da die Steine gesetzt hatte; damit hätte Vater ihnen beibringen wollen, daß er sich anfangs mit seiner Hände Arbeit ernährt hatte.«
»Wolltest du ihnen das beibringen, Pappi?« fragten wir.
»Wieso denn beibringen?« rief Paps. »Jeder, der was von New England weiß, kennt die Bunkers und die Gilbreths oder Galbraiths, die durch den Gouverneur Bradford direkt von der *Mayflower* abstammen. Gar nichts wollte ich ihnen beibringen.«
»Aber warum hast du dann gemauert?« bohrten wir weiter.
»Manche Leute«, sagte Paps, »setzen sich ans Klavier und spielen Bach, wenn sie in einen Salon geführt werden, um Eindruck zu machen. Wenn ich in einen Salon komme, dann maure ich eben.«

Als wir mit Mutter nach Kalifornien fuhren, waren wir sieben Kinder. Fred war der Kleinste, und die ganze Fahrt von den Niagarafällen bis zum Goldenen Tor war er eisenbahnkrank. Lill, die Zweitjüngste, hatte sich vor drei Wochen den Fuß gebrochen und mußte

in ihrer Schlafkoje liegen. Und Mutter fühlte sich selber nicht immer ganz wohl, weil sie in drei Monaten wieder ein Baby erwartete.
Daß Mutter nun endlich zu ihren Eltern fahren konnte, bedeutete mehr für sie, als wir ahnten, und sie war sehr besorgt darum, daß wir uns von unserer besten Seite zeigten und den Beifall der Familie fänden.
»Ich weiß, ihr werdet brav und still sein und tun, was die Großeltern und die Onkel und Tanten sagen«, betonte Mutter immer wieder. »Ihr müßt immer daran denken: Sie meinen es sehr gut mit euch, aber sie sind's nicht mehr gewohnt, Kinder um sich zu haben. Sie werden euch sehr liebhaben, aber Lärm und Toberei sind ihnen ganz ungewohnt.«
Mutter hatte einen Haufen Geld für unsere Einkleidung ausgegeben, damit wir in Kalifornien einen guten Eindruck machten, und das wollte sie nun am Reisegeld wieder einsparen. Wir wurden immer zu zweit in eine Koje gezwängt und hatten im ganzen nur zwei Schlafabteile und ein Wohnabteil. Sie nahm einen Hartspirituskocher mit und zwei Koffer voller Lebensmittel, meist Cereals und Graham Crackers. Wir nahmen fast alle Mahlzeiten in unserem Wohnabteil ein; in den Speisewagen gingen wir nur, wenn Mutter unser Gejammer nicht mehr mit anhören konnte, wir würden bestimmt Skorbut kriegen.
Sie war meist mit Lills Pflege beschäftigt oder versuchte, etwas Milch aufzutreiben, die Fred bei sich behalten würde. Auf die übrigen Kinder konnte sie nicht viel aufpassen; wir durchstreiften den Zug, probierten den Inhalt der verschiedenen Eiswasserbehälter und guckten in alle Abteile; Frank und Bill schlugen in den Gängen Purzelbäume oder balgten sich herum.
Auf jeder Station überließ Mutter Anne die Sorge für den gebrochenen Fuß und den kranken Magen und eilte hinaus, um Milch, Lebensmittel und Hartspiritus zu kaufen. Wir anderen stiegen auch aus, vertraten uns die Beine und sahen zu, wie die Lokomotiven ausgewechselt wurden. Wenn der Zug wieder abfuhr, bestand Mutter darauf, daß die Namen aufgerufen wurden.
Nach vier Tagen Bahnfahrt, in denen wir nicht gebadet, sondern uns nur notdürftig mit dem Schwamm gesäubert hatten, langten wir in nicht gerade hygienisch einwandfreiem Zustand in Kalifornien an. Mutter wollte, daß wir beim Aussteigen so gut wie möglich aussähen, und nahm sich vor, etwa eine Stunde vor Oakland jedes Kind eigenhändig abzuschrubben und sauber anzuziehen.
Aber in Sacramento überraschte uns Onkel Fred, ihr ältester Bruder, und stieg zu uns in den Zug. Wir waren gerade beim Essen im

Wohnabteil. Auf dem Fußboden standen geöffnete Koffer, und in einer Ecke lag ein Haufen Windeln. Mutter hielt das immer noch eisenbahnkranke schreiende Baby im Arm. Lill tat der Fuß weh, und sie lag ebenfalls weinend in der Koje. Bill machte auf einem Bett akrobatische Kunststücke. Auf einem Spieltisch standen Schüsseln mit Weizengrütze und Graham Crackers. Das ganze Abteil roch nach Hartspiritus, wenn nicht nach Schlimmerem.

Später, als wir älter waren, machte Onkel Fred oft Witze darüber und sagte, es sei ganz wie in einem Zoo gewesen. Aber als er damals hereinkam, war ihm nicht anzumerken, daß er das Ganze etwas ungewöhnlich fand.

»Lillie, mein Liebes, wie schön, dich zu sehen«, sagte er. »Du siehst einfach blendend aus. Genauso jung wie früher.«

»Ach, Fred, Fred!« Mutter legte das Baby hin, wischte sich verschämt über die Augen und umarmte ihren Bruder. »Lächerliche Heulerei, nicht wahr? Aber daß du plötzlich da bist, das ist fast zuviel.«

»War die Reise schlimm, Liebes?«

Mutter war schon wieder mit Aufräumen beschäftigt.

»Na, alle Tage möchte ich's nicht machen«, gestand sie. »Aber nun ist es ja gleich vorbei, und du bist da. Du bist wie ein Vorgeschmack von zu Hause.«

Onkel Fred wandte sich an uns.

»Willkommen in Kalifornien«, sagte er. »Jetzt laßt mich mal raten, ob ich jeden von euch beim Namen kenne. Mal sehn: Das Schreikind hier ist mein Namensvetter Fred. Und das hier mit dem gebrochenen Fuß ist natürlich die kleine Lill und das hier Billy ...«

»Du bist genauso, wie wir dich uns vorgestellt haben«, sagte Martha und hielt ihn fest bei der Hand. »Sind wir so, wie du dir uns vorgestellt hast?«

»Genauso«, sagte er todernst, »bis zur letzten Sommersprosse.«

»Hoffentlich hast du sie dir nicht so vorgestellt«, sagte Mutter, aber man sah ihr an, wie glücklich sie war. »Schadet nichts. In ein paar Minuten wirst du sie nicht wiedererkennen. Nimm mal die Jungen mit hinaus, dann mach' ich erst mal die Mädchen sauber. Richtig sauber werden sie natürlich nicht, ehe sie gebadet haben.«

Als wir in Oakland ankamen, sahen wir einigermaßen annehmbar und manierlich aus; Mutters Schwestern und Brüder warteten mit den drei Limousinen. Es war ein herrlicher Empfang, aber wir fanden, unsere Tanten seien die kußfreudigsten Verwandten der Welt.

»Die denken wohl, wir sind Schoßkinder«, flüsterte Bill, der fünf Jahre alt war und sich von keinem außer von Mutter küssen ließ, und auch das nur im stillen Kämmerlein.

»Lillie, mein Liebes, wie schön, dich zu sehen und die lieben Kinder!« sagten sie immer wieder.
Jedes von uns hatte eines von Mutters Geschwistern zum Paten, und nun begannen die Paten, uns unter sich zu verteilen.
»Hier, Ernestinchen, komm zu mir, mein Liebes«, sagte Tante Ernestine.
»Komm, Martha, mein Liebes«, sagte Tante Gertrude, »du gehörst zu mir.«
»Gib mir die Hand, Frank, mein Lieber«, sagte Tante Elinor.
»Liebes hier und Liebes da«, flüsterte Billy verächtlich.
»Wo ist denn mein lieber Billy?« fragte Tante Mabel.
»Hier bin ich, mein Liebes«, sagte Bill.
Aber Bill und wir alle waren über diesen herzlichen Empfang im Grunde sehr glücklich.
Die Tanten führten uns zu den Wagen, wo Henriette in schwarzen Wickelgamaschen, die steife Schirmmütze unterm Arm, in strammer Habt-acht-Haltung stand. Onkel Frank und Onkel Bill fuhren die beiden anderen Wagen.
Die Fahrt vom Bahnhof zur Twenty-Ninth Street in den Wagen mit den vielen Glasscheiben war für uns sehr feierlich und luxuriös. Henriette behielt selbst im Sitzen seine stramme Haltung bei. Was wohl Pappi dazu gesagt hätte? Bestimmt war diese Haltung nicht sehr zweckmäßig beim Chauffieren. Man sah ja mit einem Blick, daß sie ihn bis zur Erschöpfung ermüden mußte. Immerhin – klasse! Frank und Bill wollten die Fenster herunterkurbeln, um an den Ekken die Hände hinauszustrecken, aber Anne und Ernestine schüttelten den Kopf.
»Und wer ›Sonntagsfahrer‹ brüllt, kriegt eins auf die Nase«, flüsterte Ernestine.
Mutters Eltern – wir nannten sie Papa und Großie – erwarteten uns auf der Treppe vor dem Haus. Sie sahen genauso aus wie die Großeltern im Bilderbuch. Papa war groß, hager und ganz Kavalier; er trug einen Eckenkragen und eine »eiserne Fliege« und hatte einen weichen weißen Schnurrbart. Großie war klein und zierlich mit grauem hochfrisiertem Haar und freundlichen braunen Augen. Sie küßte uns alle und nannte uns »Liebes«. Papa gab uns die Hand und sagte, er würde jeden Tag, den wir da seien, mit uns in einen Spielzeugladen gehen, und jeder dürfe sich etwas aussuchen.
»Also – ich muß schon sagen«, blubberte Anne, »das ist ja wie im Märchen mit lauter guten Feen, die einem alle Wünsche erfüllen.«
»So soll es auch sein für Lillies liebe Kinderchen«, sagte Großie. »Was wünscht ihr euch denn nun zuerst? Erzählt mal, vielleicht kann ich es erfüllen.«

Die Antwort war nicht schwer. Nach Mutters viertägiger Eisenbahnkocherei und den seltenen Ausflügen in den Speisewagen wünschten wir uns vor allem etwas Gutes zu essen, eine richtige Mahlzeit wie zu Hause.
»Ich mag's ja gar nicht sagen, wo Mutter sich so mit dem Hartspiritus rumgeplagt hat«, sagte Ernestine, »aber wir sind am Verhungern.«
»Wenn ich mir was wünschen dürfte«, lenkte Mutter eilig ab, »dann säßet ihr alle sofort in der Badewanne und wüschet euch den Ruß aus dem Haar.«
Großie sagte, in anderthalb Stunden gebe es ein reichliches Dinner und sie wolle uns nicht den Appetit verderben.
»Wie wär's jetzt mit einem kleinen Imbiß?« schlug sie vor. »Danach Baden und dann Dinner? Wollt ihr nicht ein paar Graham Crackers mit Milch? Ich weiß doch, wie gern kleine Kinder Graham Crackers essen, und wir haben einen gewaltigen Vorrat davon.«
Bei Erwähnung der Graham Crackers war uns der Appetit vergangen, und wir sagten, wir wollten lieber den Imbiß überspringen und gleich baden.
»Was für liebe Kinder«, sagte Großie und drückte uns an sich, »sie möchten, daß der Wunsch ihrer Mutter in Erfüllung geht!«

Neuntes Kapitel
Chinesische Küche

Der Komfort und die Reibungslosigkeit des Mollerschen Haushaltes beeindruckten uns so, daß wir ganz zahm waren und uns sehr gut benahmen. Am meisten aber war Mutter verändert. Sie richtete sich wieder in dem Schlafzimmer ein, in dem sie aufgewachsen war, gab jede Verantwortung ab und wurde wieder »eins von den Moller-Mädchen«. Unwillkürlich verließ sie sich bei wichtigen Entscheidungen auf ihren Vater, und wegen gesellschaftlicher Verpflichtungen und der dazu passenden Kleider fragte sie ihre Mutter um Rat. Bewegungsrationalisierung, ihre Selbständigkeit und ihr Haushalt da drüben im Osten – alles war anscheinend völlig vergessen. Ob ihre Eltern gut geschlafen hätten, wie es ihnen ginge und ob sie auch nicht im Zugwind säßen – das schienen ihre Hauptsorgen zu sein.

»Mama, mein Liebes«, sagte sie, »ist dieser Schal auch wirklich warm genug? Soll ich nicht nach oben laufen und dir einen andern holen?«

Da Mutter um Großie und Papa so besorgt schien, hatten auch wir großen Respekt vor ihnen. In ihrer Gegenwart gingen wir auf Zehenspitzen und sprachen nur im Flüsterton.

Unser Respekt vor Großie steigerte sich noch, als sie am Tage nach unserer Ankunft Mutter in aller Ruhe eine Rüge erteilte; und Mutter nahm das hin, als wäre sie wieder ein kleines Mädchen. Wer so etwas bei Mutter fertigbrachte, mußte schon eine sehr bedeutende Persönlichkeit sein, fanden wir. Zu dieser Rüge kam es so: Großie überreichte Mutter ein Verzeichnis der sechs nächsten Freunde der Familie und schlug ihr vor, ihnen nachmittags ihre Aufwartung zu machen.

»Mama, mein Liebes, findest du das wirklich notwendig?« fragte Mutter.

»Es gehört sich doch wohl so, mein Liebes.«

»Was soll ich denn anziehn?«

»Ich würde denken, das Kleid, das du gestern abend zum Dinner anhattest, Liebes.«
Mutter ging Besuche machen und kam ungefähr nach zwei Stunden wieder.
»So«, sagte sie, als sie lächelnd ins Wohnzimmer trat. »Gott sei Dank – das wäre erledigt. Ich hab' nicht lange gebraucht, nicht wahr? Sechs Besuche in zwei Stunden? War ich nicht tüchtig?« Tüchtig sein galt bei der Familie Gilbreth als eine ebenso große Tugend wie Wahrheitsliebe, Ehrlichkeit, Großmut, Menschenliebe und Zähneputzen. Wir stimmten zu: Mutter sei wirklich besonders tüchtig gewesen. Aber Großie sah uns mißbilligend an.
»Findest du mich denn nicht tüchtig, liebe Mama?«
»Vielleicht, Lillie, mein Liebes«, sagte Großie langsam, »vielleicht warst du ein bißchen – zu – tüchtig.«

Allmählich beunruhigte unser musterhaftes Betragen die Großeltern. Sie sagten zu Mutter, das sei doch nicht natürlich und es mache sie ganz nervös, wenn wir so flüsterten und auf Zehenspitzen gingen.
»Sie benehmen sich durchaus nicht so, wie ich's mir ausgemalt habe«, sagte Papa. »Nach deinen Briefen glaubte ich, sie würden herumtoben und johlen. Mir scheint, sie fühlen sich hier nicht zu Hause.«
»Sie werden sich noch früh genug zu Hause fühlen«, warnte Mutter. »Ich fürchte nur, ihr Entschluß, sich zu Hause zu fühlen, wird sehr plötzlich kommen. Und dann – rette sich, wer kann!«
Unser Entschluß, uns zu Hause zu fühlen, kam an dem Tage, an dem Großie zu Mutters Ehren einen feierlichen Tee gab. Unsere Patentanten badeten uns mit wohlriechender Seife und zogen uns neue Sachen an, die Großie ausgesucht hatte. Die Mädchen trugen Schweizer Mull und Haarschleifen und gleichfarbige Schärpen; die Jungen blaue Sergeanzüge und Etonkragen mit großen roten Lavallièreschleifen.
Die Hosen der Jungen waren ein Mittelding zwischen Shorts und Knickerbockern und wurden nicht vorn, sondern seitlich zugeknöpft. Frank und Bill fanden das schon schlimm genug. Aber das unwürdigste war eine kleine Lasche, so groß wie die Zunge an einem Stiefel, die wie eine Knopfleiste vorne auf den Hosen festgenäht war.
»Heute werden wir stolz auf euch sein, ihr Lieben«, sagten die Tanten. »Die Gäste werden euch sicher reizend finden.«
»In den Hosen nicht«, sagte Bill. »Ich seh' aus wie ein Schoßkind, und ich denk' nicht dran, sie anzuziehn.«

»Aber Billy, mein Liebes«, sagte seine Patentante Mabel, »du siehst doch süß aus. Wie der kleine Lord Fountleroy.«
»Ich will aber gar nicht so aussehn«, heulte Bill. »Ich zieh' die Dinger nicht an.«
»Natürlich ziehst du sie an, Billy, mein Liebes. Was würde dein Vater sagen, wenn er dich so reden hörte?«
»Der würde die Dinger auch albern finden«, sagte Bill. »Der würde vielleicht über die Lasche vorn an meinen Hosen lachen!«
»Nun sei ein guter Junge, mein Liebes. Du willst doch Mutter und Großie und Papa keinen Kummer machen.«
»Doch, das will ich«, sagte Bill. »Ich hab's satt, keinen Kummer zu machen. Ich sag': Zum Deibel mit all den Leuten!«
Die Patentanten erstarrten.
»Billy Gilbreth«, sagte Tante Mabel, »wo hast du dieses *abscheuliche* Wort gehört?«
Einen Augenblick sahen wir auf Tante Mabels Gesicht den Schimmer eines Lächelns, und es schien uns so, als habe Tante Gertrude Tante Ernestine angestoßen – aber diese Vorstellung verwarfen wir wieder als höchst unwahrscheinlich und äußerst unpassend.
Bill wurde schließlich dazu überredet, den neuen Anzug anzuziehen. Aber er war schlechter Laune, und als man uns die Anweisungen für die Teegesellschaft gab, waren wir alle schlecht gelaunt.
»Also, meine Lieben, zuerst werden die Erwachsenen unter sich bleiben und etwas plaudern. Dann sollt ihr hereinkommen und den Gästen guten Tag sagen. Denkt daran, daß die ältesten Freunde eurer Mutter dabei sind und daß Mutter mit euch Ehre einlegen will; also nehmt eure Kleider in acht. Nun lauft in den Garten, wir rufen euch dann, wenn es soweit ist.«
Als wir uns selbst überlassen waren, gingen wir auf den Rasen und standen dort steif, unbehaglich und verärgert herum. Wir hatten es satt, uns musterhaft zu benehmen, und wir wünschten, Pappi wäre da, um Leben in die Bude zu bringen.
»Zu Hause machen die Kinder zusammen mit den Erwachsenen Besuche«, flüsterte Martha uns zu. »Da braucht man nicht im Garten rumzustehen, als wäre man aussätzig.«
»Aber Martha, mein Liebes«, äffte Ern in entsetztem Ton die Tanten nach, »wo hast du denn dieses *abscheuliche* Wort gelernt?«
»Zu Hause hält man die Kinder für vernünftig genug, daß sie sich selber frisieren können«, sagte Martha. »Da werden einem die Haarschleifen nicht so fest gebunden, daß man nicht mal mit den Augenbrauen wackeln kann.«
»Guck mal die Lasche da vorn«, sagte Bill und deutete auf seine Hose.

In der Nähe war ein Rasensprenger in Betrieb. Mit einem Ruck riß Martha ihre Haarschleife heraus, warf sie auf die Erde, ging bedächtig zu dem Rasensprenger und stellte sich darunter.
Anne und Ernestine waren starr vor Entsetzen.
»Martha!« riefen sie. »Bist du verrückt geworden? Komm da weg!«
Martha warf den Kopf zurück und lachte. Sie machte den Mund auf und ließ ihn voll Wasser laufen. Sie wackelte ekstatisch und erlöst mit den Augenbrauen. Die Stärke in ihrem Kleid weichte auf, und das Haar hing ihr in nassen Strähnen ins Gesicht.
Frank und Bill stellten sich zu Martha unter den Rasensprenger. Dann gesellte auch Ernestine sich dazu und brachte damit Anne, die Älteste, in das altvertraute Dilemma: Sollte sie sich zu uns oder zu den Erwachsenen schlagen? Sie wußte, ihr als der Ältesten würde man die Verantwortung zuschieben, wofür sie sich auch entscheiden mochte.
»Komm und laß dich naß regnen«, riefen wir. »Sei doch kein Verräter! Das Wasser ist so schön.«
Anne seufzte, zog ihr Band aus dem Haar und gesellte sich zu uns.
»So, ihr Lieben«, rief eine der Tanten vom Hause her. »Jetzt kommt herein und sagt guten Tag.«
Im Gänsemarsch gingen wir ins Wohnzimmer, und das Wasser aus unseren triefenden Kleidern sammelte sich auf Großies Perserteppich zu kleinen Pfützen.
»Jetzt, glaub' ich, fühlen sie sich zu Hause«, sagte Mutter ein bißchen kläglich. »Nun hört mal zu, Kinder. Ihr geht nach oben und zieht euch um. Keinen Unsinn jetzt! In zehn Minuten seid ihr in trockenem Zustand wieder unten. Verstanden?«
Und ob wir verstanden! Dieser Ton war uns vertraut. Alle fanden es viel schöner, daß wir nun johlend durchs Haus tobten, Versteck spielten und das Treppengeländer herunterrutschten. Nur nachmittags, wenn Großie ihr Schläfchen hielt, bat Papa um Ruhe.
»Versucht euch mal zwei Stunden zu einem gedämpften Gebrüll zu mäßigen, ihr Lieben«, sagte er zu uns. »Eure Großmutter muß wirklich Ruhe haben.«
Unsere Patentanten bedienten uns von vorne und hinten, und allmählich genossen wir diese Verwöhnung mit vollen Zügen. Sie ließen alles stehen und liegen, wenn es um unser Vergnügen ging; sie machten Spiele mit uns, halfen uns einen Blumengarten anlegen, klebten mit uns Alben und sammelten mit uns die Samen kalifornischer Pflanzen, die wir nach der Heimkehr in unserem Garten aussäen wollten. Sie führten uns ins Kino, zeigten uns die Chinesenstadt von San Francisco und fuhren mit uns zum Wochenende in ihr

Sommerhaus in Inverness. Es klang jetzt ganz natürlich, wenn sie uns »Liebes« nannten, und nach und nach erwiderten wir diese Anrede ohne Spott und ohne albernes Getue. Als die liebe Tante Gertrude freiwillig ins Krankenhaus ging, weil sie fürchtete, Keuchhusten zu bekommen, und weil sie uns nicht anstecken wollte, bedauerten wir ihre Abwesenheit beinahe, so sehr, als hätte sich's um Mutter gehandelt.

Bill hatte mittlerweile einen ergebenen Freund und Verbündeten in Chew Wong gefunden, der das Regiment in der Küche führte. Chew Wong wußte, was er wollte, und ließ sich von keinem etwas sagen. Er sah finster und unnahbar aus und war schrecklich temperamentvoll. Er verstand ganz gut Englisch – nur dann nicht, wenn man an ihm etwas auszusetzen hatte oder ihm einen Befehl erteilte. In solchen Fällen begann er mit Tiegeln herumzufuchteln und auf chinesisch zu zischen, und dann drehte er einem den Rücken zu und ging davon. Er war ein vorzüglicher Koch. In der Mollerschen Familie hatte man sich stillschweigend dahin geeinigt, daß es für alle Betroffenen das beste sei, möglichst wenig davon zu wissen, wie und womit Chew kochte.

Tante Elinor, die den Speisezettel machte, traute sich als einzige von der Familie in die Küche. Uns Kindern hatte man geraten, draußen zu bleiben, wenn wir nicht den Zorn des Orientalen erregen, an irgendeinem exotischen Gift elend zugrunde gehen, einen geheimen Krieg entfesseln oder in Zukunft das Damoklesschwert des Harakiri über uns fühlen wollten.

Bill war sich zwar über die möglichen Folgen klar, konnte aber dem Duft von Kuchen und Pasteten nicht widerstehen und verbrachte einen großen Teil seiner Zeit in der Küche. Zuerst vertrieb Tante Elinor ihn. Aber Chew Wong hatte einen Narren an ihm gefressen und schmollte, wenn man Bill wegschickte. Wenn aber Chew Wong schmollte, dann mißriet das Essen, und so erlaubte man Bill am Ende, sich in der Küche herumzutreiben.

Dann übertraf Chew Wong sich selbst mit seiner Kochkunst, und die Küche hallte wider von Pidgin-Englisch, von Geplapper und Gelächter.

»Jetzt biette, Bliely, Mund auf! Hi-hi-hi-hi-hi. Gute Junge, Bliely!«

Wir fragten Bill, wozu er denn den Mund aufmache. Er erzählte uns, Chew Wong tue, wenn er einen Kuchen glasiere, den Zuckerguß in eine Spritztüte aus Zeitungspapier, beiße die Spitze ab und quetsche die Glasur auf den Kuchen. Ab und zu machte Bill den Mund auf, und die Spritztüte wurde ihm hineingesteckt. Als wir anderen in die Küche eindrangen, um auch etwas von der Spritztüte abzubekommen, trieb Chew Wong uns mit einem Tiegel in der Hand hinaus, während er und Billy vor Lachen brüllten. Hi-hi-hi-hi-hi!

Manchmal, wenn Bill in der Küche Unfug machte, zankte Chew Wong ihn aus, hob ihn hoch und drohte, ihn in den Herd zu stecken. Dann öffnete er die Ofentür und hielt Billy so hinein, daß er die Hitze im Gesicht zu spüren bekam.

»Blöse Junge, Bliely, steck dich in Ofen, back dich blaun, iß dich auf. Hi-hi-hi!«

Bill wußte, daß es nur Scherz war, aber er hatte doch Angst, wehrte sich und trat um sich.

Eines Nachmittags öffnete Chew Wong die Herdtür und beugte sich auf Zehenspitzen vor, um nachzusehen, ob der Kuchen überall braun sei. Bill schlich von hinten an ihn heran, stemmte eine Schulter gegen sein Hinterteil, hockte sich hin und hielt den Koch so fest.

»Blöse Junge, Wong«, äffte er den Singsang des Kochs nach. »Bliely steck dich in Ofen, back dich blaun, iß dich auf. Hi-hi-hi!«

Tante Elinor war in der Anrichte und hörte den Wortwechsel und Chew Wongs Gezeter. Als sie in die Küche gestürzt kam, hatte der Koch sich schon befreit, hielt beide Hände unter die kalte Wasserleitung und kreischte vor Wut. Aus den verschiedenen Teilen des Hauses kamen die anderen Mollers und Gilbreths in die Küche gelaufen.

Tante Elinor fand, daß sie Bill ins Gebet nehmen müsse, da sie nun einmal für die Küche verantwortlich war.

»Billy Gilbreth«, sagte sie beinahe streng, »du hast dich nicht wie ein Gentleman benommen!«

Der Besuch ging zu Ende, wir zogen unsere Reisekleider an und kletterten wieder in die Limousinen. Wir waren jetzt daran gewöhnt und hatten keine Hemmungen, die Fenster herunterzulassen, die Hände hinauszustrecken und den Sonntagsfahrern unsere Meinung zu sagen. Mollers schienen das gar nicht schlimm, sondern sehr nett zu finden. Selbst Henriette, immer in strammer Haltung, grinste, wenn er den Wagen gelassen um die Ecken steuerte und dabei unsere Hände aus den Fenstern fuhren.

Auf dem Bahnsteig nahmen wir Abschied. Nun fand Bill es nicht mehr albern, sich küssen zu lassen. Er küßte sogar wieder.

Wir stiegen ein und drückten unsere Nasen an die Fensterscheiben.

»Eins kann ich nicht verstehn«, sagte Anne. »Es wird ihnen wirklich schwer, daß wir wegfahren. Stellt euch das vor. Sie weinen genauso wie wir!«

Der Zug fuhr aus dem Bahnhof, und Mutter bemühte sich, uns aufzuheitern.

»Ich hab' nicht eine einzige Dose Hartspiritus mitgenommen«, sagte sie. »Die Rückreise wird viel besser gehn als die Herreise. Lills Fuß ist viel besser, und ich glaube nicht, daß es Freddy wieder übel wird. Wir können in den Speisewagen gehn und . . .«
»Üch«, hustete Martha, »üch, üch!«
»Das Kind wird sich doch nicht den Keuchhusten geholt haben?« fragte Mutter. »Zeig mal deine Stirn.«
Als wir in Salt Lake City ankamen, hatten wir alle sieben Keuchhusten. Unsere Betten konnten nie gemacht werden, und in unserem Wagen kam kein Mensch zum Schlafen.
Paps war es gelungen, Urlaub von Fort Sill zu bekommen, und in Chicago stieg er überraschend zu uns in den Zug. Mit Eimer und Mop, die Mutter sich vom Dienstmann geborgt hatte, half er aufwischen, und er brachte uns Suppe, die auf neuerworbenem Hartspiritus heiß gemacht wurde.
»Danke, mein lieber Pappi«, sagten wir.
»Mein lieber Pappi?« fragte er. »Mein lieber Pappi? Na – mir scheint, ich sollte euch jeden Sommer nach Kalifornien schicken.«
»Aber nicht mit mir«, warf Mutter ein. »Ich kann dir nicht sagen, wie ich mich gefreut habe, alle meine Lieben wiederzusehen. Aber das nächste Mal fährst du mit den Kindern nach dem Westen, und ich zieh' in den Krieg.«

Zehntes Kapitel
Mandelentzündung und Bewegungsstudium

Paps war der Ansicht, daß man Krankheiten in der Familie am leichtesten bewältigt, indem man sie einfach ignoriert.
»Für solchen Unsinn haben wir keine Zeit«, sagte er. »Dazu sind wir zu viele. Ein Kranker bringt das ganze Ensemble durcheinander. Ihr Kinder stammt von gesunden Pionieren ab. Die Gesundheit habt ihr mitbekommen, nun bewahrt sie euch auch. Keine Entschuldigungen! Ihr habt gesund zu bleiben!«
Abgesehen von Masern und Keuchhusten gehorchten wir auch. Der Arzt kam so selten ins Haus, daß sein Erscheinen für uns gleichbedeutend mit einem neuen Baby war.
Paps' Mutter, die eine Zeitlang bei uns wohnte, hatte ihr geheimes Abwehrmittel gegen Krankheiten. Großmama Gilbreth war in Maine geboren, wo es, wie sie sagte, nur die Jahreszeiten Winter, Juli und August gebe.
Sie behauptete, Fachmann für die Bekämpfung schlechten Wetters und für die Vermeidung von Erkältungen zu sein.
Ihr geheimes Vorbeugungsmittel bestand in einem prall gefüllten und durchtränkten weißen Kampfersäckchen, das sie an ihrem Busen trug. An Großmamas Busen hatte allerlei Platz, nicht nur Kampfer, sondern auch ihre Brille, ihr Taschentuch und notfalls auch die Bettdecke, an der sie gerade häkelte. Jedes Jahr beim ersten Frost fertigte sie für uns zwölf gleichartige weiße Kampfersäckchen an.
»Beherzigt das, was Großmama sagt, und tragt immer diese Säckchen«, sagte sie. »Wenn ihr jetzt eine Erkältung mitbringt, dann seid ihr gottverdammt selber dran schuld, und dann zieh' ich euch bei lebendigem Leibe die Haut ab.«
Das war so Großmamas Art: Immer drohte sie, jemand bei lebendigem Leibe die Haut abzuziehen, ihn zu strecken oder zu vierteilen, ihn zu skalpieren wie eine Rothaut oder ihn windelweich zu prügeln. Großmama glaubte fest an den Satz: »Wer sein Kind liebhat, der

züchtigt es.« Ihre Zuchtrute war ein Zweig von einem Fliederstrauch auf unserem Rasen. Sie hatte immer eine Rute von diesem Busch auf ihrem Kleiderschrank liegen.

»Das sag' ich euch, jetzt kriegt ihr eins übergezogen«, sagte sie. »Mutter will euch nicht verhauen, und Vater hat keine Zeit dazu, aber eure Großmama wird euch verprügeln, bis ihr nicht mehr sitzen könnt.«

Dann schwang sie die Rute mit einer Energie, die ihr Alter Lügen strafte. Meistens aber zielte sie so, daß die Rute nur harmlos durch die Luft pfiff. Immerhin versetzte sie einem ein paar leichte Hiebe auf die Beine, und da wir ihre Gefühle nicht verletzen wollten, schrien und heulten wir, als bekämen wir die einundzwanzig Geißelhiebe eines spanischen Inquisitors. Manchmal peitschte sie so heftig in die Luft, daß die Rute zerbrach.

»Aha, siehst du? So ungezogen warst du, daß ich meine Rute an dir zerprügelt hab'. Nun geh mal gleich in den Garten und schneide mir eine neue für nächste Mal. Aber eine große, dicke, die mehr weh tut als diese hier. Nun geh schon, marsch!«

Wenn einer von uns krank wurde und im Bett bleiben mußte – was nur selten vorkam –, dann hielten Großmama und Paps gar keine Behandlung für die beste.

»Ein krankes Kind wird am schnellsten gesund, wenn man es allein im Bett läßt«, sagte Großmama, und Paps nickte beifällig. Mutter sagte, sie finde das auch, aber tatsächlich umsorgte sie das kranke Kind von vorn und hinten.

»Hier, Liebling, nimm mein schönes Bettjäckchen um«, sagte sie zu dem Kranken. »Hier hast du ein paar Zeitschriften und Schere und Klebstoff. Na, ist das nicht schön? Ich geh' mal in die Küche und mach' dir einen Happen zu essen. Dann komm' ich wieder rauf und lese dir vor.«

Ein Vetter schleppte uns die Masern ein, und alle Kinder außer Martha bekamen sie gleichzeitig. Zwei große, ineinandergehende Schlafzimmer im Oberstock wurden als Krankenzimmer eingerichtet, eins für die Jungen, das andere für die Mädchen. Wir hatten alle zwei oder drei elende Tage Fieber und Juckreiz, und Mutter pflegte uns mit Kakaobutter und Eisbeuteln. Dr. Burton, der die meisten von uns zur Welt gebracht hatte, sagte, es liege kein Grund zur Beunruhigung vor. Er war eine ausgesprochen männliche Natur und verstand sich mit Paps sehr gut.

»Ich muß zugeben, Gilbreth, daß Ihre Kinder nicht sehr oft krank sind«, sagte Dr. Burton. »Aber wenn sie mal krank sind, dann bringen sie die Gesundheitsstatistik von ganz New Jersey durcheinander.«

»Wie das, Mr. Knochenbrecher?« fragte Paps.
»Ich muß jede Woche einen Bericht machen über die Fälle anstekkender Krankheiten, die ich behandle. Gewöhnlich hab' ich ein paar Masernfälle in der Woche. Wenn ich nun berichte, daß ich an einem einzigen Tage elf Fälle hatte, dann müssen die ja ganz Montclair unter Quarantäne stellen und alle Schulen im Bezirk Essex schließen.«
»Na ja, es sind ja wohl besonders leichte Fälle«, sagte Paps. »Pionierblut, wissen Sie.«
»Wenn Sie mich fragen: Masern sind Masern, und die Kinder haben die Masern.«
»Wahrscheinlich kriegen auch Pioniere die Masern«, sagte Paps.
»Anzunehmen. Übrigens hatten die Pioniere auch Mandeln, und Ihre Kinder haben auch welche. Ganz scheußliche Mandeln. Man sollte sie rausnehmen.«
»Mir sind sie nie rausgenommen worden.«
»Ich möcht' sie mir mal ansehn«, bestimmte Dr. Burton.
»Ist gar nichts dran zu sehn.«
»Zum Donnerwetter, ich hab' nicht soviel Zeit«, sagte Dr. Burton. »Machen Sie den Mund auf und sagen Sie ›Ah‹.«
Paps machte den Mund auf und sagte »Ah«.
»Hab' ich mir gedacht«, sagte Dr. Burton. »Ihre müssen auch raus. Hätten schon vor Jahren rausgemußt. Sie werden's wohl nicht zugeben wollen, aber Sie haben doch Halsschmerzen, nicht wahr? Jetzt, in diesem Moment, haben Sie doch Halsschmerzen, wie?«
»Quatsch«, sagte Paps. »Bin nie in meinem Leben krank gewesen.«
»Schön, behalten Sie Ihre Mandeln, wenn Sie wollen. Sie schaden damit keinem außer sich selbst. Aber bei den Kindern sollten Sie sie wirklich rausnehmen lassen.«
»Ich werd's mal mit Lillie besprechen«, versprach Paps.
Als wir kein Fieber mehr hatten, fühlten wir uns pudelwohl, obgleich wir noch im Bett bleiben mußten. Wir sangen, erzählten uns Geschichten mit Fortsetzungen, spielten Schreibspiele, gaben uns Rätsel auf und veranstalteten Kissenschlachten. Paps leistete uns oft Gesellschaft, sang mit uns und beteiligte sich an allen Spielen außer den Kissenschlachten, denn die waren eigentlich verboten. Er war immer noch der Ansicht, daß man kranke Kinder sich selbst überlassen sollte, aber da wir nun – außer Martha – alle krank waren, fühlte er sich so verlassen, daß er zu uns kommen mußte.
Eines Abends nach dem Abendessen erschien er in den Krankenzimmern und setzte sich auf einen Stuhl in eine Ecke. Wir sahen, daß sein ganzes Gesicht voller Flecken war.

»Pappi«, fragte Anne, »was hast du denn? Du hast ja lauter Flekken.«
»Ihr phantasiert«, sagte Paps schmunzelnd. »Mir geht's ausgezeichnet.«
»Du hast die Masern!«
»Mir geht's gut«, sagte Paps. »Ist nicht weiter schlimm.«
»Pappi hat die Masern, Pappi hat die Masern!« Paps saß grinsend da, aber auf unser Geschrei eilte Großmama herbei.
»Was ist hier los?« fragte sie. Und als sie Paps sah: »Barmherziger Gott, du hast ja lauter Flecke, Frank.«
»Ist ja nur Spaß«, sagte Paps leise zu seiner Mutter.
»Leg dich ins Bett. Ein Mann in deinem Alter sollte doch wissen, was er zu tun hat. Schäm dich!«
Großmama suchte in ihrer Bluse, setzte sich die Brille auf und starrte Paps ins Gesicht.
»Also Frank Gilbreth, ich muß schon sagen!« legte sie los. »Manchmal machst du einem mehr zu schaffen als alle deine Kinder zusammen. Rote Tinte! Einen zu Tode erschrecken – und das nennst du Spaß! Rote Tinte!«
»Nur Spaß«, wiederholte Paps.
»Sehr witzig«, brummte Großmama, während sie aus dem Zimmer rauschte. »Ich könnt' mich totlachen.«
Paps saß verärgert da.
»Ist es wirklich rote Tinte, Pappi?« fragten wir, und auch wir fanden, daß das wirklich ein guter Spaß sei. »Wirklich? Du hast uns aber angeführt!«
»Fragt doch eure Großmama«, schmollte Paps. »Die ist eine sehr gescheite Dame. Die weiß alles.«
Martha durfte, obwohl sie gegen die Masern immun zu sein schien, das Krankenzimmer nicht betreten. In die Schule konnte sie nicht gehen, weil das Haus unter Quarantäne stand, und die ein bis zwei Wochen, in denen sie »einziges Kind« war, bekamen ihr so schlecht, daß sie keinen Appetit mehr hatte. Schließlich konnte sie es nicht mehr aushalten und schlich zu uns in die Krankenzimmer.
»Du weißt doch, daß du hier nicht rein darfst«, sagte Anne. »Willst du denn krank werden?«
Martha brach in Tränen aus. »Ja«, schluchzte sie. »Ach ja.«
»Soll das etwa heißen, daß wir dir fehlen? Es muß doch wunderbar sein; das ganze untere Stockwerk hast du für dich, und beim Essen bist du mit Mutter und Paps ganz allein.«
»Mit Paps ist nicht mehr viel los«, sagte Martha. »Er ist so nervös. Er sagt, die Ruhe bei Tisch mache ihn verrückt.«
»Sag ihm, das ist nicht allgemein interessant«, sagte Ern.

Kurz nach der Masernepidemie begann Paps mit der Anwendung der Bewegungsrationalisierung auf die Chirurgie, um bei gewissen Operationen Zeit einzusparen.
»Zwischen Chirurgen und geschickten Mechanikern ist kein großer Unterschied«, sagte Paps, »nur sind die Chirurgen nicht so geschickt. Wenn ich ihre Bewegungen studierte, könnte ich ihnen sicher zu schnellerer Arbeit verhelfen. Von der Dauer einer Operation hängt oft das Leben ab.«
Die Chirurgen, an die er herantrat, wollten zuerst nichts von der Sache wissen.
»Das wird nicht gehen«, sagte ein Arzt zu ihm. »Wir haben es nicht mit Maschinen zu tun, sondern mit menschlichen Wesen. Keine zwei Menschen sind einander gleich, deshalb kann man auch nicht immer wieder dieselbe Reihe von Bewegungen anwenden.«
»Doch, es wird gehen«, beharrte Paps. »Wenn Sie mich nur ein paar Filmaufnahmen von Operationen machen lassen, dann werd' ich's Ihnen beweisen.«
Endlich bekam er die Erlaubnis, seinen Filmapparat in einem Operationssaal aufzustellen. Nachdem der Film entwickelt war, führte er ihn uns mit dem Projektionsapparat im Wohnzimmer vor.
Vor dem schraffierten Hintergrund hing eine große Uhr, auf deren Zifferblatt »Gilbreth« zu lesen war und deren Zeiger pro Sekunde eine volle Umdrehung machte. Alle Ärzte und Schwestern waren weiß gekleidet und trugen Nummern an ihren Hauben. Auf dem Operationstisch im Vordergrund lag der Patient. Links befand sich ein in ein weißes Laken gehüllter Gegenstand, der etwa wie ein schneebedeckter Berg aussah. Als der Berg sich umdrehte, hatte er eine Stoppuhr in der Hand, und wenn er in die Kamera hineinlächelte, erkannten wir trotz der Verkleidung unsern Paps.
Dem Film nach schienen uns die Ärzte eine komplizierte Bauchoperation sehr schnell und routiniert auszuführen. Aber Paps, der hinter uns den Vorführapparat drehte, rief immer wieder, sie seien eine »Gesellschaft von Dummköpfen«.
»Seht euch diesen Trottel da an – den Arzt Nr. 3. Paßt auf, was der jetzt macht. Er geht den ganzen Weg um den Operationstisch herum. Seht ihr, wie er jetzt nach dem Instrument greift? Und nun fällt ihm ein, daß er dieses Instrument überhaupt nicht braucht. Er braucht ein anderes. Er sollte den Namen des Instruments sagen, und die Schwester Nr. 6, die ihm assistiert, sollte es ihm geben. Dazu ist sie ja da. Und seht euch seine linke Hand an, wie sie nutzlos herunterhängt! Warum gebraucht er sie nicht? Er könnte doppelt so schnell arbeiten.«
Dieser Film hatte zur Folge, daß die darin aufgenommenen Chirur-

gen die Narkosezeit um fünfzehn Prozent verkürzen konnten. Aber Paps war noch lange nicht zufrieden. Er erklärte, er müsse von fünf oder sechs gleichartigen Operationen Filmaufnahmen machen, damit er die notwendigen Bewegungen von den überflüssigen trennen könne. Das Schwierige war, daß die meisten Patienten nicht fotografiert werden wollten, so daß die Krankenhäuser Angst hatten, verklagt zu werden.

»Laß nur, Lieber«, sagte Mutter. »Ich bin überzeugt, daß sich bald für dich eine Gelegenheit bietet, alle notwendigen Aufnahmen zu machen.«

Paps sagte, er wolle nicht warten; wenn er mal ein Projekt im Kopf hatte, dann brachte er es nicht fertig, es eine Weile ruhen zu lassen und nach und nach wieder aufzugreifen, wenn er einen Patienten im Krankenhaus und einen Arzt gefunden hatte, die gegen Fotografen nichts einzuwenden hatten. Dann kam ihm ein Gedanke, und er schnippte mit den Fingern.

»Ich weiß«, sagte er. »Jetzt hab' ich's. Dr. Burton liegt mir in den Ohren, er will den Kindern die Mandeln rausnehmen. Er sagt, sie müßten doch raus. Wir werden hier im Laboratorium einen Operationssaal einrichten und werden Burton filmen.«

»Es kommt mir etwas herzlos vor, die Kinder als Versuchskaninchen zu benutzen«, sagte Mutter zweifelnd.

»Ja, mir auch. Und ich tu's auch nicht, wenn Burton auch nur das geringste dagegen hat. Wenn das Fotografieren ihn nervös macht oder so, dann werden die Mandeln eben ohne Bewegungsstudium herausgenommen.«

»Dr. Burton nervös – das kann ich mir jedenfalls nicht vorstellen«, sagte Mutter.

»Ich auch nicht. Ich werd' mal zu ihm gehn. Und weißt du was? Ich werd' bei der Sache ein gewisses Schuldgefühl nicht los; zur Beruhigung meines Gewissens soll der alte Menschenschlächter meine Mandeln auch rausnehmen.«

»Ich fühle mich auch ein bißchen schuldig bei der ganzen Sache«, sagte Mutter. »Aber Gott sei Dank sind meine schon rausgenommen worden, als ich ein kleines Mädchen war.«

Dr. Burton war damit einverstanden, uns vor der Kamera zu operieren.

»Sie spare ich mir noch auf, alter Pionier«, sagte er zu Paps. »Das Beste zuletzt. Seit ich Ihre großen, dicken schönen Mandeln zum erstenmal betrachtet habe, weiß ich, daß ich keine Ruhe finden werde, ehe ich nicht Hand an sie gelegt habe.«

»Hören Sie mit Ihrem Geschwätz auf, und legen Sie das Skalpell weg, Sie kleiner Schäker«, sagte Paps. »Ich komm' zuletzt dran.

Meine sollen rausgenommen werden, wenn's den Kindern wieder bessergeht.«
Dr. Burton sagte, er wolle mit Anne anfangen und der Reihe nach abwärts über Ernestine, Frank, Bill und Lillian fortfahren. Martha dürfe als einzige von den älteren Kindern ihre Mandeln behalten, sagte er, und bei den kleineren könne man noch etwas abwarten.
Am Abend vor der Massenoperation mußte Martha bei Tante Anne, Paps' ältester Schwester, schlafen.
»Du sollst mir hier nicht rumwimmeln«, erklärte Paps. »Die Kinder, denen morgen die Mandeln rausgenommen werden, dürfen heute kein Abendbrot und morgen kein Frühstück essen. Ich will nicht, daß du ihnen das dauernd unter die Nase reibst.«
Martha hatte es uns nicht vergessen, wie wir sie vernachlässigt hatten, als sie schließlich doch noch die Masern bekam. Sie rieb es uns noch kräftig unter die Nase, bevor sie wegging.
»Bei Tante Anne gibt's immer Apfelkuchen zum Frühstück«, sagte sie, und wir wußten, das war die schiere Wahrheit, nur war es manchmal Blaubeer- statt Apfelkuchen. »Und in der Anrichte hat sie einen Topf voll Krapfen stehn, und sie mag es sehr gern, wenn Kinder davon essen.« Auch das war leider nur allzu wahr. »Wenn euch morgen früh das Messer erwartet, werd' ich an euch denken. Wenn ich nicht zu vollgefressen bin, werd' ich versuchen, für jeden von euch einen Krapfen zu essen.«
Sie rieb sich den Magen und blähte die Backen kolossal auf, als kaue sie einen ganzen Krapfen auf einmal. Sie tat, als mache sie ein Gefäß auf und stopfe sich noch einen Krapfen in den Mund.
»Du meine Güte, Tante Anne«, sagte sie, als wäre jene Dame im Zimmer, »die Krapfen schmecken heute noch viel besser als sonst.« ... »Ja, nimm dir noch einen, Martha!« ... »Danke, Tante Anne, ich glaube, ja.« ... »Warum nimmst du nicht gleich zwei oder drei, Martha?« ... »Ich bin so voll vom Apfelkuchen, daß ich nicht weiß, ob ich noch zwei kann, Tante Anne. Aber du bist ja so glücklich, wenn man dein Gebäck ißt – da will ich mein Bestes tun.«
»Ersticken sollst du dran, Martha, mein Liebes«, sagten wir.
Am nächsten Morgen versammelten sich die fünf Auserwählten, die ihre Mandeln der Bewegungsrationalisierung opfern sollten, im Salon. Martha hatte richtig prophezeit: Unsere Mägen waren leer. Sie knurrten und kollerten. Oben hörten wir Betten rücken und wußten: Die Krankenzimmer wurden wieder hergerichtet. Im Laboratorium, das neben dem Salon lag, verwandelten Paps, sein Kameramann, eine Schwester und Dr. Burton den Schreibtisch in einen Operationstisch und stellten den schraffierten Hintergrund und die Scheinwerfer auf.

Paps kam in den Salon, er sah wieder wie ein schneebedeckter Berg aus. »So, Anne, komm!« Er puffte sie in den Rücken und lächelte uns zu. »Es ist weiter gar nichts. In ein paar Minuten ist's vorbei. Und denkt mal, wie ulkig das sein wird, wenn wir den Film sehen und euch alle im Schlaf beobachten können.«
Als er mit Anne hinausging, sahen wir, daß seine Hände zitterten, und sein weißer Umhang zeigte Schweißflecke. Mutter kam und setzte sich zu uns. Paps hatte gewollt, daß sie sich die Operation ansähe, aber sie sagte, das könne sie nicht.
Nach einer Weile hörten wir Paps und die Schwester mit schweren Schritten die Vordertreppe hinaufsteigen, und wir wußten, daß Annes Operation vorbei war und sie zu Bett gebracht wurde.
»Nun komm' ich dran, und ich kann nicht sagen, daß ich keine Angst hätte«, gestand Ernestine.» Aber ich bin so hungrig, daß ich bloß immer an Martha und ihren Kuchen denken muß. Die hat ein Schwein!«
»Und Krapfen!« sagte Bill. »Ein Schwein hat die!«
»Kriegen wir nach der Operation Kuchen und Krapfen?« fragte Lill Mutter.
»Wenn ihr sie dann haben wollt«, antwortete Mutter, der ja die Mandeln schon herausgenommen waren.
Paps kam herein. Sein Umhang triefte jetzt von Schweiß. Es sah aus, als wäre auf dem Schneeberg Tauwetter ausgebrochen.
»Es ist gar nichts weiter«, sagte er. »Und wir haben bestimmt ein paar großartige Aufnahmen gemacht. Anne schlief wie ein Baby. Also, Ernestine, mein Kind, du bist dran, komm mit!«
»Ich hab' gar keinen Hunger mehr«, sagte sie. »Jetzt hab' ich nur noch Angst.«
Eine Schwester legte ein mit Äther getränktes Tuch über Erns Nase. Das letzte, auf das sie sich später besann, war Mr. Coggin, Paps' Fotograf, der sich mit der Kamera abquälte. »Er müßte in einer Sekunde zweimal kurbeln«, dachte sie. »Ich werde zählen und sehn, ob's stimmt. Und eins und zwei und drei und vier. So soll man Sekunden zählen, sagt Paps. Man muß das ›und‹ zwischen die Zahlen schieben, um in der richtigen Geschwindigkeit zu zählen. Und eins und zwei und drei . . .« Dann schlief sie ein.
Dr. Burton sah ihr in den Mund.
»Mein Gott, Gilbreth«, sagte er, »ich hab' doch gesagt, daß ich Martha nicht brauch'.«
»Das ist ja auch nicht Martha«, sagte Paps. »Das ist Ernestine.«
»Wissen Sie das bestimmt?«
»Natürlich weiß ich das, Sie Esel. Denken Sie, ich kenn' meine eigenen Kinder nicht?«

»Sie müssen sich irren«, belehrte ihn Dr. Burton. »Sehn Sie sie mal ganz genau an. Na also, ist das nicht Martha?«
»Wollen Sie damit sagen, ich könnte ein Kind nicht vom andern unterscheiden?«
»Ich will weiter nichts sagen, als daß wir einen schrecklichen Fehler gemacht haben, wenn das nicht Martha ist.«
»Wir?« schrie Paps. »Wir? Ich hab' keinen Fehler gemacht. Und ich hoffe, Sie haben nicht den Fehler gemacht, den ich vermute.«
»Ja, sehn Sie, ich kann sie doch nur nach ihren Mandeln unterscheiden«, sagte Dr. Burton. »Ich dachte, diese Mandeln wären Marthas Mandeln. Die einzigen, die nicht raus müssen.«
»Nein«, jammerte Paps, »ach nein!« Dann sagte er entrüstet: »Heißt das, daß Sie mein kleines Mädchen für nichts und wieder nichts bewußtlos gemacht haben?«
»Es sieht so aus, Gilbreth. Tut mir leid, aber es ist geschehn. War verdammt leichtsinnig. Aber Sie haben ja auch einen unwahrscheinlichen Haufen Kinder, und für mich sehn sie alle gleich aus.«
»Na, lassen Sie mal, Burton«, sagte Paps. »Tut mir leid, daß ich mich hab' gehnlassen. Was machen wir denn nun?«
»Ich werd' sie auf alle Fälle rausnehmen. Sie hätten doch bald raus gemußt, und das Schlimmste an einer Operation ist ja die Angst vorher. Sie hat ihre Angst ausgestanden; die wollen wir ihr ein zweites Mal ersparen.«
Als Dr. Burton sich über Ernestine beugte, stieß sie ihn durch eine Reflexbewegung mit dem Knie in den Mund.
»Hast recht, Ernestine, wenn du wirklich so heißt«, murmelte er. »Das hab' ich ja wohl verdient.«
Es stellte sich heraus, daß Ernestines Mandeln größer und zerklüfteter waren, als der Arzt gedacht hatte. Es war ziemlich umständlich, sie herauszunehmen, und der Filmoperateur Mr. Coggin mußte sich in einen Papierkorb übergeben.
»Nicht aufhören zu kurbeln!« brüllte Paps ihn an. »Oder Ihre Mandeln kommen als nächste dran. Ich reiß' sie Ihnen eigenhändig mit Stumpf und Stiel aus. Kurbeln, zum Donnerwetter, kurbeln!«
Mr. Coggin kurbelte. Als die Operation vorbei war, trugen Paps und die Schwester Ernestine nach oben.
Als Paps in den Salon kam, um Frank zu holen, sagte er, Mutter möchte jemand zu Tante Anne schicken, um Martha zu holen.
»Apfelkuchen hin, Krapfen her – ihre Mandeln müssen raus«, sagte er. »Noch so einen Tag wie den heutigen überleb' ich nicht.«
Frank, Bill und Lillian wurden der Reihe nach die Mandeln herausgenommen. Dann erschien Martha, brüllend, um sich tretend und mit Kuchen und Krapfen vollgefressen.

»Sie haben gesagt, ich brauch' mir die Mandeln nicht rausnehmen zu lassen, und ich lass' mir die Mandeln nicht rausnehmen«, schrie sie den Arzt an. Ehe er sie auf den behelfsmäßigen Operationstisch bugsiert hatte, versetzte sie ihm einen Tritt in den Magen.
»Wenn ich das nächste Mal zu Ihnen komm'«, sagte er zu Paps, als er wieder japsen konnte, »dann bring' ich mir einen Brustschützer und eine Fechtmaske mit.« Und zur Schwester sagte er: »Etwas Äther für Martha – falls sie wirklich so heißt.«
»Ja, ich bin Martha«, kreischte sie durch das Tuch. »Sie irren sich.«
»Hab' ich Ihnen nicht gesagt, daß das Martha ist?« fragte Paps triumphierend.
»Ja, ja, ich weiß«, sagte Dr. Burton. »Wir wollen nicht wieder von vorn anfangen. Sie heißt Martha, aber ihre Mandeln heißen für mich Ernestine. Mach deinen Mund auf, Martha, du süßes Kind, damit ich dir Ernestines Mandeln rausnehmen kann. Kurbeln Sie ruhig weiter, Mr. Coggin. Vielleicht wird das der erste Dokumentarfilm von einem Menschen, der langsam zum Wüterich wird.«
Uns allen war an diesem Nachmittag schrecklich elend, Martha aber war sterbenskrank.
»Schmach und Schande«, sagte Großmama immer wieder zu Martha, die nach ihr hieß und ihr besonderer Liebling war. »Das hätten sie nicht tun dürfen; erst lassen sie dich all das Zeug essen, und dann schleppen sie dich hier zur Schlachtbank. Ob nun der Doktor oder dein Vater dran schuld ist, das ist mir gleich. Ich möchte ihnen beiden bei lebendigem Leibe die Haut abziehen und sie außerdem noch skalpieren wie die Rothäute.«
Während wir wieder gesund wurden, war Paps auffallend viel bei uns, aber er sagte immer, es sei gar nicht so schlimm und wir wollten nur Mitleid erwecken.
»Mir könnt ihr nichts vormachen«, sagte er. »Ich hab' die Operation gesehn – oder etwa nicht? Also, da wird ein kleiner, winziger Schnitt hinten im Hals gemacht. Ich weiß nicht, weswegen ihr so ein Gejammer macht. Wißt ihr nicht mehr die Geschichte von dem spartanischen Jungen, der keinen Mucks von sich gab, während seine Gedärme von einem Fuchs aufgefressen wurden?«
Weil wir so viel jammerten und um uns zu zeigen, wie ein Spartaner sich hätte die Mandeln herausnehmen lassen, beschloß Paps, sich die Operation unter lokaler Betäubung machen zu lassen. Mutter, Großmama und Dr. Burton rieten ihm ab. Aber Paps hörte nicht auf sie.
»Ihr macht ja aus 'ner Mücke 'nen Elefanten!« sagte er. »So eine kleine Operation! Ich will Burton zusehn, ob er's auch richtig macht.«

Als wir Kinder das erstemal aufstehen durften, fuhren Paps und Mutter im Wagen zur Praxis von Dr. Burton. Mutter hatte Paps dringend gebeten, ein Taxi zu nehmen. Sie konnte nicht fahren und meinte, Paps würde sich wahrscheinlich nicht wohl genug fühlen, um nach Hause zu fahren. Aber Paps lachte nur darüber.

»In einer Stunde sind wir zurück«, rief er uns zu und probierte seine drei Hupen aus, um für jeden Notfall gerüstet zu sein. »Wartet auf uns mit dem Lunch. Ich bin schon am Verhungern.«

»Das muß man ihm lassen«, gab Anne zu, als der Pierce-Arrow über den Wayside Place davonfuhr. »Er ist schon ein feiner Kerl. Wir haben uns alle halbtot gefürchtet vor der Operation. Und nun seht ihn an: Er freut sich direkt drauf!«

Zwei Stunden später hielt ein Taxi vor dem Haus; der Fahrer sprang heraus und riß die Wagentür auf. Mutter stieg aus, bleich und mit geröteten Augen. Sie und der Fahrer zogen eine verkrumpelte, stöhnende Masse aus blauem Serge ans Tageslicht. Der Hut saß verbeult und schief auf Paps' Kopf. Sein Gesicht war grau und zusammengefallen. Er weinte nicht, aber die Augen tränten ihm. Er konnte weder sprechen noch lächeln.

»Der hat aber ganz hübsch geladen, Mrs. Gilbreth«, sagte der Fahrer voller Neid. »Und noch dazu so früh am Nachmittag. Hab' gar nicht gewußt, daß er gern einen hebt.«

Wir warteten auf das Donnerwetter, das nun fällig war – aber nichts geschah. Paps begnügte sich mit einem vernichtenden Blick – ein Zeichen, wie schlimm es um ihn stand.

»Halten Sie gefälligst Ihren Mund«, sagte Mutter im schärfsten Ton, der ihr zu Gebote stand. »Er ist todkrank.«

Mutter und Großmama brachten Paps in sein Zimmer hinauf, und wir hörten unten sein Stöhnen.

Abends erzählte Mutter uns alles, während Paps unter der Wirkung von Schlaftabletten schnarchte. Während die Mandeloperation vor sich ging, hatte Mutter in Dr. Burtons Vorzimmer gewartet. Solange die Lokalanästhesie wirkte, hatte Paps sich wunderbar gefühlt. Als die Operation halb vorbei war, war er ins Vorzimmer gekommen und hatte grinsend eine Zange mit einer seiner Mandeln geschwenkt.

»Eine ist raus, und die andere kommt jetzt dran, Lillie«, hatte er gesagt. »Völlig schmerzlos. Als ob man einen Baumstamm abschält.«

Nach einer Zeit, die Mutter endlos erschien, war Paps wieder ins Vorzimmer gekommen und hatte nach Hut und Mantel gegriffen. Er grinste immer noch, aber nicht ganz so breit wie vorher.

»Erledigt«, sagte er. »Fast schmerzlos. Komm, Chefin, gehn wir. Ich bin immer noch hungrig.«

Dann merkte Mutter, wie seine gute Laune sich legte und wie er allmählich zusammensackte.

»Abgeschlachtet hat er mich«, stöhnte er. »Ich werd' noch verbluten. Burton, kommen Sie schnell! Was haben Sie mit mir gemacht?«

Dr. Burton kam aus seinem Sprechzimmer. Zu seiner Ehre muß gesagt werden: Er zeigte aufrichtiges Mitgefühl. Dr. Burton hatte sich nämlich auch mal die Mandeln herausnehmen lassen.

»Ist bald wieder in Ordnung, alter Pionier«, sagte er. »Sie wollten's ja absolut so schwer haben.«

Da Paps offensichtlich nicht fahren konnte, hatte Mutter das Taxi gerufen. Später am Abend brachte ein Mann aus der Garage die Narrenkutsche angeschleppt.

»Hab' versucht, den Wagen nach Hause zu fahren«, sagte der Garagenmann zu Mutter, »aber er war nicht von der Stelle zu bringen. Der Motor lief ganz richtig, aber er spuckte und bockte, sowie ich schalten wollte. So ein vertracktes Biest!«

»Ich glaub', keiner außer Mr. Gilbreth versteht mit ihm umzugehen«, sagte Mutter.

Paps lag zwei Wochen im Bett, und seit wir denken konnten, war dies das erstemal, daß er krank war. Er konnte weder rauchen noch essen oder sprechen. Aber er konnte einen anblitzen, und er blitzte Bill eines Nachmittags volle zwei Minuten lang an, als der ihn fragte, ob er sich die Mandeln wie ein Spartaner habe herausnehmen lassen.

Paps fand die Sprache erst an dem Tage wieder, als er endlich aufstehen durfte. Er lag, von vielen Kissen gestützt, im Bett und las seine Geschäftspost. Darunter befand sich eine Karte von dem Fotografen Mr. Coggin.

»Leider muß ich Ihnen mitteilen, Mr. Gilbreth, daß keiner der Filme etwas geworden ist. Ich hatte vergessen, den inneren Verschluß von der Linse zu nehmen. Tut mir schrecklich leid. Coggin. PS: Ich kündige hiermit.«

Paps schleuderte die Bettdecke fort und griff nach seinem Bademantel. Zum erstenmal seit zwei Wochen sprach er.

»Bis ans Ende der Welt werd' ich ihn verfolgen!« krächzte er. »Ich werd' ihm mit einem stumpfen Schuhknöpfer seine gottverdammten Mandeln mit Stumpf und Stiel rausreißen, wie ich's versprochen hab'. Was heißt kündigen? Fristlos entlassen ist er!«

Elftes Kapitel
Nantucket

Im Sommer zogen wir immer nach Nantucket im Staate Massachusetts, wo Paps zwei Leuchttürme kaufte, die von der Regierung aufgegeben worden waren, und ein baufälliges Häuschen, das so aussah, als hätten Landstreicher darin gehaust. Die Leuchttürme ließ er versetzen, so daß sie zu beiden Seiten des Häuschens standen. In dem einen Leuchtturm hatten er und Mutter einen Arbeitsraum und ein Zimmer. Der andere diente als Schlafraum für drei Kinder.
Das Häuschen nannte er den *Schuh* zu Ehren von Mutter, die ihn, wie er sagte, an die alte Frau erinnerte, die in einem solchen hauste.
Häuschen und Leuchttürme lagen auf einem ebenen Landstreifen zwischen der Klippe und dem Strand, an denen sich das mondäne Badeleben abspielte. In unmittelbarer Nähe unserer Wohnung stand nur noch ein Haus, das einem Künstlerehepaar namens Whitney gehörte. Nach unserem ersten Sommeraufenthalt in Nantucket hatten Whitneys jedoch ihr Haus aufgebockt, mit Rollen versehen und anderthalb Kilometer weiter an eine freie Stelle auf der »Brant Point« genannten Landspitze transportiert. Von da an hatten wir das Landstück ganz für uns allein.
Auf der Reise von Montclair nach Nantucket übernachteten wir gewöhnlich in einem Hotel in New London in Connecticut.
Paps kannte den Geschäftsführer und alle Angestellten des Hotels, und es gab eine geräuschvolle Begrüßung mit gutmütig-derben Späßen zum Gaudium der Menschenmenge, die uns von der Straße her folgte.
»Herr du meines Lebens, wer kommt denn da?« rief der Geschäftsführer bei unserer Ankunft und sagte dann zu einem Angestellten: »Alarmieren Sie die Feuerwehr und den Hausdetektiv. Es sind nämlich Gilbreths. Und dann nehmen Sie mal diesen Zigarrenabschneider vom Tisch und schließen Sie ihn in den Safe.«
»So, diese lebensgefährliche Guillotine haben Sie immer noch?« grinste Paps. »Es wird Sie sicher enttäuschen, aber der Finger ist

wieder nachgewachsen, so gut wie neu. Zeig mal dem Herrn deinen Finger, Ernestine.«
Ernestine hielt den kleinen Finger ihrer rechten Hand hoch. Bei dem vorigen Besuch hatte sie ihn in ihrem Forschungsdrang in den Zigarrenabschneider gesteckt und dabei fast dreißig Millimeter ihrer Fingerspitze eingebüßt. Sie hatte den ganzen Teppich vollgeblutet; Paps hatte versucht, den Arm abzubinden, und hatte durchs ganze Haus nach einem Arzt gebrüllt.
»Sagen Sie mal«, bemerkte Paps, als er den Federhalter nahm, um sich in das dicke Buch einzuschreiben, »kriegen's meine Irländer im Dutzend billiger?«
»Irländer! Wenn ich einen Burnus trüge, würden Sie sagen, sie seien Araber. Wie viele sind's denn eigentlich? Als ich voriges Jahr Ihre Rechnung ausstellte, haben Sie behauptet, es seien nur sieben. Jetzt zähle ich mindestens ein Dutzend.«
»Möglicherweise sind inzwischen ein paar dazugekommen«, gab Paps zu.
»Kommt mal her, eins, zwei, drei, vier Boys! Ihr vier führt Mr. und Mrs. Gilbreth und ihre sieben Irländer – oder wie viele es nun sein mögen – auf Nummer 503, 504, 505, 506 und 507. Und daß ihr sie mir ja gut unterbringt!«

Nantucket ist der Landspitze Cape Cod vorgelagert. Als wir das erstemal dorthin fuhren, war die Insel für Autos gesperrt, und wir mußten den Pierce-Arrow in einer Garage in New Bedford in Massachusetts lassen. Als später die Autosperre aufgehoben wurde, nahmen wir den Wagen auf der *Gay Head* oder auf der *Sankaty* mit, den beiden Dampfern, die zwischen dem Festland und der Insel verkehrten. Paps stand Todesängste aus, während er das Auto rückwärts die Laufbrücke hinaufbugsieren mußte. Mutter bestand darauf, daß wir ausstiegen und beiseite traten. Dann bat sie Paps, einen Rettungsgürtel anzulegen.
»Ich weiß, eines Tages fällst du mitsamt dem Wagen ins Wasser«, unkte sie.
»Hat denn niemand, nicht mal meine Frau, Vertrauen zu mir?« stöhnte er und fügte dann ganz sachlich hinzu: »Ich kann übrigens schwimmen.«
Das größte Problem auf dem Schiff und im Wagen war das Kanarienpärchen, das Martha in der Sonntagsschule für besonders gutes Rezitieren gewonnen hatte. Wir alle liebten es zärtlich, außer Paps. Er nannte den einen Vogel »Maulhalten« und den andern »Hörstdu«. Er behauptete, ihr Gestank verderbe ihm die ganze Reise und sie seien die einzigen Geschöpfe auf Erden, deren Stimmen die

seiner Kinder überschreien könnten. Unser Hausfaktotum Tom Grieves, der den Käfig zu reinigen hatte, nannte die Vögel »Peter Dreck« und »Maggie Ferkel«. Aber vor Mutter durften wir diese Namen nicht aussprechen; solche Wörter nannte sie »Eskimo«. (Mit »Eskimo« bezeichnete Mutter alles, was zweideutig, abstoßend oder boshaft war.) Wir nannten die Vögel einfach Peter und Maggie.

Auf einer Reise saß Fred mit dem Käfig am Heck des Schiffes, während Paps den Wagen an Bord bugsierte. Irgendwie sprang die Gittertür des Käfigs auf, und die Vögel flogen weg. Sie flogen auf einen Stapel am Hafen und dann auf das Dach eines Lagerhauses. Als Paps den Wagen endlich verstaut hatte und auf Deck erschien, fand er drei von den kleinen Kindern in Tränen aufgelöst. Sie schluchzten so laut, daß der Kapitän sie hörte und von der Brücke kam.

»Was ist denn passiert, Mr. Gilbreth?« fragte er.

»Nichts«, sagte Paps, der eine willkommene Gelegenheit sah, zwischen sich und die Kanarienvögel eine Entfernung von fünfzig Kilometern zu legen. »Sie können jederzeit ablegen, Käpten.«

»Ich leg' ab, wenn *ich* will«, verkündete der Kapitän eigensinnig. Er beugte sich über Fred. »Was gibt's denn, mein Junge?«

»Peter und Maggie«, heulte Fred. »Sie sind über Bord.«

»Mein Gott!« Der Kapitän erbleichte. »Die ganze Zeit, seit ihr Gilbreths nach Nantucket kommt, hab' ich gefürchtet, daß so was passieren würde.«

»Peter und Maggie gehören nicht zur Familie«, sagte Paps gereizt. »Warum lassen Sie nicht die ganze Sache auf sich beruhen und legen ab?«

Der Kapitän beugte sich wieder zu Fred. »Wer sind denn Peter und Maggie? So rede doch, Junge!«

Fred hörte zu weinen auf. »Ich darf Ihnen ihre Nachnamen nicht sagen«, erklärte er. »Mutter sagt, sie wären Eskimo.«

Der Kapitän war höchst verblüfft. »Da mach mir einer 'n Vers drauf«, sagte er. »Also Peter und Maggie, die Eskimos, sind über Bord?«

Fred nickte. Paps zeigte auf den leeren Käfig. »Zwei Kanarienvögel, bekannt unter den Namen Peter und Maggie und anderen Pseudonymen, sind abgehauen«, brüllte er. »Macht nichts. Lassen Sie sich nicht weiter aufhalten!«

»Wo sind sie denn hingeflogen, mein Kleiner?«

Fred zeigte auf das Dach des Lagerhauses. Der Kapitän seufzte. »Ich kann kein Kind weinen sehn«, sagte er. Er ging auf die Brücke zurück, um seine Befehle zu erteilen.

Vier Mann der Schiffsbesatzung kletterten, mit Krabbennetzen bewaffnet, auf das Dach des Lagerhauses. Während die Passagiere sie von der Reling aus durch Zurufe ermutigten, jagten sie die Vögel über das Dach in den Hafen, dann in die Takelage des Schiffs und schließlich wieder auf das Lagerhaus zurück. Zum Schluß waren Peter und Maggie spurlos verschwunden, und der Kapitän mußte es aufgeben.

»Tut mir leid, Mr. Gilbreth«, sagte er. »Ich glaube, wir müssen ohne Ihre Kanarienvögel abfahren.«

»Sie waren wirklich schon zu liebenswürdig«, versetzte Paps strahlend.

Paps genoß den Rest der Reise sehr, und er konnte sogar Martha davon überzeugen, es wäre am klügsten, den leeren, aber immer noch stinkenden Vogelkäfig über Bord zu werfen.

Als wir uns am nächsten Tage in unserm Häuschen eingerichtet hatten, kam ein Pappkarton vom Kapitän an. Er war an Fred adressiert, und in seinen Deckel waren Löcher gebohrt.

»*Mir* braucht ihr nicht zu erzählen, was drin ist«, grollte Paps. »Ich hab's schon gerochen.« Er griff in seine Brieftasche und gab Martha einen Geldschein. »Nimm das, geh ins Dorf und kauf einen neuen Käfig. Und hoffentlich gehst du nun vorsichtiger mit deinen Habseligkeiten um.«

Unser Häuschen hatte einen kleinen Waschraum, aber weder heißes Wasser noch eine Dusche oder eine Badewanne. Paps hielt im Sommer eine primitive Lebensweise für gesund. Da aber Sauberkeit für ihn gleich nach Frömmigkeit kam, mußten wir alle mindestens einmal am Tage schwimmen gehen. Von dieser Regel gab's keine Ausnahme, auch wenn die Temperatur auf sechs Grad sank und kaltes Nieselwetter herrschte. Paps trabte uns voran vom Haus zum Strand, hielt in einer Hand ein Stück Seife und schlug sich mit der andern die Brust.

»Ozean, nimm uns auf, hinein in die Brandung! Brrr! Natürlich, unser Bill ist wieder der letzte!«

Dann warf er sich ins Wasser, tauchte und verschwand in einem Sprühregen von Gischt. Er schwamm ein Stück unter Wasser, steckte dann die Füße heraus und winkte mit den Zehen, schwamm noch ein Stück unter Wasser und tauchte dann mit dem Kopf zuerst auf; dann grinste er und spuckte das Wasser in einem dünnen Strahl durch die Zähne.

»Kommt rein«, rief er. »Es ist wunderbar, wenn man erst mal drin ist.« Und dann fing er an, sich einzuseifen.

Außer den Babys war Mutter der einzige Nichtschwimmer unter uns. Sie haßte kaltes Wasser, sie haßte Salzwasser, und sie haßte Badeanzüge. Sie fand Badeanzüge so genierlich, und wenn sie auch die altmodischsten Modelle mit langen Ärmeln und schwarzen Strümpfen trug, so kam sie sich darin doch immer etwas unanständig vor. Paps pflegte zu sagen, wenn Mutter schwimmen ginge, zöge sie mehr an als aus.

Mutters Schwimmen spielte sich folgendermaßen ab: sie prüfte mit der Spitze ihres schwarzen Badeschuhs die Temperatur des Wassers, watete vorsichtig so weit, daß das Wasser ihr bis zu den Knien reichte, planschte probeweise ein paarmal mit den Händen herum, bespritzte sich etwas die Schultern und tauchte schließlich unter Aufbietung ihres ganzen Mutes mit zugehaltener Nase bis zur Brust unter. Das Nasezuhalten war eine überflüssige Vorsichtsmaßnahme, denn ihre Nase blieb immer einen Viertelmeter über dem Wasser.

Dann rannte sie mit klappernden Zähnen zum Haus zurück und wusch sich mit einem Schwamm das Salzwasser ab.

»War es heute morgen nicht himmlisch im Wasser?« sagte sie dann strahlend beim Lunch.

»Ich kenne Fische, die sich in der Luft wohler fühlen als du im Wasser«, bemerkte Paps darauf.

Wie in jedem anderen Fach bewährte Paps sich auch beim Schwimmen als sachkundiger Lehrer. Manche von uns lernten schon mit drei Jahren schwimmen, und mit fünf Jahren konnten wir es alle. Paps war sehr betrübt darüber, daß er allein bei Mutter mit seinem Schwimmunterricht keinen Erfolg hatte. »In diesem Sommer bring' ich's dir aber wirklich bei«, sagte er am Anfang jeder Ferien zu Mutter. »Es ist gefährlich, nicht schwimmen zu können. Was willst du denn machen, wenn du auf einem untergehenden Schiff bist? Willst mich allein mit einem Dutzend Kinder zurücklassen, wie? Du solltest doch auch an mich denken.«

»Ich werd's noch mal versuchen«, sagte Mutter geduldig. Aber man merkte es genau, daß sie es für aussichtslos hielt.

Wenn sie zum Strand herunterkamen, nahm Paps sie bei der Hand und führte sie. Mutter ging zuerst ganz tapfer los, aber sobald das Wasser ihr bis an die Knie reichte, blieb sie stehen. Wir standen im Kreis um sie herum und sprachen ihr auf alle erdenkliche Weise Mut zu. »Nur weiter, Mutter«, sagten wir. »Es tut ja gar nicht weh. Sieh mich an. Sieh mich an.«

»Bitte nicht spritzen«, sagte Mutter. »Ihr wißt doch, ich kann Spritzen nicht leiden.«

»Also, Lillie«, sagte Paps, »nun komm schon weiter rein.«

»Ist es noch nicht weit genug?«

»Du kannst doch nicht schwimmen lernen, wenn du noch Grund hast.«

»Ich lande ja schließlich doch auf dem Grund, auch wenn es tief ist.«
»Nun hab mal keine Angst. Komm weiter. Diesmal ist es anders. Wirst schon sehn.«
Paps zerrte sie weiter, bis das Wasser ihr gerade über die Hüfte reichte. »Also jetzt mußt du zuallererst toter Mann lernen«, sagte er. »Wenn ein Toter das kann, wirst du's ja auch können.«
»Ich kann schon den Namen nicht leiden. Es klingt so unheilvoll.«
»Sieh mal, Mutter, so!««
»Ihr Kinder bleibt mal weg«, sagte Paps. »Aber Lillie, wenn die Kinder es können, wirst du als erwachsene Frau es doch können. Komm, probier's mal. Du *mußt* ja schwimmen, denn wenn der menschliche Körper voll Luft gepumpt ist, ist er leichter als Wasser.«
»Du weißt doch, daß ich immer untergehe.«
»Ach wo, das war voriges Jahr. Jetzt versuch mal! Nur Mut! Ich pass' schon auf, daß dir nichts passiert.«
»Ich mag aber nicht.«
»Du wirst doch vor den Kindern nicht als Hasenfuß dastehn wollen.«
»Von mir aus als ganzer Hase«, sagte Mutter. »Aber ihr laßt mir ja doch keinen Augenblick Ruhe, wenn ich's nicht versuche. Also los! Und denk daran, ich verlass' mich auf dich, daß mir nichts passiert.«
»Du wirst bestimmt schwimmen. Nur keine Angst!«
Mutter atmete tief ein, legte sich aufs Wasser und ging unter wie ein Stein. Paps wartete eine Weile, denn nach den Gesetzen der Physik mußte sie schließlich und endlich ja wieder hochkommen. Als sie nicht hochkam, langte er angewidert ins Wasser und fischte sie heraus. Mutter war wütend, würgte und spuckte Wasser.
»Hab' ich's nicht gesagt?« brachte sie schließlich heraus.
Paps war ebenfalls wütend. »Hast du das wirklich nicht mit Absicht getan?« fragte er.
»Herzlichen Dank«, blubberte Mutter. »Vielen herzlichen Dank. Meinst du, ich treibe mich gern da unten auf dem Meeresgrund herum?«
»Meeresgrund«, höhnte Paps. »Dabei warst du einen knappen Meter unter Wasser. Noch nicht mal auf dem Dachboden vom Meeresgrund.«
»Na, mir kam's wie Meeresgrund vor. Und du bringst mich nie wieder da hinunter. Du solltest doch nun endlich davon überzeugt sein, daß das Archimedische Prinzip auf mich einfach nicht anwendbar ist.«
Hustend und schnaubend ging Mutter zum Strand zurück.

»Ich versteh' das nicht«, brummte Paps. »Sie hat recht. Archimedes wird dadurch vollkommen widerlegt.«

Bevor wir nach Nantucket kamen, hatte Paps uns versprochen, daß es dort keinen richtigen Unterricht gebe, keinen Sprachunterricht per Grammophon und keine Schulbücher. Er hielt sein Versprechen, aber wir fanden, daß er uns, wenn wir nicht auf der Hut waren, nebenbei immerfort etwas beibrachte.
Zum Beispiel die Sache mit der Morseschrift.
»Ich weiß, wie ich euch ohne Lernen den Code beibringe«, verkündete er eines Tages beim Lunch.
Wir sagten, wir wollten den Code nicht lernen, wir wollten eigentlich überhaupt nichts lernen, bevor die Schule im Herbst wieder anfange.
»Es ist kein Unterricht«, erklärte Paps, »und wer den Code zuerst lernt, bekommt eine Belohnung. Wer ihn nicht lernt, wird's später bereuen.«
Nach dem Essen nahm er einen kleinen Pinsel und eine Dose schwarzen Emaillelack und schloß sich damit auf der Toilette ein, wo er das Morsealphabet an die Wand malte.
Die nächsten drei Tage malte Paps mit seinem Pinsel den Code sogar auf die getünchten Wände jedes Raums im *Schuh*. An die Decken der Schlafräume schrieb er außer dem Alphabet noch Kennwörter, durch deren Rhythmus man sich den Code für die verschiedenen Buchstaben besser merken konnte. Das ging so: A, kurz-lang, aTOM; B, lang-kurz-kurz-kurz, BOH-nen-sup-pe; C; lang-kurz-lang-kurz; CHLO-ro-FORM-topf; D, lang-kurz-kurz, DRO-gerie; und so weiter.
Wenn man dösend auf dem Rücken lag, gingen einem die Wörter dauernd durch den Kopf, und man sagte vor sich hin: »DRO-ge-rie, lang-kurz-kurz, DRO-ge-rie.«
Er malte Geheimbotschaften in Code an die Wände in der Vorderveranda und im Eßzimmer.
»Was heißt das, Pappi?« fragten wir ihn.
»Allerlei«, entgegnete er geheimnisvoll. »Viele Geheimnisse und viele sehr komische Sachen.«
Wir gingen in die Schlafräume und schrieben uns das Morsealphabet auf Zettel ab. Dann übersetzten wir nach den Zetteln Paps' Botschaften. Er malte immer weiter, als beachte er uns gar nicht, aber es entging ihm kein Wort.
»Großer Gott, was für faule Witze!« sagte Anne.
»Und wir können machen, was wir wollen«, stöhnte Ern. »Wir werden ja doch keine Ruhe haben, bis wir alles übersetzt haben. Ich seh'

nur noch lang-kurz-lang-kurz und muß immerfort sagen CHLO-ro-FORM-topf.«

Fast jeden Tag ließ Paps einen Zettel mit einer Botschaft in Morseschrift auf dem Eßtisch liegen. Übersetzt ergab sie etwa: »Der erste, der diese Geheimbotschaft entziffert, werfe einen Blick in die rechte Tasche meiner Sporthose, die in meinem Zimmer an einem Haken hängt. Pappi.« Oder: »Lauf nach oben, so schnell du kannst, und wirf einen Blick in die untere linke Schublade der Nähmaschine.«

In der Hosentasche oder in der Schublade fand sich dann irgendeine Belohnung – ein Stück Schokolade, ein 25-Cent-Stück oder ein Gutschein für einen Schokoladen-Eiskrem-Soda in Coffins Laden, auf Verlangen von Paps zu bezahlen.

Manche der Geheimbotschaften erwiesen sich als falscher Alarm. »Hallo, ihr Würmer! Keine Belohnung! Aber vielleicht gibt es sehr bald eine. Wenn du das gelesen hast, rase wie ein Verrückter davon, so daß der nächste denkt, du wärst einer tollen Sache auf der Spur. Dann wird er es auch lesen, und du bist nicht als einziger angeführt. Pappi.«

Wie Paps beabsichtigt hatte, konnten wir nach wenigen Wochen recht gut morsen. Jedenfalls gut genug, um gegenseitig Botschaften abzuhören, die durch Klopfen mit einer Gabelspitze auf einem Butterteller gesendet wurden. Wenn etwa ein Dutzend Menschen auf diese Weise zu morsen versuchen – und wir alle sendeten lieber, als daß wir empfingen –, dann summiert sich dieser Lärm zu einer nervenerschütternden Lautstärke. Man könnte heute einen ähnlichen Effekt erzielen, wenn man zwei Radioreporter mit kräftigen Verstärkern gleichzeitig einstellte.

Das Beschreiben der Wände hatte sich beim Lernen des Codes so gut bewährt, daß Paps beschloß, uns auf die gleiche Art Astronomie beizubringen. Sein erster Schritt war, unser Interesse zu wecken; das tat er, indem er aus dem Stativ eines Fotoapparates und aus einem Feldstecher ein Fernrohr fabrizierte.

In klaren Nächten trug er die Apparatur in den Garten hinaus und betrachtete die Sterne, wobei er so tat, als bemerke er uns überhaupt nicht.

Wir standen um ihn herum, stießen ihn an, zogen ihn am Ärmel und baten, er möchte uns durchs Fernrohr sehen lassen.

»Stört mich nicht«, sagte er dann, die Nase ans Fernrohr gedrückt. »O mein Gott – die beiden Sterne da werden gleich zusammenstoßen! Nein. Aber beinahe. Wollen doch mal sehn, was der alte Betei vorhat. Nein, was für ein herrlicher Stern!«

»Pappi, laß uns mal durchgucken«, quengelten wir. »Sei doch nicht so gemein.«

Schließlich erlaubte er uns mit gespieltem Sträuben einen Blick durch das Glas. Wir konnten den Saturnring, drei Jupitermonde und die Mondkrater sehen. Paps' Lieblingsstern war Beteigeuze, der gelbrote »alte Betei« im Sternbild des Orion. Dieser Stern interessierte ihn persönlich, weil Freunde von ihm mit Michelsons Interferometer experimentierten, um den Durchmesser dieses Sterns zu berechnen.

Als Paps schließlich davon überzeugt war, daß wir uns für Astronomie interessierten, fing er an, die Wände mit astronomischen Malereien zu bedecken. Auf eine Wand zeichnete er die Hauptplaneten in ihrem Größenverhältnis zueinander, wobei der kleine Merkur ungefähr so groß wie eine Murmel, der Jupiter so groß wie ein Korbball erschien. Auf einer anderen Wand stellte er die verschiedenen Entfernungen der Planeten von der Sonne dar; der Merkur stand ihr am nächsten, und der Neptun war am weitesten weg – fast in der Küche. Pluto war damals noch nicht entdeckt, was sehr gut war, denn so viel Platz hätten wir wirklich nicht gehabt.

Doktor Harlow Shapley von der Harvard-Universität schenkte Paps über hundert Fotografien von Sternen, Nebelflecken und Sonnenfinsternissen. Paps hängte sie dicht über dem Fußboden an die Wand und bemerkte dazu, wenn sie weiter oben in der normalen Bilderhöhe hingen, könnten die Kleinen sie nicht sehen.

Etwas Platz war noch an den Wänden frei, und Paps hatte viele Ideen, wie man ihn ausfüllen könnte. Er heftete ein Stück Millimeterpapier an, das tausend Linien breit und tausend Linien hoch war und also eine Million kleiner Quadrate enthielt.

»Man hört die Leute so viel von Millionen reden«, sagte er, »aber die wenigsten Menschen haben genau eine Million Gegenstände gleichzeitig gesehn. Wenn jemand eine Million Dollar besitzt, hat er genausoviel Dollar, wie dort auf der Karte kleine Quadrate sind.«

»Hast du eine Million Dollar, Pappi?« fragte Bill.

»Nein«, sagte Paps etwas kläglich. »Statt dessen hab' ich eine Million Kinder. Es gibt einen Punkt, da muß man sich für das eine oder für das andere entscheiden.«

Im Eßzimmer malte er eine grafische Darstellung an die Wand, aus der der Unterschied zwischen Meter und Fuß, Kilogramm und Pfund, Liter und Quart zu ersehen war. Und an eine Wand neben der Eingangstür malte er siebzehn geheimnisvolle Symbole: die Therbligs.

Die Therbligs waren von Paps und Mutter entdeckt oder besser festgesetzt worden. Sie sagten: Jeder Mensch hat siebzehn Therbligs, und er kann diese zur Erleichterung oder zur Erschwerung seines Lebens verwenden.

Ein fauler Mensch, so meinte Paps, verwendet seine Therbligs immer am besten, weil er zu indolent ist, um Bewegungen zu verschwenden. Wenn Paps in einer Fabrik ein neues Bewegungsrationalisierungsprojekt in Angriff nahm, dann verlangte er als erstes, die Bewegungen des faulsten Mannes im Betriebe fotografieren zu dürfen.

»Ich brauch' einen so faulen Kerl, daß er sich nicht mal kratzt«, sagte er. »So einer muß doch hier sein. In jedem Betrieb gibt es so einen.«

Paps hatte die Therbligs nach sich selbst genannt – Gilbreth rückwärts buchstabiert mit einer kleinen Variante. Sie waren die grundlegenden Lehrsätze seiner Arbeit und führten indirekt zu Einrichtungen wie Fußhebeln zum Öffnen von Abfalleimern, Spezialstühlen für Fabrikarbeiter, besonders konstruierten Schreibmaschinen und bestimmten Methoden der technischen Montage.

Durch die Therbligs hatte Paps den Verkäufern der Regal Shoe Company beigebracht, wie sie den Kunden die Schuhe in sieben Sekunden ausziehen und in zweiundzwanzig Sekunden wieder anziehen und zuschnüren konnten.

Ein Therblig ist einfach eine Bewegungs- oder Denkeinheit. Nehmen wir an, jemand geht ins Badezimmer, um sich zu rasieren; er hat sein Gesicht eingeseift und will nun seinen Rasierapparat in die Hand nehmen. Er weiß, wo der Rasierapparat liegt, aber zuerst muß er ihn mit dem Blick lokalisieren. Das ist der erste Therblig, das »Suchen«. Wenn der Blick den Rasierapparat gefunden hat und zur Ruhe kommt, so ist das der zweite Therblig, das »Finden«. Der dritte ist das »Auswählen«, das Stadium, das dem vierten Therblig, dem »Ergreifen«, vorangeht. Der fünfte Schritt ist das »Transportieren«, nämlich den Rasierapparat zum Gesicht führen, und der sechste ist das »Ansetzen«, das heißt, den Rasierapparat mit dem Gesicht in Berührung bringen. Es gibt noch elf andere Therbligs, und der letzte ist »Denken«!

Wenn Paps eine Bewegung studierte, dann zerlegte er jede Operation in Therbligs und versuchte dann, die für jeden Therblig benötigte Zeit abzukürzen. So ließ er vielleicht die verschiedenen Bestandteile, die zusammengesetzt werden sollten, teils rot, teils grün einfärben; dadurch wurde dann zum »Suchen« und zum »Finden« weniger Zeit benötigt. Oder die Bestandteile, die zusammengesetzt werden sollten, teils rot, teils grün einfärben; dadurch wurde dann zum »Suchen« und zum »Finden« weniger Zeit benötigt. Oder die Bestandteile konnten näher an den Ort des Zusammensetzens herangelegt werden; dadurch brauchte man weniger Zeit für das »Transportieren«.

Jeder Therblig hatte ein besonderes Zeichen, und nachdem Paps

diese an die Wand gemalt hatte, ließ er uns die Therbligs auf unsere Hausarbeiten wie Bettenmachen, Geschirrspülen, Auskehren und Abstauben anwenden.
Inzwischen waren der *Schuh* und die Leuchttürme eine Sehenswürdigkeit geworden, die manche Touristen auf ihren Rundfahrten über Nantucket besuchten. Nicht immer stiegen die Fremden dabei aus ihren Wagen oder Autobussen aus. Aber wir hörten dann, wie die Fahrer geheimnisvolle und ziemlich unzutreffende Berichte über die Geschichte des Hauses und seine Bewohner abgaben. Manchmal kamen einzelne Leute an die Tür und fragten, ob sie einmal hineinsehen dürften, und wenn das Haus in Ordnung war, führten wir sie herum.
Wir waren sehr überrascht, als wir in dem Gästebuch im Vorderzimmer die Namen völlig fremder Leute entdeckten.
»Sind das Freunde von dir?« fragte Paps Mutter.
»Hab' noch nie von ihnen gehört. Vielleicht sind's Freunde von den Kindern.«
Als wir sagten, daß wir sie auch nicht kennten, fragte Paps Tom Grieves, der bereitwillig zugab, daß er Touristen durch das Haus und die Leuchttürme geführt habe, während wir am Strand waren. Toms Fremdenführung erstreckte sich auch auf die Schlafzimmer, auf Mutters und Vaters Zimmer, wo das Jüngste schlief, und sogar auf die Toilette, wo er besonders auf das Morsealphabet hinwies. Manche Besucher sahen dann das Gästebuch auf dem Tisch liegen und glaubten, sie sollten sich dort einschreiben. Während die Touristen hinausströmten, stand Tom an der Eingangstür und kassierte nicht selten Trinkgelder ein.
Mutter war darüber sehr verärgert. »So was hab' ich mein Lebtag noch nicht gehört. Stell dir vor, da führt er vollkommen fremde Menschen durch unsere Schlafzimmer, und dabei sieht das Haus wie eine Bruchbude aus.«
»Na ja«, sagte Paps, der überzeugt war, daß die Touristen nur kamen, um seine augenfälligen Unterrichtsmethoden zu sehen, »wir brauchen ja schließlich die Ideen, die wir entwickelt haben, nicht für uns zu behalten. Vielleicht ist es gar nicht schlecht, wenn die Leute sehen, was wir machen.«
Nachdenklich lehnte er sich in seinen Stuhl zurück, einen alten Kirchenstuhl aus Mahagoni. Paps hatte diesen Kirchenstuhl in völlig zerbrochenem Zustande im Keller unseres Häuschens gefunden. Er hatte ihn voller Ehrfurcht wieder zum Leben erweckt, hatte ihn abgescheuert, wieder zusammengesetzt und neu gestrichen. Dieser Kirchenstuhl war sein Herrschersitz im *Schuh*, und nur dieser Stuhl war ihm wirklich bequem und genoß sein volles Vertrauen.

»Wieviel Tom wohl so eingenommen hat!« sagte er zu Mutter. »Vielleicht könnte man mit ihm eine Art Übereinkommen treffen, daß er uns bei künftigen Führungen von dem Eintrittsgeld etwas abgibt . . .«

»Ideen hast du!« sagte Mutter. »Es gibt in Zukunft keine Führungen mehr. Wenn ich mir das nur vorstelle!«

»Verstehst du denn keinen Spaß? Ich hab' doch nur Spaß gemacht. Du hast doch sonst soviel Humor.«

»Ich weiß«, sagte Mutter und nickte. »Wahrscheinlich hab' ich keinen mehr. Aber ist dir niemals der Gedanke gekommen, daß es vielleicht Frauen gibt, die es nur als Spaß auffassen würden, wenn ihre Männer ihnen erzählten, sie hätten zwei Leuchttürme gekauft und . . .«

Da mußte Paps lachen, und sein Gelächter erschütterte das Haus so, daß der lockere Putz von der Decke bröckelte und ihm auf den Kopf fiel. Wenn Paps lachte, mußten alle lachen – man konnte einfach nicht anders. Und nach einem vergeblichen Versuch, ernst zu bleiben, lachte Mutter mit.

»Donnerwetter, ja«, keuchte er. »Und wahrscheinlich gibt's auch Frauen, die an den Wänden ihres Hauses keine Morseschrift und keine Planeten und nicht einmal Therbligs mögen. Komm her, Chefin, ich nehm' alles zurück, was ich je über deinen Humor gesagt hab'.«

Mutter ging zu ihm und stäubte den herabgefallenen Putz aus seinem schon etwas gelichteten Haar.

Zwölftes Kapitel
Die »Rena«

Paps kaufte die *Rena* als Belohnung dafür, daß wir schwimmen gelernt hatten. Sie war ein kleiner Kutter, sechs Meter lang und fast ebenso breit. Sie war ein folgsames, würdevolles und altertümliches Fahrzeug.

Ehe wir an Bord der *Rena* durften, gab Paps uns einige Lektionen über Navigation, über Ebbe und Flut, über den Kompaß, über die Seefahrerei, das Seerecht und die nautischen Ausdrücke. Radar gab es damals noch nicht. Vermutlich hat kein Amerikaner – abgesehen von den Kadetten der Marineakademie in Annapolis – eine gründlichere Ausbildung genossen, bevor er seinen Fuß auf ein Segelboot setzen durfte.

Dann folgte eine Reihe von Trockenkursen auf der Vorderveranda des *Schuh*. Paps saß auf einem Stuhl, hielt einen Spazierstock als Ruderpinne in der Hand, brüllte Befehle und manövrierte sein Phantasieschiff durch einen gefährlichen Hafen.

Wir saßen in einer Reihe so auf dem Fußboden, als drückten wir die dem Winde zugekehrte Seite des Bootes herunter. Paps tat, als wischte er sich das Wasser aus den Augen, und suchte forschend den Horizont nach Pottwalen, Fliegenden Holländern oder schwimmendem Bernstein ab.

»Great Point Light backbords«, brüllte er. »Segel einholen! Wir wollen versuchen zu lavieren.«

Er warf den Handgriff des Stockes zu der dem Wind abgekehrten Seite herum, und zwei von uns zogen ein nicht vorhandenes Tau an.

»Kurs halten!« kommandierte Paps. »Festmachen!«

Wir taten so, als wickelten wir das Tau um einen Poller.

»Wenden«, rief Paps. »Niedrige Brücke. Achtung, hart nach Lee.«

Er warf den Stockgriff ganz und gar nach Lee herum. Wir duckten die Köpfe, krochen über die Veranda und setzten uns auf die entgegengesetzte Seite.

»Jetzt holen wir ein und werden unser Boot vertäuen. Das müßt ihr am Schluß jeder Segelfahrt tun. Ein guter Segler vertäut immer auf den ersten Anhieb. Landratten müssen es manchmal drei- oder viermal versuchen, bis sie's hinkriegen.«

Er stand aufrecht am Heck, um das Vertäuen besser im Auge behalten zu können.

»So. Segel losmachen, Bill. Halt dich mittschiffs, Mart. Jetzt ran mit dem Bootshaken, Anne und Ernestine, und seht zu, daß ihr's erwischt. Du bleibst am Großsegel, Frank, und du an der Spitze, Fred . . .«

Wir rannten auf der Veranda umher und taten unsere Pflicht, bis Paps mit seiner neuen Mannschaft zufrieden war und sie für seetüchtig erklärte.

Nirgends war Paps so glücklich wie auf der *Rena*. Kaum war er in unser Fischerboot geklettert und ruderte hinaus, wo die *Rena* vor Anker lag, war er ein anderer Mensch. Auf der *Rena* waren wir nicht mehr sein Fleisch und Blut, sondern eine Schiffsmannschaft, zusammengelesen aus dem letzten Abschaum von Landratten, die er in den Kneipen und Garküchen exotischer Häfen betrunken gemacht und aufs Schiff geschleppt hatte. Die *Rena* war kein leichter Kutter, sondern ein wendiger Viermaster, der auf tollkühner Fahrt um Kap Hoorn segelte, um seltene Gewürze und kostbare Schätze aus Indien zu holen. Wir mußten Paps »Käpten«, nennen und nicht »Pappi«, und bei allem, was wir sagten, mußten wir sehr höflich sein und am Schluß jedes Satzes »Sir« sagen.

»Genau wie damals, als er bei der Armee war«, flüsterte Ernestine. »Wißt ihr noch den militärischen Haarschnitt von Frank und Bill und dann das ganze Theater mit ›Achtung!‹ und Grüßen und Küchenpolizei?«

»Ruhe da, ihr Schwabber«, rief Paps. »Daß mir keine Hetzreden vom Achterdeck zu Ohren kommen!«

Anne als die Älteste wurde zum ersten Maat auf der *Rena* ernannt, Ernestine wurde zweiter, Martha dritter und Frank vierter Maat. Die jüngeren Kinder waren allesamt Vollmatrosen, die Schiffszwieback aßen und vor dem Mast schliefen.

»Es scheint aufzufrischen, Mister«, sagte Paps zu Anne. »Wir wollen das Großsegel reffen.«

»Jawoll, Sir.«

»Die *Rena* hat doch nur ein Segel, Pappi«, sagte Lill. »Ist das das Großsegel?«

»Ruhig, du Landratte, oder du kriegst eins mit dem Tau übergezogen. Natürlich ist es das Großsegel.«

Das mit dem Tau war keine bloße Drohung. Vollmatrosen oder

Maate – wer nicht gleich sprang, wenn Paps einen Befehl brüllte, wurde tatsächlich mit einem Tauende gezüchtigt. Und das tut weh. Paps' Art wirkte ansteckend, und bald spielten die Maate sich genauso auf wie er und beschimpften, seinem Beispiel folgend, ihre Untergebenen als heimtückische Taschendiebe und pflichtvergessene Säufer. Paps vermittelte uns die Illusion, daß die sanfte alte *Rena* ein schmuckes Schiff sei.

»Taue aufschießen!« sagte er zu Anne.

»Jawoll, Sir. Kommt her, ihr Schwabber. Bißchen lebhaft jetzt, oder ich schmeiß' euch alle über Bord, bei meinem klappernden Gebein.«

Manchmal begann Paps plötzlich sehr unmusikalische Seemannslieder zu grölen, zum Beispiel das von den fünfzehn Mann, die einem Toten auf der Brust saßen; besonders liebte er eins, das lautete: »He said heave her to, she replied make it three.«

Hätten wir Fesseln an Bord gehabt, so wären die tolpatschige Landratte oder der niederträchtige Schwabber, die in ihrer Pflichtvergessenheit schuld daran waren, daß Paps nicht richtig vor Anker ging, bestimmt damit gefesselt worden. Paps empfand es als eine ungeheure Demütigung, wenn er zweimal zum Vertäuen ansetzen mußte, und er meinte, die ganze Küste lang lachten sich die anderen Segler und Schiffskapitäne tot über ihn. Er ließ die Ruderpinne fahren, lief puterrot an und ging mit dem Tau in der Hand auf den Missetäter los. Mehr als einmal sprang der hundsgemeine Schwabber in panischem Schrecken über Bord und schwamm an Land, wo er es schließlich mit Paps aufnehmen konnte – jedenfalls eher als mit dem Kapitän auf seinem Achterdeck.

Einmal hatten alle versagt, und das Vertäuen mißglückte; da ergriff er ein Tauende, um eine Massenbestrafung vorzunehmen; aber die ganze Mannschaft sprang gleichzeitig über Bord und verließ zum erstenmal wie ein Mann das Schiff. Nur der Kapitän blieb am Steuer und heulte uns von oben her furchtbare Drohungen nach, wie gefährlich die Haifische seien und was für Strafen auf Meuterei stünden. Diesmal vertäute er die *Rena* mühelos ganz allein und bewies damit, was wir längst vermutet hatten: daß er in Wirklichkeit unsere Hilfe überhaupt nicht brauchte, sondern uns nur gerne etwas beibrachte und eine Mannschaft um sich haben wollte, der er Befehle erteilen konnte.

Die ganze Zeit bewahrte die alte *Rena* ihr Phlegma; sie schien gar nicht zu merken, was für ein Irrenhaus sie auf ihre alten Tage beherbergen mußte. Sie war ein zu alter Seehund, um noch neue Kunststücke zu lernen.

Nur einmal gab sie einen kurzen Augenblick ein Zeichen von Tem-

perament zu erkennen. Das geschah nach einer langen Segelfahrt. Es war Nebel aufgekommen, und die *Rena* war so durchnäßt wie ein Regendach. Bei der ersten Runde war es uns nicht gelungen, vor Anker zu gehen, und der Kapitän war schlechter Laune. Beim zweiten Versuch gelang das Vertäuen. Der Kapitän stand wie üblich mit dem Tau in der Hand am Heck und brüllte, wir sollten die Segel einziehen. Kurz ehe das Segel herunterkam, wurde die *Rena* von einer Bö gepackt, und der Mastbaum flog mit einem Ruck über den Schiffsrumpf. Der Kapitän sah es kommen, hatte aber zum Ausweichen keine Zeit mehr. Der Mastbaum versetzte ihm einen so fürchterlichen Schlag gegen die Schläfe, daß er das Gleichgewicht verlor und vornüber ins Wasser plumpste.
Es dauerte fast eine Minute, bis er wieder hochkam. Der Mannschaft lag nicht viel an ihrem Kapitän, aber sie bekam Angst um ihren Pappi. Gerade wollten wir hinterdreinspringen, da tauchten ein Paar Füße auf und winkten mit den Zehen. Da wußten wir, daß alles in Ordnung war. Die Füße verschwanden wieder, und kurz darauf erschien Paps' Kopf. Seine Nase blutete, aber er grinste und vergaß nicht, einen dünnen Wasserstrahl durch die Vorderzähne zu spukken.
»Der Vogel, der heißt Elefant«, flüsterte er schwach, und das war wieder ganz Paps. Aber es dauerte nicht lange. Sobald er wieder klar bei Kopf war und seine Kräfte wiederkamen, war er wieder Kapitän.
»So, ihr roten Hummern, genug jetzt!« krächzte er. »Werft mir mal ein Tau her und zieht euern Käpten an Bord; sonst krieg' ich den beim Kanthaken, der den Mastbaum auf mich geschmissen hat, bei meinem klappernden Gebein.«

Dreizehntes Kapitel
Haben Sie schon unser neuestes Modell gesehen?

Paps und Mutter hatten sich von Anfang an eine große Familie gewünscht, und nur in Ausnahmejahren kam bei Gilbreths kein neues Baby an. Paps hatte sich tatsächlich ein rundes Dutzend vorgenommen, und Mutter war sofort damit einverstanden.

Das erstemal hatte Paps das Dutzend an ihrem Hochzeitstag erwähnt. Sie hatten gerade die Hochzeitsfeier hinter sich und waren in Oakland in den Zug gestiegen. Mutter versuchte, so blasiert auszusehen, als sei sie schon jahrelang verheiratet.

Das wäre ihr auch gelungen, wenn Paps ihr nicht, als sie ihren Hut abnahm, in vernehmlichem Bühnenton zugeflüstert hätte:

»Allmächtiger, Frau – du hast mir ja gar nicht gesagt, daß du rotes Haar hast!«

Die Köpfe der Reisenden fuhren herum, man grinste und blinzelte sich zu. Mutter setzte sich, drückte sich in die Ecke und versuchte, sich hinter einer Zeitschrift zu verstecken. Paps setzte sich neben sie. Aber er sprach erst wieder, als der Zug sich in Bewegung gesetzt hatte und sie sich unterhalten konnten, ohne im ganzen Wagen gehört zu werden. »Ich hätte das nicht tun sollen«, flüsterte er. »Es ist nur . . . ich bin so stolz auf dich, und ich möchte, daß jeder dich ansieht und weiß, daß du meine Frau bist.«

»Ist schon gut, mein Lieber. Ich freu' mich, daß du stolz auf mich bist.«

»Wir werden ein wunderbares Leben haben, Lillie. Ein wunderbares Leben und eine wunderbare Familie. Eine riesengroße Familie.«

»Wir werden das ganze Haus voller Kinder haben«, sagte Mutter und lächelte. »Lauter Kinder, vom Keller bis zum Dachboden.«

»Lauter Kinder, vom Fußboden bis zum Kronleuchter.«

»Wenn wir sonntags spazierengehen, werden wir aussehen wie Herr und Frau Piefke«.

»Herr Piefke, darf ich Sie mit Frau Piefke bekannt machen? Frau Piefke, dies ist Herr Piefke.«

Mutter legte die Zeitschrift auf den Sitz zwischen sich und Paps; darunter hielten sie sich bei den Händen.

»Was meinst du, wie viele wollen wir haben, nur so schätzungsweise?« fragte Mutter.

»Schätzungsweise: viele.«

»Ja, eine Unmenge.«

»Wir wollen uns auf ein rundes Dutzend einigen«, sagte Paps. »Keinesfalls weniger. Was meinst du dazu?«

»Ein Dutzend, meine ich, wäre gerade richtig«, sagte Mutter. »Keinesfalls weniger.«

»Nein, das ist das mindeste.«

»Jungen oder Mädchen?«

»Na ja, Jungen wären schön«, flüsterte Paps. »Ein Dutzend Jungen wär' grade richtig. Aber ... Mädchen gingen natürlich auch. Natürlich. Klar.«

»Ich möchte die Hälfte Jungen und die Hälfte Mädchen haben. Wärst du damit einverstanden, wenn die Hälfte Mädchen wären?«

»Wenn du's so haben möchtest«, sagte Paps, »dann wollen wir's uns so vornehmen. Entschuldige einen Moment – ich muß mir das eben aufschreiben.« Er nahm sein Notizbuch heraus und schrieb feierlich hinein: »Nicht vergessen: 6 Jungen und 6 Mädchen.«

Und tatsächlich hatten sie nach siebzehn Jahren ein Dutzend Kinder, sechs Jungen und sechs Mädchen. Paps war etwas enttäuscht, daß keine Zwillinge oder sonstige Mehrlinge darunter waren. Seiner Ansicht nach war der zweckmäßigste Weg, zu einer großen Familie zu kommen, ein riesiger Wurf von Kindern, mit dem dann ein für alle Male die ganze Sache abgemacht wäre.

Etwa ein Jahr nach der Hochzeit erwartete Mutter ihr erstes Baby; da gestand Paps, er sei fest davon überzeugt, daß alle ihre Kinder Mädchen würden.

»Würde dir das sehr viel ausmachen?« fragte Mutter.

»Ob mir das was ausmachen würde?« fragte Paps erstaunt. »Ein Dutzend Mädchen und nicht einen Jungen?« Aber dann fiel ihm ein, daß Mutter gekränkt sein könnte, und er fügte rasch hinzu: »Nein, natürlich nicht. So wie du's bestimmst, wird's schön für mich sein.«

Paps' Überzeugung, er würde keinen Jungen bekommen, beruhte auf einer düsteren Ahnung, der Name Gilbreth, auf den er schrecklich stolz war, werde mit ihm erlöschen und er sei der letzte Gilbreth. Paps war der einzige männliche Nachkomme seiner ganzen Familie. Es gab im Lande noch zwei oder drei andere Gilbreths, aber die waren mit Paps anscheinend nicht verwandt. Paps' Familienname Gilbreth war erst vor kurzem durch Verstümmelung aus dem Namen

Galbraith entstanden. In einer kleinen Stadt in Maine hatte ein Gerichtsschreiber auf einer Urkunde den Namen Galbraith falsch geschrieben, und für Paps' Großvater war es einfacher gewesen, bei dem Namen Gilbreth zu bleiben – so hatte der Schreiber ihn fälschlich geschrieben –, als das Dokument ändern zu lassen.

Als Anne in New York geboren wurde, war Paps nicht im mindesten enttäuscht, denn er hatte ja die ganze Zeit gewußt, daß es ein Mädchen sein würde. Sicher hat ein Vater sich selten so wahnsinnig über seinen Nachwuchs gefreut wie Paps. Es war sogar ganz gut, daß Anne ein Mädchen war. Wäre sie ein Junge gewesen, dann wäre Paps wahrscheinlich total übergeschnappt und vielleicht mit einem Kris zwischen den Zähnen Amok gelaufen.

Paps hatte bei kleinen Kindern seine ganz bestimmten Theorien und brannte natürlich darauf, diese Theorien auszuprobieren, als Anne ankam. Er glaubte, Kinder würden wie kleine Affen mit einem sicheren Selbsterhaltungstrieb geboren, der aber unterdrückt würde, indem man die Babys in Bettchen einpferchte. Er war überzeugt davon, daß Babys vom ersten Moment nach ihrer Geburt an zu lernen anfingen und daß es deshalb verkehrt sei, sie in die Kinderstube einzusperren. Er erließ ein striktes Verbot, daß in Gegenwart von Anne oder einem der späteren Kinder die Babysprache gesprochen würde.

»Ein Baby spricht nur deshalb die Babysprache«, sagte er, »weil es von den Erwachsenen nichts anderes hört. Manche Kinder sind fast erwachsen, ehe sie begreifen, daß kein Mensch auf der Welt die Babysprache spricht.«

Er fand auch, ein Baby, das sich im Familienkreis sicher und erwünscht fühlen sollte, müsse nahe bei seinen Eltern aufwachsen. Er stellte Annes Körbchen auf einen Tisch in sein und Mutters Schlafzimmer und unterhielt sich mit ihr wie mit einem Erwachsenen über Beton, über sein neues Hausboot, über Leistungssteigerung und über die vielen kleinen Schwestern, die sie noch bekommen würde.

Die deutsche Kinderschwester, die Paps engagiert hatte, tat sehr verächtlich. »Aber sie versteht doch kein Wort von dem, was Sie da reden«, sagte sie zu Paps.

»Woher wissen Sie das?« fragte Paps. »Außerdem sollen Sie in Gegenwart des Babys deutsch sprechen, das hab' ich Ihnen schon mal gesagt. Es soll beide Sprachen lernen.«

»Was versteht ein zwei Wochen altes Baby schon von Deutsch?« fragte die Kinderschwester kopfschüttelnd.

»Darauf kommt's nicht an«, entgegnete Paps. »Ich hab' Sie engagiert, weil Sie Deutsch können, und ich wünsche, daß Sie deutsch sprechen.« Er nahm Anne hoch und setzte sie auf seine Schulter.

»Nun halt dich fest, Baby. Stell dir vor, du wärst ein kleiner Affe auf einem Baum im Dschungel. Halte dich fest, bei deinem Leben!«

»Aber bedenken Sie doch«, sagte die Kinderschwester, »sie kann sich noch nicht festhalten. Sie ist ja erst zwei Wochen alt. Sie werden sie fallen lassen. Passen Sie doch auf!«

»Ich pass' schon auf«, sagte Paps gereizt. »Natürlich kann sie sich nicht festhalten, wenn Sie und ihre Mutter sie so verpimpeln und all ihre natürlichen Instinkte unterdrücken. Zeig der Schwester, wie du dich festhalten kannst, Anne, mein Kind.«

Anne konnte es nicht. Statt dessen spuckte sie etwas Milch auf Paps' Schulter.

»Aber, aber! Ist das ein Benehmen?« fragte er. »Ich muß mich doch sehr wundern. Na – schadet nichts, mein Süßes. Ich weiß, das ist nicht deine Schuld. Das kommt davon, weil sie dich so furchtbar fest gewickelt haben. Das muß einem ja den Magen umdrehn.«

»Gib sie jetzt lieber mir«, sagte Mutter. »Genug Gymnastik für heute.«

Eine Woche später redete Paps Mutter ein, er müsse ausprobieren, ob neugeborene Babys aus angeborenem Instinkt schwimmen könnten.

»Wenn man kleine Affen in einen Fluß wirft, schwimmen sie ganz von selber. So bringen die Affenmütter ihren Jungen das Schwimmen bei. Ich werde das mit Anne in der Badewanne ausprobieren. Ich pass' schon auf sie auf.«

»Sie sind wohl ganz und gar verrückt geworden«, rief die Kinderschwester. »Mrs. Gilbreths, Sie werden doch nicht zulassen, daß er das Kind ertränkt!«

»Halten Sie den Mund, Sie können dabei nur was lernen«, antwortete Paps.

Anne fühlte sich in der großen Badewanne außerordentlich wohl. Aber sie machte keinerlei Anstalten zu schwimmen, und Paps mußte schließlich zugeben, daß das Experiment mißglückt war.

»Na ja, wenn es ein Junge gewesen wäre . . .«, sagte er finster zu der Kinderschwester, als Mutter außer Hörweite war.

Auf dem Tisch, der vom Bett aus leicht zu erreichen war, lagen neben Annes Körbchen Haufen von Notizzetteln und Zeitschriften wie »Das eiserne Zeitalter« und die Korrekturbogen eines Buches, das Paps gerade über Eisenbeton geschrieben hatte. Mutter benutzte den »unvermeidlichen Zeitverlust« ihres Wochenbettes dazu, Korrekturen zu lesen.

Nachts, wenn das Licht aus war, langte Paps ins Körbchen hinüber und streichelte Annes Händchen. Und einmal wachte Mutter mitten

in der Nacht davon auf, daß er über das Körbchen gebeugt stand und deutlich flüsterte:
»Bissen du denn unser tleines süßes Babysen? Bissen du Pappi sein tleines süßes Mädilein?«
»Was war denn das, mein Lieber?« fragte Mutter und versteckte ihr lachendes Gesicht unter der Bettdecke.
Paps räusperte sich. »Gar nichts. Ich habe nur diesem brüllenden, unmanierlichen, häßlichen kleinen Teufel erzählt, daß er uns mehr zu schaffen macht als ein ganzer Wald voll Affen.«
»Aber vielleicht auch ebensoviel Spaß?«
»O ja, das auch!«
Paps und Mutter zogen in New York in eine andere Wohnung am Riverside Drive, und dort wurden Mary und Ernestine geboren. Dann siedelte die Familie nach Plainfield in New Jersey über, wo Martha das Licht der Welt erblickte. Als die vier Mädchen da waren, hatte Paps sich mit seinem Schicksal ausgesöhnt: Er war und blieb der Letzte der Gilbreths. Er war nicht verbittert, bloß resigniert. Immer wieder betonte er, wie ausgezeichnet er ein Dutzend Mädchen finde, und machte derbe Witze über seinen »Harem«. Wenn Besuch kam, führte Paps Anne, Mary und Ernestine vor. Dann nahm er Martha aus ihrem Bettchen und brachte sie ins Wohnzimmer. »Und dies«, sagte er, »ist unser neustes Modell. Komplett mit allen Verbesserungen. Aber dabei lassen wir's nicht bewenden: Im Laufe des nächsten Monats erwarten wir das Modell 1911.«
Mutters Zustand war so offenkundig, daß diese Ankündigung völlig überflüssig war, aber er mußte sie überall anbringen. Er begriff gar nicht, warum das Mutter in Verlegenheit brachte.
»Ich versteh' einfach nicht, wieso dich das stört«, sagte er hinterher zu ihr. »Darauf kann man doch stolz sein.«
»Natürlich kann man das. Vielleicht bin ich altmodisch, aber ich finde es verkehrt, es so öffentlich zu verkünden oder verhältnismäßig fremden Leuten mitzuteilen, bevor das Baby wirklich da ist.«
Aber Mutter wußte natürlich sehr gut, daß Paps einfach nicht anders konnte: Er mußte von seinen Kindern reden, von den schon vorhandenen und von den noch zu erwartenden.
Trotz Mutters Protest bestimmte Paps, das fünfte Kind solle nach ihr genannt werden. Mutter konnte den Namen Lillian nicht leiden und hatte sich geweigert, eines der ersten vier Mädchen so zu nennen.
»Also nun mach keinen Unsinn«, sagte Paps. »Wir werden allmählich knapp mit Namen, und dieses Baby wird nach dir genannt. Ob du nun willst oder nicht, ich will eine kleine Lillian haben.«
»Aber weißt du, vielleicht wird es ein Junge.«

»Ein Junge!« brummte Paps. »Wer will denn Jungen haben?«
»Früher oder später wird schon ein Junge kommen«, sagte Mutter. »Bedenke doch, wie es in meiner Familie war.« Mutters Mutter hatte sechs Mädchen bekommen, bevor sie einen Jungen zustande brachte.
»Gewiß«, seufzte Paps, »aber dein Vater war auch nicht der letzte Gilbreth.«
Als bei der Geburt des fünften Babys Doktor Hedges aus Mutters Schlafzimmer kam und sagte, Mutter und Kind befänden sich wohl, sagte Paps, »das neueste Modell« solle Lillian heißen.
»Ein wunderhübscher Name«, sagte Dr. Hedges beifällig. »Wirklich hübsch. Natürlich werden die andern Jungen in seiner Klasse ihn damit aufziehn, daß er einen Mädchennamen hat, aber ...«
»Das stimmt allerdings«, sagte Paps. »Daran hatte ich nicht gedacht ...« Dann packte er den Arzt bei den Schultern und schüttelte ihn. »Die andern Jungen?« rief er. »Haben Sie gesagt: die andern Jungen? Wirklich: Jungen?«
»Hoffentlich ist es keine zu große Enttäuschung für Sie, Mr. Gilbreth«, sagte Dr. Hedges grinsend. »Vor allem, da Sie überall rumerzählt haben, wie nötig Sie ein fünftes Mädchen für Ihren Harem brauchen. Aber diesmal ...«
Paps stieß ihn beiseite und stürzte ins Schlafzimmer, wo sein erster Sohn in einem inzwischen etwas abgenutzten Körbchen schlief, auf einem Tisch, der auch diesmal mit Korrekturbogen bedeckt war. Paps und Mutter richteten es immer so ein, daß ihre Bücher zur Zeit von Mutters jährlich wiederkehrendem »unvermeidlichem Zeitverlust« erschienen. »Der Apfel fällt nicht weit vom Stamm«, flötete Paps, über das Körbchen gebeugt. »Jeder Zoll ein Gilbreth. Oh, Lillie – wie hast du das bloß fertiggebracht?«
»Findest du ihn gut geraten?« flüsterte Mutter.
»Ich glaube, wir können ihn behalten«, sagte Paps. »Weißt du was? Ich konnt' es doch nicht so sagen, da hätt' ich dich vielleicht gekränkt, und ich wußte ja, daß du schon dein Bestes tust. Aber tatsächlich hab' ich mir die ganze Zeit einen Jungen gewünscht. Ich hab' nur dir zu Gefallen gesagt, ich wünschte mir ein fünftes Mädchen.«
Mutter hatte Mühe, ernst zu bleiben. »Na, ich danke, da hast du uns ja alle schön an der Nase herumgeführt«, sagte sie. »Und ich dachte, du würdest wer weiß wie wütend sein, wenn die kleine ›Lillian‹ ein Junge würde. Du warst doch ganz erpicht darauf, dieses Baby nach mir zu nennen. Bist du auch wirklich nicht enttäuscht?«
»Ach, woher denn!« Das war alles, was Paps herausbringen konnte.

»Wie sollen wir ihn nennen?«
Aber Paps hörte nicht zu. Er stand immer noch über das Körbchen gebeugt und schäkerte mit dem Baby. Mutter wußte übrigens ganz genau, wie das Baby genannt werden würde, und Paps entschied die Sache mit der nächsten Bemerkung, die er an das Baby richtete.
»Ich muß dich jetzt ein paar Minuten allein lassen, Mr. Frank Bunker Gilbreth junior«, sagte er und weidete sich an dem Klang des Namens. »Ich muß einige Telefongespräche führen und ein paar Telegramme aufgeben, und dann muß ich ein paar Spielsachen für einen Jungen besorgen. Das, was wir hier im Haus haben, ist ja nur was für Mädchen. Benimm dich anständig, wenn ich weg bin, und paß gut auf deine Mutter auf. Das ist von jetzt an dein Amt.«
Und Mutter rief er über die Schulter zu: »In ein paar Minuten bin ich wieder da, Lillie.«
»Fahr wohl, du vorletzter Gilbreth«, flüsterte Mutter. Aber Paps hörte es schon nicht mehr. Nachdem er die Tür vorsichtig hinter sich zugemacht hatte, hörte Mutter ihn brüllen:
»Anne, Mary, Ernestine, Martha! Habt ihr schon das Neuste gehört? Ein Junge! Frank Bunker Gilbreth junior! Na, wie klingt das? Jeder Zoll ein Gilbreth. Der Apfel fällt nicht weit vom Stamm. Hallo, Amt! Ist da das Amt? Bitte Fernamt! Es ist ein Junge!«
Nachdem er nun Vater eines Sohnes geworden war, hielt Paps es für selbstverständlich, daß alle folgenden Kinder Jungen würden.
»Die ersten vier waren nur zur Übung«, sagte er zu Mutter und sah dabei die Mädchen wie ein Menschenfresser an. »Natürlich können wir sie trotzdem behalten. Eines Tages werden wir sie ganz gut gebrauchen können, sie können ja Töpfe und Pfannen scheuern und die Socken für die Männer stopfen. Aber noch mehr von der Sorte brauchen wir nicht, find' ich!«
Dann überfielen ihn die Mädchen, und Paps ließ sich von ihnen auf den Teppich werfen. Martha hielt sich an seinen Westentaschen fest und kletterte ihm auf den Bauch, und die drei andern kitzelten ihn so, daß Martha von seinem Gelächter hin und her geschaukelt wurde.
Nummer sechs wurde in Providence geboren, wohin die Familie im Jahre 1912 übergesiedelt war. Wie Paps richtig vermutet hatte, war der neue Zuwachs ein Junge. Er wurde nach Mutters Vater und einem ihrer Brüder William genannt.
»Gut gemacht, Lillie«, sagte Paps zu Mutter. Aber diesmal lag kein überschwengliches Lob in seiner Stimme, sondern nur die Anerkennung, daß Mutter tüchtige Arbeit geleistet habe, wie man sie von einer tüchtigen Frau erwarten könne. »Damit hätten wir das erste halbe Dutzend beisammen.«

Und wenn er von Freunden gefragt wurde, ob das neue Baby ein Junge oder ein Mädchen sei, antwortete er ganz sachlich: »Ach, wieder ein Junge.«

Paps war während der Entbindung gar nicht zu Hause gewesen. Er und Mutter hatten sich dahin geeinigt, daß es doch keinen Zweck habe, wenn er in der Halle auf und ab ginge, zumal sein Geschäft ihn immer mehr beanspruchte.

Mutter bekam ihre ersten sechs Babys nicht in einer Klinik, sondern zu Hause, denn auch im Wochenbett behielt sie gern den Haushalt im Auge und half Paps bei seiner Arbeit. Sie führte den Haushalt, bis die Wehen einsetzten. Dann kamen ungefähr vierundzwanzig Stunden, in denen nicht mit ihr zu rechnen war. Aber sie hatte den Speisezettel im voraus zusammengestellt, und der Haushalt lief auch an dem Tage der Entbindung reibungslos weiter. In den nächsten zehn bis vierzehn Tagen, in denen sie das Bett hüten mußte, marschierten wir jeden Morgen bei ihr auf, und sie band den Mädchen die Haarschleifen und sah nach, ob die Jungen sich auch ordentlich gewaschen hatten. Abends kamen wir dann wieder zu ihr und durften das neue Baby halten, und Mutter las uns *The Five Little Peppers* vor. Mutter genoß dieses Buch genauso wie wir; vor allem liebte sie eine Gestalt, die Phronsie oder so ähnlich hieß.

Als Großmama Gilbreth bei uns wohnte und Mutter im Haushalt vertreten konnte, beschloß diese, Nummer sieben in einem Krankenhaus in Providence zu bekommen. Sechs Stunden nach Mutters Einlieferung ins Krankenhaus rief eine Schwester bei uns an und teilte Paps mit, Mrs. Gilbreth hätte einen neun Pfund schweren Jungen bekommen.

»Schnelle Arbeit«, sagte Paps zu Großmama. »Sie hat wirklich die beste Methode rausgefunden, Kinder zu kriegen.«

Großmama fragte, ob es ein Junge oder ein Mädchen sei, und Paps erwiderte: »Meine Güte, natürlich ein Junge. Was dachtest du denn?«

Kurz darauf rief das Krankenhaus wieder an und sagte, es sei ein Irrtum passiert. Nicht Mrs. Gilbreth, sondern eine Mrs. Gilbert habe den Jungen bekommen.

»Na schön, aber was hat denn *meine* Frau bekommen?« fragte Paps. »Diese Mrs. Gilbert interessiert mich weder in puncto Entbindung noch sonstwie.«

»Nein, selbstverständlich nicht«, entschuldigte sich die Schwester. »Einen Moment, bitte, ich werde mich nach Mrs. Gilbreth erkundigen.« Und nach ein paar Minuten: »Mrs. Gilbreth scheint nicht mehr im Krankenhaus zu sein.«

»Nicht mehr im Krankenhaus? Aber sie ist doch erst vor sechs Stunden hingegangen. Hat sie denn einen Jungen oder ein Mädchen bekommen?«

»Nach unseren Unterlagen keins von beiden.«

»Es muß doch aber das eine oder das andre sein«, beharrte Paps. »Oder gibt es noch etwas Drittes?«

»Nein, das nicht«, erklärte die Schwester, »aber ich meine, sie scheint wieder weggegangen zu sein, bevor es losging.«

Paps hängte ab. »Besser, wir setzen heißes Wasser auf«, sagte er zu Großmama. »Lillie ist auf dem Weg nach Hause.«

»Mit dem neuen Baby?«

»Nein.« Paps machte einen ganz zerschmetterten Eindruck. »Das Baby gehört jemand anders. Lillie kriegt ihrs wohl erst noch.«

Ungefähr nach einer halben Stunde kam Mutter wieder zu Hause an. Sie war den ganzen Weg mit dem Koffer in der Hand gelaufen. Großmama schäumte vor Wut.

»Nun sag mal, Lillie, was hast du in diesem Zustand auf der Straße zu suchen? Noch dazu mit dem schweren Koffer! Gib mal her! Jetzt hinauf mit dir ins Bett, wo du hingehörst. In deinem Alter sollte man wirklich etwas vernünftiger sein. Warum bist du denn nicht im Krankenhaus geblieben?«

»Ach, ich hatte das Warten so satt und fühlte mich so allein. Da hab' ich mir gedacht, ich will dies auch lieber zu Hause kriegen. Außerdem benahm diese Schwester sich wie eine Furie. Sie versteckte meine Bleistifte und mein Notizbuch und wollte mich nicht einmal lesen lassen. Es war der elendste Tag meines Lebens.«

Am nächsten Tag wurde Lill geboren, in Paps' und Mutters Schlafzimmer, wo Bleistifte, Notizbücher und Korrekturbogen in Reichweite von Mutters Bett lagen.

»Nun hab' ich schon überall rumerzählt, es würde wieder ein Junge«, sagte Paps etwas kläglich. »Aber ich weiß ja, du kannst nichts dafür, und ich finde ein Mädchen auch ganz schön. Überhaupt hatte ich die ewigen Jungens schon etwas über. So, dies Baby wird aber nach dir genannt.«

Mittlerweile waren die älteren Kinder neugierig geworden, woher die Babys kämen. Das einzige, was wir herausgekriegt hatten, war die Tatsache, daß Mutter immer krank im Bett lag, wenn ein Baby ankam. Als etwa vier Monate nach Lills Geburt Mutter erkältet war und früh zu Bett ging, waren wir fest davon überzeugt, am nächsten Morgen würde ein neuer Bruder oder eine neue Schwester dasein. Gleich nach dem Aufstehen gingen wir in Paps' und Mutters Zimmer hinunter.

»Wo ist das Baby? Wo ist das Baby?« riefen wir.

»Was regt ihr euch denn so auf?« wollte Paps wissen. »Was ist denn in euch gefahren? Es liegt doch da im Bettchen.« Und er zeigte auf die vier Monate alte Lill.

»Aber wir wollen doch das *neuste* Modell sehen«, sagten wir. »Komm, Pappi! Uns kannst du nichts weismachen. Ist es ein Junge oder ein Mädchen? Wie soll es denn heißen? Komm doch, Pappi. Wo hast du's denn versteckt?«

Wir begannen unter dem Bett und in einer halboffenen Kommodenschublade zu suchen.

»Sagt mal, wovon redet ihr eigentlich?« fragte Mutter. »Es ist doch gar kein neues Baby da. Wollt ihr wohl nicht Vaters ganze Wäsche aus der Schublade reißen? Lieber Himmel, wie kommt ihr bloß auf das neue Baby?«

»Ja, aber bist du denn nicht krank?« fragte Anne.

»Gewiß, ich bin erkältet.«

»Naja, und immer, wenn du krank bist, kommt ein Baby.«

»Nun ja, aber Babys kommen doch nicht einfach deshalb, weil man krank ist«, sagte Mutter. »Ich dachte, das wüßtet ihr.«

»Ja, aber wann kommen sie denn?« fragte Ern. »Bisher kamen sie immer, wenn du krank warst. Sag doch mal, Pappi.«

Selten hatten wir Paps so verlegen gesehen. »Kinder, ich hab' in der Stadt zu tun«, sagte er. »Bin sehr eilig. Mutter wird euch das erklären. Hab' mich schon verspätet.« Er wandte sich an Mutter. »Ich würd's ihnen ja furchtbar gern erklären, wenn ich Zeit hätte«, sagte er. »Nun sei kein Frosch und sag's ihnen, Lillie. Wird Zeit, daß sie's erfahren. Schade, daß ich's so eilig hab'. Aber du verstehst doch, nicht wahr?«

»Ja, ja – ich versteh' schon«, sagte Mutter.

Paps stürmte die Vordertreppe hinunter und zur Haustür hinaus. Er nahm sich nicht einmal die Zeit, im Eßzimmer eine Tasse Kaffee zu trinken.

»Ich freue mich, daß ihr Kinder danach fragt«, fing Mutter an, sah aber gar nicht so sehr erfreut aus. »Kommt mal her und setzt euch aufs Bett. Es wird Zeit, daß wir darüber sprechen. Erstens mal, der Storch – manche Kinder glauben, er brächte die Babys, aber das stimmt nicht.«

»Das wissen wir schon lange!«

»So?« Das schien Mutter zu überraschen. »Nun, sehr schön. Äh – und was wißt ihr sonst noch?«

»Man muß verheiratet sein, wenn man Babys kriegen will, und man braucht eine Menge heißes Wasser, und manchmal tut der Doktor etwas, wo man dann schreien muß.«

»Aber doch nicht sehr laut?« fragte Mutter besorgt. »Nicht sehr laut und nicht sehr oft. Stimmt das?«

»Ja, das stimmt: nicht sehr laut und nicht sehr oft.«
»Gut. Dann wollen wir zuerst einmal über die Blumen und die Bienen und . . .«
Als Mutter fertig war, hatten wir eine ganze Menge über Botanik und einiges über das Leben der Bienen gelernt, aber nichts darüber, wie die Babys zur Welt kamen. Mutter brachte es einfach nicht über sich, uns das zu erklären.
»Ich weiß nicht, was mit Mutter los ist«, sagte Anne hinterher. »Es ist das erstemal, daß sie sich davor gedrückt hat, eine Frage zu beantworten. Und Pappi stürzte aus dem Zimmer, als wüßte er schon, wo der Hund begraben liegt.«
Später fragten wir Tom Grieves. Aber die einzige Antwort, die wir ihm entlocken konnten, war: »Wenn ihr nicht gleich aufhört, von so unanständigen Sachen zu reden, dann sag' ich's eurem Vater, ihr ungezogenen Kinder!«
Paps nahm an, Mutter hätte es uns gesagt. Mutter nahm an, sie hätte uns durch die Blumen und Bienen darauf gebracht. Und wir wußten immer noch nicht, wo die Babys herkommen.
Fred wurde in Buttonwoods in Rhode Island geboren, wo wir einen Sommer verbrachten. Durch einen Orkan waren sämtliche Verbindungen unterbrochen, und wir konnten keinen Arzt erreichen. Eine Nachbarin, die zum Helfen zu uns kam, kriegte es so mit der Angst, daß sie Mutter wiederholt anschrie:
»Kriegen Sie bloß das Kind nicht, bevor der Doktor kommt!«
»Ich werde mich bemühen«, versicherte Mutter ihr ganz ruhig. »Es hat gar keinen Zweck, sich so aufzuregen. Verausgaben Sie sich doch nicht so, das ist nicht gut für Sie. Setzen Sie sich hier an mein Bett, und versuchen Sie, sich zu entspannen.«
»Wer kriegt denn hier eigentlich das Baby?« fragte Paps die Nachbarin. »Sie sind mir eine schöne Hilfe!«
Er ging in die Küche und brachte riesige Kübel voll Wasser zum Kochen, die größtenteils dann gar nicht gebraucht wurden.
Nummer acht, Fred, kam gleichzeitig mit dem Arzt.
Dan und Jack wurden in Providence geboren, Bob und Jane in Nantucket. Dan und Jack kamen ganz normal zur Welt, aber bei Bob ging es sehr plötzlich.
Tom Grieves mußte per Rad in ganz Nantucket nach dem Arzt suchen. Tom war im Schlafanzug, denn wir hatten ihn aus dem Bett geholt, und die ganze Insel wußte über Bobs Geburt Bescheid. Wieder einmal kamen Baby und Arzt gleichzeitig an.
Inzwischen waren alle männlichen Namen in der Familie aufgebraucht. Sämtliche Onkel, beide Großväter und die vier Urgroßväter hatten schon ihre Namen hergegeben. Nun wurden aus dem Fami-

lienstammbuch verschiedene Großonkel ausgegraben und sorgfältig überprüft.

»Jetzt wollen wir noch einmal die Namen der Bunkers durchsehn«, sagte Paps und dachte dabei an die Brüder von Großmama Gilbreth. »Samuel? Kann ich nicht ausstehn. Nathaniel? Klingt zu gelehrt. Frederic? Haben wir schon. Humphrey? Pfui Teufel! Daniel? Auch schon da. Aus.«

»Wie steht's denn mit den zweiten Vornamen?« schlug Mutter vor. »Vielleicht finden wir da bei den Bunkers etwas.«

»Mal sehn. Moses? Zu klotzig. William? Schon vorhanden. Abraham? Dann wird er Abie genannt. Irving? Nur über meine Leiche!«

»Wie hieß noch dein Vater?« fragte Mutter.

»John«, sagte Paps. »Haben wir doch schon.«

»Nein, das weiß ich. Ich meine den zweiten Namen.«

»Den kennst du doch«, sagte Paps. »Den wollen wir nicht.«

»Ach richtig«, kicherte Mutter. »Hieß er nicht Hiram?« Paps blätterte ungeduldig in der Bibel. »Jakob? Nein. Saul? Hiob, Noah, David? Klingt alles so weichlich. Peter? Paul? John? Haben wir schon.«

»Robert!« rief Mutter. »Jetzt hab' ich's: Wir nennen ihn Robert.«

»Wieso Robert? Wer heißt denn Robert?« Paps sah Mutter über seinen Kneifer hinweg an, und sie errötete.

»Ach, weiter niemand. Es ist einfach ein schöner Name. Also dieser soll Robert heißen.«

Nun fing Paps an, sie aufzuziehen. »Ich weiß ja, du hast eine merkwürdige Sammlung von Anbetern aus deiner Schulzeit, aber welcher war denn Robert? Den hast du meines Wissens nie erwähnt. Oder war das der auf dem Bild, in einer Flanelljacke und Mandoline spielend? Oder war es der Stotterer, von dem mir deine Schwestern erzählt haben?«

»Hör auf, Frank«, sagte Mutter. »Das ist doch lächerlich.«

Aber für uns war das ein gefundenes Fressen: »Ach, Mutter, Robert ist so ein schöner Name. Warum hast du mich nicht Robert genannt? Lillie, mein Liebchen, darf ich dir die Bücher vom College nach Hause tragen? Ach, Robert, du sagst so *reizende* Sachen und so kluge dabei!«

Paps wußte sehr wohl, daß Mutters Lieblingsdichter Robert Browning war und daß sie daher auf den Namen Robert kam; trotzdem spreizte er seine Finger und warf Kußhändchen in die Luft.

»Ach, Robert«, flötete er, »mich dürstet nach dem Nektar deiner Lippen!«

»Wenn ihr alle fertig seid«, sagte Mutter eiskalt, »dann könnten wir vielleicht über den vorgeschlagenen Namen abstimmen. Und wenn

wir schon von alten Flammen sprechen wollen, so könnte man dieses Spielchen ja auch zu zweit spielen. Mir fällt gerade ein . . .«
»Ach wo, wir wollen dir doch deine Schulmädchenromantik nicht zerstören, was Kinder?« warf Paps hastig ein. »Was meint ihr, nehmen wir Robert einstimmig an?«
Wir stimmten ab, und Robert wurde einstimmig angenommen.
Mit Nummer elf, Bob, waren es sechs Jungen und fünf Mädchen. Ob das nächste Baby männlichen oder weiblichen Geschlechts sein sollte, darüber entbrannte ein harter Kampf. Die Jungen wollten die Mehrheit behalten, aber die Mädchen wollten gern das halbe Dutzend vollmachen. Paps wünschte sich natürlich noch einen Jungen. Mutter hätte gern Paps den Gefallen getan, gleichzeitig aber hätte sie es hübsch gefunden, als letztes Kind ein Mädchen zu haben.
Nummer zwölf, Jane, war im Juni 1922 fällig, wir würden also zu der Zeit in Nantucket sein. Mutter hatte geschworen, nie wieder in unserm Sommerhaus ein Kind auf die Welt zu bringen, weil es so primitiv eingerichtet war. Eine Zeitlang schwankte sie, ob sie in Montclair bleiben und das Baby zu Hause bekommen oder ob sie mit uns nach Nantucket fahren und im Krankenhaus entbinden sollte. Schließlich wählte sie trotz ihrer schlechten Erfahrungen in Providence das Landkrankenhaus in Nantucket, und so kam Jane dort zur Welt.
Die zehn Tage, die Mutter im Krankenhaus lag, waren für Paps eine reine Qual. Er zappelte herum, hatte schlechte Laune und sagte, er könne nicht arbeiten, wenn Mutter nicht da sei. Paps war auf seinen Geschäftsreisen nach Europa manchmal monatelang von zu Hause fort, aber dann war er unterwegs und in anderer Umgebung. Jetzt zu Hause hingegen, in der Familie, wo er daran gewöhnt war, Mutter um sich zu haben, war er todunglücklich und ergriff jede Gelegenheit, um ins Krankenhaus zu fahren und sie zu besuchen. Wenn wir klagten, er vernachlässige uns, dann entschuldigte er sich damit, er müsse doch seine neue Tochter richtig kennenlernen.
»Ich bleib' nicht lang«, sagte er. »Anne, du vertrittst mich, solang ich weg bin.« Dann sprang er in den Wagen und blieb stundenlang weg.
Niemals hatte er so viel Sorgfalt auf seinen Anzug verwandt. Sein Haar saß tadellos, seine Leinenschuhe leuchteten in keuschem Weiß, und in den leinenen Knickerbockern, gerippten Kniestrümpfen und in der Gürteljacke mit Spitzentaschentuch sah er sehr fesch aus.
»Oho, Pappi, du siehst ja aus wie ein Bräutigam!« sagten wir dann.
»Braucht ihr mir nicht zu erzählen, daß ich ein hübscher Kerl bin«, grinste er. »Ich hab' nämlich einen Spiegel, wißt ihr. Muß doch auf

meine neue Tochter einen guten Eindruck machen. Wie hieß sie doch gleich? Richtig: Jane.«

Im Krankenhaus setzte er sich an Mutters Bett und sprach mit ihr über die Arbeit, die er im Herbst vorhatte.

»Also, ich möchte, daß du hierbleibst, bis du dich wieder wohl und kräftig fühlst. Ruh dich nur richtig aus; es ist die erste Ruhezeit für dich, seit es mit den Kindern losging.« Und im selben Atemzug: »Heilfroh werd' ich sein, wenn du wieder nach Hause kommst. Ich kann, glaub' ich, mit keiner Arbeit fertig werden, wenn du nicht da bist.«

Mutter fand es im Krankenhaus herrlich. »Bis zur Geburt meines zwölften Kindes hab' ich gebraucht, um rauszukriegen, daß man sie im Krankenhaus viel besser bekommt. Die Schwestern hier bedienen mich von vorn und hinten. Du kannst dir nicht vorstellen, wie bequem es ist, im Krankenhaus ein Kind zu kriegen.«

»Nein«, sagte Paps, »ich kann mir's nicht vorstellen, und der Himmel gebe, daß ich mir's auch nie vorstellen kann!«

Mutter fand das Krankenhaus vor allem deshalb so schön, weil es dort nichts ausmachte, wenn sie bei der Entbindung mal einen Laut von sich gab; aber das sagte sie Paps nicht.

Als Paps Mutter und Jane schließlich nach Hause brachte, stellte er uns alle dem Alter nach auf der Vorderveranda auf. Jane in ihrem Kinderwagen stand am Ende der Reihe.

»Ein ganz hübscher Haufen, muß ich schon sagen«, prahlte er und stolzierte die Reihe entlang wie ein Offizier, der seine Mannschaft inspiziert. »Ja, Lillie, da hast du sie nun, und jetzt ist Schluß. Hast du mal dran gedacht, daß wir nächstes Jahr um diese Zeit keinen Kinderwagen mehr brauchen? Und daß es nächstes Jahr um diese Zeit in unserm Haus keine Windeln, keine Babyflaschen, keine Kinderklappern und keine Schnuller mehr geben wird – wenn ich denke, was sich da im Laufe der Jahre bei uns angesammelt hat! Hast du mal dran gedacht, wie das sein wird, wenn in unserem Zimmer kein Baby mehr stehn wird? Dann wirst du zum erstenmal seit siebzehn Jahren ins Bett gehn, ohne den Wecker zum Nähren auf zwei Uhr zu stellen.«

»Ich hab' dran gedacht«, sagte Mutter. »Es wächst sich langsam zum Luxus aus, nicht wahr?«

Paps legte den Arm um sie, und ihr traten die Tränen in die Augen.

Wenn später im Sommer Besuch kam, pfiff Paps zum Sammeln und stellte uns vor.

»Das hier ist Anne«, sagte er, und sie trat vor und gab die Hand. »Dies Ernestine, dies Martha . . .«

»Wie reizend, Mr. Gilbreth. Und alles Ihre Kinder?«

»Halt, einen Moment!« Dann verschwand er im Schlafzimmer und kam mit Jane wieder heraus. »Sie haben ja das neuste Modell noch nicht gesehn.«

Aber es klang nicht mehr ganz so schwungvoll, denn er wußte ja, das neuste war nun auch das letzte Modell, und er würde nie wieder die Redensart anbringen können, die Mutter immer so verlegen gemacht hatte, wenn ein neues Baby unterwegs war.

Vierzehntes Kapitel
Blitzlicht und Beerdigungen

Neben dem Bewegungsstudium und der Astronomie lag Paps die Fotografie am meisten am Herzen. Er hatte den größten Teil des zweistöckigen Schuppens in Montclair in ein fotografisches Laboratorium umgewandelt. Hier regierte hinter mehreren dreifach verschlossenen Türen Mr. Coggin, Paps' englischer Fotograf. Kinder machten Mr. Coggin nervös, vor allem, wenn sie die Tür zur Dunkelkammer aufmachten und er gerade den Filmertrag einer Woche entwickelte. Selbst in Gegenwart von Paps und Mutter nannte er uns widerliche Gören und Lumpen. Hinter ihrem Rücken bezeichnete er uns als Pferdediebe, blutige Bastarde und als noch Schlimmeres.

Nachdem Mr. Coggin uns nach der unseligen Katastrophe bei unserer Mandeloperation verlassen hatte, kamen und gingen verschiedene andere Berufsfotografen. Paps meinte immer – und nicht ganz mit Unrecht –, kein Berufsfotograf könne so gut fotografieren wie er. Infolgedessen machte Paps die Aufnahmen von der Familie am liebsten selber.

Er fotografierte uns so oft wie möglich, bei Regen und Sonnenschein, tags und nachts, im Sommer und im Winter; am liebsten aber sonntags. Die meisten Fotografen machen ihre Aufnahmen gern bei Sonnenlicht. Paps aber fand es am schönsten, wenn keine Sonne schien und er einen Vorwand hatte, Innenaufnahmen zu machen. Er hatte eine besondere Vorliebe für Blitzlicht, und je mehr er von dem Pulver verwendete, desto mehr freute es ihn.

Er schüttete einen großen Haufen grauen Pulvers auf den T-förmigen Behälter, hielt diesen mit der linken Hand möglichst hoch über seinen Kopf und verkroch sich unter das schwarze Tuch hinter der Kamera.

In der rechten Hand hielt er den Auslöser und irgendein Spielzeug, mit dem er uns durch Schütteln und Klappern bei Laune zu halten suchte.

Die Blitzlichtexplosionen, die Paps gewöhnlich in Szene setzte, sind wahrscheinlich nicht so leicht zu übertreffen. Einige Zimmerdecken unseres Hauses in Montclair waren mit großen schwarzen Flecken bedeckt, stumme Zeugen für Paps' unerschrockene Tätigkeit als Feuerwerker. Wenn ein Berufsfotograf zusah, wie er die Blitzlichtladung vorbereitete, erbleichte er und ging, eine Entschuldigung stammelnd, hastig hinaus.
»Ich weiß schon Bescheid«, rief Paps ihnen ärgerlich nach. »Gehn Sie nur, wenn Sie nichts lernen wollen. Aber wenn ich fertig bin, dann vergleichen Sie mal meine Bilder mit Ihren.«
Die älteren Kinder hatten das schon so oft durchgemacht, daß sie bei Explosionen nicht mehr erschraken. Es wäre zuviel gesagt, wenn man behaupten wollte, sie hätten zu Paps' Innenaufnahmen wirklich Vertrauen gewonnen. Aber sie hatten sich mit einem gewissen Fatalismus in ihr Schicksal ergeben und nahmen an, wenn der Tod käme, würde er kurz und schmerzlos sein. Die jüngeren Kinder dagegen konnten sich leider nicht an eine so tröstliche Philosophie halten. Selbst das neuste Modell hatte es schon spitzgekriegt, daß immer die Hölle losbrach, wenn Paps unter dem schwarzen Tuch verschwunden war. Sie hielten sich so lange ganz gut, bis Paps sich zum Knipsen anschickte. Dann fingen sie an zu brüllen.
»Lillie, bring die Kinder zum Schweigen!« rief Paps unter dem schwarzen Tuch hervor. »Dan, mach die Augen auf und nimm die Finger aus den Ohren! Ist denn so was möglich! Angst vor einem kleinen Blitz! Und Schluß jetzt mit der Zappelei!«
Angewidert kam er unter dem Tuch hervor. Es war heiß darunter und die vorgebeugte Haltung ließ ihm das Blut zu Kopfe steigen.
»Hört jetzt auf zu heulen«, sagte er wütend. »Verstanden? Wenn ich jetzt wieder unters Tuch krieche, will ich lauter freundliche Gesichter sehn.«
Wieder kroch er unter das Tuch. »Ich hab' doch gesagt, ihr sollt nicht mehr heulen. Freundlich jetzt, oder ich komm' raus und geb' euch eins, daß ihr was zu heulen habt. So freundlich, daß ich eure Zähne seh'. So, schon besser.«
Er legte eine Platte ein. »Fertig? Fertig? Jetzt lächeln! So bleiben! So bleiben! Sooo bleiben!«
Er fuchtelte wie ein Wilder mit dem Spielzeug herum, und dann – ein fürchterlicher Krach, ein blendendheller Blitz, das ganze Zimmer erbebte, und der ganze Fußboden und wir waren über und über mit feiner Asche bestreut. Dann tauchte Paps auf, verschwitzt, aber freundlich grinsend. Er sah nach, ob die Decke noch da war, dann legte er den Blitzlichtbehälter weg und machte die Fenster auf, um den erstickenden Qualm hinauszulassen, der uns in die Augen biß.

»Das ist gut geworden, glaub' ich«, sagte er. »Und dieses neue Blitzlicht scheint sehr gut zu funktionieren. Bleibt mal hier! Ich will noch eins machen, wenn der Rauch abgezogen ist. Bin nicht ganz sicher, ob's diesmal hell genug war.«

Für Bilder, die draußen im Sonnenschein gemacht wurden, hatte Paps einen Selbstauslöser, so daß er einstellen und sich schnell ins Bild stellen konnte, bevor der Verschluß sich öffnete. Bei Außenaufnahmen war man zwar nicht in Gefahr, unversehens durch die Zimmerdecke geschleudert zu werden, aber alle Gefahren, die durch Paps' Temperament bedingt waren, blieben bestehen.

Der zuverlässigste Hintergrund für Außenaufnahmen war der startbereit an der Einfahrt parkende Pierce-Arrow.

Wenn wir alle zu Paps' Zufriedenheit placiert waren, stellte er ein, befahl uns zu lächeln, stellte den Selbstauslöser ein und raste ans Steuer. Keuchend sprang er auf, so daß der Wagen ins Schwanken geriet. Wenn alles gutging, war gerade so viel Zeit, daß Paps sich hinsetzen und liebenswürdig lächeln konnte, ehe es knipste.

Aber selten ging es so gut, denn auf den Selbstauslöser war kein Verlaß. Manchmal ging er zu früh los, und dann zeigte das Bild etwas unscharf Paps' breites Hinterteil, während er gerade in den Wagen kletterte. Manchmal ging der Selbstauslöser minutenlang nicht los, und dann saßen wir gespannt, mit gefrorenem Lächeln da und versuchten, die kleineren Kinder ruhig zu halten. Paps hatte die der Kamera zugewandte Hälfte seines Mundes zum Lächeln verzerrt, mit der andern Hälfte zischte er uns zu, was er alles mit uns machen würde, wenn wir auch nur einen Muskel rührten oder mit einem Augenlid klapperten.

Manchmal konnte er's nicht lassen, drehte sich um, gab uns schnell einen Klaps und setzte sich dann lächelnd wieder hin, bevor es knipste. Einmal mißlang das, und dieses Bild wurde besonders wahrheitsgetreu: Es zeigte Paps, wie er eine wohlgezielte und auch wohlverdiente Ohrfeige auf Franks Kopf landete.

Auf vielen Bildern konnte man einige Familienmitglieder höchst mißvergnügt auf den Klappsitzen sitzen sehen: Sie hatten ein paar Sekunden vor der Aufnahme eine Strafe erhalten. Wer auf den Klappsitzen saß, wurde am häufigsten bestraft; denn dort langte Paps am leichtesten hin, und niemand wollte dort sitzen, wenn es ans Fotografieren ging.

Manchmal kamen Pressefotografen oder Leute von Underwood & Underwood zu uns, um Aufnahmen zu machen. Dann pfiff Paps zum Sammeln, nahm die Stoppuhr heraus und zeigte, wie schnell wir uns versammeln konnten. Dann führte er den Besuchern vor, wie schön wir maschineschreiben, morsen, multiplizieren und ein bißchen Französisch, Deutsch und Italienisch sprechen konnten. Manchmal brüllte er auch *Feuer*, dann warfen wir uns auf den Fußboden und rollten uns in Teppiche ein.

Das Fotografieren ging viel besser, wenn Paps auch vor der Kamera stand, denn dann mußte er sich sagen lassen, wo er sich hinstellen, wann er sich die Lippen lecken, und manchmal auch, daß er nicht soviel zappeln sollte. Wenn der Fotograf Paps abgekanzelt hatte, war es uns ein leichtes, freundlich auszusehen, denn wir platzten fast vor Lachen.

»Mr. Gilbreth, wollen Sie bitte stillstehn? Und bitte, die Hände aus den Taschen. Ein bißchen näher an Mrs. Gilbreth heran. Nein, so nah nun wieder nicht. Passen Sie auf: Hier möchte ich Sie haben.« Der Fotograf zog ihn am Arm, bis er richtig stand. »Nun versuchen Sie bitte recht freundlich auszusehn.«

»Zum Donnerwetter, ich seh' doch freundlich aus«, sagte Paps schließlich ungeduldig.

»Ich versteh' das nicht«, sagte ein Mann von Underwood & Underwood einmal zu Paps, als die Aufnahmen gemacht waren. »Ich bin nun wer weiß wie oft bei Ihnen hier draußen gewesen. Immer geht alles gut, bis ich einstelle und den Kopf unter das schwarze Tuch stecke. Dann fangen wie auf Verabredung die vier Kleinsten an zu schreien und geben keine Ruhe, eh' ich nicht das Tuch wieder wegnehme.«

»Ach nein, wirklich?« war alles, was Paps darauf antwortete.

Paps stellte mit großem Geschick Bildberichte aus seiner Tätigkeit auf dem Gebiet der Bewegungsrationalisierung zusammen. Als er für Remington arbeitete, liefen in der Wochenschau Bilder, die uns vor der weißen Schreibmaschine sitzend und blindschreibend zeigten. Als er später für eine Gesellschaft arbeitete, die Drehbleistifte herstellte, beschloß er, uns zu fotografieren, wie wir einen Haufen gewöhnlicher Holzbleistifte beerdigten.

Wir waren gerade in Nantucket. Tom Grieves fertigte aus einer Kiste einen sehr naturgetreuen schwarzen Sarg. Wochenlang kauften und sammelten wir hölzerne Bleistifte, bis wir genug hatten, um den Sarg zu füllen.

Wir trugen den Sarg auf eine Düne zwischen dem *Schuh* und der See, einer einsamen, windigen Stelle; dort hoben Paps und Tom ein flaches Grab aus. Die Nachbarn auf der Klippe waren zweifellos der Ansicht, eins von uns wäre zu Schaden gekommen und hätte getötet werden müssen, denn sie beobachteten uns mit Feldstechern.

Paps baute eine Kamera mit Stativ auf, stellte den Selbstauslöser ein und fotografierte uns ein paarmal, wie wir den Sarg in die Grube versenkten und Sand darauf schaufelten.

»Jetzt buddeln wir den Sarg wieder aus und machen das Ganze noch mal für den Film«, sagte Paps. »Damit werden wir sie alle schlagen.«
Vorsichtig, um ihn nicht zu beschädigen, gruben wir den Sarg wieder aus und schütteten den Sand aus den Bleistiften. Während die zweite Beerdigung vor sich ging, kurbelte Tom als Filmoperateur. Zum Glück gab es damals noch keinen Tonfilm, denn Paps brüllte fortwährend Befehle in die Gegend.
»Zweimal in der Sekunde kurbeln, Tom! Und eins und zwei und drei und vier. Geh aus dem Bild raus, Ernestine. Marguerite Clark und Mary Pickford kommen diesmal auch nicht drauf, weißt du. Jetzt alle die Schaufeln nehmen und Sand reinschaufeln. Ernst aussehen. Ist doch 'ne traurige Beerdigung. Alle guten Menschen werden mit Knochen begraben. So auch Bleistifte. Und eins und zwei und drei und . . .«
Als wir die zweite Beerdigung hinter uns hatten, sagte Paps, nun müßten wir den Sarg noch mal ausgraben.
»Aber du machst doch keine Aufnahmen mehr, nicht wahr?« bettelten wir. »Jetzt haben wir doch die Bilder und den Film.«
»Ach wo, keine Aufnahmen«, sagte Paps. »Aber wollt ihr vielleicht all die tadellosen hölzernen Bleistifte umkommen lassen? Buddelt sie aus und nehmt sie mit nach Hause! Die reichen jahrelang.«
Zur Rechtfertigung von Paps sei gesagt: Als der Vorrat von hölzernen Bleistiften aufgebraucht war, wurden bei uns immer Drehbleistifte benutzt. Aber Paps konnte es nun einmal nicht ertragen, daß die hölzernen Bleistifte umkamen.
Als Paps im nächsten Sommer bei einer Waschmaschinenfirma als Berater tätig war, mußten wir in Nantucket dieselbe Prozedur mit Waschbrett und Handwringmaschine über uns ergehen lassen. Diesmal hatte Tom sich vorbereitet.
»Einen Augenblick, Mr. Gilbreth!« sagte er. »Ich möchte meine Wringmaschine erst einölen, bevor Sie sie begraben; dann geht nachher der Sand besser wieder raus.«
»Keine schlechte Idee«, gab Paps zu. »Im übrigen«, fügte er zu seiner Verteidigung hinzu, »hab' ich ja für Montclair eine Waschmaschine gekauft. Schließlich kann ich ja nicht an der ganzen Küste des Atlantiks Waschmaschinen aufstellen.«
»Hab' ich das denn gesagt?« fragte Tom. »Ich hab' nur gesagt, ich wollte meine Wringmaschine einölen, weiter nichts. Von einer Waschmaschine für Nantucket hab' ich keinen Ton gesagt.« Dann brummte er vor sich hin: »Leistung! Bei denen hört man weiter nichts als Leistung. Möcht' denen mal beibringen, was Leistung ist. Jedenfalls wird 'ne Wringmaschine todsicher ruiniert, wenn man sie

im Sand vergräbt und dann wieder ausbuddelt. Und so was nennt sich Bewegungsstudium!«

»Was ist los?« fragte Paps. »Sprechen Sie sich ruhig aus, wenn Sie was zu sagen haben, und wenn Sie nichts zu sagen haben, halten Sie den Mund!«

Aber Tom brummte weiter: »Bewegungsstudium, das heißt nämlich die verdammte Wringmaschine einbuddeln, und nachher ist alles verkleistert und versandet, und unsereins kann sich beim Drehn die Knochen brechen. Bewegungsstudium! Wohl die Bewegungen von andern studieren, na – und die eigenen? Lincoln hat die Sklaven befreit. Jawoll, alle bis auf einen, sag' ich, alle bis auf einen!«

Wegen der Bilder und ihrer Texte wurden wir manchmal in der Schule und bei unseren Freunden angegriffen.

»Wieso schreibst du denn in der Schule mit einem hölzernen Bleistift, wo ich doch in der Wochenschau gesehen habe, wie ihr mit euerm Vater einen ganzen Sarg voll in einem Grab beerdigt habt?«

Manchmal – und das war das schlimmste – lasen unsere Lehrer Auszüge aus Darstellungen über die Tabellen im Badezimmer, über die Grammophonsprachkurse und über die Entscheidungen des Familienrats vor. Dann wurden wir rot, wanden uns vor Verlegenheit und wünschten, Paps hätte irgendwo einen netten Schuhladen und nur ein oder zwei Kinder, zu denen wir nicht gehörten.

Die gefährlichsten Reporter waren für uns die Frauen, die Mutter interviewten, um menschlich interessante Geschichten herauszukriegen. Meistens bat Mutter Paps, bei solchen Interviews dabeizusein, damit sie ihm und uns beweisen konnte, daß sie nichts – oder zumindest fast nichts – von alldem gesagt hatte, was ihr die Interviewer in den Mund legten. Paps amüsierte sich köstlich, wenn er diese Interviews beim Abendbrot laut vorlas, wobei er mit übertriebener Mimik und Gestik Mutter nachzuahmen suchte.

»Da saß Mrs. Gilbreth, umgeben von ihrer Kinderschar, und las ein Märchen vor«, las Paps. »Anne, die schon fast gesellschaftsfähige Älteste, will Geigerin werden. Ernestine beabsichtigt, Malerei zu studieren, und Martha und Frank werden in ihres Vaters Fußtapfen treten. ›Wie viele Ehrengrade haben Sie eigentlich?‹ fragte ich diese interessante Mutter von zwölf Kindern. Eine zarte Röte der Bescheidenheit übergoß ihre Wangen, und sie machte eine verschämte Geste.«

Hier machte Paps eine Pause und zeigte seine Auffassung von einer verschämten Geste, indem er sein Gesicht schüchtern hinter dem erhobenen Ellbogen verbarg. Dann las er weiter:

»›Ich bin viel stolzer auf meine Kinder, zwölf kräftige Vollblutamerikaner, als auf meine zwei Dutzend Ehrengrade und auf meine Mit-

gliedschaft bei der tschechoslowakischen Akademie der Wissenschaften‹, sagte Mrs. Gilbreth!«
»Barmherziger!« platzte Mutter heraus. »Ich habe nichts dergleichen gesagt. Du warst doch bei dem Interview dabei, Frank. Wo hat die Person denn das alles her? Was soll bloß meine Mutter denken, wenn sie diesen Artikel liest! Die Person hat mich überhaupt nicht nach Ehrengraden gefragt. Und zwei Dutzend? Kein Mensch hat je zwei Dutzend gehabt, höchstens der unglückliche Mr. Wilson. Und von der Tschechoslowakei hab' ich auch nichts gesagt. Und Leute, die verschämte Gesten machen, kann ich überhaupt nicht leiden. Ich hab' in meinem Leben keine gemacht, jedenfalls nicht mit Bewußtsein.«
Inzwischen kämpften Anne und Ern mit den Tränen.
»Ich kann morgen nicht in die Schule gehn«, sagte Anne. »Wie kann ich der Klasse gegenübertreten nach diesem Quatsch von der Geigerin?«
»Na, und ich erst!« jammerte Ern. »Du hast doch wenigstens eine Geige und kannst drauf rumkratzen. ›Ernestine beabsichtigt, Malerei zu studieren‹! Wie *konntest* du bloß so was sagen, Mutter? Meine Lehrerin liest das sicher laut vor. Das macht sie immer.«
»Ich habe kein Wort von dem gesagt, was in dem Artikel steht«, beteuerte Mutter. »Wie kommt sie bloß dazu, sich so was auszudenken, Frank?«
Paps grinste und las weiter. »Mr. Gilbreth, der bekannte Fachmann für Zeitstudium, kam auf Zehenspitzen ins Zimmer, um den Gedankenflug seiner Frau nicht zu stören. Mr. Gilbreth, ein beleibter, aber dynamischer Mann . . .«
Paps war das Grinsen vergangen; voller Ekel warf er die Zeitung weg. »So eine unerhörte Phrasendrescherei«, brummte er. »Wenn es ein Wort gibt, das ich hasse, so ist es ›beleibt‹. Der ganze Artikel ist eine Ausgeburt der Phantasie!«
Ein Wochenschaufotograf, der uns in Nantucket besuchte, legte es darauf an, uns lächerlich zu machen. Das war nicht schwer. Wenn er im Auftrag seiner Firma handelte, so hätte er eine Prämie kriegen sollen.
Nichts Böses ahnend, trug Paps den Eßtisch, die Stühle und seinen Kirchenstuhl auf den Strandhafer neben unserm Häuschen, wo nach Ansicht des Wochenschaumannes das beste Licht war. Dort aßen wir zwischen den Sandfliegen zu Mittag, und der Kameramann filmte uns.
Als die Wochenschau in den Kinos lief, lautete der Text zu unseren Bildern: »Die zeitsparende Familie Gilbreth beim Mittagessen.« Die Bilder liefen im Zeitraffer ab, und es sah aus, als ob wir an den Tisch

rannten, wie wahnsinnig die Teller hin und her reichten, unser Essen herunterschlangen und wieder vom Tisch wegrannten – alles in etwa fünfundvierzig Sekunden. Im Hintergrund hing das, weshalb der Fotograf uns draußen haben wollte – die Familienwäsche, natürlich hauptsächlich Windeln.

Wir sahen die Wochenschau im Dreamland-Theater in Nantucket, und sie hatte einen viel größeren Lacherfolg als das Lustspiel, in dem ein dicker Schauspieler namens Lloyd Hamilton auftrat. Alle Kinobesucher drehten sich gaffend nach uns um, und wir fühlten uns gedemütigt und waren wütend. Als Paps uns nach dem Kino etwas unsicher dazu einlud, in Coffins Laden noch ein Soda zu trinken, hatten wir gar keine rechte Lust.

»Hoffentlich kommt das nie ins Wellmont-Theater in Montclair«, beteten wir inständig. »Wie können wir uns je wieder in der Schule sehen lassen?«

»Na ja«, sagte Paps, »ist schon eine Gemeinheit, und ich würd' mir den Fotografen gern mal vorknöpfen. Aber es hätte noch schlimmer kommen können. Wißt ihr, was ich die ganze Zeit gedacht hab'? Ich dachte immerfort, sie würden es wahrscheinlich noch mal rückwärts zeigen, und dann hätt' es so ausgesehn, als ob wir unser Essen wieder zurück auf die Teller kotzten. Ich schwör' euch, wenn sie das gemacht hätten, hätt' ich aus dem ganzen Laden Kleinholz gemacht.«

»Und ich hätte dir dabei geholfen«, sagte Mutter. »Bei Gott!«

»Na kommt! Vorbei ist vorbei!« sagte Paps achselzuckend. »Schwamm drüber! Gehn wir doch jetzt zu Coffin und trinken wir ein Soda. Ich könnt' jetzt ein doppeltes Schokoladensoda brauchen. Na, was meint ihr?«

Dieser Verführung konnten wir nun doch nicht widerstehen, und wir ließen uns gnädig zu Coffin führen.

Fünfzehntes Kapitel
Gilbreth & Co.

Zu Paps' Theorien gehörte es auch, daß wir Esperanto lernen mußten. Er glaubte nämlich, die Hälfte aller Weltprobleme würde sich durch Esperanto lösen lassen – bis zur Frage der Unbefleckten Empfängnis, für die seiner Ansicht nach keine stichhaltigen biologischen Grundlagen vorhanden waren. An seinen Theorien über gesellschaftliche Sicherheit hielt er fest, soweit diese Sicherheit gleichbedeutend mit Natürlichkeit war; als die Familie größer wurde, mußte er seinen Standpunkt in einigen Kleinigkeiten revidieren.

Paps sagte, ein ausgeglichener, natürlicher Mensch könne niemals lächerlich wirken, zumindest nicht vor sich selber. Und ein Mensch, der sich nicht lächerlich vorkomme, könne nie seine Würde einbüßen. Paps kam sich selten lächerlich vor und würde nie zugegeben haben, daß er seine Würde eingebüßt habe.

Der zu revidierende Teil der Theorie bestand darin, daß Gäste sich wohl fühlten, wenn man sie wie zur Familie gehörig behandelte. Mutter wies es nach, und Paps mußte es schließlich zugeben: Tatsächlich konnten sich nur solche Gäste bei uns zur Familie gehörig fühlen, die selbst aus einer Familie mit zwölf Kindern stammten, der ein Fachmann für Bewegungsrationalisierung vorstand.

Wenn keine Gäste da waren, suchte Paps unsere Tischmanieren zu verbessern. Nahm ein Kind in seiner Reichweite den Mund zu voll, dann trafen Paps' Fingerknöchel heftig den Kopf des Missetäters; bei diesem dumpfen Laut zuckte Mutter zusammen.

»Nicht auf den Kopf, Frank«, protestierte sie entsetzt. »Um Gottes willen, nicht auf den Kopf!«

Paps achtete nicht darauf, außer wenn der Schlag ungewöhnlich hart ausgefallen war. Dann rieb er jammernd seine Knöchel und entgegnete:

»Vielleicht hast du recht. Es muß doch weichere Stellen geben.«

Wenn der Missetäter an Mutters Tischende saß und für Paps unerreichbar war, gab er ihr ein Zeichen, die Strafe zu vollziehen. Mutter, die uns nie bestrafte, nicht einmal mit Strafen drohte, reagierte gar nicht. Dann gab Paps einem Kind, das in der Nähe des Missetäters saß, durch Blicke zu verstehen, daß es befugt sei, die Strafe vorzunehmen.

»Mit besten Empfehlungen von mir!« sagte er dann, wenn das Kind, das den Mund zu voll genommen hatte, wütend auf das Kind losging, das die Strafe vollzogen hatte.

Ich hab' euch nicht einmal, sondern hundertmal gesagt, ihr sollt euer Essen kleinschneiden. Wie krieg' ich das nur in eure Dickschädel rein?«

»Nicht auf den Kopf!« wiederholte Mutter. »Um Himmels willen – nicht auf den Kopf!«

Wenn einer den Ellbogen aufstützte, konnte es passieren, daß plötzlich sein Handgelenk ergriffen, hochgehoben und mit so heftigem Ruck auf den Tisch gestoßen wurde, daß das Geschirr tanzte.

»Nicht am Ellbogen, Frank. Das ist der empfindlichste Körperteil. Überall, aber nicht am Ellbogen.«

Mutter war gegen jede Art von Körperstrafen. Aber sie wußte, daß sie sich schließlich besser würde durchsetzen können, wenn sie gegen den bestraften Körperteil protestierte, als wenn ihr Widerspruch sich gegen die Strafe selbst richtete. Auch wenn Paps eine wohlverdiente Bestrafung auf dem dafür bestimmten Körperteil – wo sie angeblich am besten wirkt – vornahm, versuchte Mutter einzuschreiten.

»Nicht aufs Kreuz!« sagte sie in einem Ton, als wäre Paps dabei, uns fürs Leben zu Krüppeln zu schlagen. »Um Gottes willen – nicht aufs Kreuz!«

»Also, wohin denn eigentlich?« brüllte Paps wütend und hielt beim Prügeln inne. »Nicht auf den Kopf, nicht hinters Ohr, nicht auf den Nacken, nicht am Ellbogen, nicht über die Beine und nicht auf den Hosenboden. Wohin hat denn dein Vater dich geprügelt? Vielleicht auf die Fußsohlen wie die gottlosen Chinesen – zum Donnerwetter?«

»Also bestimmt nicht aufs Kreuz«, sagte Mutter. »Da kannst du sicher sein.«

An der Verabfolgung von Kopfnüssen und an dem Aufbumsen der Ellbogen nahmen – außer Mutter – allmählich alle teil, bis Paps mit unseren Tischmanieren zufrieden war. Auch das Jüngste konnte ohne Angst vor der Vergeltung diese Strafe austeilen. Während der Mahlzeiten belauerten wir uns gegenseitig, vor allem aber Paps. Manchmal stand einer, der einen aufgestützten Ellbogen erspäht hatte, leise von seinem Stuhl auf und schlich um den Tisch herum, um den Missetäter zu schnappen.

Paps paßte an sich auf seinen Ellbogen recht gut auf, manchmal aber vergaß er ihn. Es galt als sehr verdienstlich, einen Ellbogen aufzubumsen, aber ein Volltreffer war's, wenn man Paps' Ellbogen erwischte. Das galt nicht nur soviel wie eine Indianerfeder, sondern wie der ganze Kopfschmuck eines Indianerhäuptlings.
Wenn wir Paps auf diese Weise geschnappt hatten, machte er ein großes Trara daraus. Er schnitt Grimassen, als hätte er qualvolle Schmerzen, zog die Luft durch die Zähne ein, rieb sich den Ellbogen und behauptete, er könnte seinen Arm für den Rest der Mahlzeit nicht gebrauchen.
Manchmal stützte er seinen Ellbogen absichtlich auf den Tischrand und tat so, als merke er nicht, daß ein Kind aufgestanden war und ihn auf den Fußspitzen von hinten anschlich. Wenn man dann gerade die Hand ausstreckte und den Ellbogen ergreifen wollte, ließ Paps ihn in seinen Schoß rutschen.
»Ich kann auch hinten sehn«, verkündete er dann.
Der enttäuschte Aufbumser ging zu seinem Stuhl zurück und überlegte sich, ob Paps nicht vielleicht wirklich auch hinten sehen könnte.
Paps und Mutter versuchten uns klarzumachen, daß wir für die Behaglichkeit der Gäste verantwortlich seien. Wir hatten sehr oft Gäste, vor allem Geschäftsfreunde von Paps, der ja sein Büro im Hause hatte. Es bedurfte keiner Formalitäten und keiner besonderen Vorbereitungen, es wurden nur ein frisches Tischtuch und ein Extragedeck für den Gast aufgelegt.
»Wenn ihr neben einem Gast sitzt, müßt ihr dafür sorgen, daß er sich wohl fühlt und daß ihm nichts fehlt«, sagte Paps immer wieder.
Georges Isles, ein Schriftsteller aus Kanada, fühlte sich nach Lillians Meinung durchaus nicht wohl. Mr. Isles war alt und erzählte traurige, aber fesselnde Geschichten.
»Es war einmal ein armer alter Mann; dem taten bei jeder Bewegung die Gelenke weh, der Arzt verbot ihm das Zigarrenrauchen, und er hatte gar keine kleinen Kinder, die ihn liebhatten«, sagte Mr. Isles. Und während er weitererzählte, wurden wir ganz bedrückt von der Einsamkeit, die daraus zu sprechen schien. Er schloß: »Und wißt ihr, wer dieser alte Mann war?«
Wir konnten es uns schon denken, aber wir schüttelten die Köpfe und sagten: nein. Mr. Isles sah trauriger denn je aus. Er hob langsam den Arm und tippte sich mit dem Finger auf die Brust.
»Ich«, sagte er.
Die sechsjährige Lillian saß neben Mr. Isles. Sie war dafür verantwortlich, daß er sich wohl fühlte, und sie meinte, sie hätte irgendwie

versagt. Sie legte ihm die Arme um den Hals und küßte seine schrumplige Altmännerwange.
»Sie haben doch kleine Kinder, die Sie liebhaben«, sagte sie den Tränen nahe. »Doch, Sie haben welche.«
Wenn Mr. Isles dann später zu Besuch kam, brachte er immer für Mutter und uns eine Schachtel Konfekt mit und eine Extraschachtel für Lillian. Ernestine pflegte dann neiderfüllt zu bemerken, Lill sei der jüngste Vamp von New Jersey und kaum ein erwachsener Vamp habe weniger gegeben und mehr dafür bekommen.
Paps war als Gastgeber zwanglos und unkonventionell, und wir versuchten, ihm nachzueifern.
»Noch etwas Gemüse, Chefin?« fragte er Mutter. »Nein? Dann vielleicht noch etwas Kartoffelbrei? Ist noch viel da. Auch noch massenhaft Hammelfleisch. Schön. Ja, Sir, Gemüse kann ich Ihnen nicht mehr anbieten, aber wie wär's mit . . .?«
»Oh, bitte, nehmen Sie doch noch etwas Rinderbraten«, nötigte Frank einen deutschen Ingenieur, der uns besuchte. »Sie haben doch erst dreimal genommen.«
»Sie brauchen Ihre Grapefruit nicht so gierig wie 'n Ferkel zu verschlingen«, sagte Fred zu einer Professorin der Columbia-Universität, die verspätet zu Tisch gekommen war und uns einzuholen suchte. »Wenn wir vor Ihnen fertig sind, warten wir, bis Sie's geschafft haben.«
»Tut mir leid, aber ich kann Ihnen den Nachtisch nicht geben, eh' Sie nicht Ihre Bohnen aufgegessen haben«, sagte Dan ein andermal zu einem Gast. »Pappi erlaubt das nicht, und ich bin für Sie verantwortlich. Pappi sagt, von dem, was in diesem Hause täglich weggeworfen wird, könnte eine arme Familie eine Woche lang leben.«
»Pappi, findest du, daß das, was Mr. Fremonville sagt, allgemein interessant ist?« mischte Lill sich einmal in die Unterhaltung.
Paps und Mutter und die meisten Gäste gingen über solche Bemerkungen lachend und ohne Verlegenheit hinweg. Paps entschuldigte sich dann und erklärte die Familienregeln und warum er sie eingeführt habe. Wenn die Gäste gegangen waren, rief Mutter uns zusammen und sagte uns, die Familienregeln seien zwar wichtig, es sei aber noch wichtiger, die Gäste nicht in Verlegenheit zu bringen.
Manchmal knurrte Paps' Magen nach dem Essen, und wenn keine Gäste da waren, zogen wir ihn damit auf. Als sein Magen dann wieder knurrte, machte er ein entsetztes Gesicht und zeigte auf einen von uns.
»Billy«, sagte er, »ich muß doch sehr bitten! Ich bin für ein Konzert nicht in Stimmung.«

»Das war dein Magen, nicht meiner, Pappi. Mir kannst du nichts vormachen.«
»Ihr Kinder habt die lautesten Mägen, die mir je vorgekommen sind. Findest du nicht auch, Lillie?«
Mutter sah mißbilligend von ihrer Stopfarbeit auf.
»Ich finde«, sagte sie, »hier treiben sich Eskimos herum.«
Eines Abends war Mr. Russell Allen, ein junger Ingenieur, bei uns zum Essen. Jack, der ihm in einem hohen Stuhl gegenübersaß, schluckte zufällig etwas Luft und rülpste so laut, daß es durchs ganze Eßzimmer, ja sogar bis in die Küche zu Mrs. Cunningham schallte. Daß ein so kleines Persönchen so laut rülpsen konnte, ließ die ganze Unterhaltung vor Verblüffung stocken. Jack selber war am meisten überrascht und machte ein entsetztes Gesicht. Er streckte den Arm aus und zeigte anklagend auf den Gast.
»Mr. Allen«, sagte er mit gekränkter Würde, »ich muß doch sehr bitten! Ich bin für ein Konzert nicht in Stimmung.«
»Aber Jackie!« sagte Mutter, den Tränen nahe. »Aber Jackie! Wie kannst du nur!«
»Raus!« brüllte Paps. »Verdufte! Sag Mrs. Cunningham, du sollst dein Abendbrot in der Küche weiteressen. Und nachher sprechen wir uns noch.«
»Aber du sagst das doch immer«, schluchzte Jack auf, als er in die Küche verschwand. »Du sagst das doch immer, wenn dein Magen knurrt.«
Paps war rot geworden. Seine ganze Sicherheit, auf die er so großen Wert legte, war verschwunden. Er rutschte unbehaglich auf seinem Stuhl hin und her und zerknüllte nervös seine Serviette.
Keinem fiel etwas ein, was das peinliche Schweigen hätte brechen können.
Paps räusperte sich energisch. Aber das Schweigen dauerte an und lastete zentnerschwer auf dem Tisch.
»Der hat mir's gegeben«, sagte Paps schließlich. Die Situation war äußerst gespannt, und er versuchte es noch einmal. »Der hat mir's aber ordentlich gegeben«, sagte Paps und lachte mühsam und gezwungen. Er und Mutter und Mr. Allen taten uns leid. Mr. Allen war genauso hochrot wie Paps. Immer noch fiel kein Wort.
Plötzlich warf Paps seine Serviette auf den Tisch und lief in die Küche hinaus. Er kam wieder und hielt Jack bei der Hand. Jack weinte immer noch.
»Ist schon gut, Jackie«, sagte Paps. »Komm wieder rein und setz dich. Du hast recht, du hast es von mir gelernt. Jetzt entschuldige dich mal erst bei Mr. Allen. Und dann werden wir ihm die ganze Geschichte erzählen, und dann werden wir alle es nie wieder sagen.

Ist schon so, wie Mutter sagt: Das kommt davon, wenn man die Eskimos reinläßt.«

Paps' Schwester, Tante Anne, war eine stattliche viktorianische Dame mit weiten, bis zum Boden reichenden Röcken und hohen, festen Schuhen. Sie war älter als Paps, und die beiden ähnelten und liebten einander sehr. Sie war freundlich, aber streng, vollbusig und jeder Zoll eine Dame. Sie hatte wie Paps rotbraunes Haar und ein entsprechendes Temperament. Sie wohnte mit ihrem Mann und ihren erwachsenen Kindern, die wir zärtlich liebten, in Providence, einige Häuserblocks von uns entfernt. Tante Anne war ausgebildete Pianistin und gab in ihrem Hause in der Cabot Street 26 Musikunterricht.

Paps dachte es sich hübsch, wenn wir alle ein Instrument spielen lernten. Er gab zu, daß er nicht das geringste von Musik verstehe, aber er hatte ein gutes Gehör und hörte gern Sinfonien.

Tante Anne muß es sehr bald klargeworden sein, daß wir völlig unbegabt waren. Aber sie wußte, daß es für Paps sehr deprimierend gewesen wäre, das zuzugeben, denn für ihn war es selbstverständlich, daß seine Kinder für alles begabt waren. Infolgedessen kämpfte Tante Anne sechs Jahre tapfer auf verlorenem Posten mit einer Hingabe und Seelenstärke, die über die übliche Erfüllung der Familienpflichten weit hinausging.

Als sie schließlich die Überzeugung gewann, daß unser Klavierspiel eine hoffnungslose Angelegenheit sei, schob sie uns auf andere Instrumente ab. Mit diesen hatten wir zwar keineswegs mehr Erfolg, aber sie waren wenigstens nicht so laut wie das Klavier, und – was noch wichtiger war – sie konnten nicht gleichzeitig von mehreren gespielt werden.

Anne mußte Geige spielen, Ernestine Mandoline und Martha und Frank Cello. Es war grauenhaft, wenn wir übten, und Paps ging dann mit Wattepfropfen in den Ohren schmunzelnd durchs Haus.

»Macht nichts«, sagte er, wenn wir erklärten, wir kämen doch eigentlich gar nicht vorwärts. »Bleibt nur dabei. Wenn ihr so alt seid wie ich, werdet ihr mir's danken.«

Tante Anne setzte in selbstloser Weise ihre Berufsehre aufs Spiel, wenn sie uns erlaubte, bei ihren jährlich einmal stattfindenden Schülerabenden mitzuwirken. Gewöhnlich blieben wir mittendrin stecken, und das wirkte immer auf die begabteren Kinder und deren zuhörende Eltern ziemlich demoralisierend.

Um ihr Ansehen möglichst zu retten, teilte Tante Anne, bevor wir aufs Podium gingen, den Zuhörern mit, wir seien erst neuerdings vom Klavier zu dem betreffenden Saiteninstrument übergegangen. Unausgesprochen hieß das, wir beherrschten das Klavier bereits und

hätten nun neue Wege ins Land der Musik eingeschlagen. Bevor wir zu spielen anfingen, setzte sie Dämpfer auf unsere Saiten und flüsterte: »Vergiß nicht, ganz leise zu spielen, so leise wie ein Bächlein, das durch einen stillen Wald rieselt.«
Aber wenn wir spielten, rieselte es keineswegs. Und bei einem Schülerabend flüsterte Paps Mutter zu: »Wenn ich nachts so was hinten an unserm Zaun hörte, würde ich entweder die Polizei alarmieren oder mit Stiefeln danach schmeißen.«

Tante Anne meinte es gut mit uns, und wir liebten sie und ihre Familie sehr, aber sie hatte ihren eigenen Kopf, genau wie Paps. Während wir Paps' Tyrannei, wenn auch widerwillig, duldeten – sie war ja sein gutes Recht als Familienoberhaupt –, dachten wir nicht daran, uns von jemand anders tyrannisieren zu lassen, und sei es auch seine älteste Schwester.
Als wir nach Montclair gezogen waren, gingen Mutter und Paps für eine Zeitlang auf eine Vortragsreise; in dieser Zeit betreute uns Tante Anne. Sie machte uns von Anfang an klar, daß wir sie nicht als Gast, sondern als den derzeitigen Oberbefehlshaber zu betrachten hätten. Sie benutzte sogar die Vordertreppe, die die Vorderhalle mit dem zweiten Stock verband, und nicht die Hintertreppe, die von der Küche in den Korridor vor dem Mädchenbadezimmer hinaufführte. Keiner von uns durfte die Vordertreppe benutzen, denn Paps wollte, daß sie immer schön blank gebohnert aussehe.
»Wenn Pappi nach Hause kommt, wird er eine schöne Wut haben, daß du die Vordertreppe benutzt hast«, sagten wir zu Tante Anne.
»Unsinn«, schnitt sie uns das Wort ab. »Die Hintertreppe ist eng und steil, und ich denke nicht daran, sie zu benutzen. Solange ich hier bin, benutze ich die Treppe, die mir paßt. Laßt mich in Ruhe und kümmert euch um eure Sachen.«
Bei Tisch saß sie auf Paps' Platz, und auch das nahmen wir übel. Gewöhnlich saß Frank als der älteste Junge an Paps' Platz und Anne als das älteste Mädchen an Mutters Platz. Ferner war Tante Anne mit der Ordnung in unseren Schlafzimmern gar nicht einverstanden und nahm an unseren geheiligten Familienbräuchen einige Veränderungen vor; auch das fand unsere höchste Mißbilligung.
»Himmel, das sieht ja hier wie im Schweinestall aus!« sagte sie, als sie Franks und Bills Schlafzimmer betrat. »In einer Viertelstunde komm' ich wieder, dann wünsche ich diesen Raum blitzsauber und ordentlich vorzufinden.«
Oder: »Wann ihr sonst zu Bett geht, das geht mich gar nichts an. Solange ich die Verantwortung habe, wird es so gemacht, wie ich will. Marsch, ins Bett mit euch!«

Wie Großmama und Paps glaubte Tante Anne, alle Irländer seien unfähige Trottel, und Tom Grieves wäre der unfähigste aller irischen Trottel. Sie sagte ihm das mindestens einmal am Tag, und Tom hatte eine Todesangst vor ihr.
Es ist eine alte Erfahrung, daß man einen Menschen nicht ohne weiteres aus einem kleinen friedlichen Haushalt in eine Familie mit einem Dutzend Kinder verpflanzen kann; eines Tages gibt es unweigerlich eine Katastrophe. Das konnten wir bei einem nach dem andern beobachten: bei Paps' Stenotypistinnen und bei all den Köchinnen, die auf Mrs. Cunningham folgten. Um mit einem Dutzend Kinder zusammen zu leben, muß man entweder in so einer Familie aufgewachsen sein wie wir, oder man muß sich, während sie allmählich größer wurde, daran gewöhnt haben wie Paps, Mutter und Tom Grieves.
In Tante Annes Fall kam es eines Tages beim Mittagessen zum Klappen.
Während der ganzen Mahlzeit hatten wir sie absichtlich geärgert. Bill saß unter dem Tisch versteckt; wir hatten sein Gedeck und seinen Stuhl weggeräumt, so daß Tante Anne sein Fehlen nicht auffiel. Während des Essens stupste Billy sie mit der Hand ans Bein.
»Wer tritt mich denn da?« fragte sie. »Da soll doch gleich . . .«
Wir sagten, wir wären's nicht gewesen.
»Ja, habt ihr denn einen Hund?«
Nein, sagten wir, wir hätten keinen. Unser Schäferhund war kurz vorher gestorben.
»Aber da tritt mich doch einer, und wie!«
Sie bestand darauf, daß ihre beiden Tischnachbarn ihre Stühle ein Stück abrückten, so daß die Beine dieser beiden Kinder nicht zu ihr reichten. Bill stupste wieder.
»Aber da *tritt* mich einer«, sagte Tante Anne, »und ich sage euch, ich gehe der Sache auf den Grund. Ja, das tu' ich, wortwörtlich!«
Bill stupste. Tante Anne hob das Tischtuch auf und sah unter den Tisch, aber Bill war schneller und hatte sich ans andere Tischende verzogen. Der Tisch war so lang, daß man sich hinknien mußte, um bis zum anderen Ende zu sehen, und es war unter Tante Annes Würde, sich so tief zu bücken.
Als sie das Tischtuch wieder fallen ließ, kam Bill wieder angekrochen und leckte ihr die Hand.
»Ihr habt *doch* einen Hund«, sagte Tante Anne anklagend und trocknete sich die Hand mit der Serviette ab. »Heraus mit der Sprache! Wer hat den verdammten Köter ins Haus gebracht?«
Bill stieß sie wieder an und zog sich zurück. Sie nahm das Tischtuch auf und sah nach. Sie ließ es wieder fallen, und er leckte ihr die Hand.

Sie sah wieder nach; dann ließ sie ihre Hand verführerisch zwischen ihren Knien hängen. Dieser Verlockung konnte Bill nicht widerstehen, aber diesmal war Tante Anne auf der Hut. Als er leckte, ließ sie ihre Knie zusammenschnappen, und sein Kopf war wie in einem Schraubstock zwischen den Falten ihres Rockes gefangen; dann langte sie hinunter und packte ihn beim Schopf.

»Raus mit dir, du Racker!« rief sie. »Jetzt hab' ich dich. Diesmal kannst du mir nicht entwischen. Raus, sag' ich dir!«

Sie ließ Bill gar nicht erst hervorkriechen. Sie riß ihn an den Haaren hoch, und schreiend und um sich tretend kam er mit dem Kopf zuerst zum Vorschein.

Bill gab damals nicht sehr viel auf Eleganz. Er trug mit Vorliebe alte Sachen, die mit Sicherheitsnadeln zugesteckt oder mit alten Krawatten irgendwie zusammengehalten waren. Wenn er eine Krawatte um den Hals trug – was höchst selten der Fall war –, schnitt er manchmal mit der Schere ein Stück ab, damit die Enden gleich lang waren. An seinen Hosen waren vorn meist ein paar Knöpfe offen – was bei der Marine angeblich nur der Commodore sich erlauben darf. Unter den Knien machte er seine Knickerbocker überhaupt nicht zu, so daß sie ihm bis zu den Knöcheln hinunterhingen. Die Strümpfe rutschten ihm im Laufe des Tages allmählich hinunter, und abends beim Dinner guckte nur noch ein schmaler Rand aus seinen Schuhen hervor.

Wenn Mutter zu Hause war, sorgte sie dafür, daß er so überflüssige Dinge wie eine Jacke und einen Gürtel trug. Wenn sie verreist war, verschlampte er völlig.

Als Tante Anne ihn unter dem Tisch hervorzerrte, riß plötzlich ein Stück Bindfaden, mit dem er seine Hose am Hemd festgebunden hatte. Bill griff nach seinen Hosen, aber es war zu spät.

»Geh in dein Zimmer, du Taugenichts!« sagte Tante Anne und schüttelte ihn. »Warte nur, bis dein Vater nach Hause kommt. Der wird dich schon ins Gebet nehmen.«

Bill raffte seine Hosen zusammen und gehorchte. Seine ganze Kopfhaut tat ihm weh, er bekam plötzlich Respekt vor Tante Anne. Die Tante setzte sich hin – sie war so ruhig, daß uns nichts Gutes schwante – und sah uns mit entwaffnendem Lächeln an.

»Jetzt hört mir mal gut zu, Kinder«, sagte sie fast flüsternd. »In diesem Hause denkt jeder einzelne, sogar das Baby, nur an sich. Ich habe noch nie einen Haufen so miserabel erzogener Kinder gesehn.«

Als sie weitersprach, wurde ihre Stimme lauter. Sogar viel lauter. Die Tür von der Anrichte ging einen Spalt auf, und Tom Grieves guckte herein.

»Wenn ihr vielleicht glauben solltet, ein einzelnes Kind wäre ein Egoist, so kann ich euch sagen: Ihr habt hundertprozentig unrecht. Nach dem, was ich hier gesehen habe, ist dies der egoistischste Haushalt der Welt.«
Jetzt brüllte sie mit voller Lautstärke; so hatten wir sie noch nie erlebt. Es war, als säße Paps dort auf seinem Stuhl, nur war ihre Stimme eine Oktave höher.
»Von jetzt an nehmt euch verdammt zusammen, oder ich prügle euch windelweich. Ich verdresche euch so, daß ihr einen Monat lang nicht sitzen könnt. Verstanden? Habt ihr alle verstanden? Falls ihr's noch nicht gemerkt habt – *mir langt's*!«
Und zum Zeichen, daß sie sich durch uns die Mahlzeit nicht verderben ließ, schob sie sich ein Stück Kuchen in den Mund. Aber vor lauter Aufregung verschluckte sie sich und lief allmählich puterrot an. Sie faßte sich an den Hals; es sah aus, als sei ihr letztes Stündlein gekommen. Wir bekamen's mit der Angst und schämten uns.
Tom, der an der Tür lauschte, wußte, was er zu tun hatte. Er vergaß seine Angst vor Tante Anne, stürzte ins Eßzimmer und klopfte ihr auf den Rücken. Dann packte er ihre Arme und hielt sie hoch.
»Ist gleich wieder gut, Tante Anne«, sagte er.
Das half. Sie gab gurgelnde Laute von sich und kam schließlich wieder zu Atem. Dann aber besann sie sich auf ihre Würde, riß sich von ihm los und richtete sich zu ihrer vollen Größe auf.
»Nehmen Sie die Hände weg, Grieves«, sagte sie in einem Ton, als sei er drauf und dran, ihr das Korsett aufzumachen. »Lassen Sie sich's nicht noch einmal einfallen, mich, ›Tante Anne‹ zu nennen! Und im übrigen . . .«, sie blickte langsam um den ganzen Tisch herum, »kümmern Sie sich um Ihre eigenen Angelegenheiten!«
Nach diesem Zwischenfall gab es keinen Zweifel mehr darüber, wer Herr im Hause war, und Tante Anne brauchte sich nicht mehr über uns zu ärgern. Als Paps und Mutter wiederkamen, machten wir uns auf eine Strafe gefaßt. Aber da kannten wir Tante Anne schlecht.
»Sag mal, hast du abgenommen?« fragte Paps seine Schwester. »Haben die Kinder dich etwa geärgert?«
»I – woher denn!« sagte Tante Anne. »Als wir uns richtig verstanden, waren sie einfach großartig. Nicht wahr, Kinder, wir sind doch gut miteinander ausgekommen?«
Zärtlich griff sie nach Billy und zauste ihm ohne ersichtlichen Grund das Haar.
»Autsch«, flüsterte Billy und grinste erleichtert. »Gnade, Gnade! Es tut immer noch weh.«

Mehr Erfolg hatten wir bei einem anderen Gast, auf den wir es abgesehen hatten: eine Psychologin, die alle vierzehn Tage aus New York nach Montclair kam, um unsere Intelligenz zu prüfen. Es ging von ihr aus und nicht von Paps oder Mutter, die aber nichts dagegen hatten. Sie wollte eine Abhandlung über den Einfluß von Paps' Lehrmethoden auf unseren Intelligenzquotienten veröffentlichen.
Sie war eine magere, farblose Dame mit eckigen Bewegungen und einem schwarzen Schnurrbart, der aber ihr Pferdegebiß nicht verdecken konnte. Wir haßten sie, und wahrscheinlich beruhte das auf Gegenseitigkeit.
Zuerst stellte sie ganz unverfängliche Fragen: Rechnen, Orthographie, Sprachen, Geographie, und dann diese hinterhältigen Fragen, bei denen eingekreiste Zahlen und unterstrichene Wörter eine Rolle spielen und auf die manche Psychologen besonderen Wert legen.
Nachdem wir die ersten Testserien hinter uns hatten, rief sie uns einzeln in den Salon und interviewte jeden allein. Nicht einmal Mutter und Paps durften dabeisein.
Diese Interviews waren verwirrend und kränkend.
»Tut es weh, wenn deine Mutter dich prügelt?« fragte sie jeden einzelnen; dabei sah sie uns forschend an, und wir spürten ihren Atem. »Was, deine Mutter prügelt dich nie?«
Sie schien enttäuscht. »Aber wie ist es denn mit deinem Vater? Aha, der prügelt dich!« Das schien sie von Herzen zu freuen. »Kümmert deine Mutter sich mehr um die andern Kinder als um dich? Wie oft badest du in der Woche? Wirklich? Möchtest du noch einen kleinen Bruder haben? Tatsächlich! Du meine Güte!«
Wir waren uns einig, daß Paps und Mutter von derartigen Fragen ebensowenig entzückt gewesen wären wie wir, wenn sie nur etwas davon gewußt hätten. Anne und Ernestine hatten schon beschlossen, ihnen die Situation zu erklären – da spielte das Schicksal uns die Psychologin mit Haut, Haar und Schnurrbart in die Hände.
Mutter hatte eine Reihe beruflicher Geschicklichkeitstests erfunden, und auf dem Tisch an ihrem Bett lag ein Haufen psychologischer Broschüren und Zeitschriften. Eines Abends, als Mutter uns aus *The Five Little Peppers and How they Grew* vorlas, blätterte Ernestine in diesen Papieren und stieß dabei auf eine Reihe von Intelligenztests. Da fand sie gerade den Test, den die Psychologin aus New York mit uns durchnahm – nicht jene peinlichen Fragen persönlicher Art, sondern solche, bei denen es auf das Einkreisen von Zahlen, auf Buchstabieren und auf das Ausfüllen leerer Felder ankam. Die richtigen Antworten standen auf der Rückseite.
»Au Backe!« kreischte Ernestine. »Da ist es ja!«

Mutter blickte abwesend von ihrem Buch auf. »Bring mir nicht meine Arbeit durcheinander, Ernie«, sagte sie. »Was suchst du denn?«
»Darf ich mir mal was ausleihen?« fragte Ern.
»Gewiß, aber denk dran, es zurückzulegen, wenn du's nicht mehr brauchst, nicht wahr? Wo war ich stehngeblieben? Ach ja, ich weiß schon: Joel hatte grade gesagt, daß er notfalls die Familie erhalten könne, indem er am Bahnhof Zeitungen verkaufte und Schuhe putzte.«
Und sie las weiter.
Das erste Drittel dieses Tests hatte die Psychologin schon mit uns durchgenommen. Nun paukten Anne und Ernestine mit uns das zweite Drittel, bis wir eine Seite auswendig wußten und die Antworten ausfüllen konnten, ohne die Fragen zu sehen. Das letzte Drittel war ein Test über Hörassoziationen, und sie trichterten uns auch dieses ein.
»Noch nie soll sie so gescheite Leute getestet haben!« sagte Ern zu uns. »Aber auch noch nie so sonderbare. Sie muß denken, wir seien zwar gescheit, aber unzivilisiert, weil wir nicht individuell genug behandelt worden sind. Das möchte sie nämlich denken.«
»Ihr müßt euch nervös und wunderlich benehmen«, sagte Anne. »Wenn sie mit euch spricht, müßt ihr rumzappeln und euch kratzen, so unmanierlich wie irgend möglich. Das wird euch ja nicht schwerfallen, das braucht man euch nicht erst einzutrichtern.«
Als die Psychologin das nächste Mal aus New York kam, mußten wir uns im Salon weit voneinander entfernt hinsetzen; jeder bekam ein Buch als Schreibunterlage auf den Schoß, dazu ein Exemplar des zweiten Drittels von dem Test.
»Wenn ich ›anfangen‹ sage, schreibt die Antworten so schnell wie möglich«, sagte sie. »Ihr habt eine halbe Stunde Zeit, und ihr sollt mit den Tests möglichst weit kommen. Wenn einer schon vor der Zeit fertig ist, soll er mir seinen Bogen herbringen.« Sie sah auf die Uhr: »Fertig? Jetzt dreht die Testbogen um und fangt an. Ihr wißt, ich kann jeden sehen, versucht also nicht abzuschreiben.«
Blatt für Blatt füllten wir die leeren Felder aus. Die Älteren waren nach zehn Minuten fertig. Lillian, die Jüngste unter den Prüflingen, brauchte zwanzig Minuten.
Die Psychologin sah Lillians Bogen an und sperrte Mund und Nase auf.
»Wie alt bist du, Liebling?« fragte sie.
»Sechs«, sagte Lill. »Im Juni werd' ich sieben.«
»Hier muß doch irgendwas nicht stimmen«, sagte die Dame. »Ich habe noch nicht deinen ganzen Bogen durchgesehen, aber weißt du

– du hast ja einen höheren Intelligenzquotienten als Nicholas Murray Butler.«
»Ich hab' viel gelesen«, sagte Lill.
Die Psychologin überflog die anderen Tests und schüttelte den Kopf.
»Was soll ich davon halten?« seufzte sie. »Sicher habt ihr in den letzten vierzehn Tagen bemerkenswerte Fortschritte gemacht. Es ist wohl das beste, wir nehmen jetzt das letzte Drittel durch. Ich werde durchs Zimmer gehn und zu jedem ein Wort sagen. Ihr sollt sofort das erste beste Wort darauf sagen, das euch einfällt. Ist das nicht ein hübsches Spielchen?«
Anne rutschte auf ihrem Stuhl herum. Ernestine kratzte sich. Martha biß an ihren Nägeln.
»Wir werden dem Alter nach vorgehen«, fuhr die Psychologin ernsthaft fort.
»Zuerst Anne.«
Sie zeigte auf Anne. »Messer«, sagte sie.
»Stechen, Wunde, Bluten, Halsabschneiden, Mord, Bauchaufschlitzen, Schreien, Kreischen«, antwortete Anne wie aus der Pistole geschossen und ohne einmal Luft zu holen.
»Großer Gott!« sagte die Psychologin. »Das muß ich aufschreiben. Eigentlich solltest du nur ein Wort antworten, aber aufschreiben werde ich es auf alle Fälle.« Keuchend vor Aufregung kritzelte sie etwas auf ihren Block.
»Gut. Ernestine, jetzt bist du dran. Nur ein Wort! Rot!«
»Tot«, sagte Ernestine.
Nun war Martha dran: »Fuß.«
»Treten«, sagte Martha.
»Haar.«
»Laus«, sagte Frank.
»Blume.«
»Stinken«, sagte Bill.
Die Psychologin wurde immer aufgeregter.
Nun sah sie Lill an.
»Häufchen«, sagte Lill, und damit hatte sie uns das ganze Konzept verdorben.
»Aber ich hab' doch dein Wort noch gar nicht ausgesprochen!« rief die Dame. »Jetzt wird mir alles klar. Mal sehn, wie hieß denn dein Wort? Dacht' ich mir's doch! ›Vogel‹ war's. Und sie haben dir gesagt, du sollst ›Häufchen‹ sagen, nicht wahr?«
Lill nickte dämlich.
»Und sie haben dir auch auch gesagt, wie du die andern Fragen ausfüllen sollst, nicht wahr? Eure Mutter hat euch wohl die Antworten

gegeben, damit ihr mit eurer Gescheitheit bei mir Eindruck schindet?«
Erst kicherten wir, dann aber brüllten wir vor Lachen. Die Psychologin fand es jedoch gar nicht komisch.
»Ihr unartigen kleinen Schwindler!« sagte sie. »Denkt bloß nicht, daß ich mich auch nur eine Minute hab' täuschen lassen. Ich hab' euch von Anfang an durchschaut.«
Sie nahm ihren Mantel und ging in die Halle. Paps hatte uns lachen hören, kam aus seinem Büro und wollte sehen, was da los sei. Er mußte immer dabeisein, wenn etwas Aufregendes passierte.
»Nanu«, sagte er strahlend, »das scheint mir ja ein sehr vergnügter Test gewesen zu sein. Schon fertig? Sagen Sie mir doch mal ganz ehrlich: Was halten Sie von meiner Familie?«
Sie sah uns mit böse funkelnden Augen an.
»Freut mich, daß Sie fragen«, wieherte sie. »Fraglos sehr gescheite Kinder. Etwas reichlich gescheit für ihr Alter! Ist damit Ihre Frage beantwortet? Ob man ihnen bei ihrem Hintergehungsversuch Hilfe und Vorschub geleistet hat – das entzieht sich meiner Kenntnisse. Aber ich kann Ihnen nur den kollegialen Rat geben: Halten Sie sie etwas kurz! Gerade jetzt wäre eine richtige Tracht Prügel das richtige – für alle, von der Ältesten bis zur Jüngsten!«
Sie knallte die Eingangstür zu, und Paps sah uns verärgert an.
»Da haben wir's!« seufzte er. »Was habt ihr denn nun schon wieder ausgefressen? Die geht doch hin und schreibt eine Abhandlung über uns. Was hat sie denn gegen euch?«
Anne zappelte herum. Ernestine kratzte sich. Martha biß an den Nägeln. Paps wurde böse.
»Jetzt haltet Ruhe und redet! Keinen Quatsch jetzt!«
»Möchtest du noch einen kleinen Bruder haben?« fragte Anne.
»Tut es weh, wenn deine Mutter dich prügelt?« fragte Ernestine.
»Wann hast du das letztemal gebadet?« forschte Martha.
»Wirklich? Hm?«
Paps gab es auf, schüttelte den Kopf und hob abwehrend die Arme. Er sah auf einmal alt und müde aus.
»Manchmal weiß ich nicht, ob sich das Ganze lohnt«, sagte er. »Warum seid ihr nicht zu Mutter und mir gekommen und habt es uns erzählt, daß sie solche Sachen fragt? Na ja . . . andererseits . . . So eine haarige alte Ziege!«
Nun mußte Paps doch lachen.
»Wenn die aber darüber eine Abhandlung schreibt, dann mach' ich sie regreßpflichtig, bei allem, was sie besitzt, einschließlich Geburtsschein. Wer weiß, ob sie überhaupt einen hat!«
Er öffnete die Tür zum Büro.

»Kommt mal rein und erzählt mir diese gräßliche Sache ausführlich!«

Nach Ihnen, Dr. Butler«, sagte Ernestine zu Lill.

Als Mutter ein paar Minuten später ins Büro kam, fand sie uns auf ihrem und auf Paps' Schreibtisch hocken. Die Stenotypistinnen hatten ihre Schreibmaschinen im Stich gelassen und standen um uns herum.

»Was ist denn das für eine Aufregung, Frank?« fragte sie Paps. »Ich hörte dich ja oben auf dem Dachboden toben.«

»Großer Gott!« stöhnte Paps. »Fangt noch mal von vorn an, Kinder. Das muß Mutter auch hören. So eine haarige alte Ziege . . . das geht nicht auf dich, Lillie!«

Sechzehntes Kapitel
Über den Hügel ins Armenhaus

Freitag abends besuchten Paps und Mutter oft ohne uns einen Vortrag oder einen Film; dann gingen sie Hand in Hand zum Schuppen, um die Narrenkutsche herauszuholen.
Sonnabend abends aber blieb Mutter mit dem Kleinsten zu Hause, und Paps ging mit uns ins Kino. Wir aßen dann zeitig zu Abend, so daß wir noch zur ersten Vorstellung um sieben Uhr zurechtkamen.
»Heute sehn wir uns aber nur eine Vorstellung an«, sagte Paps auf dem Weg ins Kino. »Die ganze Vorstellung zweimal ansehn – damit ist nun Schluß! Dann sind wir wieder nicht vor elf zu Hause. Ihr braucht gar nicht zu betteln, hat doch keinen Zweck.«
Kaum hatte der Film begonnen, da vergaß Paps genau wie wir alles um sich her, nur daß er sich viel geräuschvoller benahm als wir. Er sah und hörte nichts und merkte es gar nicht, wenn wir ihn anstießen und ihn um ein Geldstück für den Schokoladenautomaten baten. Bei den Lustspielen lachte er so laut, daß wir uns manchmal genierten und ihm beizubringen versuchten, daß die Leute sich nach ihm umsahen. Wenn es aber ein trauriger Film war, dann trompetete er fortwährend in sein Taschentuch und wischte sich über die Augen.
Kaum war nach der ersten Vorstellung das Licht wieder angegangen, da bettelten wir, er solle es sich doch noch einmal ansehen. Zuerst tat er so, als sträubte er sich eigensinnig, am Ende aber willigte er immer ein.
»Na schön, ihr wart diese Woche nicht ganz so unverschämt wie sonst«, sagte er. »Aber es ist mir gar nicht lieb, daß ihr so spät in die Nacht hinein aufbleibt.«
»Morgen ist doch Sonntag. Wir können doch ausschlafen.«
»Und Mutter wird mir schön den Marsch blasen, wenn ich so spät mit euch nach Hause komm'.«
»Wenn du's erlaubst, dann erlaubt's Mutter auch.«

»Also gut! Wir werden diesmal eine Ausnahme machen. – Wenn euch so viel dran liegt, kann ich's mir vielleicht auch noch mal ansehn.«

Einmal hatte Ernestine uns alle flüsternd instruiert: Am Schluß der ersten Vorstellung griffen wir nach unseren Mänteln und schickten uns an, durch den Gang hinauszugehen.

»Was habt ihr denn vor?« rief Paps uns ganz beleidigt mit Stentorstimme nach, so daß die Leute aufstanden und sich nach dem Störenfried umsahen. »Wo wollt ihr denn hin? Wollt ihr etwa nach Hause laufen? Kommt wieder her und setzt euch!«

Wir erklärten, er habe uns doch auf dem Weg ins Kino gesagt, heute abend dürften wir nur zur ersten Vorstellung bleiben.

»Ja, wollt ihr's denn nicht noch mal ansehn? Ihr habt euch schließlich die ganze Woche musterhaft betragen. Wenn euch was dran liegt, seh' ich's mir vielleicht noch mal an. Es würde mir nicht soviel ausmachen.«

Wir sagten, wir seien ein bißchen müde, wollten morgen gut ausgeschlafen sein und fürchteten, Mutter mache sich Sorge, wenn wir so lange wegblieben.

»Ach, nicht doch!« bettelte Paps. »Seid doch keine Spielverderber! Mutter nehm' ich schon auf mich. Wir wollen's uns noch mal ansehn. Ist ja noch früh am Abend, und morgen ist Sonntag, da könnt ihr ausschlafen.«

Grinsend drängelten wir uns wieder zu unseren Sitzen durch.

»Ihr kleinen Biester!« flüsterte Paps, als wir uns wieder hinsetzten. »Stundenlang denkt ihr drüber nach, wie ihr mich zum Narren halten könnt, nicht wahr? Ich hätte Lust, euch nächste Woche alle zu Hause zu lassen und allein ins Kino zu gehen.«

Den größten Eindruck auf Paps machte ein ellenlanges Filmdrama mit dem Titel *Über den Hügel ins Armenhaus* oder so ähnlich. Es handelte sich da um eine zottelige alte Witwe, die sich für ihre Kinder ihre armen alten Hände wund arbeitete; zum Schluß hatte sie alle Kinder gegen sich, und sie beschloß ihre Tage im Armenhaus. Anderthalb Stunden lang bemühte Paps sich, seinen Tränenstrom mit dem Taschentuch zu bewältigen, während die Frau im Film um den Lebensunterhalt für ihre Familie rang. Sie wusch ungeheure Bottiche voller Wäsche, sie bügelte Berge von Unterzeug, und schließlich rutschte sie auf Händen und Knien auf dem Grand-Central-Bahnhof herum, schrubbte den Fußboden und reinigte die Spucknäpfe.

Ihre Kinder schämten sich ihrer und beklagten sich, wenn sie ihnen keine neuen Kleider kaufte. Als die Kinder erwachsen waren, wollte keins von ihnen sie bei sich aufnehmen. Als sie endlich selbst für

die Hausarbeit zu alt war, setzten sie sie auf die Straße – und noch dazu bei einem Schneesturm.
Die Schlußszene, bei der Paps sein Taschentuch buchstäblich auswringen mußte, zeigte die alte Frau, wie sie in einem abgetragenen und viel zu engen Strickjäckchen, zitternd vor Kälte, langsam den Hügel hinauf zum Armenhaus humpelte.
Als wir nach dem Kino unser Soda tranken, hatte Paps noch gerötete Augen und mußte sich wiederholt die Nase putzen; wir waren alle ganz niedergeschlagen.
»Eins müßt ihr mir versprechen«, brachte er mühsam heraus. »Was aus mir wird, ist ja gleich, aber für Mutter müßt ihr sorgen.«
Wir versprachen es, und danach lebte Paps etwas auf. Aber er dachte noch monatelang an den Film.
»Ich seh' mich direkt in zwanzig Jahren«, brummte er, wenn wir um Erhöhung unseres Taschengeldes baten. »Ich seh' mich alt, ohne einen Cent, nutzlos und mühselig den Hügel hinaufschwanken. Wenn ich bloß wüßte, was es im Armenhaus zu essen gibt und ob sie einen morgens ausschlafen lassen!«

Mehr noch als das Kino liebte Paps die Vorstellungen, die wir für ihn und Mutter ein- oder zweimal jährlich im Salon gaben. Die Parodien, die Anne und Ernestine dafür schrieben, waren einander immer ähnlich, so daß wir sie ohne eine Probe aufführen konnten. Am liebsten hatte Paps die Parodien, in denen wir ihn und Mutter nachmachten.
Frank, ein paar Sofakissen unterm Gürtel und einen Strohhut auf dem Hinterkopf, spielte Paps, der uns durch eine Fabrik führte, in der Paps gerade als Berater tätig war. Ernestine mit ausgestopftem Busen und blumengarniertem Hut spielte Mutter. Anne übernahm die Rolle eines Fabrikinspektors, und die Kleinen spielten sich selber.
»Sind alle da?« fragte Frank Ernestine. Sie nahm ein Notizbuch heraus und rief laut die Namen auf. »Seid ihr auch alle trockengelegt? Habt ihr alle eure Notizbücher? Schön. In Ordnung! Kommt mit!«
Wir marschierten ein paarmal mit kleinen Schritten wie eine Rotte Gefangener im Zimmer herum, voran Frank, dann Ernestine und dahinter, dem Alter nach, die anderen Kinder. Dann taten wir, als gingen wir einige Treppen hinauf; das bedeutete, daß wir nun in der Fabrik waren. Anne, der Inspektor, trat vor und schüttelte Paps die Hand.
»Allmächtiger!« sagte sie. »Was haben Sie denn da mitgebracht? Sind das Ihre Kinder? Oder machen Sie eine Landpartie?«

»Das sind meine Kinder«, sagte Ernestine entrüstet. »Von einer Landpartie kann keine Rede sein.«
»Wie gefallen Ihnen meine kleinen Idioten?« grinste Frank. »Wissen Sie – Idioten kommen im Dutzend billiger. Was meinen Sie, soll ich sie alle behalten?«
»Ich meine, Sie sollten sie alle zu Hause lassen«, sagte Anne. »Sagen Sie ihnen, sie sollen aufhören, auf meinen Maschinen rumzuklettern.«
»Sie werden sich nicht dabei verletzen«, versicherte Frank. »Sind alles fertige Ingenieure. Hab' sie selber ausgebildet.«
Anne schrie auf. »Sehn Sie doch – Ihr kleiner Idiot hockt auf meiner Kreissäge.« Sie schlug die Hände vors Gesicht. »Ich kann das nicht mit ansehn. Wenn er sich bloß nicht fest hinsetzt! So sagen Sie ihm doch, er soll das lassen!«
»Der kleine Schurke hält das für ein Fahrrad«, sagte Frank. »Lassen Sie ihn nur. Kinder müssen durch Schaden klug werden.«
Hinter der Bühne hörte man langsam ersterbendes Geschrei.
»Mir sind schon mehr Kinder in Fabriken umgekommen«, jammerte Ernestine. »Ihr andern bleibt mir aber jetzt von der Kreissäge weg, hört ihr?«
»Ach, vielleicht notiert jemand den Unfall, damit wir wissen, wieviel Personen zum Abendessen da sind«, sagte Frank. Er wandte sich an Fred. »Freddy, mein Junge, bitte, nimm die Finger aus dem Mund, und dann erklär dem Herrn Inspektor, was vom Gesichtspunkt der Leistungssteigerung aus an dieser Bohrmaschine falsch ist.«
»Das soll 'ne Bohrmaschine sein?« fragte Fred übertrieben langsam. »Pah!«
»Sehr richtig«, sagte Frank. »Erklär es ihm mit einfachen Worten.«
»Der Handhebel ist so angebracht, daß sowohl beim belasteten wie beim unbelasteten Transport Bewegung verschwendet wird«, knautschte Fred. »Der Arbeitsplatz desjenigen, der die Maschine bedient, ist in falscher Höhe angebracht, daher muß der Arbeiter schnell ermüden und ...«

Manchmal taten wir, als stünden wir auf dem Podium bei einer Ingenieurversammlung, in der Paps sprechen sollte. Anne spielte den Vorsitzenden, der ihn der Versammlung vorstellte.
»Unser nächster Redner«, sagte sie, »ist Frank Butler Gilbreth. Halt, halt! Bleiben Sie, bitte, sitzen! Haben Sie keine Angst! Er hat diesmal versprochen, sich auf zwei Stunden zu beschränken und die ›beste Arbeitsmethode‹ nicht öfter als zweimal in einem Satz zu erwähnen.«
Frank, wieder mit Kissen ausgestopft, trat an die Rampe des Podi-

ums, rückte einen Kneifer zurecht, den er an einem schwarzen Band um den Hals trug, grinste, langte in seine Brusttasche und zog ein etwa achtzehn Zentimer dickes Manuskript heraus.
»Um die Sache zu vereinfachen«, begann er hochtrabend, »habe ich meinen heutigen Vortrag in dreißig Hauptabschnitte und in einhundertsiebzehn Unterabschnitte eingeteilt. Ich beginne mit dem ersten Hauptabschnitt . . .«
Wenn er so weit gekommen war, stießen die anderen Kinder, die als zuhörende Ingenieure dasaßen, sich an, standen auf und verließen auf Zehenspitzen den Raum. Frank leierte weiter und sprach vor leeren Stühlen.
Als er sich schließlich wieder setzte, kamen die Zuhörer wieder herein, und der Vorsitzende stellte ihnen Mutter vor, die wieder von Ernestine gespielt wurde.
»Unser nächster Gast ist Dr. Lillian Moller-Gilbreth. Sie wird keinen Vortrag halten, wird aber gern ein paar Fragen beantworten.«
Ernestine fegte in einem bis zur Erde reichenden Rock, einen breitkrempigen Hut auf dem Kopf, herein. Sie trug ein Notizbuch in Koffergröße, aus dem ein paar Stricknadeln, eine Flickarbeit, ein Häkelhaken, die Babyflasche und eine Nummer des *Scientific American* herausguckten.
Eine Minute lang lächelte und nickte sie ihren Bekannten im Zuhörerraum zu. »Hallo, Grace, was hast du für einen reizenden neuen Hut! Nanu, Jennie, du hast dir ja das Haar abschneiden lassen! Hallo, Charlotte, wie schön, daß du da bist!«
Martha, Frank, Bill und Lill, mit Mutters besten Hüten auf dem Kopf, sprangen auf und stellten Fragen.
»Ach, bitte, Mrs. Gilbreth, sagen Sie uns doch, haben Sie sich wirklich so eine große Familie gewünscht und wenn ja – warum?«
»Sonst noch Fragen?« fragte Ernestine.
»Wer hat nun in Ihrem Hause wirklich die Hosen an, Mrs. Gilbreth? Sie oder Ihr Gatte?«
»Sonst noch Fragen?« fragte Ernestine.
»Ach, noch eins, Mrs. Gilbreth: Kommen Bolivianer tatsächlich im Dutzend billiger?«
Nach unseren Parodien gab Paps manchmal eine Einmannvorstellung für uns, in der er die Rollen der beiden Clowns Jones und Bones spielte. Wir kannten das schon auswendig, fanden es aber immer wieder herrlich – und Paps natürlich auch.
Mit vorgeschobener Unterlippe, die Hände bis zu den Knien hinunterhängend, schlurfte er im Salon hin und her.
»Weißt du, warum der Himmel blau ist?«
»Nein, weiß ich nicht. Warum ist er denn blau?«

»Na, weil ich ihn letztes Mal blau angestrichen hab'!« Paps schlug sich auf die Knie, hielt die Arme vors Gesicht und wackelte in krampfhaftem Gelächter mit dem Kopf. »Yak, yak!«
»Und kennst du den Unterschied von Einzelhaft und Zweifelhaft? Na – das ist doch der gleiche Unterschied wie bei Gustav und Gasthof! Yak, yak!«
Wenn die Vorstellung aus war, sah Paps nach der Uhr.
»Höchste Zeit für euch, ins Bett zu gehn«, nörgelte er. »Hält sich denn kein Mensch an meine Anordnungen? Ihr Großen solltet schon eine Stunde im Bett liegen und die Kleinen seit drei Stunden.«
Er nahm Mutter beim Arm.
»Meine Kehle ist nach all dem Gequake so rauh wie ein Froschhals«, sagte er. »Da hilft nur ein schöner süßer, kühler Schokoladen-Eiskrem-Soda. Mit Schlagsahne!« Er klopfte sich auf den Magen. »Geht jetzt schlafen, Kinder! Komm, Chefin. Ich hol' den Wagen, und wir beide fahren los. Mit einer so rauhen Kehle kann ich sowieso kein Auge zumachen.«
»Nimm uns mit, Pappi«, riefen wir. »Du wirst doch nicht ohne uns gehn! Wir haben auch richtige Froschhälse. Wir können auch kein Auge zumachen.«
»Sieh einer an!« sagte Paps. »Wenn von Soda die Rede ist, seid ihr gleich dabei. Aber wenn ihr ins Bett sollt, seid ihr zäh wie Sirup.« Er wandte sich an Mutter: »Was meinst du dazu, Chefin?«
Mutter schob die Unterlippe vor und ließ mit hängenden Schultern die Hände auf die Knie baumeln.
»Sagten Sie Sirup, Mr. Bones?« nörgelte sie in quäkendem Falsett. »Sirup? Nein, mein Süßer. Sirup hab' ich nicht. Zieht die Mäntel an, Kinder. Yak, yak!«
»Dreizehn Soda zu fünfzehn Cent«, brummte Paps. »Wißt ihr noch, was auf der Leinwand stand? ›Über den Hügel ins Armenhaus‹!«

Siebzehntes Kapitel
Vier Räder und keine Bremse

Als Anne in die oberste Klasse der höheren Schule ging, war Paps überzeugt davon, daß diese Mädchengeneration mit gemalten Lippen und Kniestrümpfen schnurstracks einer Hölle zusteuerte, in der es wahrscheinlich von Jazzmusik und höchst anrüchigen, teuflischen Pomadenjünglingen wimmelte.
Die rasch zu begeisternde Jugend hatte damals gerade Feuer gefangen: Es war die Zeit der albernen Backfische und der geschniegelten Jünglinge, die Zeit des Schmusens und des Knutschens, die busenlose, kurzröckige Zeit der gelben Regenmäntel, der Collegesportabzeichen und der Knickerbocker. Die Mädchen ließen sich das Haar abschneiden, und die Jungen schmierten sich Pomade ins Haar. Der Collegeboy war ein Nationalheld, und »collegiate« war die schmeichelhafteste Auszeichnung, die im amerikanischen Wortschatz aufzutreiben war. Die Ukulele war in der Gesellschaft beinahe ebenso beliebt wie Schlagzeug und Saxophon. Es war die Zeit der Schlager »Me and the Boy Friend«, »Clap Hands Here Comes Charlie« und »Jadda, Jadda, Jing, Jing, Jing.« Das anerkannte Verkehrsmittel war der schäbige Ford, Modell T, am liebsten mit witzigen Aufschriften wie: »Komm, mein Hühnchen, hier wirst du gebraten«, »Vier Räder und keine Bremse« oder »Mayflower – sind schon viele kleine Puritaner drin gefahren«.
Es war die Zeit der schlappenden Überschuhe und der sogenannten Geheimklubs, der Beginn der Jazzära.
Alle schienen völlig verrückt geworden zu sein. Das war bedauerlich – aber schließlich hatte das jeder mit sich selbst abzumachen.
Paps hingegen war nicht gewillt, seine Töchter mit verrückt werden zu lassen. Zumindest nicht kampflos.
»Was ist bloß heutzutage in die Mädchen gefahren?« fragte er immer wieder. »Wissen sie denn nicht, was diese Pomadenjünglinge von ihnen wollen? Wissen sie nicht, was ihnen passieren kann, wenn sie in Seidenstrümpfen und mit bloßen Knien rumlaufen, in so kur-

zen Röcken, daß beim geringsten Windstoß der Phantasie nichts mehr zu tun übrigbleibt?«

»Ja, aber so gehn doch jetzt alle angezogen«, widersprach Anne. »Alle außer Ernestine und mir; wir sehn ja wie Vogelscheuchen aus. Wenn alle sich so anziehn, sehn die Jungen doch gar nicht hin.«

»Willst du mich vielleicht über die Jungen aufklären?« fragte Paps verächtlich. »Ich weiß genau, wo die Jungen hinsehn und was sie wollen. Ich durchschaue dieses ganze Collegegetue. Dieses Geschmuse und Geknutsche und dieser Jazz – das sind alles nur andere Ausdrücke für etwas, was es schon sehr, sehr lange gibt, aber unter anständigen Leuten wurde darüber nicht geredet oder gar darin geschwelgt. Ich kann euch gar nicht sagen, was zu meiner Zeit passiert wäre, wenn ein Mädchen in so einem Aufzug in die Schule gekommen wäre.«

»Was wäre dann passiert?« fragte Anne eifrig.

»Geht dich gar nichts an. Jedenfalls weiß ich, daß nicht mal ein Straßenmädchen, das was auf sich hielt, so rumgelaufen wäre . . .«

»Frank!« fiel Mutter ihm ins Wort. »Dieses Eskimo-Wort will ich nicht hören.«

Die Mädchen baten Mutter um Hilfe, aber sie gab Paps recht.

»Schließlich will doch ein Mann kein Mädchen heiraten, das sich schminkt und hohe Absätze trägt«, sagte Mutter. »Mit solchen Mädchen laufen sie vor der Ehe herum. Aber wenn sie sich eine Frau fürs Leben suchen, dann wollen sie eine, vor der sie Achtung haben können.«

»Vor mir haben sie bestimmt Achtung«, jammerte Anne. »Ich bin das geachtetste Mädchen der ganzen höheren Schule. Die Jungen haben so viel Achtung vor mir, daß sie mich kaum ansehn. Ich wollte, sie hätten ein bißchen weniger Achtung und gingen dafür öfter mit mir aus. So werd' ich doch nie beliebt!«

»Beliebt!« brüllte Paps. »Beliebt! Immer dieses ›beliebt‹! Das Zauberwort, nicht wahr? Aber so ist diese Generation: Keiner will gescheit oder klug oder lieb oder auch nur anziehend sein. Mitnichten! Nichts als Haut und Knochen und bloß keinen Busen und – beliebt! Leib und Seele würden sie verkaufen, um beliebt zu werden, und wahrscheinlich tun das auch viele.«

»Wir sind die einzigen Mädchen in der ganzen höheren Schule, die keine seidenen Strümpfe tragen dürfen«, klagte Ernestine. »Das ist einfach nicht anständig von euch. Wenn wir nur seidene Strümpfe tragen dürften, wär's ja nicht so schlimm mit den langen Röcken, den vernünftigen Schuhen und der Schneckenfrisur.«

»Zum Donnerwetter – nein!« Paps schlug auf den Tisch. »Lieber steck' ich euch ins Kloster. Ja, das tu' ich, bei Gott! Seidene Strümpfe

– wenn ich so was höre! Kein Wort mehr drüber, oder ihr kommt ins Kloster. Verstanden?«
Paps drohte uns neuerdings sehr oft mit dem Kloster. Er hatte sich sogar Literatur über Klöster bestellt, und auf dem Teetisch im Eßzimmer lagen immer einige Prospekte, in denen er blätterte und mit denen er herumfuchteln konnte, wenn er mit den älteren Mädchen stritt.
»Das Kloster von Albany scheint nett zu sein«, sagte er zu Mutter, wenn er wußte, daß Ernestine und Anne es hörten. »In dem Prospekt steht: Die Mauer ist dreieinhalb Meter hoch, und die Schwestern sorgen dafür, daß die Mädchen um neun Uhr im Bett sind. Das scheint mir besser zu sein als das Kloster in Boston. Die Mauer in Boston ist bloß drei Meter hoch.«
Die von Anne und Ernestine so verachtete Schneckenfrisur war vor ein paar Jahren Mode gewesen, und manche Mädchen, die sich das Haar nicht hatten abschneiden lassen, trugen sie immer noch. Das lange Haar wurde nach vorne zusammengenommen, zu zwei Zöpfen geflochten und als Schnecken über den Ohren aufgesteckt, von denen sie fast zehn Zentimeter abstanden.
Wenn ein Mädchen nicht genug Haar hatte, füllte sie das Innere ihrer Schnecken mit einem falschen Zopf oder mit sonst etwas aus.
Anne sah ein, daß Paps es ihr nie erlauben würde, sich wie die anderen Mädchen ihrer Klasse anzuziehen, und so beschloß sie, die Sache selbst in die Hand zu nehmen. Sie fühlte eine gewisse Verantwortung für Ernestine und die jüngeren Mädchen, denn sie wußte, diese würden sich nie frei machen, wenn sie nicht bahnbrechend wirkte. Im Geiste sah sie die kleine Jane nach fünfzehn Jahren immer noch mit Schnecken über den Ohren, mit langen Winterschlüpfern und dicken gerippten Strümpfen.
»Kloster – öffne deine Pforten!« sagte sie zu Ern. »Ich meine natürlich das Kloster bei Albany mit der dreieinhalb Meter hohen Mauer.«
Sie verschwand mit einer Schere im Mädchenbad. Als sie wieder zum Vorschein kam, hatte sie einen Bubikopf. Sehr fachmännisch war er nicht geschnitten, aber jedenfalls war das Haar kurz. Unbemerkt schlich sie in Ernestines Zimmer.
»Wie seh' ich aus?« fragte sie. »Hab' ich's schön gemacht?«
»Großer Gott!« schrie Ernestine. »Geh bloß raus. Sonst steck' ich mich noch an.«
»Anstecken – nein, aber allerhand einstecken werd' ich wohl müssen, wenn Paps mich zu fassen kriegt, das ist mir klar. Wie sieht's denn aus?«
»Ich hätte nie gedacht, daß eine menschliche Frisur so aussehn

könnte«, sagte Ernestine. »Ich mag Bubikopf eigentlich sehr gern, aber deiner sieht aus, als wärst du in die Rasenmähmaschine reingeraten. Du solltest es dir noch mal machen lassen, und diesmal vom Friseur.«
»An dir hat man auch gar keine Hilfe«, jammerte Anne. »Ich hab's doch schließlich genauso für dich getan wie für mich.«
»Ja, aber bitte tu so was für mich nicht wieder. Das bin ich nicht wert. Es ist ein zu großes Opfer, daß du nun bis an dein seliges Ende so rumlaufen sollst, wo deine Tage doch vermutlich gezählt sind.«
»Du hältst doch zu mir, wenn Paps es sieht, nicht wahr? Du willst dir doch schließlich auch das Haar abschneiden.«
»Ich halte zu dir«, sagte Ern, »durch dick und dünn. Aber ich will mir das Haar nicht abschneiden. Ich will es mir von einem Friseur abschneiden lassen. Gespannt bin ich bloß, wer zu Paps halten wird. Wenn nur einer hier wäre, der ihm gewachsen ist!«
»Ich hab' so ein Gefühl«, sagte Anne, »als ob ich einen ziemlich unangenehmen Abend vor mir hätte. Na ja, einer mußte es ja tun, und ich bin nun mal die Älteste.«
Bis zum Abendessen saßen sie in Ernestines Zimmer und gingen dann zusammen hinunter. Mutter stellte gerade die Schüsseln hin und erschrak so, daß sie die Erbsen über das ganze Tischtuch kullern ließ.
»Anne«, flüsterte sie. »Dein schönes Haar! Oh, oh, oh! Sieh dich bloß einmal an!«
»Ich hab' mich schon angesehn«, sagte Anne. »Zwing mich nicht noch mal dazu. Ich möcht' mir nicht den Appetit verderben.«
Mutter brach in Tränen aus. »Meinen hast du schon verdorben«, schluchzte sie.
Paps hatte nicht aufgepaßt, als Anne und Ernestine ins Eßzimmer gekommen waren. »Was ist denn los?« fragte er. »Kann man denn nicht eine Mahlzeit lang ein bißchen Ruhe und Frieden um sich haben? Ich verlange weiter nichts als . . .«
Da sah er Anne, und die Stimme versagte ihm.
»Geh sofort wieder rauf und nimm das Ding ab«, brüllte er. »Und laß dir nicht einfallen, noch mal in so einem Aufzug runterzukommen. Ist denn so was möglich! Erschreckst einen halb zu Tode und bringst deine Mutter zum Weinen. Solltest dich schämen!«
»Es ist nun mal geschehn, Pappi«, sagte Anne. »Ich fürchte, wir müssen's nun so nehmen, wie es ist. Wenn man mal mit Schneiden angefangen hat, muß man immer weiter schneiden.«
»Ich finde das ganz schick«, beeilte sich Ern, ihrer älteren Schwester beizuspringen. »Und weißt du, Pappi, es ist ja so viel praktischer. Ich brauch' morgens zehn Minuten, um mir diese Schneckenfrisur

zu machen, und Anne kann sich jetzt in fünfzehn Sekunden frisieren.«

»Was heißt frisieren?« rief Paps. »Sie hat ja kein Haar mehr zum Frisieren.«

»Wie konntest du mir das nur antun?« schluchzte Mutter.

»Wie konnte sie's einem Hund antun, ganz zu schweigen von ihr selbst oder von dir und mir!« sagte Paps. »Also, ich verbiete das, verstanden? Dein Haar hat wieder zu wachsen, und zwar schnell zu wachsen. Hast du gehört?«

Anne hatte versucht, eine mannhafte Haltung zu zeigen, aber der Angriff von zwei Seiten war zuviel; sie brach in Tränen aus.

»Keiner in der Familie versteht mich«, schluchzte sie. »Ich wollt', ich wäre tot.«

Sie rannte vom Tisch weg. Wir hörten ihre Schlafzimmertür zuschlagen und dann ein halb ersticktes, herzzerbrechendes Schluchzen.

Paps langte nach seinen Klosterprospekten, aber sie schienen ihn heute nicht sehr zu begeistern, und schließlich legte er sie wieder weg. Weder er noch Mutter konnten etwas essen, und es herrschte ein unbehagliches, schuldbewußtes Schweigen, das nur von Annes Schluchzen unterbrochen wurde.

»Hör doch das arme, unglückliche Kind«, sagte Mutter schließlich. »Stell dir vor, sie glaubt, kein Mensch in der Welt verstünde sie. Frank, ich glaube, du hast sie zu hart angefaßt.«

Papa stützte den Kopf in die Hände. »Vielleicht«, sagte er. »Ja, vielleicht. Ich persönlich hab' ja gar nicht viel gegen Bubiköpfe. Wie Ernestine sagt: Es ist viel praktischer. Aber du warst so aufgeregt, da ist es wahrscheinlich mit mir durchgegangen.«

»Ich hab' ja auch nichts gegen Bubiköpfe«, sagte Mutter. »Es würde uns sicher eine Menge Bürsten und Kämme sparen. Aber ich wußte doch, daß du es nicht magst, und . . .«

Beim Nachtisch erschien Anne wieder, ganz aufgelöst und mit rotgeweinten Augen. Wortlos setzte sie sich und nahm Messer und Gabel zur Hand. Nach einigen Minuten reichte sie Mutter ihren Teller und sagte mit bezauberndem Lächeln:

»Das hat gut geschmeckt. Wenn's dir recht ist, möcht' ich von allem noch was haben. Ich hab' heute abend einen Bärenhunger.«

»Natürlich ist es mir recht, mein Liebes«, sagte Mutter.

»Das ist schön, wenn die Mädchen ordentlich essen«, sagte Paps.

Am Wochenende ging Mutter mit den Mädchen zu Paps' Friseur im Claridge Building in Montclair.

»Bitte, schneiden Sie diese hier richtig glatt«, sagte sie, auf Anne zeigend, »und den anderen schneiden Sie Bubiköpfe.«

»Haben Sie besondere Wünsche?« fragte der Friseur.
»Nein, nein, ich denke an richtige Bubiköpfe«, sagte Mutter langsam. »Je kürzer, desto besser.«
»Und wie ist es mit Ihnen, Mrs. Gilbreth?«
»Wieso mit mir?«
»Na – mit Ihrem Haar?«
»Nein, nein!« riefen die Mädchen entrüstet. »Nicht ein Haar von ihr dürfen Sie anrühren. So eine Idee!«
Mutter tat so, als erwöge sie den Vorschlag. »Ich weiß nicht, Kinder«, sagte sie lächelnd. »Es könnte sehr schick aussehen, und sicher wäre es viel praktischer. Meint ihr nicht auch?«
»Ich fände es eine Schande«, sagte Ernestine. »Mutter ist doch schließlich Mutter und nicht ein alberner Backfisch.«
»Also heute nicht, vielen Dank«, sagte Mutter zum Friseur. »Fünf bubiköpfige Banditen in der Familie sind fürs erste genug.«

Nachdem Paps in der Haarangelegenheit kapituliert hatte, setzte er jeder weiteren Revolution in Garderobenfragen einen um so härteren Widerstand entgegen. Nach einiger Zeit aber gelang es Anne und Ernestine, eine kleine Bresche zu schlagen.
Anne bekam eine Stellung in der Kantine der höheren Schule, sparte sich Geld und kaufte sich seidene Strümpfe, zwei kurze Kleider und vier dünne Hemdhöschen. Sie packte alles feierlich im Wohnzimmer aus.
»Ich will nichts hinter eurem Rücken tun«, sagte sie, »deshalb zeig' ich euch alles gleich. Wenn ich die Sachen zu Hause nicht tragen darf, zieh' ich mich eben auf dem Schulweg um und trag' die in der Schule. Diese langen Schlüpfer trag' ich nicht mehr.«
»Kommt gar nicht in Frage!« rief Paps. »Bring das Zeug zurück in den Laden! Ich genier' mich, so was auch nur anzusehen, ich will das nicht im Hause haben.«
Er nahm ein dünnes Hemdhöschen auf und hielt es sich an. Es reichte ihm gerade bis zum Gürtel.
»Und du behauptest, das wäre die ganze Unterwäsche, die die Frauen heutzutage tragen?« fragte er ungläubig. »Wenn ich noch dran denke . . . Na, das gehört nicht hierher. Ist ja kein Wunder, daß man von lauter Verbrechen und Liebeshöhlen liest, wie von diesem Geistlichen in New Brunswick mit der Choristin. Also du bringst das Ganze wieder in den Laden zurück.«
»Nein«, widersprach Anne. »Ich hab' mir die Sachen von meinem Geld gekauft, und ich werde sie tragen. Ich denke nicht dran, als einzige in meiner Klasse in langer Unterwäsche rumzulaufen, noch dazu hinten zum Zuknöpfen. Das ist einfach ekelhaft.«

»Nicht so ekelhaft wie Unterwäsche, die im Rücken überhaupt nichts zum Zuknöpfen hat«, sagte Paps. »Ich kann mir einfach nicht vorstellen, daß alle in deiner Klasse diese sogenannten Hemdhöschen tragen. Es muß doch außer Mutter und mir noch ein paar vernünftige Eltern geben.« Er schüttelte den Kopf. Aber er wurde schon weich.
»Ich verstehe nicht, was du dran auszusetzen hast«, sagte Anne. »Man sieht sie doch gar nicht.«
»Natürlich sieht man sie nicht, das ist ja grade das Schlimme. Ich red' ja von dem, was man sieht.«
»Außer Anne und mir ist nur noch ein Mädchen in der höheren Schule, das keine Hemdhöschen trägt«, mischte Ernestine sich ein. »Wenn du's nicht glauben willst, komm in die Schule und sieh selber nach.«
»Nicht nötig«, sagte Paps und wurde rot. »Dein Wort genügt mir.«
»Mir nicht«, sagte Mutter.
»Erstens kann man jederzeit wegen Erregung öffentlichen Ärgernisses verhaftet werden, sobald man die Beine überschlägt oder im Zugwind steht«, brummte Paps, »und zweitens muß man doch einfach an Lungenentzündung sterben.«
»Also – ich freu' mich, daß außer euch beiden wenigstens noch ein vernünftiges Mädchen in der Schule ist«, sagte Mutter und schien sich an diesen Strohhalm zu klammern. »Muß ein nettes Mädchen sein. Kenn' ich sie?«
»Ich glaube, nein«, flüsterte Ernestine. »Sie trägt nämlich nicht mal ein Hemdhöschen, und wenn ihr's nicht glaubt . . .«
»Ja, ja, ich weiß«, sagte Paps und wurde wieder rot. »Ist wirklich nicht nötig.«
Er nahm einen seidenen Strumpf und zog ihn über die Hand.
»Ebensogut kannst du mit nackten Beinen gehn. Man kann ja alles durchsehn. So dünn wie der letzte der sieben Schleier. Und diese Pfeile da unten – warum zeigen sie denn nach oben?«
»Das sind keine Pfeile, Pappi«, sagte Anne, »das nennt man Zwickel. Und ich finde es sehr eigenartig von dir, daß du daran was findest.«
»Aber warum stehn denn diese Zeiger nicht auf Viertel nach drei oder auf fünf Minuten nach vier, statt ausgerechnet auf zwölf?«
»Ach, Pappi, nimm doch Vernunft an«, bettelte Anne. »Willst du denn, daß wir Mauerblümchen werden?«
»Immer noch lieber Mauerblümchen als Schlingpflanzen oder noch Schlimmeres. Das nächste ist dann, daß ihr euch schminken wollt.«
»Aber heutzutage machen sich doch alle zurecht«, sagte Ern. »Das nennt man nicht mehr schminken.«
»Mir egal, wie ihr's nennt!« brüllte Paps. »Ich will in meinem Hause

keine angemalten Frauenzimmer haben. Merkt euch das. Die Hemdhöschen und die Zwölfuhrstrümpfe mögen noch hingehen, aber geschminkt wird nicht, verstanden?«

»Ja, Pappi.«

»Und keine spitzen Schuhe mit hohen Absätzen. Ich hab' keine Lust, für eure verkrüppelten Füße einen Haufen Arztrechnungen zu bezahlen.«

Anne und Ernestine sagten sich: Halb gewonnen ist besser als verloren. Sie wollten lieber warten, bis Paps sich an die seidenen Strümpfe und an die kurzen Röcke gewöhnt hatte, dann wollten sie die Frage des Zurechtmachens und der Schuhe wieder anschneiden. Aber es stellte sich heraus, daß Paps nicht weiter nachzugeben gedachte, und in Mutter fanden die Mädchen nur eine schwache Stütze. »Meine Schwestern und ich – wir haben uns nie gepudert«, sagte Mutter zu Anne und Ernestine, als diese sie baten, ein gutes Wort für sie einzulegen. »Wirklich, Kinder, ich finde das nicht so wichtig.«

»Findest du vielleicht eine sommersprossige Nase schöner?«

»Ja, das sieht doch wenigstens natürlich aus. Und was die hohen Absätze anlangt – soll Vater vielleicht durch die Welt reisen und überall Vorträge über die Ausschaltung von Ermüdungsfaktoren halten, und ihr Mädchen ermüdet euch mit hohen Absätzen?«

Paps paßte scharf auf, ob wir uns etwa unerlaubterweise schminkten, und seinen besonderen Verdacht erregte es, wenn eines der Mädchen besonders hübsch aussah.

»Was ist denn heute abend mit dir los?« fragte er und schnupperte, ob etwa der Duft von Puder oder Parfüm in der Luft liege.

Eines Abends kam Ernestine, die fast den ganzen Nachmittag im Freien gewesen war, mit roten Backen zum Abendbrot.

»Komm mal her, mein Fräulein«, rief Paps. »Ich hab' dir die Schminkerei verboten. Laß dich mal ansehn! Also wirklich, ihr Mädchen habt vor mir nicht mehr Respekt als vor einem Indianer auf einem Zigarrenkistenbild. Heutzutage muß man sich Pomade ins Haar schmieren und graue Flanellhosen tragen, um sich in diesem Hause Respekt zu verschaffen.«

»Aber ich hab' mich gar nicht zurechtgemacht, Pappi.«

»Nein, wirklich nicht? Glaub nur nicht, daß du mir was vormachen kannst. Ich jedenfalls mach' dir nichts vor, wenn ich dir sage, daß du mit deiner Schminkerei noch im Kloster endest.«

»Mit der dreieinhalb Meter hohen Mauer oder mit der drei Meter hohen Mauer?« fragte Ern.

»Werd nicht frech, du!« Er zog sein Taschentuch und hielt Ern einen Zipfel hin. »Spuck mal drauf!«

Er rieb ihre Backen mit dem nassen Taschentuch und musterte es dann.
»Na schön, Ernestine«, sagte er. »Ich seh', es ist kein Rouge, also entschuldige bitte. Aber es hätte ja welches sein können, und das will ich nicht, hörst du?«
Paps rühmte sich, wenn er in ein Zimmer komme, wisse er, ob jemand Parfüm an sich habe, und er könne aus einer ganzen Menschenmenge den Missetäter herausfinden.
»Ernestine, haben wir dir diesen Geruch zu verdanken?« fragte er. »Heiliger Bimbam! Das riecht ja wie ein französischer ... wie ein französischer Mülleimer.«
»Was meinst du denn, Pappi?«
»Zum Donnerwetter, du stinkst ja direkt nach Parfüm!«
»Warum denn nicht, Pappi? Parfüm hat nichts mit Schminken oder Zurechtmachen zu tun. Und es riecht doch so gut!«
»Warum nicht? Weil es die gute frische Luft verstänkert, darum nicht! Geh jetzt rauf und wasch dir das Zeug ab, sonst komm' ich rauf und wasch' dir's ab. Weißt du denn nicht, was die Männer glauben, wenn eine Frau parfümiert ist?«
»Mir genügt, was *ein* Mann denkt«, maulte Ernestine. »Der denkt, ich soll's abwaschen.«
»Der denkt das nicht bloß«, sagte Paps, »er weiß es. Und hiermit sagt er's dir. Also vorwärts, geh!«
In Garderobenfragen gab es noch mancherlei Reibereien, aber die härteste Probe für Paps' Standhaftigkeit war der Jazz. Das Radio war damals noch harmlos: Es befand sich noch im Stadium der Suchantennen und der Kopfhörer und brachte so anregende Programme wie das Arlington-Zeitzeichen. Aber es gab eine Unmenge von Grammophonplatten von fünf- und sechsköpfigen Jazzbands, und wir kauften so viele wir konnten.
An Grammophonen mangelte es uns nicht dank Paps' Anschaffungen für die Sprachkurse. Und wir durften unsere Sprachstudien immer noch nicht vernachlässigen. Wenn wir aber das nötige Quantum französischer, deutscher und italienischer Sprachplatten gespielt hatten, ließen wir Schlager laufen: »Stumbling«, »Limehouse Blues«, »Last Night on the Back Porch«, »Charlie, My Boy«, »I'm Forever Blowing Bubbles« und »You've Got to See Mama Every Night or You Can't See Mama at All«. Wir hörten nicht nur zu, wir sangen, machten die Instrumente nach, rollten den Teppich auf und tanzten.
Paps hatte gegen Jazzmusik eigentlich nicht viel einzuwenden. Manches davon fand er geradezu bezaubernd. Aber er meinte, daß wir dem Jazz viel zuviel Zeit widmeten, daß die Texte mehr als ver-

führerisch seien und daß das dazugehörige Tanzen zu ernsten Konsequenzen führen könnte. Wenn er von Zimmer zu Zimmer ging, überfiel ihn ein Grammophon nach dem andern mit Jazzmusik, und manchmal rang er angewidert die Hände.

»Da-da, de-da-da-da«, quäkte er höhnisch. »Wenn ihr nur halb soviel Zeit auf eure Bildung verwenden würdet, wie ihr zum Auswendiglernen dieser albernen Lieder braucht, dann könntet ihr den Koran vorwärts und rückwärts aufsagen. Los, zieht das Grammophon auf! Noch ein bißchen Jazzmusik! Da-da, de-da-da-da? Legt mal die Platte auf ›I Love My Sweetie a Hundred Times a Night‹.«

»Der Text ist aber von dir, Pappi«, sagten wir. »Die Platte haben wir ja gar nicht.«

»Vielleicht ist das keine Platte«, sagte er. »Aber übernehmt es doch, es ist weit über dem Durchschnitt. Da-da, de-da-da-da.«

Eines Nachmittags kam Anne mit der Neuigkeit aus der Schule, sie sei zum erstenmal zu einer Tanzerei eingeladen; sie war so glücklich darüber, daß Paps und Mutter sich mit ihr freuten.

»Ich hab' euch ja gesagt: Wenn ich nur erst wie die andern Mädchen angezogen geh', wird schon alles in Ordnung kommen, und ich werde bei den Jungen beliebt«, jubelte Anne. »Joe Scales hat mich aufgefordert, nächsten Freitag abend mit ihm zum Collegeball zu gehn.«

»Das ist ja reizend, Liebling«, sagte Mutter.

»Sehr schön«, sagte Paps und lächelte. »Ist er nett?«

»Nett? Na – und ob! Er ist Cheerleader (Anführer von Sprechchören zur Anfeuerung einer Sportmannschaft), und er hat einen Wagen.«

»Zwei prächtige Eigenschaften«, sagte Paps. »Wenn er nun noch einen Waschbärpelz hätte, könnte er bestimmt der erfolgreichste junge Mann werden.«

Aber Anne überhörte den Spott. »Den Waschbärpelz bekommt er nächstes Jahr, wenn er nach Yale geht«, beeilte sie sich, Paps zu versichern. »Sein Vater hat's ihm versprochen, wenn er sein Examen besteht.«

»Das nimmt mir eine Last von der Seele«, sagte Paps. »Früher versprach ein Vater seinem Sohn eine goldene Uhr, wenn er bis zu seinem einundzwanzigsten Jahr nicht rauchte. Jetzt kriegen die Burschen ganz selbstverständlich einen Waschbärpelz, wenn sie mit Müh' und Not durch die höhere Schule kommen.«

Er schüttelte den Kopf und seufzte.

»Ich weiß nicht, wohin das alles führen soll«, sagte er. »Wirklich – ich weiß es nicht. Freitag abend, sagst du?« Er zog sein Notizbuch aus der Tasche und sah nach. »Ja, das geht. Kann ich machen.«

»Was kannst du machen?« fragte Anne mißtrauisch.
»Dich zu dem Ball begleiten«, sagte Paps. »Du hast doch nicht etwa gedacht, daß ich dich abends allein hingehn lasse mit diesem ... diesem Cheerleader?«
»Ach, Pappi«, jammerte Anne. »Willst du mir denn alles verderben? Was soll er denn von mir denken?«
»Er wird denken, daß du ein vernünftiges, wohlerzogenes Kind vernünftiger Eltern bist«, mischte Mutter sich ein. »Ich bin sicher, wenn ich seine Mutter anrufe, wird sie sich freuen, daß dein Vater als Anstandswauwau mitgeht.«
»Aber hast du denn kein Vertrauen zu deinem eigenen Fleisch und Blut?«
»Natürlich haben wir Vertrauen zu dir«, sagte Paps. »Von dir weiß ich, daß du gut erzogen bist. Meinen Töchtern vertrau' ich. Aber diesem Cheerleader trau' ich nicht. Nun, du kannst dich entscheiden. Entweder ich geh' mit, oder du gehst gar nicht hin.«
»Meinst du, es würde etwas nützen, wenn ich seine Mutter anriefe und ihr die Sache auseinandersetzte?« fragte Mutter.
Anne hatte allmählich eingesehen, daß Paps sich nicht mürbe machen ließ; die ganze Zeit hatte sie gefürchtet, daß bei ihrer ersten Verabredung ein Dritter dabeisein würde. »Nein, vielen Dank, Mutter«, sagte sie. »Ich glaube, ich werde das lieber selber machen. Ich werde ihm wohl sagen müssen, daß es Leute gibt, die noch nicht wissen, daß zwei eine Gesellschaft und drei eine Menschenmenge sind. Aber was er dazu sagen wird, das weiß ich nicht.«
»Wahrscheinlich wird er sich außerordentlich freuen, daß einer dabei ist, der die Sodas bezahlt«, sagte Paps.
»Fahren wir in seinem Wagen oder in unserm? Was soll ich ihm sagen?« fragte Anne.
»In seinem Wagen? Den kenn' ich nicht, aber ich kann ihn mir vorstellen. Keine Türen, keine Kotflügel, kein Verdeck und eine Menge Aufschriften, was man tun soll, wenn der Wagen brennt. Nie im Leben würd' ich mich in so was reinsetzen, nicht mal, wenn der Ball ein Kostümfest wär' und ich als Cheerleader ginge. Kommt gar nicht in Frage. Wir fahren in der Narrenkutsche.«
»Manchmal«, sagte Anne langsam, »ist es doch schwer, die Älteste zu sein. Wenn ich so an Ernestine, Martha, Lillian und Jane denke – die werden das alles nicht durchzumachen brauchen. Wissen möcht' ich nur, ob sie das einfach als selbstverständlich hinnehmen oder ob sie's zu schätzen wissen, was ich für sie erduldet habe.«
Am Abend von Annes erster Verabredung stellten wir uns an den Vorderfenstern auf, um Joe Scales' Ankunft zu beobachten. Nicht jeden Tag kam ein Cheerleader zu uns.

Wie Paps es vorausgesagt hatte, kam Annes Freund in einem alten Ford, Modell T, mit vielen Aufschriften, bei uns vorgefahren. Wir konnten den Wagen schon hören, als er noch einige Blocks entfernt war, denn er hatte eine Auspuffsirene, was damals noch erlaubt war. Wenn der Wagen nur mäßig schnell fuhr – und das war höchst selten der Fall –, glich der Sirenenton dem Gebrüll der Hölle. Wenn der junge Mr. Scales aber Gas gab, stieg das Gebrüll zu den höchsten Höhen auf; dann war es zum Ohrenzuhalten, zum Wahnsinnigwerden. Als der Ford den Eagle Rockway herunterholperte, erschienen an den Fenstern der Nachbarhäuser neugierige Gesichter, die Hunde flohen mit eingezogenem Schwanz in den Wald, und die Babys fingen an zu schreien.
Durch die Sirene und durch das Geräusch des Motors wurde jedes weitere Signal, daß Mr. Scales an seinem Bestimmungsort angekommen war, vollkommen überflüssig. Damals aber herrschte eine strenge Etikette, und er hielt sie inne. Zuerst stellte er den Motor ab, und damit verstummte Gott sei Dank automatisch die Sirene. Dann fläzte er sich auf den Steuersitz und hupte wieder und wieder, bis Anne schließlich an der Eingangstür erschien.
»Komm rein, Joe«, rief sie.
»Okay, Baby. Ist dein Alter fertig?«
Paps wohnte Joes Ankunft hinter einem Vorhang an seinem Bürofenster bei. »Werd' ihm schon beibringen, mich ›Alter‹ zu nennen«, flüsterte er Mutter zu. »Mein Gott, Lillie, ist denn so was möglich! Komm her und sieh ihn dir an! College vom Scheitel bis zur Sohle. Der reicht ja Anne grade bis zur Schulter.«
Annes Jüngling trug ein schwarz-orange gestreiftes Sportjackett, graue Oxfordhosen, einen Querbinder am Gummiband und einen braunen runden Hut, der vorne eingekniffen war.
»Wir beide gehn zum Ball«, brüllte Joe Anne zu, »und dein Alter Herr auch. Ist das klar? Dein Alter Herr auch!«
»Natürlich ist das klar, du kluger Knabe«, brummte Paps Mutter zu. »Oder hältst du sie für schwachsinnig? Und wenn ich dich heute abend noch mal ›Alter Herr‹ sagen hör', dann wird dir auch einiges klarwerden. Das kann ich dir versprechen.«
»Pst!« warnte Mutter, die auch durch den Vorhang sah. »Er kann dich ja hören. Eigentlich ist er doch ganz nett, ein bißchen Westentaschenformat.«
»Nett?« sagte Paps. »Er sieht aus wie die Kreuzung von einem Zwerg und einem Friseurschild. Und sieh dir den Wagen an! Was steht da an der Seite? ›Rein in die Büchse, du Sardine‹!«
»Der Wagen soll uns nicht kümmern«, sagte Mutter. »Du fährst ja in deinem Wagen und nicht in diesem Vehikel.«

»Das ist noch ein Glück. Halt ihn und Anne zurück, damit ich im Wagen die Vorhänge vorziehen kann. Mit diesem Sportjackett neben mir will ich nicht durch die ganze Stadt fahren. Man könnte ja denken, er wär' eines von unsern Kindern.«

Paps verschwand zum Schuppen hin, und Mutter ging ins Wohnzimmer, um den Besucher zu begrüßen. Als sie eintrat, zeigte Joe gerade Frank und Bill, wie der Querbinder funktionierte.

»Ein Wilhelm-Tell-Schlips«, sagte er, zog an dem Schlips und ließ ihn wieder zurückschnellen. »Man spannt die Sehne, und der Apfel wird getroffen.«

Auf Frank und Bill machte das großen Eindruck.

»Du bist der erste Cheerleader, den wir aus der Nähe sehn«, sagte Frank. »Doch, bestimmt.«

Als Joe Mutter vorgestellt war, setzte er sich. Er besann sich auf seine Manieren und lüftete den Hut, wobei für einen Augenblick sein in der Mitte gescheiteltes, wie schwarzer Lack glänzendes Haar zum Vorschein kam.

»Kannst du uns nicht mal vormachen, wie ihr Cheerleaders das macht?« bettelte Bill. »Wir wissen schon, wie's geht. Anne und Ernestine haben's uns beigebracht.«

Joe sprang auf. »Klar, mach' ich«, sagte er. Er wölbte die Hände als Sprachrohr vor seinem Mund und rief in seinem überschnappenden Jünglingsbariton, bei dem Mutter zusammenfuhr:

»Ein Huh, Rah, Ray und ein Tiger für Montclair! Ein Huh, Rah, Ray und ein Tiger! Jetzt müßt ihr mitbrüllen. Fertig?«

Er wandte sich an uns, hockte sich auf ein Knie und hielt die Fäuste vor sich wie ein Eichhörnchen in der Tretmühle.

»Huh«, kreischte er so laut er konnte. »Rah, Ray . . .«

In diesem Augenblick kam Paps ins Zimmer. Mit angeekelt verzogenem Mund, die Hände in die Hüften gestützt, sah er sich die Bescherung an. Als Joe fertig war, trat Paps zu Mutter.

»Der Wagen will nicht anspringen«, flüsterte er, »und ich finde, er hat gar nicht so unrecht. Was soll ich machen?«

»Ihr könnt ja mit seinem Wagen fahren.«

»Mit diesem wahnsinnigen Brüllinstrument und all den Aufschriften?« zischte Paps. »Seh' ich wie eine Sardine aus, die in eine Büchse springen will?«

»Nicht ganz«, gab Mutter zu. »Aber warum bestellst du kein Taxi?«

»Sieh ihn dir bloß an«, flüsterte Paps. »Er reicht ihr nicht mal bis zur Schulter. Der darf ihr nicht komisch kommen – sonst macht sie ihn kalt.«

Paps ging zu Joe und Anne hinüber. »Ich hoffe, es macht euch nichts

aus«, sagte er, »aber ich werde nicht mit euch zum Ball gehen können.«
»Nein, das macht uns gar nichts aus, Pappi«, sagte Anne. »Nicht wahr, Joe?«
»Ein Huh, Rah, Ray und ein Tiger für mich, nicht wahr?« fragte Paps. Joe gab sich keine Mühe, seine Begeisterung zu verbergen.
»Na klar!« sagte er. »Komm, Baby, sonst wird's zu spät. Wir werden das Ding schon schaukeln.«
»Also – um zwölf seid ihr zu Hause«, sagte Paps zu Anne. »Ich werde hier auf euch warten, und wenn ihr eine Minute nach zwölf nicht da seid, komm' ich nachsehn. Verstanden?«
»In Ordnung, Pappi«, grinste Anne. »Die gute alte Narrenkutsche hat die Situation gerettet, wie?«
»Das und noch einiges andere«, sagte Paps und warf Scales einen anzüglichen Blick zu, »wird sich erst noch rausstellen.«
»Komm schnell, Aschenbrödel«, sagte Scales, »damit die gute Fee nicht alle schönen Sachen wieder in Mäuse und Kürbis zurückverwandelt.«
Er zog mit Anne ab und vergaß nicht, den Hut zu lüften.
»Ging das etwa auf mich?« fragte Paps, zu Mutter gewendet. »Also dieser kleine . . . ich könnt' ihm den Hals umdrehn.«
»Aber wie sollte das denn auf dich gehn? Er hat doch nur ganz allgemein gesprochen.«
Draußen hörte man die Höllensirene allmählich in der Ferne verklingen.

Achtzehntes Kapitel
Mac mit dem Motorrad

Nachdem das Eis einmal gebrochen war, hatte Anne – mit der Zeit auch Ernestine und Martha – ziemlich viele Verabredungen. Paps ging, wenn seine Arbeit es ihm irgend erlaubte, als Anstandswauwau mit. Wenn Joe Scales auch wegen seiner Kleinheit für ungefährlich galt, so war Paps doch mißtrauisch gegen Fußballhelden und andere Jünglinge, die bald ihre Zelte bei uns aufschlugen und um die Gunst der Mädchen buhlten. Wenn er selber keine Zeit hatte, schickte er Frank oder Bill als Vertreter.

»Schlimm genug, wenn *du* bei einer Verabredung hinterherläufst«, sagte Ernestine zu Paps. »Aber ein kleiner Bruder, der sich im Auto hinter einem vor Lachen biegt, ist einfach unerträglich. Was die Jungen in der Schule nur von uns wollen?«

»Na, wenn du's nicht weißt – ich weiß es schon«, sagte Paps. »Darum sind ja Frank und Bill dabei. Und eins sag' ich dir: Mir wär's am liebsten, wenn eure Scheichs euch nicht mehr belästigten und andere Jagdgründe suchen würden.«

Frank und Bill machte es auch keinen Spaß, Anstandswauwau zu spielen.

»Ach, weißt du, Pappi«, jammerte Frank, »wenn ich da so allein hinten im Auto sitz', fühl' ich mich direkt als fünftes Rad am Wagen.«

»Das sollst du ja auch sein. Ich erwarte ja nicht, daß du diese schweren Jungen verdrischst, wenn sie sich gegen deine Schwestern was rausnehmen. Aber du kannst dann wenigstens Hilfe holen.«

Die Mädchen beklagten sich bei Mutter, aber die stand wie üblich auf Paps' Seite.

»Ich will dir mal was sagen«, sagte Anne zu ihr. »Das läßt sehr tief blicken, wenn man so mißtrauisch ist wie Pappi. Da kann man nämlich allerlei Rückschlüsse auf seine Jugend ziehen!«

»Danach hat dich niemand gefragt«, sagte Mutter. »Du brauchst gar nicht weiter darüber nachzudenken. Es geht hier nicht um Mißtrauen. Wenn andere Eltern kein Verantwortungsgefühl haben, dann ist das für Vater und mich noch kein Grund, auch keins zu haben.«

Bei den Tanzereien saß Paps, soweit wie möglich von der Musik entfernt, allein an der Wand und arbeitete an den Papieren, die er in seiner Aktentasche mitgebracht hatte. Zuerst beachtete ihn keiner; vielleicht dachte man, er würde weggehen, wenn niemand sich um ihn kümmerte. Aber nach einigen Monaten nahm man ihn als unvermeidliches Übel hin, und Mädchen wie Jungen rissen sich darum, mit ihm zu plaudern und ihm Erfrischungen zu bringen. Alle Leute, sogar die geschniegelten Jünglinge, mußten Pappi einfach gern haben. Und er war in Gesellschaft auch besonders charmant.

»Sieh dir das bloß an!« flüsterte Anne eines Abends Ernestine zu und deutete auf die Menge, die sich um Paps scharte. »Bei Gott, er ist die umworbene Schönheit des Schulballs. Wie findest du das?«

»Ich find' es unausstehlich«, sagte Ernestine. »Aber irgendwie ist's auch nett, nicht wahr?«

»Nicht nur nett! Es ist unsre Rettung. Wart nur ab, du wirst schon sehn.«

»Was soll das heißen?«

»Wenn Pappi die Jungens erst kennt und merkt, daß sie ganz gute Kerle sind, dann wird er sich sagen, daß die ganze Mitlauferei reine Zeitverschwendung ist. In Wirklichkeit macht's ihm nämlich gar keinen Spaß, schon weil Mutter nicht mit ist. Und wenn er eine Möglichkeit sieht, sich mit Anstand zu drücken, dann wird er's tun.«

Am nächsten Tag beim Sonntagmittagessen legte Paps sein Amt als Anstandswauwau nieder.

»Ich hab's satt, Kindermädchen zu spielen«, sagte er zu seinen Töchtern. »Wenn ihr euch mit den jungen Hunden abgeben wollt – oder vielmehr mit Schoßhündchen –, dann geht in Zukunft allein! Ich kann das nicht mehr mitmachen.«

»Eigentlich sind sie doch gar nicht so schlecht, nicht wahr, Pappi?« grinste Anne.

»Schlecht? Woher soll ich wissen, ob sie schlecht sind oder nicht? Wenn ich dabei bin, benehmen sie sich natürlich gut. Aber darum geht's nicht, sondern darum, daß sie einen Popanz aus mir machen. Die tun ja, als wär' ich ein lästiger, aber harmloser Trottel, so was wie ein gutmütig-freundlicher, geistig impotenter Esel. Die Jungens klopfen mir auf den Rücken, und die Mädchen kneifen mich in die Backen und wollen mit mir tanzen. Und ich hass' es, wenn man als Vater so den Salonlöwen spielen muß.«

Er wandte sich an Mutter:

»Ich weiß, du kannst nichts dafür, Chefin, aber alles wär' viel einfacher, wenn wir nach meinem Vorschlag nur Jungen hätten, statt mit der Mädchenwirtschaft anzufangen.«
Von diesem Tage an hatte Paps mit den Verehrern der Mädchen nur noch telefonisch zu tun.
»Da ist so 'n Einfaltspinsel mit 'ner ganz verpickelten Stimme am Apparat und will Ernestine sprechen«, brummte er, wenn er ans Telefon gegangen war. »Ich schwör' euch, das Telefon wird nächstens abgeschafft. Diese Schoßhündchen machen mich verrückt. Sollen sie doch mal 'ne Zeitlang andere Leute Töchter beschnuppern und uns in Ruhe lassen.«

Ein Mädchen in Annes Klasse, Libby Holton, war erst kürzlich mit ihrer Familie von Mississippi nach Montclair gezogen. Sie war hübsch und für ihr Alter sehr reif, und die knabenhafte Mode konnte ihre Formen nicht verbergen. Sie malte sich ziemlich stark an und trug die höchsten Absätze und die kürzesten Röcke der ganzen Schule. Sie war genau so, wie Paps seine Töchter nicht haben wollte.
Libby war bezaubernd und sehr beliebt. Sie freundete sich mit Anne an, und schließlich lud Anne sie zum Lunch ein. Libby saß neben Paps und war stark parfümiert; kaum hatte sie das Haus betreten, roch es überall danach. Wir wußten ja, wie wenig Paps Schminke und Parfüm schätzte, und wir fürchteten, er würde Annes Freundin auffordern, sich woanders hinzusetzen, oder – was noch schlimmer gewesen wäre – sie zum Waschen nach oben schicken.
Wir hätten uns diese Sorge sparen können; es stellte sich sehr bald heraus, daß Paps bei seinen Töchtern zwar kein Parfüm mochte, bei anderer Leute Töchtern aber absolut nichts dagegen hatte.
»Ei, das riecht aber fein«, sagte er zu Libby, nachdem sie sich bekannt gemacht hatten. »Ich freu' mich, daß Sie neben mir sitzen, das ist ja ein Labsal für Auge und Nase.«
»Also ich muß schon sagen, Anne Gilbreth!« sagte Libby. »Unerhört, daß du mir nicht erzählt hast, wie galant dein Pappi ist. Und gut sieht er aus!«
»Junge, Junge!« stöhnte Bill.
Libby wandte sich Bill zu und warf ihm einen flüchtigen, aber nachhaltigen Blick zu. »Ich bin wohl sehr frech?« lachte sie.
»Junge, Junge!« sagte Bill noch einmal. Aber diesmal klang es mehr geschmeichelt als entsetzt.
Während des ganzen Lunchs bearbeitete Anne und Libby Paps nach Kräften. Er durchschaute sie, aber es machte ihm Spaß. Er machte Libbys südliche Aussprache nach, nannte sie »Süße« und »mein

Herzblatt« und übertraf sich selbst im Erzählen von Geschichten und Witzen.

»Ich hab' schon von andern Mädchen in der Schule gehört, wie reizend Sie sind«, sagte Libby. »Lauter Nettes wird von Ihnen erzählt. Sie kamen doch auch immer zu den Tanzereien, nicht wahr?«

»Richtig. Und wenn ich etwas von einer gewissen jungen Dame aus Mississippi gewußt hätte, dann wär' ich auch weiter hingegangen.«

Als wir nach dem Essen um den Tisch saßen, waren alle gespannt, was nun kommen würde. Wir wußten genau wie Paps, daß das alles erst ein Vorspiel gewesen war. Gerade als Paps schließlich seinen Stuhl zurückschob, räusperte sich Anne.

»Weißt du, Pappi, ich wollte dich schon lange was fragen.«

»Soso, da habt ihr mich nun gemästet, umgirrt und mit mir geflirtet, und nun ist die Frucht reif«, grinste Paps. »Na also, Mädels, sprecht euch aus! Was gibt's denn?«

»Willst du nicht heute nachmittag Libby und mich mitnehmen und mir das Fahren beibringen? Wir sind bald alt genug für den Führerschein, und es wär' für die ganze Familie sehr angenehm, wenn noch jemand außer dir fahren könnte.«

»Ist das alles? Dafür brauchtet ihr nicht soviel Süßholz zu raspeln. Ich dachte, du würdest mich fragen, ob du nicht das Wochenende in Coney Island oder sonstwo verbringen dürftest.« Er sah auf die Uhr. »Ich muß erst noch die Kupplung ölen. In zwölf Minuten pünktlich steht der Wagen vor der Tür.

Libby und Anne fielen ihm um den Hals.

»Nie hätt' ich gedacht, daß er's tun würde«, sagte Anne.

»Ich hab's doch gewußt, daß er ja sagen würde«, sagte Libby und lachte. »Mr. Gilbreth, Sie sind ein ganz Süßer!« Sie drückte ihm einen Kuß auf die Backe und hinterließ zwei Rougeflecken.

Die Mädchen stürzten aus dem Eßzimmer, um sich fertigzumachen, und Paps rollte die Augen.

»Na ja, Lillie«, sagte er zu Mutter, »mein erster Frühling scheint passé. Wenn einen die Freundinnen der Töchter erst auf die Backe küssen – dann geht's bergab.«

»Ich seh' schon, du wirst dir noch Pomade ins Haar schmieren und einen gelben Regenmantel anziehn«, orakelte Mutter mit komischer Strenge. »Aber wasch dir lieber den Lippenstift vom Gesicht, ehe du ausgehst, du Pomadenjüngling!«

Paps grinste dämlich und schlenkerte im Hinausgehen mit seinen Hosen, als wären es Oxfordhosen.

»Ich geh' und montiere mal eben die Kotflügel von der Narrenkutsche ab«, sagte er. »Vier Räder und keine Bremse. Rein in die Büchse, du Sardine!«

Frank, Bill und Lillian, die noch in den unteren Klassen der höheren Schule waren, nahmen das Eindringen dieser Jünglinge sehr übel, vor allem deshalb, weil die drei ältesten Mädchen immer weniger am Familienleben teilnahmen. Anne, Ernestine und Martha hatten immer weniger Zeit für Spiele und Sport in der Familie oder für dumme Streiche. Es war die unvermeidliche Vorstufe zum Erwachsensein. Wie es in den ersten Takten jenes sentimentalen Liedchens hieß: »Those Wedding Bells Are Breaking up That Old Gang of Mine.« Das Heiraten lag noch in ferner Zukunft, aber der erste Schritt dazu war schon getan.
Anne hatte bereits ihren ersten Heiratsantrag hinter sich: Joe Scales hatte gefragt, ob sie ihn heiraten wolle. Sie saßen in einer Hängematte auf der Seitenveranda, als er darauf zu sprechen kam. Von der Veranda ging eine Glastür in den Salon und ein Fenster ins Büro. Frank, Bill und Lillian lagen im Salon auf der Erde und spähten durch die Tür; so wurden sie Zeugen des Heiratsantrages und von Annes nicht gerade origineller Ablehnung. »Ich möchte zu dir wie zu einem Bruder stehn«, sagte sie zu Scales.
»Das wär' ja was!« flüsterte Frank Bill zu. »Stell dir bloß vor, wenn dieser Pomadenstengel zu uns gehörte!«
»Du hast mich mit deiner Angel gefangen«, sagte Scales zu Anne. »Nun zapple ich am Haken – was willst du mit mir machen?«
Diese sklavische Ergebenheit rührte Anne. »Ja, was soll ich mit dir machen?« wiederholte sie dramatisch.
»Schmeiß ihn wieder rein!« brüllte Paps duchs Bürofenster. »Lohnt sich ja nicht – ist viel zu klein!«

Frank, Bill und Lill kämpften entschlossen gegen die Invasion – aber vergeblich. Viel wirkungsvoller waren die unbeabsichtigten Störungen durch die vier kleinen Jungen, Fred, Dan, Jack und Bob, die fortwährend durch die Zimmer rannten, in denen die älteren Mädchen mit ihren Besuchern saßen.
»Es ist direkt eine Hölle für mich«, stöhnte Anne Mutter vor. »Mit dieser Rasselbande im Hause ist es unmöglich, sich einen hierher einzuladen. Es *muß* was mit ihnen geschehen.«
»Was ist denn mit ihnen?«
»Den ganzen Abend rauf auf die Veranda, wieder runter von der Veranda, rauf auf meinen Schoß und auf den Schoß von meinem Freund, runter unter die Hängematte, rüber über die Hängematte. Rein und raus, rauf und runter – es ist zum Verrücktwerden!«
»Ja, Liebes, was soll man tun?«
»Sperr sie doch ein!«
Eines Abends bekam Anne beinahe einen hysterischen Anfall.

»Ich hab' diese Blase bis oben«, schluchzte sie. »Sie bringen mich noch zum Wahnsinn. Wie kann denn ein Junge in romantische Stimmung kommen, wenn man den ganzen Abend Knöpfe auf- und zumachen muß?«
»Sollen ja gar nicht in romantische Stimmung kommen«, sagte Paps. »Das wollen wir ja grade verhindern.«
Anne hörte gar nicht hin. »Da heißt's: ›Andy, knöpf mal auf, ich soll mich ausziehn‹, ›Andy, knöpf mir mal die Jacke zu, mir ist kalt‹; oder: ›Andy, in der Knopffabrik hat's drei geschlagen.‹ Also Mutter, ich sag' dir, diese Störungen sind einfach unerträglich. Du mußt was dagegen tun, wenn du nicht willst, daß deine sämtlichen Töchter alte Jungfern werden.«
»Du hast recht«, gab Mutter zu. »Ich werde mich bemühen, sie oben zu behalten, wenn du das nächste Mal Besuch hast. Wie teuer mögen wohl vier Paar Fußfesseln sein?«
Der Widerstand von Frank, Bill und Lill war viel offenkundiger.
»Sie wollen Martha sprechen?« sagte Frank höchst erstaunt, wenn einer von Marthas Anbetern anrief. »Wissen Sie das auch sicher? Haben Sie sie nicht mit jemand verwechselt? Meinen Sie wirklich Martha Gilbreth? Die mit den vielen Sommersprossen? Na, herzlichen Glückwunsch! Bitte, hängen Sie nicht ab! Sind Sie noch da? Gott sei Dank! Bitte, hängen Sie nicht ab!«
Dann hielt er den Hörer so, daß der Junge am andern Ende der Leitung ihn hören konnte, und brüllte aus Leibeskräften:
»Martha, komm schnell! Stell dir bloß vor, ein Junge will dich sprechen. Ist das nicht himmlisch? Mach bloß schnell! Er könnte abhängen.«
»Gib den Hörer her, du kleiner Laubfrosch«, schrie Martha in Weißglut. »Wenn ich fertig bin, kratz' ich dir die Augen aus, so ein unerhörtes Balg!« Dann flötete sie honigsüß ins Telefon: »Halloooo! Wer ist da? Ja, sag mal, wo hast du denn so lange gesteckt? Ach, wirklich? Ja, ich hab' auch gewartet.«
Einer von Ernestines Anbetern war schüchtern und unterwürfig und brachte es nie über sich, ihr seine Gefühle zu gestehen. Nachdem er sie fast ein Jahr lang besucht hatte, nahm er schließlich seinen ganzen Mut zusammen und ließ ein herrliches Bild von sich machen. Quer über das Bild schrieb er in purpurroter Tinte eine sehr persönliche Widmung: »Dir gehören meine zärtlichsten Gedanken, geliebte Ernestine.«
Er brachte es nicht fertig, ihr das Bild selber zu geben, sondern tat es in einen Umschlag und schickte es als Wertbrief – Wert hundert Dollar – per Post.
Ern versteckte es in einer Kommodenschublade. Aber in unserem

Hause gab es kein Versteck, das die Jüngeren von uns nicht schließlich doch entdeckt hätten; sie lernten die Widmung auswendig, setzten sie in Musik und übten sie als dreistimmigen Chor ein. Als der verschämte Jüngling das nächste Mal kam, hatten Frank, Bill und Lill sich in einem Wandschrank unter der Treppe versteckt und sangen:

»Meine zärtlichsten Gedanken,
(Meine zärtlichsten Gedanken)
Gehören dir,
(Ja, keiner außer dir)
Meine geliebte Ernestine
(Ich meine nicht Anne, ich meine nicht Martha)
Sondern dich, geliebte Ernestine.«

Der verstörte Jüngling wurde puterrot und verkroch sich buchstäblich in der Garderobe, während Ernestine einen Spazierstock von Paps nahm, um damit an den Missetätern eine wohlüberlegte, kaltblütige Rache zu vollziehen.

Wenn ein Jüngling zu Besuch kam, machten Frank und Bill meistens die Tür auf und unterzogen ihn einer Vorbehandlung, die sein seelisches Gleichgewicht für den Rest des Abends erschüttern sollte.

»Sieh mal, der Anzug!« sagte Frank, knöpfte die Jacke des Besuchers auf und las das am Futter angenähte Etikett. »Dacht' ich mir: Larkeys Boys Store. Alle gehn zu Larkeys. Die guten Collegeanzüge mit zwei Paar Hosen, für nur siebzehn Dollar fünfzig. Fescher Junge!«

»Guck dir mal die schicken Socken an!« sagte Bill und zog ein Hosenbein des Jünglings hoch. »Grüne Socken, blauer Schlips und – gelbe Schuhe!«

»Laßt das jetzt, ihr Bengels, oder ihr kriegt eins, daß euch Hören und Sehen vergeht«, versuchte der Jüngling zu protestieren. »Seid doch anständig, ja? Verduftet jetzt und sagt eurer Schwester, daß ich da bin.«

Frank zog einen Zollstock heraus, den er sich kurz vorher eingesteckt hatte, und maß damit die Weite der Hosenumschläge.

»Achtundfünfzig Zentimeter«, sagte er zu Bill. »Richtige Collegehosen, muß man schon sagen, aber die von Annes Verehrer sind noch sieben Zentimeter weiter. Zeig mal den Schlips . . .«

»Was hat er denn für Unterhosen an?« versuchte es Bill.

»Also Schluß jetzt«, widersprach der Jüngling. »Hände weg! Sagt jetzt eurer Schwester, daß ich da bin, oder ich werde verdammt unangenehm.«

Einer von Ernestines Verehrern pflegte wie ein Verrückter mit dem Motorrad durch die Stadt zu rasen; abends knatterte er drei- oder viermal um unser Haus herum in der Hoffnung, seine Angebetete zu Gesicht zu bekommen. Mutter und Paps erlaubten nicht, daß die Jungen an Schultagen abends zu Besuch kamen, aber Ernestine hätte ja vielleicht im Garten sein oder am Fenster stehen können.

Eines Abends stellte er sein Motorrad ein paar Blocks entfernt unter, schlich sich ans Haus heran und kletterte auf einen Kirschbaum vor Ernestines Schlafzimmerfenster. Zu seinem Glück war Paps auf einer Geschäftsreise.

Ernestine machte Schularbeiten und hatte das unheimliche Gefühl, daß jemand sie durchs offene Fenster beobachtete. Plötzlich fiel ihr ein, daß sie seit mehreren Stunden das Motorrad nicht hatte ums Haus knattern hören, und sie schöpfte sofort Verdacht. Sie ging in ein dunkles Zimmer, stellte sich hinter einen Vorhang und sah, als scharfe Silhouette vor dem Mond, ihren Jüngling hoch oben im Kirschbaum sitzen. Sie war wütend.

»So ein gemeiner Bengel, mir hier aufzulauern!« sagte sie zu Anne. »Lieber Gott, und ich wollte mich grade ausziehen. Nicht auszudenken, was der alles hätte sehn können, wenn ich nicht dieses schauderhafte Gefühl gehabt hätte.«

»Der Anblick hätte wahrscheinlich genügt, ihn aus der Balance zu bringen«, bemerkte Anne ein bißchen spöttisch. »Glaubst du, er weiß, daß du ihn gesehen hast?«

»Ich weiß nicht recht, aber ich glaub' schon.«

»Komm, wir wollen noch mal im Dunkeln aus dem Fenster sehn«, sagte Anne. »Wenn er noch da ist, hab' ich eine Idee.«

Er war noch da, und Anne trommelte schnell Martha, Frank, Bill und Lillian zusammen.

»Da sitzt so ein Fenstergucker im Kirschbaum«, erklärte Anne. »Einer von Ernestines Verehrern. Dem kann eine Lektion nichts schaden. Wenn er so davonkommt und es den andern Jungen in der Schule erzählt, dann sehn unsre Kirschbäume bald so kahl aus wie die Sonnensitze auf dem Poloplatz.«

»Unsre ganze Kirschernte wäre hops«, bestätigte Frank.

»Nun hört mal: kein Wort zu Mutter«, fuhr Anne fort. »Die spielt ihre Rolle viel besser, wenn sie nicht im Bilde ist. Ernestine, du gehst in dein Zimmer zurück und hältst ihn hin. Zieh die Vorhänge nicht vor. Kämm dir die Haare und zieh Schuhe und Strümpfe aus. Fummle auch ruhig ein bißchen an den Knöpfen von deinem Kleid rum, wenn's dir Spaß macht. Halt ihn in Spannung. Ihr andern kommt mit!«

Wir gingen in den Keller hinunter, wo Anne am Ende eines Stockes mit Draht einen Lappen befestigte. Wir andern beluden uns mit alten Zeitungen, Hobelspänen und Pappschachteln.

Draußen tränkte Anne den Lappen mit Benzin, zündete ihn an und zog mit dieser Fackel uns voran vom Keller zum Kirschbaum.
Erns Jüngling war so versunken in das, was im Schlafzimmer vor sich ging, daß er uns zuerst gar nicht bemerkte. Aber als der Fackelzug näher kam, sah er hinunter. Wir bildeten einen Kreis um den Baum und legten einer nach dem andern unser Brennmaterial am Fuß des Baumes nieder. Der Haufen wurde immer größer, und Anne kam mit ihrer Fackel in immer bedrohlichere Nähe.
»Verflucht und zugenäht!« rief der Fenstergucker entsetzt. »Wollt ihr mich am Pfahl rösten? Wehe, wenn ihr das anzündet! Ihr verbrennt mich ja bei lebendigem Leibe.«
»Ganz recht«, sagte Anne. »Das hast du nämlich haargenau verdient. Falls du irgendein Gebet kannst, fang nur an zu brabbeln.«
»War doch bloß ein dummer Streich«, verteidigte er sich. »Nur ein Dummejungenstreich, weiter nichts. Paß auf deine Fackel auf. Laß mich runtersteigen. Ich geh' ganz ruhig weg.«
»Runtersteigen kommt gar nicht in Frage, du übles Subjekt!« sagte Martha. »Runtersteigen und vielleicht der ganzen Stadt erzählen, daß du auf unserm Kirschbaum gesessen und eine von unserer Familie beobachtet hast? Nein, kommt nicht in Frage.«
Anne fuchtelte mit ihrer Fackel herum und kam dem Haufen immer näher.
»Nun hört doch mal zu«, wimmerte der Fenstergucker. »Ihr werdet mich doch nicht kalten Blutes lebendig rösten wollen? Herrgott, ihr seid dazu imstande!«
»Natürlich sind wir das«, sagte Frank. »Tote reden nicht.«
Ernestine steckte den Kopf aus dem Fenster.
»Habt ihr ihn geschnappt?« fragte sie. »Gut. Ich hab' so lange an den Knöpfen von meinem Kleid rumgefummelt, daß meine Fingerspitzen schon ganz wund sind. Ist es der, den ich vermutet hab'?«
»Der und kein anderer«, sagte Anne. »Mac mit dem Motorrad persönlich, demnächst in geröstetem Zustand. Sitzt da oben wie die Maus in der Falle.«
»Wartet mit dem Rösten, bis ich unten bin!« bat Ernestine. »Bei dem Spaß muß ich doch dabeisein.«
Als Ernestine zu uns unter den Kirschbaum trat, wimmerte und fluchte Mac mit dem Motorrad umschichtig.
»Hab' schon immer gefunden, daß er irgendwie was Ekliges an sich hat«, sagte Ernestine. »Anbeter sind rar, und ich hab' weiß Gott nicht allzu viele. Aber den hier will ich gern opfern.«
»Kann ich dir nicht verdenken«, sagte Martha. »Er gehört zu den besonders Unangenehmen. Ist sogar noch ein Schreibaby! Wenn ich

mein Holz ins Feuer geworfen hab', wird sich ein Lächeln auf meine bildschönen Lippen stehlen.«

»Ja«, sagte Anne, »ich hab' das Gefühl, wir könnten keinen widerlicheren Jüngling rösten.«

Wir hatten wohl berechnet, daß Mutter durch den Lärm aufmerksam würde, und jetzt öffnete sie tatsächlich ihr Fenster und steckte den Kopf heraus.

»Was gibt's eigentlich da draußen?« rief sie. »Was macht ihr denn da mit der Fackel? Wer von euch fuchtelt denn damit herum? Kinder, das sieht mir aber sehr gefährlich aus.«

»Ich bin's«, sagte Anne. »Schon in Ordnung, Mutter. Wir haben im Kirschbaum ein Stinktier gefangen und versuchen, es runterzulokken.«

Mutter schnupperte mißtrauisch.

»Aha, das hab' ich mir gedacht«, sagte sie. »Es riecht nämlich so komisch. Aber hört mal, Kinder, ihr solltet doch den Kirschbaum nicht wegen eines alten Stinktiers verbrennen. Vater hat diesen Baum sehr gern, und Kirschkuchen hat er auch sehr gern. Kommt jetzt ins Haus, und wir wollen mal sehn, ob das Stinktier nicht von selber runterkommt und weggeht.«

»Ach, wir wollten den Baum gar nicht verbrennen«, kicherte Ernestine. »Wir wollten doch nur dem Stinktier einen Sauschreck einjagen.«

»Ernestine, ich verbitte mir diesen Eskimoton«, sagte Mutter entrüstet. »Und jetzt kommt mal lieber alle ins Haus. Es ist Zeit zum Schlafengehn, und auch ein Stinktier hat sein Recht auf Ruhe und Frieden. Ihr habt es für heute abend genug erschreckt. Ihm müssen ja die Augen aus dem Kopf quellen bei alldem, was er heute abend gesehen hat.«

Damit verschwand Mutter wieder im Zimmer.

»Ich glaub' eher«, sagte Ernestine so, daß Mac mit dem Motorrad es hören konnte, »seine Augen sind ihm aus dem Kopf gequollen bei alldem, was er zu sehen *hoffte*. Nun verdrück dich mal aus dem Kirschbaum, du Ratte!«

»Wenn Paps hier wäre«, sagte Bill, »würde er ihn wahrscheinlich blenden, wie man das im Mittelalter tat.«

»Das würde Paps bestimmt tun«, stimmte Anne zu. »Schade, daß wir nicht selber dran gedacht haben.«

»Soll ich eine Hutnadel holen?« fragte Frank voller Hoffnung.

»Zu spät«, sagte Anne. »Du solltest schon längst im Bett liegen. Aber vielleicht kommt er noch mal wieder.«

Neunzehntes Kapitel
Teilnehmer antwortet nicht . . .

Keins von uns Kindern wußte es, aber Paps war schon seit Jahren herzkrank, und nun sagte ihm Dr. Burton, daß er sterben müsse. Es fiel uns auf, daß Paps dünner geworden war. Zum erstenmal seit fünfundzwanzig Jahren wog er weniger als neunzig Kilo. Er machte seine Witze darüber, wie sonderbar es sei, wieder bis zu den Füßen hinuntersehen zu können. Er bekam zittrige Hände, und sein Gesicht war grau geworden. Manchmal, wenn er mit den größeren Jungen Baseball spielte oder sich mit Bob und Jane auf dem Fußboden wälzte, hörte er ganz plötzlich auf und sagte, für heute sei es wohl genug. Und wenn er dann wegging, schwankte er ein bißchen.
Er war nun fünfundfünfzig Jahre alt, und wir hielten diese Symptome für Alterserscheinungen. Keinem von uns kam der Gedanke, daß Paps so vorzeitig sterben könnte.
Er hatte von seinem Herzleiden schon gewußt, ehe Bob und Jane geboren wurden. Er und Mutter hatten damals schon über die Möglichkeit gesprochen, daß sie als Witwe mit all den Kindern allein bleiben würde.
»Aber ich kann mir nicht denken, daß die Ärzte recht haben«, sagte Paps.
Mutter wußte, was Paps hören wollte.
»Ich seh' nicht ein, wieso zwölf Kinder mehr Mühe machen sollten als zehn«, sagte sie, »und ich für mein Teil führe gern zu Ende, was ich einmal angefangen habe. Ich weiß nicht, wie du darüber denkst.«
Die Krankheit war einer der Hauptgründe für den häuslichen Erziehungsplan, nach dem Paps uns großzog. Er hatte den Haushalt nach den Grundsätzen der Leistungssteigerung organisiert, damit auch ohne seine Aufsicht alles reibungslos weiterlaufen könnte, indem die älteren Kinder sich für die jüngeren verantwortlich fühlten. Er wußte, daß er Mutter eine Last aufbürdete, und er wollte ihr diese Last nach Möglichkeit erleichtern.

»Es kann morgen, es kann auch in einem halben Jahr sein«, sagte Dr. Burton nun zu Paps. »Allerhöchstens ein Jahr, wenn Sie aufhören zu arbeiten und im Bett bleiben.«
»Glauben Sie ja nicht, daß Sie mir einen Schreck einjagen können«, sagte Paps. »Ihr Ärzte erzählt mir seit drei Jahren, ich brauchte mir keinen neuen Anzug mehr bauen zu lassen. Also, ich glaube kein Wort davon. Erstens bin ich in der Blüte meiner Jahre, und zweitens hab' ich zuviel zu tun.«
»Immer noch der alte Pionier!« sagte Dr. Burton und grinste.
»Glauben Sie ja nicht, daß Sie mir einen Schreck einjagen können«, wiederholte Paps. »Ich komm' noch zu Ihrer Beerdigung. Dann seh' ich Sie in der Kirche und nicht Sie mich – ätsch!«
Paps ging nach Hause und schrieb einen Brief an eine Freundin, Miß Myrtell Canavan, eine Gehirnspezialistin in Boston:
»Liebe Leichen-Myrt! Für den Fall, daß ich sterben sollte: Ich möchte, daß mein Gehirn nach Harvard kommt, wo die Gehirnexperimente gemacht werden, von denen Sie mir erzählten. Es wäre mir lieb, wenn Sie das in die Hand nähmen. Ich habe Hutgröße 62, falls Sie ein Gefäß bereitstellen wollen. Dieser Brief bedeutet keineswegs, daß ich bereit wäre, schon bald zu gehen, denn das bin ich durchaus nicht. Ich hinterlege hier eine Kopie dieses Briefes für Lillie, damit sie sich zur gegebenen Zeit mit Ihnen in Verbindung setzt. Aber wehe, wenn Sie bei unserm nächsten Wiedersehen auch nur einen abtaxierenden Blick auf meinen Schädel werfen!«
Nachdem er den Brief abgeschickt hatte, schüttelte Paps alle Todesgedanken ab. Die Weltenergiekonferenz in England und der Internationale Betriebskongreß in der Tschechoslowakei sollten in acht Monaten stattfinden.
Paps nahm für beide Veranstaltungen Einladungen zu Vorträgen an. Durch die Ausdehnung der Industrie in den Nachkriegsjahren legte man immer mehr Wert auf Bewegungsrationalisierung. Zum erstenmal hatten Paps und Mutter mehr Klienten, als sie bewältigen konnten. Paps ging von einem Betrieb zum andern, führte zeitsparende Einrichtungen ein, beseitigte Ermüdungsfaktoren und steigerte damit die Produktion.
Er starb am 14. Juni 1924, drei Tage vor seiner geplanten Abreise zu den Konferenzen in Europa.
Paps war nach dem etwa anderthalb Kilometer entfernten Bahnhof Lackawanna gegangen, um dort einen durchgehenden Zug nach New York zu nehmen. Vor Abgang des Zuges hatte er noch ein paar Minuten Zeit und rief Mutter von einer Telefonzelle am Bahnhof aus an.
»Sag mal, Chefin«, sagte er, »auf dem Weg hierher ist mir eingefal-

len, wie man beim Verpacken dieser Seifenflocken für Lever Brothers Bewegungen sparen könnte. Wie denkst du darüber, wenn . . .«

Mutter hörte einen dumpfen Ton, und dann war es still in der Leitung. Sie drückte auf die Gabel.

»Bedaure«, sagte eine Stimme vom Amt. »Der Teilnehmer hat abgehängt.«

Jane, unsere Jüngste, war zwei Jahre alt. Anne, die Älteste, studierte im zweiten Jahr am Smith-College und war gerade im Examen.

Es war ein Sonnabendvormittag. Die kleineren Kinder spielten im Garten. Die älteren gehörten fast alle zu den Einkaufskomitees und machten Besorgungen in der Stadt. Sechs oder sieben Nachbarn holten mit Autos die fehlenden Kinder zusammen. Sie wollten uns nicht sagen, was geschehen war.

»Mutter braucht dich zu Hause, Liebling«, sagten sie jedem einzelnen. »Es ist ein Unglück passiert. Steig nur in den Wagen, ich fahr' dich nach Hause.«

Als wir nach Hause kamen, wußten wir: Das Unglück war der Tod. Fünfzehn oder zwanzig Wagen parkten an der Auffahrt und auf dem Rasen. Mutter? Nein, das konnte nicht sein, denn sie hatten ja gesagt, daß Mutter uns zu Hause brauchte. Pappi? Aber Pappi stieß doch kein Unglück zu. War jemand mit dem Rad gestürzt und überfahren worden? Vielleicht. Alle Mädchen fuhren schlecht Rad. Bill war ein guter, aber leichtsinniger Radler.

Wir sprangen aus dem Wagen und rannten zum Haus hinauf. Jackie saß mit tränenüberströmten, verschmiertem Gesicht auf der Terrasse am Fußsteig.

»Unser Pappi ist tot«, schluchzte er.

Paps war von jedem von uns ein Stück, und ein Stück von jedem starb mit ihm.

Man zog ihm seine Uniform an, und wir gingen hinein und sahen ihn im Sarg liegen. Sein eingefallenes Gesicht mit den geschlossenen Augen hatte einen strengen, ja fast drohenden Ausdruck. Nichts Friedliches lag darin, und von den Lachfältchen in seinen Augenwinkeln war keine Spur mehr zu sehen.

Als sie ihn holten, dachten wir, Pappi würde sich wehren. Eigentlich hätten sie doch mit ihm alle Hände voll zu tun haben müssen.

Mutter fand den Durchschlag des Briefes an Paps' Freundin und schickte das Gehirn nach Harvard. Nach der Verbrennung mietete Mutter ein Boot und fuhr damit aufs Meer hinaus. Irgendwo draußen stand sie allein im Boot und streute Paps' Asche in den Wind. So hatte Paps es gewollt.

Nach Paps' Tode ging mit Mutter eine Veränderung vor. Sie sah anders aus und veränderte sich auch in ihrem Wesen. Vor ihrer Heirat waren alle Entscheidungen für sie von ihren Eltern gefällt worden, und nach der Heirat wurden die Entscheidungen von Paps getroffen. Von ihm war der Vorschlag ausgegangen, daß sie beide ein Dutzend Kinder in die Welt setzen und Leistungsfachleute werden sollten. Hätte Paps sich für Korbflechten oder für Schädelkunde interessiert, sie wäre ihm ebenso bereitwillig gefolgt.

Zu Paps' Lebzeiten hatte Mutter Angst vor schnellem Fahren und vor Flugzeugen gehabt. Sie war abends ungern allein ausgegangen, und bei Gewitter zog sie sich in ein dunkles Zimmer zurück und hielt sich die Ohren zu. Wenn bei Tisch irgend etwas schiefging, brach sie manchmal in Tränen aus und mußte vom Tisch aufstehen.

Sie hielt zwar öffentliche Vorträge, aber sie fürchtete sich davor. Nun fürchtete sie sich plötzlich gar nicht mehr, weil es nichts mehr zu fürchten gab. Jetzt konnte nichts sie umwerfen, weil das Wichtigste für sie eingestürzt war. Wir haben sie nie wieder weinen sehen.

Zwei Tage nach Paps' Tode, als das ganze Haus noch nach Blumen duftete, rief Mutter den Familienrat zusammen. Es war nun ganz selbstverständlich, daß sie an Paps Stelle auf dem Präsidentenstuhl saß, neben sich eine Karaffe voll Eiswasser.

Mutter sagte uns, es sei nicht viel Geld da – das meiste war wieder ins Geschäft gesteckt worden. Sie sagte, sie habe mit ihrer Mutter telefoniert und Großie wünsche, daß wir alle nach Kalifornien übersiedelten.

Anne unterbrach sie und sagte, sie wolle auf jeden Fall das College aufgeben und eine Stellung annehmen. Ernestine, die am Tag vor Paps' Tode das Examen an der höheren Schule bestanden hatte, sagte, auch ihr liege nichts am College.

»Laßt mich bitte zu Ende reden«, sagte Mutter, und ihre Stimme hatte einen neuen, gebieterischen Klang. »Es gibt noch eine andere Möglichkeit, aber es hängt von euch ab, ob ihr allein fertig werden könnt. Freilich würde es von uns allen einige Opfer fordern. Ich möchte also, daß ihr es entscheidet. Ich kann Vaters Arbeit weiterführen, und wir könnten das Büro hier behalten. Wir könnten das Haus behalten, müßten aber die Köchin entlassen.«

»Auch Tom?« fragten wir. »Tom können wir doch nicht entlassen, nicht wahr? Der würde auch gar nicht gehn.«

»Nein, Tom nicht. Aber wir müßten den Wagen verkaufen und sehr einfach leben. Aber wir könnten beisammen bleiben. Und Anne könnte wieder aufs College gehen. Ihr wißt, Vater möchte, daß ihr alle aufs College geht. Wollen wir's versuchen? Könnt ihr den Haushalt führen und alles übernehmen, bis ich zurückkomme?«

»Zurück von wo, Mutter?« fragten wir.
»Wenn ihr's hier versuchen wollt«, sagte sie – und tatsächlich: Sie schlug auf den Tisch –, »dann gehe ich morgen aufs Schiff, auf das Schiff, das euer Vater nehmen wollte. Er hatte die Überfahrt schon gebucht. Dann halte ich in London und in Prag die Vorträge für ihn – Donnerwetter ja, das tu' ich. Ich glaube, das wäre im Sinne eures Vaters. Aber die Entscheidung liegt bei euch.«
Ernestine und Martha gingen nach oben und halfen Mutter beim Packen. Anne verschwand in der Küche, um das Abendbrot vorzubereiten. Frank und Bill machten sich auf, um mit Altwagenhändlern in der Stadt über den Verkauf unseres Autos zu verhandeln.
»Sagt ihnen lieber, sie sollen einen Wagen zum Abschleppen mitbringen«, rief Lill den beiden nach. »Die Narrenkutsche gehorcht keinem außer Pappi.«

Einmal wurde Paps gefragt: »Aber *wofür* wollen Sie denn Zeit sparen?«
»Fürs Arbeiten«, sagte Paps, »wenn Ihnen das am liebsten ist. Für die Fortbildung, für die Schönheit, für die Kunst, fürs Vergnügen.« Er guckte über seinen Kneifer: »Oder fürs Messerchenwerfen, wenn Ihnen das Spaß macht!«

Aus Kindern werden Leute

Für Mutter
die Besseres verdient hätte

Erstes Kapitel
Für Paps

Mutter mußte nach Europa reisen und uns allein lassen. Das war nicht leicht, sie mußte es aber für Paps tun. Auch unseretwegen. Frank trug ihre Koffer die Stufen hinunter zum Taxi, das unten an der Einfahrt unseres Hauses in Montclair im Staate New Jersey hielt. Der Fahrer kletterte aus seinem luftgekühlten Franklin und half.

»Bist du der älteste Junge?« fragte er Frank.

Frank sagte: ja, das sei er. Er war dreizehn.

»Deine Mutter wird's schwer haben. So viele Kinder, und du der älteste Junge.«

Jeder wußte, daß Mutter es schwer haben würde. Darüber zu reden war zwecklos.

»Ich bring's dann selber an den Zug«, sagte der Taxifahrer und deutete mit dem Kopf auf die Koffer. »Ich hab' von euerm Vater gehört.«

Frank ging wieder hinauf und stellte sich zu uns, die wir auf der Veranda vor der Haustür versammelt waren. Dort hatten wir immer Paps auf Wiedersehn gesagt, wenn er verreiste.

Paps war vor drei Tagen, am 14. Juni 1924, gestorben. Es schien schon länger her zu sein. Er hatte auf dem Bahnhof in Montclair einen Herzschlag bekommen. Das war in einer Telefonzelle passiert, während er mit Mutter telefonierte. Paps war für Disziplin gewesen, bei ihm mußte alles nach einem System gemacht werden. Er hatte sogar jedes seiner Kinder mit einer Nummer versehen, um den Umlauf der internen Familienkorrespondenz und gelegentlicher Rundschreiben zu beschleunigen.

Bei Mutter war das nicht so. Aber aus alter Gewohnheit stellten wir uns auf der Veranda in eine Reihe, so wie wir's bei Paps getan hätten: dem Alter nach und ausgerichtet wie eine Kompanie.

Anne stand als Älteste – sie war achtzehn – am oberen Ende der Reihe und Jane, unsere noch nicht zweijährige Jüngste, am unteren

Ende. Dazwischen Ernestine, Martha, Frank, Bill, Lillian, Fred, Dan, Jack und Bob.

Anne gab den Befehl zum »Ausrichten«. Paps hatte immer Wert darauf gelegt, daß die Reihe gut ausgerichtet war. So erwarteten wir Mutter.

Noch waren wir nicht daran gewöhnt, sie in Schwarz zu sehen. Sie sah beherrscht und einsam aus, als sie die Windfangtür aufstieß und auf die Stufen heraustrat. Es wäre uns lieber gewesen, wenn einige von uns sie zum Schiff oder wenigstens zum Bahnhof hätten bringen dürfen.

Da stand Mutter nun – groß, schlank und schön. Ihrer Figur war es nicht anzumerken, daß sie ein Dutzend Kinder geboren hatte. Sie hatte den Schleier über den Hut zurückgeschlagen; ihr Gesicht war weiß und gestrafft.

Ein paar Strähnen roten Haares – das einzige an ihr, das nicht so wollte wie sie – ringelten sich widerspenstig unter ihrem Hut. Sonst war alles an ihr schwarz und weiß.

Paps hatte immer, wenn er sich auf der Veranda von uns verabschiedete, so getan, als wären wir heimlich froh, ihn loszuwerden. Nichts lag uns ferner, denn wir beteten ihn an, und das wußte er auch. Aber er sagte, wir warteten nur darauf, bis er außer Hörweite sei, um ein tolles Freudenfest zu veranstalten, das weit in die Nacht hinein dauern werde. Ihn könnten wir nicht zum Narren halten mit unseren langen Gesichtern; eines Tages werde er nur um den Block herumfahren und uns beim Zurückkommen dabei ertappen, wie wir das ganze Haus mit Stechpalmen ausschmückten, ein Freudenfeuer anzündeten, um darin sein Bild zu verbrennen, und uns – eine Todsünde! – an seinen Durham-Duplex-Rasierklingen vergriffen.

Mutter wollte uns nicht zeigen, wie ihr beim Abschied zumute war; sie lächelte also und versuchte, sich wie Paps zu benehmen.

»Mich könnt ihr mit euern langen Gesichtern nicht zum Narren halten«, rief sie so energisch wie möglich. »Kaum bin ich außer Sicht . . .« Ihre Stimme sank zu einem Flüstern herab, dann konnte sie nicht weiter. Sie breitete die Arme aus, und wir ließen unsere Reihe Reihe sein und stürzten zu ihr.

Eine Zeitlang wagte sie nicht zu sprechen, und uns ging es ebenso. Schließlich riß sie sich los und ging die Stufen hinunter. Ehe sie in den Wagen stieg, drehte sie sich um und sah uns an – jeden einzelnen von uns.

Mutter hat so eine Art, jedes Kind fühlen zu lassen, daß es einen ganz besonderen Platz in ihrem Herzen einnimmt. Nicht nur, weil es eines ihrer Kinder ist, sondern als eine Persönlichkeit, die ein ganz individuelles Anrecht auf ihre Liebe hat.

»Ich hab' euch so lieb«, sagte sie leise. »Ich würde euch nicht allein lassen, wenn's nicht der einzige Weg wäre, um weiter zusammenbleiben zu können. Das wißt ihr doch, nicht wahr?«
Natürlich wußten wir das. Paps' Geld war zum großen Teil wieder ins Geschäft gesteckt worden. Mutter wollte versuchen, die Firma allein weiterzuführen – schon aus diesem Grunde war die Europareise notwendig. Wenn ihr das nicht gelang, mußte die Familie möglicherweise geteilt werden oder zu Mutters Verwandten an der Westküste ziehen.
Unsere Großmutter hatte den Vorschlag gemacht, die ganze Familie solle zu ihr nach Oakland in Kalifornien übersiedeln. Mutter fand, eine so vielköpfige Familie sei eine gewisse Zumutung – eigentlich mehr, als man irgend jemand, auch der eigenen Mutter, zumuten könne.
Mehrere Freunde von Paps hatten sich erboten, den einen oder anderen von uns zu adoptieren. Das wollte keiner von uns.
»Mach dir um uns keine Sorgen«, redete Anne beruhigend auf Mutter ein. »Wird schon alles glattgehn, Ehrenwort!«
»Das glaub' ich bestimmt, Liebes«, lächelte Mutter. »Nicht bloß glatt, sondern wie geschmiert.«
Der Fahrer half ihr in den Wagen.
»Herzliches Beileid«, sagte er.
»Vielen Dank.« Nun klang Mutters Stimme weit weg.
»Ich hab' einen gesprochen, der war dabei, wie's passierte. Muß ja 'n schöner Schreck für Sie gewesen sein.«
»Halt die Schnauze«, flüsterte Frank wütend. »Warum kann der nicht die Schnauze halten?«
Anne gab Frank einen Knuff, und er war ruhig.
Als das Taxi den Fahrweg hinunterfuhr, stellten wir uns wieder der Reihe nach auf. Wir konnten Mutter am Rückfenster winken sehen.
Die zehnjährige Lillian brach in Tränen aus.
»Ich will mitfahren«, schluchzte sie. »Mutter soll wiederkommen.«
Anne trat zwei Schritte vor und stellte sich vor Lill, so daß sie nicht zu sehen war.
»Was hab' ich dir gesagt?« knirschte Anne. »Wer so was macht, eh Mutter weg ist, den morde ich, hab' ich gesagt.«
Ihrem Ton nach schien sie dazu imstande zu sein.
»Ich kann doch nichts dafür«, heulte Lill. »Sie soll wiederkommen.«
Den ganzen Eagle Rock Way entlang sahen wir Mutter winken. Wir winkten lächelnd zurück. Noch ehe der Wagen um die Ecke bog,

hörte Lill auf zu weinen; Anne trat beiseite, damit auch Lill winken konnte.
Als der Wagen in der Kurve verschwunden war, brach Lill wieder in Tränen aus.
»Ich wollte ja nicht heulen, Ehrenwort«, schluchzte sie.
»Laß nur«, beschwichtigte Anne, »wissen wir schon.«
»Glaubst du, sie hat mich zuletzt noch gesehn, wie ich ihr gewinkt hab'?«
»Bestimmt hat sie dich gesehn«, sagte Anne. »Klar hat sie dich gesehn, Süßes.« Nun brach Anne selber in Tränen aus.
Wir gingen ins Haus zurück, und auf einmal war uns gar nicht mehr so elend zumute. Vielleicht hatten wir uns mehr vor dem Abschied als vor dem Alleinsein gefürchtet. Mutter war auch früher schon verreist gewesen, und wir hatten es überlebt. Außerdem würde sie ja in ungefähr einem Monat wieder zurück sein.
»Ihr habt euch alle gut gehalten«, sagte Anne und trocknete ihre Tränen. »Ich glaube, Mutter war stolz auf uns.«
»Wird alles wie am Schnürchen gehn«, sagte Ernestine. »Mutter wird uns nicht wiedererkennen, wenn sie zurückkommt.«
Allmählich wurde uns klar, daß alles, was zu Ende schien, recht eigentlich ein Anfang sein konnte. Gewissermaßen war es sogar ein erhebendes Gefühl, daß Mutter so viel Vertrauen zu uns hatte und uns allein ließ.
»Jawohl«, sagte Anne fast fröhlich, »es ging so gut, daß ich zum erstenmal glaube, wir werden die Sache schmeißen.« Sie strahlte jetzt übers ganze Gesicht. »Ihr habt euch alle so gut gehalten, daß ich jeden abküssen könnte.«
»Hab' ich ja gewußt!« sagte Bill und duckte sich. »Kaum ist Mutter weg, da droht sie uns schon.«
Anne bekam ihn zu fassen und drückte ihm einen schallenden, feuchten Schmatz auf den Hals. Bill wehrte sich, kicherte und schrie. Schön klang dieser Radau nach drei Flüstertagen. Die Spannung löste sich allmählich.
»Ich weiß, wir schaffen's schon, daß wir zusammenbleiben können«, sagte Ernestine. »Davon bin ich jetzt so überzeugt, daß ich beinah das Freudenfeuer anzünden könnte, von dem Paps immer geredet hat.«
»Mal sehn«, grinste Anne. »Wo ist die nächste Stechpalme?«
»Aber Hände weg von den Rasierklingen«, warnte Frank. »Die werd' ich eines Tages brauchen.«
Ernestine und Martha johlten.
Bill bemerkte, die paar Flaumhärchen die Frank jetzt habe oder in den nächsten Jahren hervorbringen werde, könne auch eine Katze

weglecken. Anne gab Bill noch einen schallenden Kuß, was dieser wieder mit Gebrüll quittierte.
Frank strich sich prüfend über das Kinn; es klang aber nicht nach Sandpapier.

Mutter ging an diesem Vormittag an Bord der *Scythia*, um nach England zu reisen.
Paps hatte auf der Londoner Weltkraft-Konferenz sprechen und beim Internationalen Kongreß für Betriebswissenschaft an der Masaryk-Akademie in Prag das Präsidium übernehmen sollen. Durch diese beiden Ehrungen war seine Arbeit auf dem Gebiet der Bewegungs-Rationalisierung und der Ausschaltung von Ermüdungsfaktoren in der Industrie international anerkannt worden. Paps war als beratender Rationalisierungs- und Leistungs-Fachmann vor allem in der Großindustrie tätig gewesen. Er war der Erfinder der Bewegungs-Rationalisierung, die – nach der Behauptung eines Skeptikers, die von Paps nie bestritten wurde – »das schwere Arbeiten leicht machen sollte«.
Paps' Methode bestand darin, die Bewegungen eines Arbeiters zu studieren und dann, oft durch eine Abänderung der betreffenden Maschine, diese Bewegungen zu reduzieren. Mutter war sein bester Mitarbeiter. Sie hatte ihm ein Dutzend Kinder geschenkt und mit ihm zusammen ein halbes Dutzend Bücher über Bewegungs-Rationalisierung geschrieben.
Nun wollte sie für ihn die Anerkennung entgegennehmen, die ihm bei den europäischen Kongressen zuteil werden sollte. Das war auch ganz in unserem Sinne.
Man hatte Mutter aufgefordert, Paps auf beiden Kongressen zu vertreten. Zunächst glaubte sie das nicht annehmen zu können. Dann aber schien es ihr eine einzigartige Gelegenheit zu sein, etwas für das Zusammenbleiben der Familie zu tun. Die Technik war und ist ein männliches Arbeitsgebiet.
Mutter wußte, sie würde Schwierigkeiten haben, wenn sie Paps' Firma weiterführen wollte. Wenn sie aber mit ihren beiden Vorträgen in Europa vor den bedeutendsten Fachleuten der Welt Erfolg hätte, könnte sie Paps' Klienten leichter davon überzeugen, daß sie dieser Arbeit gewachsen war.
Mutter war es nicht gewohnt, Entscheidungen zu fällen. Das hatte sie immer Paps überlassen. Er hatte die Pläne entworfen, und sie hatte sich danach gerichtet. Auch die zwölf Kinder waren seine Idee gewesen. Und wenn Paps seine Ideen gut fand, dann waren sie nach Mutters Überzeugung großartig.
In früheren Zeiten hatte Mutter nahe am Wasser gebaut; sie hatte

sich gefürchtet, abends allein auszugehen, und bei Gewitter war sie schaudernd in ein dunkles Zimmer geflüchtet.

Das alles hatte mit dem Tage, an dem Paps starb, ein Ende. Es hatte ein Ende, weil es nicht anders ging. Es hatte ein Ende, weil ihr klar wurde, daß sie sich eigentlich nur vor einem gefürchet hatte: vor einer Trennung von Paps.

Nun war das, was sie gefürchtet hatte, eingetreten, und mit Tränen war da nichts zu ändern. Sie hielt also für ihn den Vortrag in London, und sie übernahm an seiner Stelle das Präsidium in Prag. Das Fürchten hatte sie verlernt.

Zweites Kapitel
Das Sparprogramm

Wie oft hatte Paps geklagt: wenn das Bundesamt für Maße und Gewichte in Washington die exakte Definition oder das exakte Maß eines Alles- und Nichtskönners benötigte, dann brauchte es nur in einem luftleeren Glaskasten die Temperatur auf null Grad zu bringen und Tom hineinzusetzen.

Tom war als Paps' Faktotum seit siebzehn Jahren bei uns. Die Bezeichnung »Faktotum« darf nicht zu wörtlich genommen werden, denn in der Kette des Leistungsprinzips, die unseren Haushalt zusammenhielt, war Tom fraglos das schwächste Glied.

Tom wußte von allem ein bißchen. Nicht genug, um etwas Zerbrochenes wieder ganz zu machen, aber immerhin so viel, daß er sich's zutraute. Er gab ungern zu, daß etwas zu schwer für ihn sei oder daß er nicht schon einmal etwas Ähnliches, nur unendlich viel Schwierigeres, bewältigt habe.

Er vergaß aber auch keinen seiner Fehler und war daher imstande, immer und immer wieder die gleichen Irrtümer zu begehen.

Tom war irischer Abkunft – klein, beweglich und zäh. Schon als er bei uns eintrat, war er nicht mehr ganz jung; trotzdem hielt er daran fest, daß auf einen groben Klotz ein grober Keil gehöre, und von Zeit zu Zeit erschien er in arg zerschundenem und verschwollenem Zustand, in dem er düstere Prophezeiungen auszustoßen pflegte:

»Ich brauch' mir von keinem nichts gefallen lassen, verstanden? Von keinem nichts.«

Fragte man ihn, wieso er so übel zugerichtet sei, dann gab er eine ausweichende Antwort, ließ aber durchblicken, daß man die sechs knüppelbewehrten Raufbolde, die ihn im Dunkeln hinterrücks überfallen hätten, wohl in vierzehn Tagen aus dem Krankenhaus entlassen werde.

Tom hatte ein Herz für Kinder und Tiere, und wir alle liebten ihn innig. Vor ihrer Abreise hatte Mutter entschieden, aus Ersparnisgründen müsse entweder die Köchin oder Tom entlassen werden.

Weder Tom noch einem von uns kam der Gedanke, daß das Los auf ihn fallen könnte.
Martha hatte uns allen aus der Seele gesprochen: »Also Tom – der würde sich doch für uns den rechten Arm abhacken lassen.«
Das hätte er gewiß auch getan. Nur konnte man nicht garantieren, daß er nicht vor lauter Pflichteifer den Kopf verlor und sich aus Versehen den linken Arm abhacken ließ.
Die Köchin war also gegangen, und Tom regierte in der Küche. Er trug nun eine Metzgerschürze und die weiße Mütze eines Küchenchefs und rühmte sich, noch nie im Leben nach einem Kochbuch gekocht zu haben. Was sich nur allzu deutlich zeigte.
Die Entlassung der Köchin war die einzige Sparmaßnahme, die Mutter vor ihrer Reise hatte durchführen können. Von einer Beschneidung anderer Ausgaben hatte sie nicht gesprochen. Aber es gehörte zu Mutters Taktik, niemals etwas von uns zu verlangen, was wir ihrer Ansicht nach in unserem Alter von selber tun würden.
So richtete Mutter bei ihrem Abschied auch keine langen Tiraden an uns, wir sollten brav sein und früh zu Bett gehen, sollten uns die Zähne putzen und Anne hübsch gehorchen.
Wir wußten: Mutter erwartete das alles von uns; deshalb brauchte sie es nicht besonders zu betonen. Vielleicht machte sie sich Sorgen – natürlich machte sie sich Sorgen –, ob wir das alles auch wirklich tun würden. Aber sie wollte uns so lange vertrauen, bis wir ihr einen Grund zum Gegenteil gaben.
Unser dringendstes Problem war zweifellos das Sparen. So wie die Dinge lagen, war, vielleicht auf unabsehbare Zeit, nur mit geringen oder gar keinen Einkünften zu rechnen. In einer Familie mit elf Kindern wird aber immerfort Geld ausgegeben.
Eine Stunde nach Mutters Abreise setzten wir uns vor dem Lunch im Eßzimmer zusammen und sprachen über Sparmöglichkeiten. Aus einem Geruch, ähnlich dem von verbranntem Laub, schlossen wir, daß Tom wieder einmal mit dem Kochen nicht zurechtkam. Auch in dieser Richtung würde gespart werden müssen.
Anne standen für den Unterhalt der Familie während Mutters fünfwöchiger Abwesenheit sechshundert Dollar zur Verfügung. Davon mußte auch unsere Reise nach Nantucket in Massachusetts bestritten werden, denn wie immer wollten wir den Sommer in unserem Häuschen dort verbringen. Mutter hatte die Schiffskarten nach Nantucket, einer Insel bei Cape Cod, bestellt, und Anne mußte sie abholen und bezahlen.
Eigentlich, fanden wir, wäre es schön, wenn wir mit dreihundert Dollar auskommen und Mutter bei ihrer Rückkehr nach Nantucket als Überraschung den Rest zurückgeben könnten.

»Da ist erst mal die Milchrechnung«, eröffnete Anne die Sitzung. »Pro Tag dreizehn Liter.«

Anne saß am oberen Ende des ovalen Eßtisches auf Mutters Platz. Als derzeit Älteste hatte sie automatisch, sozusagen als rangältester Offizier, das Kommando übernommen. Am anderen Tischende saß Frank auf Paps' Platz. Wir anderen, einschließlich Bob und Jane in ihren hohen Kinderstühlen, verteilten uns ringsum.

Anne hatte Paps' Scheckabschnitte, einige Rechnungen und das Haushaltsbuch vor sich:

»Die Milchrechnung allein macht über fünfzig Dollar monatlich. Ich versteh' nicht, wie Paps das alles bezahlt hat. Im Dutzend billiger – ja Kuchen!«

Wir beschlossen, wir würden auch mit neun Litern auskommen, ohne daß einer an Unterernährung einginge.

»Jeder von uns muß ein kleines Opfer bringen«, fuhr Anne fort und blätterte in den Scheckabschnitten.

Sie nannte uns die einzelnen Beträge und wofür sie ausgegeben worden waren. Essen und Kleidung: daran würden wir sparen müssen. Arztrechnungen: wozu sollten wir einen Arzt brauchen? Zahnarztrechnungen: wir hatten gerade alle reparaturbedürftigen Zähne in Ordnung bringen lassen. Tabakwaren: kamen nicht in Frage. Benzin: Paps' Wagen war bereits verkauft. Tanzstunde ...

»Frank und ich können unser Teil beitragen und auf die Tanzstunde verzichten«, schlug Bill vor. Bill war elf, und jeden Montag nachmittag gab es einen Kampf, bis man ihn in seinen steifen Umlegekragen und in seine Lackpumps hineingezwängt hatte.

»Das können wir doch nicht verlangen«, spottete Martha.

»Wir wollen gern ein kleines Opfer bringen«, beharrte Bill.

Die Tanzstunde wurde also gestrichen, und Bill fuhr sich erleichtert mit dem Finger über seinen weichen, offenen Kragen. Auch die Musikstunden wurden aufgegeben – ein Opfer, das keinem sonderlich schwerfiel. Die Taschengelder ließen wir passieren, denn wir fanden alle, daß Paps uns schon reichlich kurzgehalten hatte. Dagegen führten wir allerlei Geldstrafen ein, die unsere laufenden Ausgaben herabsetzen sollten. Wer das elektrische Licht auszuschalten oder den Kaltwasserhahn zuzudrehen vergaß, wurde mit zwei Cent bestraft, bei heißem Wasser mit vier Cent; wer eine Eintragung auf seiner Tabelle im Badezimmer unterließ, mußte fünf Cent zahlen.

Paps hatte den Haushalt, genau wie einen Industriebetrieb, nach dem Grundsatz der Leistungssteigerung organisiert. Er glaubte, was im Haushalt funktionierte, müsse sich auch im Betrieb bewähren und umgekehrt – letzteres vor allem, wenn es sich zufällig um einen Haushalt mit elf Kindern handelte.

Die Tabellen, auf denen wir alle Arbeiten und sonstigen Verrichtungen eintragen mußten, waren ein Beispiel dafür. Sie enthielten alles, was wir tun sollten und wann wir es tun sollten.
Die Tabellen waren oben in den Jungen- und Mädchenbädern angebracht. Abwaschen und Bettenmachen, Haarekämmen, Zähneputzen und Wiegen, täglich fünfzehn Minuten französischer und deutscher Sprachunterricht per Grammophon, Auskehren und Staubwischen – alle diese Pflichten waren da verzeichnet.
Paps hatte alles bis ins kleinste durchorganisiert, so daß die kleine Lillian, die noch nicht an Tischplatten und hohe Regale heranreichte, die Tischbeine und die unteren Fächer der Regale abstauben mußte, während Ernestine Tischplatten und die oberen Fächer übernahm.
Unser Essen beschlossen wir dadurch zu verbilligen, daß es Roastbeef und Steaks höchstens an Sonntagen gab. Ernestine war ein guter Einkäufer; sie sollte, unter besonderer Berücksichtigung billiger Mahlzeiten wie Würstchen und weiße Bohnen, den Speisezettel machen und den größten Teil der Einkäufe besorgen. Unsere Konserven bezogen wir sowieso bei Großhändlern; da war nun nichts mehr einzusparen.
Ferner wollte Ernestine Tom beizubringen versuchen, daß Maiskuchen ohne Backpulver nichts werden könne und daß man frisches Gemüse mit Wasser aufsetzen müsse.
Martha war die Tüchtigste von uns und verstand es am besten, ihr Geld zusammenzuhalten; deshalb wurde ihr die Kasse anvertraut. Außerdem sollte sie das Packen unserer Sachen für Nantucket beaufsichtigen.
Dann kamen wir zur Schulfrage. Anne hatte gerade ihr zweites Jahr im Smith College hinter sich. Paps hatte zwar selber kein College besucht, hatte aber die Ansicht vertreten, daß es besser sei, nicht die ganze Zeit an ein und demselben College zu studieren. Deshalb sollte Anne im Herbst die Universität von Michigan besuchen.
Ernestine hatte einen Tag vor Paps' Tod ihre Abschlußprüfung an der höheren Schule bestanden. Sie war beim Smith College angemeldet und sollte in wenigen Tagen dort ihre Aufnahmeprüfung machen.
Wir wußten, Mutter würde es nicht zulassen, daß eines der Mädchen seine Pläne umstieße. Sie hatte sich's in den Kopf gesetzt, irgendwie uns alle durchs College zu bringen. Paps hatte es so gewollt.
Vielleicht würden sich später Gelegenheitsarbeiten finden, durch die wir mitverdienen könnten. Vorläufig aber wurden die Älteren alle zu Hause gebraucht, zumindestens den Sommer über.

»Ich brauche wohl nicht zu betonen«, fuhr Anne mit vielsagendem Blick auf die größeren Kinder fort, »daß sehr viel davon abhängt, wie wir's in diesem Sommer schaffen.«
»Ich möchte nicht adoptiert werden. Du etwa, Dan?« fragte Fred. Fred war sieben und unzertrennlich von seinem ein Jahr jüngeren Bruder Dan.
»Pfui Spinne, nein«, sagte Dan. »Ich würde mich gar nicht adoptieren lassen. Du etwa, Fred?«
»Wie kommt ihr eigentlich darauf?« fragte Anne. »Kein Mensch wird adoptiert – vor allem, wenn alles glattgeht, solange Mutter nicht da ist.«
Als Tom zum Essen rief, waren alle Pflichten verteilt, und der neue Wirtschaftsetat war ausgeglichen.
Heute war Ernestine an der Reihe zu servieren. Mißtrauisch musterte sie die Hammelkeule, die sie aus der Küche hereinbrachte: sie war fast verkohlt und mit angebrannten Tomatenhälften garniert, die von dem Hammelbraten nicht mehr recht zu unterscheiden waren und nach Operationsmesser und Verband schrien.
Ernestine war die einzige in der Familie, die mit Tom nicht gut auskam. Seit sie ihm vor Jahren stolz ihr Selbstporträt gezeigt und er daraufhin verkündet hatte, er wolle es zur Abschreckung der Ratten in die Anrichte hängen, standen sie miteinander auf Kriegsfuß. Ernestine stellte wortlos die Platte vor Anne hin und machte ein Märtyrergesicht, als wäre sie bereit, sich ebenfalls zu opfern, wenn alle anderen vergiftet werden sollten.
Beim Anblick des Hammelbratens geriet Anne aus dem Häuschen. »Was soll das?« rief sie ehrlich erschrocken. »Bring das sofort wieder raus, verstanden? Und sag Tom, wir haben keine Lust auf seine Albernheiten.«
»Das soll eine Hammelkeule sein«, sagte Ernestine mit spitzem Mündchen.
»Woher weißt du das?« bestritt Anne mißtrauisch.
»Ich hab' ihn gefragt, und er sagte: Hammelkeule.«
Anne drehte die Platte und musterte sie von allen Seiten. Sie sagte: »Ein Hammel mit so einer Keule hätte lieber zum Tierarzt gehn sollen.«
»Allmählich scheint mir, wir hätten die Köchin behalten und den Kerl rausschmeißen sollen«, meinte Ernestine.
»Pst!« warnte Anne. »Er kann dich hören.«
»Soll er doch!«
Tom erschien hochrot und wütend in der Tür zur Anrichte.
»Jawohl, ich hab's gehört«, rief er und fing an, seine Schürze abzubinden. »Also gut, dann kann ich ja gehn.«

Tom »ging« an manchen Tagen dreimal; daher verfehlte seine dramatische Ankündigung jede Wirkung.
»Hab' ich das vielleicht nötig, für euch zu arbeiten?« fuhr er fort. »Schließlich bin ich kein Sklave.« Er fuchtelte Ernestine mit der abgebundenen Schürze vor der Nase herum.
»Kein Mensch will, daß du gehst«, sagte Anne begütigend. »Wir wissen doch alle, daß wir ohne Tom gar nicht fertig werden – nicht wahr, Ernestine?«
Ernestine fing Annes drohenden Blick auf und nickte schließlich zögernd: »Na ja, wahrscheinlich.«
»Na also.« Anne lächelte zuckersüß. »Da hörst du's ja.«
»Was ist denn los mit dem Hammelbraten?« fragte Tom etwas besänftigt.
»Gar nichts«, erwiderte Anne. »Vielleicht ein klein bißchen zu durchgebraten. Wir mögen ihn lieber ein bißchen rosiger.«
»Ist doch Hammel auf indische Art«, sagte Tom, als sei damit der Streitfall für ihn erledigt. »Indischer Hammel muß durch sein.«
»Warum hast du das nicht gleich gesagt?« fragte Anne. »Dann ist doch alles klar.«
»Weil man hier nie nicht zu Worte kommt und nie nichts erklären kann, darum«, brummte Tom, während er seine Schürze wieder umband und sich in die Küche zurückzog. »Da plagt man sich und rackert sich ab und macht ihnen was Extrafeines, und sie wollen einen rausschmeißen. Noch dazu, wo man siebzehn Jahre im Hause ist!«
»Aber aussehn tut's doch, als sollte man lieber erst den Leichenbeschauer holen«, flüsterte Ernestine.
»Hammel auf indische Art«, meinte Anne. »Ich hab' schon Gummischuhe gesehn, auf die ich mehr Appetit hatte.« Dann fiel ihr ein, daß sie als Älteste ein gutes Beispiel geben mußte; sie fing an zu tranchieren und fügte hinzu: »Wird trotzdem gut schmecken.«
»Na, himmlisch«, spottete Martha.
»Bis Mutter wiederkommt, wird's mit der Kocherei schon klappen«, versprach Anne. »Los, bring das andre Essen, Ernestine. Und bring bitte Weizenflocken mit, falls jemand keinen Hammelbraten will.«

An diesem Nachmittag bekam Bill hohes Fieber und Ausschlag. Als der Arzt kam, hatten auch Ernestine und Martha Fieber und waren mit Pusteln übersät. Ernestine wollte sich Coldkrem und Puder darauftun und trotzdem zu ihrer Prüfung gehen, aber der Arzt steckte sie ins Bett. Am Mittag des nächsten Tages lagen alle mit Ausschlag im Bett.

Drittes Kapitel
Öl auf die Wogen

Welche Katastrophe auch hereinbrechen mochte – Tom hatte, manchmal in grauer Vorzeit, genau das gleiche durchgemacht, nur viel schlimmer.
Wenn einer unserer Jungen sich einen Nagel in den Fuß trat, verscheuchte Tom jede Furcht vor dem Starrkrampf mit der Schilderung, wie er einmal auf eine Eisenspitze getreten sei, die sich durch den Fuß bis in den Knöchel gebohrt habe. Nicht genug damit: er zog den Schuh aus und zeigte uns die Narbe.
Tom entdeckte als erster Bills Ausschlag und beorderte ihn schleunigst ins Bett.
»Aber ich fühl' mich nicht krank«, protestierte Bill. »Es juckt bloß.«
»Erzähl keine Opern«, kommandierte Tom. »Hundekrank bist du.«
»Es juckt bloß«, wiederholte Bill und kratzte sich.
»Ich hab' dir's einmal gesagt, und ich sag' dir's noch mal«, erklärte Tom. »Geh jetzt ins Bett. Und wenn du mit der Kratzerei nicht aufhörst, fliegst du für hundert Jahre aus dem Klub.«
Nur die Mitglieder von Toms Klub hatten nach dem Abendessen Zutritt zur Küche. Das hatte schon gegolten, als er noch nicht Koch war, denn abends nach der Tagesarbeit hatte Tom immer in der Küche regiert.
Für die anerkannten Klubmitglieder spielte Tom zuweilen Mundharmonika, röstete Puffmais, verteilte Süßigkeiten und führte Kartenkunststücke vor. Wer nicht im Klub war, durfte nur vom Hinterflur aus daran teilnehmen. Die Tür wurde offengelassen, und man durfte zusehen; man durfte aber nichts essen oder sich sonstwie beteiligen.
Die Großen taten zwar so, als verachteten sie Toms Klub; wenn sie aber das Glück hatten, in seiner Gunst zu stehen, fand man sie häufig nach dem Abendessen in der Küche. Für die Kleinen war die Aus-

stoßung aus dem Klub so etwas wie eine Verbannung nach Sibirien.

Das geringste Strafmaß, das Tom verhängte, war die Verbannung für hundert Jahre. In Wirklichkeit hieß das nur für eine Viertelstunde, denn Tom hatte ein weiches Herz. Der höchste Bannfluch galt für tausend Jahre und vier Tage. Das konnte ein ganzer Abend sein, obwohl das Urteil oft abgemildert wurde, wenn einem ein richtig reuevolles Gesicht gelang.

Als Bill in seinen Schlafanzug gestiegen war, rief Tom Anne, um ihr die Neuigkeit mitzuteilen.

»Allmächtiger«, stöhnte Anne. »Das hat noch gefehlt! Ich dachte schon, vielleicht geht alles glatt.«

»Ist ja weiter nichts, Anne«, beruhigte Bill sie. »Ich fühl' mich nicht krank.«

»Ich höre, daß du dich unter der Decke kratzt«, warnte Tom. »Ich bin nämlich nicht taub. Auch nicht blind. Ich hab' dir's zweimal gesagt, und ich sag' dir's noch mal. Nimm dich jetzt zusammen.«

»Ich ruf' wohl lieber den Doktor an«, seufzte Anne.

»Ich wüßt' schon 'ne Medizin für ihn«, sagte Tom, »bloß . . .«

»Gar nichts weißt du«, rief Bill ahnungsvoll.

»Du weißt doch, was Paps dir wegen deiner Medizin gesagt hat«, mahnte Anne.

»Weiß ich ja«, versetzte Tom gekränkt. »Ich sag' bloß: ich könnte Bill gesund machen, aber Befehl ist Befehl. Mir braucht man bloß 'n Wink geben.«

Anne beugte sich über Bill und untersuchte seine Pusteln: »Sieht mir wie Ausschlag oder Nesseln aus.«

»Nesseln«, grunzte Tom. »Hundekrank ist der, sag' ich dir. Natürlich nicht so krank wie ich damals, als . . .«

»Er hat von dem angebrannten Hammel gegessen . . .« Anne unterbrach sich rasch. »Vielleicht ist ihm irgend was nicht bekommen?«

»Nicht bekommen?« fragte Tom und wandte sich anklagend zu Bill. »Hast du dich wieder weggeschlichen und im Drug Store was gegessen? Man weiß ja nie, was in dem Zeug drin ist, das sie einem da vorsetzen.«

Bill schüttelte den Kopf.

»Ist ja auch gar nicht der Magen«, sagte Tom. »Ich weiß schon, was es ist, aber euer Vater hat's befohlen, und da sag' ich's eben nicht.«

»Das war damals, wie wir die Masern hatten, und du hast gesagt, wir hätten Scharlach, nicht wahr Tom?« fragte Bill.

»Ja, da hat er mir's befohlen«, gab Tom zu.

»Na, was denn, irren kann sich jeder mal, was, Tom?« fragte Bill. Bill gehörte zu Toms Verteidigern und war fast ständig im Klub.

»Mutter hat sich damals fast zu Tode erschrocken«, sagte Anne vorwurfsvoll.
»Vielleicht war's doch Scharlach«, sagte Tom.
Während Anne Dr. Burton anrief, ging Tom in dem Zimmer, das Frank und Bill bewohnten, auf und ab.
»Na klar«, brummte er für uns, die wir um Bills Bett herumstanden und seinen Ausschlag besichtigten, »ich versteh' ja nichts davon. Klar – ich bin ja blöd. So blöd, daß ich hundert solche Fälle im Krieg gesehn hab' und doch nicht weiß, was es ist. Wie die Fliegen sind sie dran gestorben – hab' ich gesehn.«
»Ist's wirklich schlimm?« fragte Bill. »Kriegen das alle?«
»Du jedenfalls, wenn du nicht aufhörst zu kratzen, du Frechdachs. Du fliegst für hundert Jahre aus dem Klub.«
»Bloß das nicht!« widersprach Ernestine in komischem Entsetzen. »Alles, bloß das nicht!«
Tom tat, als hörte er nicht. Aber zweifellos würde Ernestine – oder die Prinzessin, wie Tom sie manchmal mit übertriebener Höflichkeit nannte – für tausend Jahre und vier Tage aus dem Klub fliegen.
Tom ging wieder auf und ab und brummte vor sich hin. »Zehn Monate Lazarettgehilfe im Krieg – ist wohl 'n Katzendreck? Wahrscheinlich hab' ich die ganze Zeit die Augen zugehabt. Na, klar hab' ich das.«
Der Krieg, auf den Tom anspielte, war der amerikanische Bürgerkrieg. Wenn Tom – wie er oft behauptete – ihn tatsächlich als Lazarettgehilfe mitgemacht hatte, dann hatte die Medizin seit jenen Tagen doch beträchtliche Fortschritte gemacht. Denn Toms Allheilmittel waren Chinin und Rizinusöl. Möglicherweise wußte er auch nicht, daß der Aderlaß ziemlich aus der Mode gekommen war.
Tom glaubte, eine gute Menschenmedizin müsse auch für Tiere heilsam sein. Er hatte, sehr zum Mißfallen von Paps, eine Sammlung teils wilder, teils zahmer Tiere. Paps hatte immer geklagt: zwanzig hungrige Menschenmäuler seien schon mehr, als ein einzelner stopfen könne; daß er auch noch die Fauna ernähren solle, die Tom mitbrachte oder die am Küchenfenster bettelte – das gehe doch entschieden zu weit.
Wenn ein Tier aus Toms Menagerie den Schnabel hängen ließ, wenn es eine warme Nase, gerötete Augen, übelriechenden Atem oder eine belegte Zunge hatte, dann mischte Tom sofort ein wenig Rizinusöl und Chinin, tat ein bißchen Zucker daran, um die Medizin schmackhafter zu machen, und praktizierte der hilflosen Kreatur diese Mixtur in Maul oder Schnabel.
Kein Tier starb daran, keins nahm ihm das lebenslang übel. Nur

Toms Katze Vierzehn – Tom numerierte seine Katzen – retirierte bäuchlings zur Hintertür, sobald sie ihn nach dem Brett über dem Küchenausguß langen sah, auf dem die Chininflasche stand.
Toms Diagnosen waren mannigfaltig, hemmungslos und manchmal exotisch – aber nur bei anderen. Wenn er selber krank war, handelte sich's immer um Rippenfellentzündung, gleichgültig, ob das Symptom Nasenbluten oder ein geschwollener Fuß war. In solchen Fällen ließ er sich die große Chininflasche bringen, und das half immer.

Als Dr. Burton kam, lagen auch Ernestine und Martha im Bett. Sobald der Arzt bei uns im Hause war, wurde Tom wieder Lazarettgehilfe. Er sagte: »Jawohl, Sir« und »Nein, Sir« und zog den Bauch ein. Dr. Burton kannte Toms medizinische Ambitionen und sicherte sich seine Unterstützung, indem er ihn wie einen studierten Kollegen behandelte.
»Was ist es denn?« fragte Anne ängstlich, als Dr. Burton sich über Bills Bett beugte. »Tom macht dauernd so dunkle Anspielungen, daß es was Ernstes ist.«
»Wie die Fliegen sind sie dran gestorben, sagt er«, berichtete Bill. »Aber es juckt bloß, weiter nichts.«
»Klarer Fall, was, Tom?« fragte der Arzt.
»Jawohl, Sir. Ich wollte bloß nichts sagen, weil ich's Mr. Gilbreth versprochen hab'.«
»Windpocken – sieht doch jeder. Keine Untersuchung nötig – meinen Sie nicht auch, Tom?«
»Na, das langt ja«, seufzte Anne.
»Hab' mir's gedacht, Sir«, sagte Tom. »Entweder das oder schwarze Pocken, das wußt' ich nicht genau.«
»Kein Grund zur Sorge«, sagte Dr. Burton zu Anne.
»Ich mach' mir auch keine«, sagte Anne mit einem Blick auf Tom. »Jetzt weiß ich ja, daß es weder Lepra noch Cholera ist.«
»In ein paar Tagen seid ihr alle wieder auf und puppenlustig«, versicherte ihr Dr. Burton.
»Wieso ›alle‹?« fragte Anne. »Windpocken sind doch 'ne Kinderkrankheit?«
»Hat einer von euch sie schon gehabt?«
»Ich glaube, nein«, gab Anne zu.
»Dann kriegt ihr sie alle. Tom wird euch schon pflegen.«
»Jawohl, Sir«, strahlte Tom.
»Ich schicke eine Medizin«, fuhr der Doktor fort. »Und Tom – ich verlass' mich auf Sie, daß sie regelmäßig eingenommen wird.«
»Verstehe vollkommen«, sagte Tom; es war klar, daß Dr. Burton als Arzt raketenartig in seiner Achtung gestiegen war.

»Rizinusöl«, stöhnte Bill.
»Ein bißchen Rizinusöl kann nichts schaden«, gab Dr. Burton zu.
»Hast du gehört, Tom?« fragte Bill, der sich an diesen Strohhalm klammerte. »›Ein bißchen‹ sagt Dr. Burton.«
»Richtig«, warnte der Doktor. »Nicht zuviel.« Er wandte sich an Tom. »Sie haben die Windpocken wohl schon gehabt?«
»Nein, Sir«, sagte Tom. »Als Kind hatte ich was, das sah so ähnlich aus. Manche sagten sogar, es wären die Windpocken. Aber dann stellte sich raus, daß es . . .«
»Rippenfellentzündung war«, sagte Dr. Burton und nickte weise.
»Die einzige Krankheit, die mir je zu schaffen machte.«

Am nächsten Tag zeigte es sich, daß wir alle die Windpocken hatten; Anne ließ Tom alle Jungenbetten in das Zimmer von Frank und Bill bringen und alle Mädchenbetten in Mutters und Paps' Schlafzimmer. Die Zimmer lagen nebeneinander, so daß Anne sie bei offener Tür vom Bett aus überwachen konnte.
Anne wollte keinesfalls, daß die Familiendisziplin unter einer Massenepidemie litte. Wir alle mußten so lange aufstehen, bis wir uns gewaschen, die Betten gemacht, uns gewogen und die Eintragungen auf den Tabellen gemacht hatten.
Wir holten das Grammophon aus dem Jungenbad – wir pflegten die Sprachplatten während des Badens oder während sonstiger von Paps als »unvermeidlicher Zeitverlust« bezeichneter Verrichtungen zu hören – und stellten es zwischen den beiden Krankenzimmern in die Tür. Eine Viertelstunde lang ließen wir französische und deutsche Sprachplatten laufen. Dann stand Anne auf und sah sich die Tabellen an, ob alle ihre Pflichten erfüllt hatten.
»Ach, wie schön«, seufzte sie, als sie wieder ins Bett krabbelte. »Jetzt können wir unsre Krankheit genießen. Wer mich noch mal rausjagt, soll meine Pocken kriegen!«
Keiner von uns fühlte sich sonderlich krank. Eine Weile sangen wir, die Jungen die Melodie und die Mädchen zweite Stimme. Manchmal sang jedes Zimmer erst seine Stimme allein, damit wir das Lied richtig lernten; dann versuchten wir es gemeinsam. Wir sangen: »Yes, We Have No Bananas«, »Oh, Gee, Oh, Gosh, Oh, Golly, I'm in Love«, »Last Night on the Back Porch« und »You've Got to See Mama Every Night or You Can't See Mama at All«.
Dann spielten wir einige der neuesten Tanzplatten und sangen dazu: »What'll I Do?«, »All Alone by the Telephone«, »Charlie My Boy«, »Limehouse Blues« und »The Prisoner's Song«.
Wir fanden es nicht schlimm, krank zu sein; wir hofften nur, daß Mutter es nicht herausbekam und sich Sorgen machte.

Nach einer Weile hörten wir unten in der Küche einen Löffel in einem Glase klirren; wir wußten: Tom mischte Rizinusöl mit Orangensaft und Zucker. Alle Jungen, von Frank bis zum Kleinsten, taten sofort, als lägen sie in tiefem Schlaf.
Tom brachte ein Glas Rizinusöl herauf. Während er sich über Treppe und Flur den Krankenzimmern näherte, hörte man ihn immer vernehmlicher rühren.
Als er mit der ersten Portion eintrat, schnarchten die Jungen. »Mir macht ihr nichts vor«, sagte Tom zu ihnen. »Ich seh' euch ja noch blinzeln. Noch ein paar Minuten – dann kriegt ihr eure Medizin.«
Den Kopf sittsam abgewandt, klopfte er laut an die offene Tür zum Mädchenzimmer. Tom vollführte stets eine komplizierte Klopfzeremonie, bevor er das Zimmer eines Mädchens betrat. Er hielt das Anklopfen zwar für Zeitverschwendung, weil er uns schließlich alle schon in Windeln gekannt hatte, aber Paps und Mutter bestanden darauf. Wenn Tom aus Versehen ein nicht ganz angezogenes Mädchen überraschte, verstand er angeblich durchaus nicht, warum das so genierlich sein sollte. »Was ist denn dabei?« fragte er, während das Mädchen sich kreischend in einem Schrank versteckte. »Ich genier' mich nie nicht. Macht nichts, macht gar nichts.«
Jetzt fragte er nach dem Anklopfen:
»Darf ich reinkommen, Anne?« Er rührte aus Leibeskräften in seinem Rizinusöl.
»Ja, kannst reinkommen«, erlaubte Anne.
»Keiner hier«, sagte Ernestine, »bloß wir Windboxer.«
Tom trat ein und verbeugte sich tief vor Ernestine, der Prinzessin.
»Königliche Hoheit«, sagte er, »hiermit überreiche ich Ihnen ein Geschenk der Großherzogin.«
Er hielt ihr das Glas hin.
»Erst Anne«, widersprach Ernestine. »Die ist die Älteste. Außerdem hast du's wahrscheinlich mit Schnaps getauft.«
»Mit Schnaps getauft? Wo hast du denn das aufgeschnappt?« fragte Tom ehrlich entrüstet. »Das sag' ich deiner Mutter, wenn sie wiederkommt.«
»Nun gebt schon in Gottes Namen her«, sagte Anne.
»Ach, wozu denn?« barmte Ernestine. »Nun gib schon her.«
Da sie sich einmal dazu durchgerungen hatte, nahm sie, bevor ihre Willenskraft erlahmte, das Glas und leerte es mit einem Zug.
»Gutes Mädchen, Ernie«, strahlte Tom. »Darfst in den Klub. Wie hat's geschmeckt?«
Ernestine besann sich darauf, daß sie mit gutem Beispiel vorangehen müsse, und lächelte tapfer.
»Köstlich«, würgte sie. »Einfach köstlich.«

»Hab' ich's nicht gesagt?« fragte Tom. »Der Orangensaft nimmt den Geschmack weg.«
»Stimmt«, log Ernestine. »Einfach köstlich.«
»Willst du noch was?« fragte Tom hoffnungsvoll. »Ich mach' dir gern noch ein Glas.«
»Nein!« brüllte Ernestine. »Ich wollte sagen: vielen Dank. Hat mächtig gut geschmeckt, aber ich hab' wirklich genug.«
»Dann morgen«, sagte Tom, während er in die Küche ging, um Annes Portion zu mischen.
»Noch nie in meinem Leben hab' ich so viel Rizinus geschluckt«, flüsterte Ernestine Anne zu. »Der alte Idiot denkt wohl, meine Verdauung ist so unregelmäßig wie 'n französisches Verb.«
»Tu mir den Gefallen und sei still, bis ich meins getrunken hab'«, flehte Anne. »Mein Herz blutet für dich, aber halt bitte deinen öligen Mund.«
Anne, Martha und auch Frank schluckten verantwortungsbewußt ihre Medizin und brachten es fertig, sich die Lippen zu lecken und zu behaupten, es habe gut geschmeckt. Aber bei Bill hatte die Solidarität ein Ende.
Zunächst wollte Bill nicht aufwachen; er schnarchte um so lauter, je heftiger Tom ihn schüttelte.
»So was von gesundem Schlaf hab' ich noch nicht gesehn«, sagte Tom; er fand es nun an der Zeit, psychologisch vorzugehen. »Na, wenn ich ihn fürs Rizinus nicht wach kriege, muß ich was andres probieren.«
Bill schnarchte, daß die Wände wackelten.
»Weiß einer, wo der Irrigator ist?« fragte Tom.
Bill ahnte, was das bedeutete. Er wälzte sich herum und machte ein Auge auf.
»Wo bin ich?« fragte er verschlafen. »Wie spät ist es?«
»Höchste Zeit, daß du das hier trinkst«, sagte Tom und hielt Bill das Glas vor die Nase.
»Was ist denn das?« fragte Bill, um möglichst viel Zeit zu gewinnen.
»Das weißt du ganz genau«, brüllte Tom, dessen Geduld allmählich erschöpft war. »Nun runter damit!«
»Ich mag nicht.«
»Woher weißt du, daß du's nicht magst? Hast ja noch nicht gekostet!«
»Ich hab's schon früher gekostet. Schmeckt ekelhaft.«
»Nun hör mal«, sagte Tom behutsam. »Frag Anne. Frag Ernestine. Frag Martha. Frag Frank. Gut schmeckt es. Köstlich schmeckt's.«
»Die kenn' ich. Die wollen bloß 'n gutes Beispiel geben.«

Nun spielte Tom seine letzte Karte aus.
»Hör doch mal zu«, flötete er. »Ich hab' draußen im Flur noch so 'n Glas. Wenn du 'n braver Junge bist und trinkst, dann trink' ich das andre Glas – bloß damit du siehst, wie gut es schmeckt.«
Nun waren auch die kleineren Jungen wach geworden und beobachteten die Szene. Bill dachte gründlich über dieses Angebot nach.
»Woher weiß ich denn, ob in dem andern Glas auch Rizinus ist?« fragte er mißtrauisch.
»Ich geb' dir mein Ehrenwort, genügt das?« Tom brüllte wieder.
»Nein, genügt nicht.«
»Schön, dann schimpf mich Lügner!« rief Tom. »Schimpf mich Lügner!«
Er ging hinaus und kam, in jeder Hand ein Glas, wieder zurück.
»Such dir aus. Wenn das nicht anständig ist, weiß ich nicht.«
»Wenn ich meins trinke, trinkst du dann auch eins?« fragte Fred.
»Klar«, sagte Tom. »Schmeckt köstlich. Frag Anne.«
»Bei mir auch?« wollte Dan wissen.
»Bestimmt.«
»Bei mir auch?« fragte Jack.
»Aber bei mir auch!« schrie Lillian aus dem anderen Krankenzimmer.
»Bei allen«, erklärte Tom. »Bei der ganzen Belegschaft.«
Bill untersuchte die Gläser genau, und die Mädchen kamen herein, um zu sehen, welches er nehmen würde. In beiden Gläsern war die gleiche Menge Orangensaft, aber eins unterschied sie sehr deutlich voneinander: in einem Glas schwammen nur wenig Öltröpfchen auf dem Saft, während das andere mit einer zentimeterdicken Ölschicht bedeckt war.
»Das da möcht' ich«, sagte Bill und deutete auf das Glas mit den wenigen Tröpfchen.
»Willst du das wirklich?« fragte Tom mit Unschuldsmiene. »Ich seh' keinen Unterschied.«
»Wehe, wenn du kneifst«, sagte Bill. »Das da will ich.«
Er wollte das Glas schon nehmen, als er beim Aufblicken Ernestine kaum merklich den Kopf schütteln sah.
»Willst du wirklich nicht das andere?« fragte Tom, dem die Sache nach Wunsch zu gehen schien.
»Okay«, sagte Bill, »du hast mir's bloß aufgeschwatzt. Ich hab' mir's anders überlegt.«
Er griff nach dem Glas mit der dicken Ölschicht.
»Halt, Moment mal«, widersprach Tom, ehrlich erschrocken. »Das willst du doch nicht. Sieh dir's genau an – merkst du nicht, wieviel Öl da drin ist? Hier, das wolltest du.«

Aber es war zu spät. Bill trank Orangensaft mit Salatöl.
»Köstlich«, grinste er. »Einfach köstlich.«
Tom blickte angewidert auf das Glas in seiner Hand. Es gelang ihm, wenn auch nur schwächlich, zu lächeln.
»Bist 'n guter Junge, Bill«, brummte er schließlich.
»Bin ich nun im Klub, weil ich meine Medizin getrunken hab', Tom?«
»Ich denk' schon.«
»Tausend Jahre und vier Tage?«
Tom nickte mürrisch.
»Trinkst du jetzt deins, Tom?«
Er nickte wieder.
»Und trinkst du auch eins mit Lillian und mit Fred und mit Dan und mit Jack und mit Bob und mit Jane – wie du's uns versprochen hast?«
Tom sah sich hilfesuchend um. Die Mädchen bissen sich auf die Lippen, um nicht loszuprusten. Frank hatte sein Gesicht im Kopfkissen versteckt.
»Trink doch«, sagte Bill.
»Schmeckt köstlich«, sagte Ernestine. »Frag Anne.«
Wenn Blicke töten könnten, wäre die Prinzessin jetzt steif und kalt gewesen.
»Frag Ernestine«, sagte Martha.
»Frag Martha«, sagte Frank.
»Frag Frank«, sagte Bill.
»Möcht' wissen, wozu ich mich hier rumschinde.« Tom schüttelte trübsinnig den Kopf. »Siebzen Jahre im Haus, und jetzt, wo ich anfang', alt zu werden, wollen sie mich vergiften. Hundertzwanzig Millionen Amerikaner, und ausgerechnet ich muß mich mit euch rumschinden.«
»Nein«, sagte Anne. »Trink nicht, Tom. War ja nur Spaß, und kein sehr schöner, scheint mir. Entschuldige, Tom.«
Tom trat würdevoll einen Schritt zurück, warf uns einen vernichtenden Blick zu und leerte sein Glas mit einem Zuge. Dann schritt er aus dem Zimmer, ging in die Küche und kam gleich darauf mit der Rizinusflasche und mit einem Löffel zurück. Beides überreichte er Ernestine, nicht ohne sich zu verbeugen.
»Hier, Herzogin«, sagte er. »Ich weiß schon, wer ihn dazu gebracht hat. Hab' schon gesehn, wie schuldbewußt du geguckt hast. Ich bin nämlich nicht taub. Auch nicht blind. Jetzt kannst du den andern die Medizin geben, so wie's der Doktor gesagt hat.«
Wieder schritt er aus dem Zimmer, diesmal aber rückwärts, mit Verbeugungen und Kratzfüßen.

Ernestine versuchte, die Flasche an Anne weiterzugeben, aber Anne wollte nicht.
»Du hast die Verantwortung«, sagte Ernestine. »Du bist die Älteste.«
»Nein, Tom hat recht«, entgegnete Anne. »Ich hab' den schuldbewußten Blick auch gesehn, Herzogin. Das ist jetzt deine Sache. Ich übergeb' dir die Verantwortung.«

Viertes Kapitel
Vollkommen tot

Martha hatte rotes Haar und viele Sommersprossen; daß sie im Laufe des letzten Jahres in die Höhe geschossen und üppig, sogar sehr üppig geworden war, übersah sie einfach. Das wurde ihr erst später klar, als die Sommersprossen allmählich verschwanden, woran sie selber nicht unwesentlich beteiligt war.

Vorläufig trug sie eine Matrosenbluse und blaue Serge-Hosen lieber als Rock und Sweater, und sie saß lieber auf einem Fahrrad als im Fond einer Kutsche.

Martha war unbekümmert, träge, durch nichts zu erschüttern und mit jedermann gut Freund. Sie war von Natur aus tüchtig; das lag einerseits an ihrem Temperament, andererseits daran, daß auf jeden Menschen ihres Alters allein schon das Wort Arbeit niederschmetternd wirkt. Arbeit mußte tunlichst überhaupt vermieden werden. War das nicht möglich, dann mußte sie eben mit einem Minimum an Zeit und Anstrengung abgetan werden. Daher Marthas Tüchtigkeit.

Sie hatte gerade ihr zweites Jahr in der höheren Schule absolviert; in diesen zwei Schuljahren hatte sie ihre Mappe keine zwölfmal selber nach Hause getragen, womit sie die diesbezüglichen Rekordleistungen von Anne und Ernestine noch übertroffen hatte. Sie nahm die Aufmerksamkeiten ihrer männlichen Packesels als etwas Selbstverständliches hin, ohne sie im geringsten auf die Entwicklung zu beziehen, die sich unterhalb ihres Gesichts vollzog. Von der höheren Schule in Montclair bis zu unserem Haus waren es nahezu drei Kilometer, und Anne und Ernestine behaupteten, Martha suche sich ihre Freunde nur danach aus, wie schwer und wie weit sie schleppen konnten.

Wir brachten die Windpocken in verhältnismäßig kurzer Zeit hinter uns, und Martha übernahm es, das Packen für Nantucket zu überwachen. Sie ließ Frank und Bill drei Koffer vom Boden holen und in die Oberdiele schaffen. Wir brachten unsere Kleider zu ihr, sie vergewisserte sich, daß wir wirklich alles Notwendige beisammen hatten, und dann erst durften wir packen. Martha hatte sich in einen bequemen Sessel niedergelassen und brauchte keinen Finger zu rühren.

Zur Vereinfachung des Unternehmens hatte Martha mehrere Kontroll-Listen angelegt, die sie sichtlich sehr befriedigten. Für gewöhnlich hatte Martha Annes und Ernestines Befehlen zu gehorchen; nun bereitete es ihr ein besonderes Vergnügen, die beiden herumkommandieren zu können.

»Name!« verlangte sie zu wissen, als Anne mit einem Haufen Kleider in der Diele erschien. »Sprich laut, damit ich dich verstehn kann.«

»Ach, du grüne Neune«, entgegnete Anne. »Ist ja ganz schön, wenn einer tüchtig ist, aber zu weit darf's auch nicht gehn.«

»Möchtest du vielleicht die Aufsicht übernehmen?« fragte Martha und hielt ihr die Kontroll-Listen hin.

»Nein«, gab Anne zu, das wollte sie nicht.

»Dann sei bitte so gut und beantworte mir ein paar einfache Fragen. Name!«

»Paavo Nurmi, der Fliegende Finne«, sagte Anne. »Alter: achtzehn. Lieblingsbeschäftigung: mich von frechen Gören rumkommandieren lassen.«

»Sprich laut, damit ich dich verstehn kann«, sagte Martha und blätterte in ihren Papieren, bis sie Annes Liste gefunden hatte.

»Was soll das?« brummte Anne, dann brüllte sie: »Anne!«

»Gut«, strahlte Martha. »Kleider?«

»Sechs.«

Martha machte einen Vermerk auf der Liste. »Und zum Baden?«

»Zum Baden, Mr. Bones? Klar geh' ich zum Baden.«

»Sprich laut, damit ich dich verstehn kann.«

»Einen Badeanzug«, brüllte Anne. »So was von Tüchtigkeit – als bekämst du dafür bezahlt.«

Nachdem Martha die ganze Liste einschließlich Haarnadeln und Schuhspanner durchgegangen war, gab sie Anne Anweisungen, in welchen Koffer sie ihre Sachen zu packen hatte. Dann marschierten wir anderen nach dem Alter auf, nannten unsere Namen und wurden in gleicher Weise abgefertigt.

Jedes ältere Kind war nicht nur für sich selber verantwortlich, sondern auch für eins der jüngeren Geschwister: Anne für Jane, Ernestine für Jack, Martha für Bob und Frank für Dan. Das galt nicht nur für das Kofferpacken, sondern für alle Familienunternehmungen oder besonderen Ereignisse. Die Älteren mußten sich um ihre jeweiligen Schützlinge kümmern, ob es sich nun darum handelte, eine

Straße zu überqueren oder die täglichen Verrichtungen auf den Tabellen einzutragen oder ob ein Feuer ausbrach. Bill, Lillian und Fred bildeten eine Zwischengruppe: sie waren alt genug, um für sich selber zu sorgen, aber noch nicht so alt, daß sie anderen helfen konnten.

Als die Kleider eingepackt waren, außerdem Bettwäsche, Decken, allerlei Werkzeug, Puppen, Spielsachen, Einklebbücher, Kristalldetektoren und Kopfhörer, Briefmarkensammlungen, Stickmuster und andere Gegenstände, die auf keinen Fall zurückbleiben durften, dachten wir nur noch an den Tag der Abreise.

Martha hatte inzwischen die Kasse übernommen. Martha war mit ihrem eigenen Geld nicht geizig, wenn es ihr auch nicht gerade zwischen den Fingern zerrann. Sobald sich's aber um Mutters Geld handelte, mußte man ihr jeden Cent aus der Nase ziehen. Sie darauf hinzuweisen, daß man Geld nicht mit ins Grab nehmen könne, war Zeitverschwendung. Sie hatte längst entschieden: wenn das der Fall wäre, würde kein vernünftiger Mensch auch nur im Traum daran denken, sich irgendwie anzustrengen.

Sie entwarf Anforderungsscheine, die wir in dreifacher Ausfertigung auszufüllen hatten, wenn wir irgend etwas für den Haushalt kaufen oder unser wöchentliches Taschengeld haben wollten. Bill hatte ganz recht: ein ziemlich umständliches Verfahren bei fünfzehn Cent die Woche.

Wir wollten zunächst mit dem Zug von Montclair nach Hoboken fahren, dann mit der Fähre nach New York übersetzen, dort einen Nachtdampfer nach New Bedford in Massachusetts nehmen und von New Bedford mit dem Schiff nach Nantucket fahren. Wir wußten, das Umsteigen mit unseren vielen Koffern und mit den kleinen Kindern würde recht beschwerlich werden. Aber der Nachtdampfer war billiger als die Eisenbahnfahrt nach New Bedford.

Martha, der Anne Bankvollmacht erteilt hatte, löste einen Scheck ein und fuhr nach New York, um die Schiffskarten zu holen. Als der Mann im Fahrkartenhäuschen am Pier den Gesamtpreis nannte, wurde ihr ganz schwach vor Schreck.

»Das kann doch nicht stimmen«, sagte sie. »Wir fahren nach Nantucket und nicht nach Paris in Frankreich. Würden Sie's bitte noch mal nachrechnen?«

Der Mann zählte noch einmal alles zusammen, und Martha rechnete zweimal nach. Als sie schließlich davon überzeugt war, daß die Rechnung stimmte, beschloß sie, auf zwei von den fünf durch Mutter bestellten Kabinen zu verzichten und zwei volle Fahrkarten in Kinderbilletts umzutauschen.

Nach ihrer Rückkehr aus der Stadt berichtete sie flammend vor Entrüstung Ernestine und Anne, wieviel unsere Reise kosten solle, daß sie auf zwei Kabinen verzichtet und die Fahrkarten umgetauscht hatte. »Dadurch hab' ich über zwanzig Dollar gespart«, schloß sie. »Wir müssen eben in zwei Kabinen zu viert und in einer zu dritt schlafen.«

»Na, dann gute Nacht«, sagte Anne. »Schon drei in einer Kabine sind das reinste Zigeunerlager. Aber irgendwie werden wir's schon schaffen.«

»Natürlich schaffen wir's«, stimmte Martha zu. »Bedenke doch, was wir gespart haben . . .«

»Halt«, unterbrach Anne. »Du hast ja Tom vergessen. Wo soll der denn schlafen?«

»Willst du uns etwa erzählen, daß er mit in unsern Kabinen schlafen soll?« warf Ernestine ein. »Dann muß ich sagen, diese Sparsamkeit geht ein bißchen weit.«

»Muß ich auch sagen«, gab Anne zu. »Schon die Idee . . .«

»Ich will gerne Fußböden schrubben«, verkündete Ernestine theatralisch. »Ich will gerne die Klos in der Untergrundbahn saubermachen. Aber ich will nicht . . .«

»Ich auch nicht«, sagte Anne.

»Ich hab' ihn ja nicht vergessen«, beruhigte Martha sie. »Legt in Gottes Namen eure Klobürsten weg, ihr braucht auch nicht auf allen vieren rumzurutschen.«

»Aber wo soll er denn schlafen?«

»Ach, er hat doch erst neulich geklagt, er könne auf der Fahrt nach Nantucket kein Auge zumachen. Also – wenn er sowieso nicht schläft, wozu dann das schöne Geld zum Fenster rauswerfen?«

»Das kannst du ihm nicht antun«, protestierte Anne. »Du fährst gleich wieder nach New York und nimmst noch eine Kabine.«

»Ist ja schon alles in Ordnung«, beharrte Martha. »Ich hab's ihm schon gesagt.«

»Armer Tom«, meinte Anne mitleidig. »Und was sagte er?«

»Na, du kennst doch Tom. Er brummte was von hundertzwanzig Millionen Amerikanern und daß Lincoln alle Sklaven befreit habe bis auf einen. Aber richtig dagegen war er nicht.«

»Armer Tom!« sagte Anne noch einmal. »Ach, du grüne Neune.«

»Ich versteh' nicht, wieso er sich das gefallen läßt«, pflichtete Ernestine bei.

»Hört mal zu«, sagte Martha; sie kramte ärgerlich in ihrer Tasche nach dem Scheckbuch. »Will eine von euch die Kasse übernehmen? Bitte schön, wollt ihr?«

»Wahrscheinlich ist es gar keine so schlechte Idee«, beruhigte Anne sie hastig.

»Und du hast von Mutters Geld über zwanzig Dollar gespart«, betonte Ernestine.
»Und was für schönes Geld«, ergänzte Martha, die offenbar großes Vertrauen zu der Währung des Landes hatte. »Ich hätt's ja nicht getan, wenn er nicht gesagt hätte, daß er sowieso nicht schlafen kann.«
»Also, das wär' in Ordnung«, sagte Anne. »Aber was wird nun mit den beiden Kinderbilletts?«
»Was damit wird?« fragte Martha kriegerisch; sie langte wieder nach dem Scheckbuch.
»Steck das doch weg«, sagte Anne. »Ich hab' hier die Leitung, und ich wünsche nicht, daß man mir dauernd mit Scheckbüchern, Kontroll-Listen, Rundschreiben oder Frachtbriefen vor der Nase rumfuchtelt, sobald ich den Mund aufmache.«
»Frank könnte wohl noch auf Kinderbillett fahren, du aber nicht«, sagte Ernestine.
»Warum denn nicht, möcht' ich wissen?« Martha war entrüstet. »Zugegeben – ich bin ein bißchen groß. Aber ich kann ja die Knie krumm machen, wenn ich den Laufsteg raufgehe.«
»Die Größe ist's nicht«, meinte Ernestine bedeutungsvoll.
»Was denn sonst?«
»Lieber Himmel«, sagte Anne mit einem Blick auf Martha. »Sieh dich doch mal an.«
Martha blickte an sich herunter und zuckte die Achseln. »Ach, das?« sagte sie. »Du meine Güte, auf so was achtet doch kein Mensch.«
Unser Zug nach Hoboken sollte am frühen Nachmittag abfahren. Um nicht soviel Geld auszugeben, nahmen wir nur ein Taxi; fünf von uns gingen unter Ernestines Aufsicht zu Fuß zum Bahnhof. Anne, Tom und die fünf Kleinsten standen mit dem Gepäck vor dem Haus und warteten auf das Taxi.
Alle Koffer waren auf den Verandastufen bereitgestellt, und als der Wagen endlich vorfuhr, hatte Anne die fünf Kinder gewaschen und angezogen.
Erst als die Koffer verladen und auch die Kinder im Taxi verstaut waren, entdeckte Anne, daß Tom fehlte. Sie rief ihn – keine Antwort. Sie schloß die Haustür wieder auf und durchsuchte das Haus. In der Küche fand sie Toms Mütze, den Käfig mit unseren beiden Kanarienvögeln und einen leeren Pappkarton mit durchlöchertem Deckel. Von Tom selber keine Spur.
Der Taxifahrer hupte unentwegt. Anne ging vors Haus, um ihn zu beschwichtigen. Die Kinder hopsten und krabbelten im Wagen herum; Bob hatte sich dem Fahrer auf den Schoß gesetzt.

»Wenn Sie hier was zu sagen haben«, sagte der Fahrer zu Anne, indem er nach hinten langte und seine Mütze vor Jack in Sicherheit brachte, »dann sollten Sie die Bande jetzt auf den Trab bringen. Ich hab' heut nachmittag nämlich noch andere Fuhren.«

»Ich tu ja schon, was ich kann«, sagte Anne. »Wir sind gleich soweit. Unser Koch sucht wohl noch seine Katze.«

»Und wo ist der Präsident?« fragte Fred.

Anne schnalzte mit den Fingern: »Ich wußte doch, daß ich was vergessen hab'. Wo ist er denn?«

Der Präsident war unser Hund, eine Art Schäferhund. Er war da, sprang bellend um den Wagen herum und knurrte den Fahrer an.

»Nimm ihn an die Leine«, sagte Anne zu Fred. »Daß er ja nicht wegläuft!«

Tom kam den Eagle Rock Way heruntergerannt.

»Vierzehn«, keuchte er, »ich kann Vierzehn nirgends finden.«

»Dann muß sie hierbleiben«, sagte Anne. »Jetzt ist's höchste Eisenbahn. Schnell, steig ein.«

»Vierzehn hierbleiben?« fragte Tom ungläubig. »Du bist wohl verrückt?«

»Bitte, Tom. Wir müssen zum Zug.«

»Was denkst du denn von mir?« fuhr Tom sie an. »Die Katze lass' ich nicht hier. Wenn die nicht mitkommt, bleib' ich auch hier.«

»Wir haben doch den Präsidenten«, flehte Anne. »Und du hast die Kanarienvögel.«

»Aber Vierzehn hab' ich nicht.«

»Himmelherrgott!« wetterte Anne. »Seit über vierzehn Tagen bereite ich nun diese Reise vor. Bis aufs letzte Bad, bis aufs Schuheputzen hab' ich sie vorbereitet. Die Windpocken haben uns keinen Strich durch die Reise gemacht; ich denke nicht dran, sie mir von einer Katze verderben zu lassen. Steig jetzt ein.«

»Ich hab' ja nicht mal meine Mütze«, sagte er. »Und die Vögel auch nicht.«

»Geh und hol sie«, sagte Anne. »Aber bißchen fix.«

»Nun machen Sie schon, was die Dame sagt«, mischte sich der Fahrer ein. »Ich hab' noch andre Fuhren.«

Tom beeilte sich, wenn auch murrend. »Na, wenn dein Vater dich so reden hörte. Der würd's dir schon zeigen, du freches Ding, du.«

Er nörgelte immer noch vor sich hin, als er mit Mütze und Vogelkäfig im Zuckeltrab zurückkam und in den Wagen stieg. »Der würde dir's zeigen, aber richtig. Flucht hier wie 'n Droschkenkutscher – noch dazu vor den Kindern. Bist nämlich noch nicht zu alt für 'ne Tracht Prügel.«

Anne schloß die Haustür ab und sprang in den Wagen.

»Sieben Personen, acht Koffer, ein Hund, zwei Kanarienvögel – und alles in einem Wagen«, zählte der Fahrer, als wir den Weg hinunterfuhren. »Sie hätten mindestens drei bestellen müssen.«
»Ich find's gar nicht so eng«, sagte Anne so fröhlich wie möglich.
»Ist der Hund stubenrein?«
»Für gewöhnlich, ja«, log Anne.
»Ich glaub' nicht, daß meine Versicherung das bezahlt.«
»Sie wird schon«, lachte Anne schwach. »Sie sind doch gegen höhere Gewalt versichert?«
Als wir einen Block weit gefahren waren, sahen wir Vierzehn. Der Wagen hielt, Tom rief, und als die Katze ihm auf den Schoß sprang und sich auf seiner Schulter niederließ, hob die Stimmung sich sichtlich. »Seht euch das an«, krähte Tom, der seine Nörgelei ganz vergessen hatte. »Sie hat auf uns gewartet. So 'ne kluge Katze – das macht ihr keine nach.«
»Wollen Sie noch mehr Personen oder Viehzeug mitnehmen?« fragte der Fahrer.
»Nein«, antwortete Anne eingeschüchtert.
»Keine Kühe oder Ziegen oder noch 'n paar Kinder?«
»Nein.«
»Wissen Sie bestimmt, daß wir jetzt alle haben?«
»Ja.«
»Und darf man fragen, wo's hingehn soll?«
»Ach, entschuldigen Sie«, sagte Anne. »Zum Lackawanna-Bahnhof.«
»Ich dachte, Sie wären vielleicht 'n Wanderzirkus.«
»Nein«, sagte Anne kläglich. »Wir wollen bloß verreisen, bitte.«
Sie lehnte sich im Sitz zurück und versuchte, Jane ein bißchen bequemer auf ihrem Schoß zurechtzusetzen. Sie schloß die Augen und dachte an Mutter, die jetzt weit vom Schuß in England war. Sie dachte an frühere Reisen, wenn wir nach New Bedford gefahren waren und dort das Schiff nach Nantucket genommen hatten. Sie dachte an Paps, wie er kraftstrotzend, vergnügt und zuverlässig am Steuer unseres alten Pierce-Arrow saß, auf seine Handhupen drückte und »Elender Sonntagsfahrer!« hinter anderen Wagen herrief, die in Todesangst einen großen Bogen machten, wenn wir gasumwölkt vorüberknatterten.

Die weitere Reise nach Nantucket wurde – zumindest für Anne – kein voller Erfolg.
Das Durcheinander am Pier, an dem der Nachtdampfer lag, demoralisierte den Präsidenten; er kläffte und jaulte und mußte steifbeinig zum Laufsteg gezerrt werden.

Alle zwei oder drei Schritte blieb Frank stehen und zog ihm eins über, aber die Schläge bewirkten nur, daß der Präsident noch lauter kläffte und jaulte.
Tom, in einem Arm Vierzehn und den Vogelkäfig, in der anderen Hand einen zum Bersten vollen Rohrkoffer, drohte unaufhörlich, wie fürchterlich er diesen Hund züchtigen würde, wenn er nicht die Schnauze hielte.
Jedes ältere Kind trug einen Koffer und hielt seinen jüngeren Schützling an der Hand. Martha teilte den diensteifrigen Gepäckträgern, die uns entgegenrannten, mit, wir seien so arm, daß wir sie nicht bezahlen könnten; damit schlug sie sie in die Flucht.
Als wir im Gänsemarsch über den Laufsteg gingen – Martha fast auf den Knien rutschend –, war die ganze Reling von grinsenden Zuschauern besetzt. Anne und Ernestine blickten starr geradeaus und taten, als merkten sie nichts; wir anderen winkten ihnen grinsend zu.
»Koffer tragen?« fragte ein Träger, der vom Schiff den Laufsteg herunterkam.
»Nein«, rief Frank, der zuweilen im *College Humor* las, »die können alleine laufen.«
Solche Witze waren etwas für Tom; er lachte schallend und wie immer durch die Nase. »Henk, henk, henk, henk«, meckerte er, »das war gut.«
Der Kontrolleur war von unserem Aufmarsch so überwältigt, daß er gar nicht erst nachzuprüfen versuchte, ob unsere Fahrkarten stimmten. Dagegen bestand er darauf, den Präsidenten und Vierzehn als Frachtgut in den Laderaum zu verbannen. Die ganze Nacht hörten wir, wie der Präsident sich darüber beklagte.
Die Vögel durften wir bei uns behalten; sie landeten in Annes Kabine, in der im unteren Bett Anne mit Jane, im oberen Bett Fred und Dan schliefen. Anne sorgte dafür, daß Jane und Dan nach sechs Uhr abends nichts mehr tranken; trotzdem geschah das Unvermeidliche.
Erst als wir am nächsten Morgen in New Bedford auf das Schiff nach Nantucket umgestiegen waren, entdeckte Anne Morton Dykes. Morton studierte in Amherst und nahm unter den Jünglingen von Annes Gefolge eine bevorzugte Stellung ein. Er war hager und sehr groß – etwa zwei Meter lang –, sah aber mit seinem lackschwarzen Haar und den Oxford-Hosen recht gut aus. Er und Anne waren im letzten Frühling, als sie im Smith College war, ziemlich oft miteinander ausgegangen. Sie hatte ihn häufig erwähnt, aber wir hatten ihn nie zu Gesicht bekommen.
Auf dem Schiff nach Nantucket brauchten Tiere nicht in den Fracht-

raum. Als wir alle – samt Vögeln, Hund und Katze – auf dem Oberdeck versammelt waren, stieß Morton auf Anne.
»Stieß« ist das richtige Wort, denn es zeigte sich bald, daß dieses Zusammentreffen von Morton aus nicht nur unvorhergesehen und improvisiert, sondern durchaus unerwünscht war.
»Du meine Güte«, sagte Anne und versuchte, ihr von Jane hoffnungslos verknautschtes Kleid glattzustreichen. »Wer kommt denn da? Tag, Morton!
»Tag«, antwortete Morton fast flüsternd; er drückte sich beiseite, als hätte Anne etwas Ansteckendes an sich, das er nicht erwischen wollte. »Wie nett, dich zu sehn.«
»Ja, wirklich, sehr nett«, sagte Anne begeistert. Wenn Anne begeistert war, klang ihre Stimme so durchdringend wie die eines Cheerleaders während der letzten Minuten eines Spiels. Morton drückte sich noch mehr beiseite. »Ich wußte, daß ihr nach Nantucket kommt, du und deine Mutter«, fügte sie hinzu, »aber ich hatte keine Ahnung, daß wir mit demselben Schiff fahren.«
»Wir waren auch auf dem Nachtschiff«, berichtete Morton verstimmt. »Wir sahen, wie ihr an Bord gingt.«
»Ach, wirklich?« Das war alles, was Anne herausbringen konnte.
»War das euer Hund, der die ganze Nacht so gejault hat?«
»Ich hab' nichts gehört«, sagte Anne.
Morton zog sich noch weiter zurück. Schließlich merkte Anne, daß er nicht für einen von uns gehalten werden wollte, und das machte sie wütend.
»Komm doch her«, sagte sie, »und sag den andern guten Tag. Hol dir einen Stuhl und mach dir's bequem.«
»Nein, danke. Ich muß weiter.«
»Warum holst du deine Mutter nicht her, dann könnten wir doch alle zusammensitzen?«
Auf diesen Vorschlag hin gab Morton jeden Versuch, sich vorsichtig fortzudrücken, auf; er ergriff ganz offen die Flucht.
»Bis nachher«, flüsterte er über die Schulter.
»Oder wir kommen alle mit und setzen uns zu euch«, schrie Anne ihm nach.
Morton retirierte schnell über eine Leiter.
»Das also ist Morton Dykes«, sagte Ernestine. »Donnerwetter, ist der aber nett – und so groß. Hättest ihn mir wenigstens vorstellen können.«
»Wollt' ich ja«, sagte Anne bitter. »Hast du nicht gehört, wie ich's wollte?«
»Das ganze Schiff hat's gehört«, sagte Martha. »Wenn du mich fragst: 'ne Bohnenstange und 'ne doofe Nuß.«

»Du beurteilst ihn natürlich nur im Hinblick aufs Mappetragen«, grinste Ernestine. »Diese Großen, Dünnen werden nämlich leicht müde.«
»Er schien's ja sehr eilig zu haben«, meinte Martha. »Drückt der sich immer so beiseite wie 'n Krebs?«
»Der hat sich mit uns geniert«, sagte Anne. »Na schön – alles, was ich je für ihn empfunden habe, ist tot. Vollkommen tot.«
»Was gibt's denn bei uns zu genieren?« wollte Bill wissen. »Mädels sind doch verrückt. Der hat mich angesehn, als hätt' er von unsern Windpocken gehört und selber noch keine gehabt.«
»Martha hat recht«, stimmte Ernestine bei. »'ne doofe Nuß ist er.«
»Tot«, sagte Anne noch einmal theatralisch. »Vollkommen tot.«

Fünftes Kapitel
Mutters Badeanzug

Wir alle, besonders Anne, waren froh, als wir unser Häuschen in Nantucket wiedersahen.

Paps hatte das Häuschen den *Schuh* genannt – Mutter zu Ehren, die, wie er sagte, an die alte Frau erinnerte, die in einem Schuh hauste. Zu beiden Seiten des *Schuhs* stand je ein runder Leuchtturm; Paps hatte sie vor Jahren von der Regierung gekauft. In dem einen hatte Paps ein Arbeitszimmer gehabt, in dem anderen lag ein zusätzlicher Schlafraum für uns.

Wir waren gespannt, wie es ohne Paps in Nantucket sein würde. Jedes Zimmer im *Schuh* trug sein Gepräge: die Morse-Botschaften, die er eines Sommers an die Zimmerdecken über unseren Betten gemalt hatte, damit wir das Morse-Alphabet lernten; an den Eßzimmerwänden wie Plakate die astronomischen Zeichnungen, aus denen man die Größenverhältnisse der Erde und der anderen Planeten zu größeren Sternen ersah; die Fotografien von Nebelflecken und Sternbildern, die Paps von der Harvard-Universität geschenkt bekommen und nur ein halbes Meter über dem Fußboden aufgehängt hatte, damit auch die kleinsten Kinder sie betrachten konnten. Wir gingen von Zimmer zu Zimmer, sahen alles an und fanden, daß es gut war.

Das Gepäck war uns vom Expreßdienst im Hafen nachgeschickt worden. Martha machte im Eßzimmer die Koffer auf, suchte sich einen bequemen Sessel und begann, uns Anweisungen für das Auspacken zu geben.

Alle kamen, holten ihre Sachen und verstauten sie in den Kommoden. Tom fütterte die Tiere und machte die Küche sauber. Frank hängte die Fliegenfenster ein. Anne und Ernestine fegten den Sand hinaus, der sich den Winter über im Hause angesammelt hatte.

»So gut hat die Eröffnung des Hauses noch nie geklappt«, meinte Anne, als wir fertig waren. »Alle haben ihre Sache gut gemacht, besonders Martha mit der Packerei.«

»Martha ist mal wieder ganz Paps«, gab Ernestine zu. »Von Natur aus tüchtig.«
Martha grinste beglückt, erhob sich aus ihrem Sessel und wollte zu den Koffern gehen, um ihre eigenen Sachen auszupacken. Zwischen Sessel und Koffern fiel ihr plötzlich etwas Fürchterliches ein. Sie wußte: die Koffer waren leer. Sie wußte auch: es hatte keinen Zweck zu fragen, ob jemand versehentlich ihre Sachen ausgepackt hätte.
»Sagt bloß nicht noch mal, daß ich tüchtig bin«, jammerte sie.
»Klar bist du tüchtig«, sagte Anne. »Hör auf, nach Komplimenten zu angeln. Ich hab' doch eben gesagt, wie großartig du die Packerei gemacht hast; alles, was wir brauchen, ist da.«
»Aber nicht ein Kleid von mir, auch nicht mein Badeanzug«, schrie Martha, »und das brauchen wir auch. Ich hab' nicht einen Fetzen, nur das, was ich am Leib habe.«
»Quatsch«, sagte Anne. »Das muß doch da sein. Wer hat Marthas Sachen genommen?«
Martha schüttelte den Kopf; sie war den Tränen nahe. »Ihr braucht gar nicht nachzusehen. Ich erinnere mich schon. Ich hab' sie gar nicht eingepackt.«
»Aber die Kontroll-Listen?« fragte Anne. »Wie konntest du deine eignen Sachen vergessen?«
»Weiß nicht.«
»Hast du sie wirklich nicht eingepackt?«
»Für alle hatte ich Kontroll-Listen«, sagte Martha. »Für mich brauchte ich doch keine.«
»Mein Gott. Das heißt also, wir müssen dir 'ne neue Ausstattung kaufen.«
»Kommt gar nicht in Frage«, widersprach Martha. »Dafür reicht unsre Kasse nicht. Ich werd' mich zunächst in eine Tonne zurückziehn.«
Die Jungen fingen an zu kichern, und Anne und Ernestine konnten nicht anders: sie mußten mitlachen. Bill setzte sich in den Sessel, aus dem Martha aufgestanden war, und tat so, als blätterte er in einem Bündel Papiere.
»Name?« fragte er Martha.
»Sprich laut, damit wir dich verstehn können«, sagte Frank.
Martha lächelte mühsam. »Schlafmütze«, antwortete sie. »Ich geb's zu. Alter: noch nicht fünfzehn. Lieblingsbeschäftigung: Puddingessen.«
Anne bestand darauf, daß Martha ins Dorf ginge und sich etwas anzuziehen und einen Badeanzug kaufte, aber Martha war fest entschlossen, kein Geld zu vergeuden.
»Ich brauch' nur ein paar Sachen, in denen ich hier rumlaufen

kann«, sagte sie. »Ich bin kein mannstoller Backfisch, der bei Studenten aus Amherst Eindruck schinden will. Ich find' schon was.«
Anne und Ernestine erklärten sich bereit, ihr einige Kleidungsstücke zu vererben, und Frank meinte, er könne ihr ein Unterhemd, eine Wolljacke und ein Paar Hosen überlassen.
»Prima«, sagte Martha. »Der Badeanzug macht mir keine Sorge, ich kann Mutters anziehn, bis sie kommt. Und zur Sicherheit werd' ich ihr schreiben, sie möchte meinen Badeanzug mitbringen, wenn sie in Montclair Station macht.«
»Ich seh' dich schon in Mutters Badeanzug«, spottete Ernestine. »Der ist doch ein Modell aus dem vorigen Jahrhundert.«
»Wen kümmert das schon?« fragte Martha. »Hauptsache, ich lauf' nicht splitternackt rum. Ihr beide macht mich ganz krank.«
Mutter war wasserscheu und konnte nicht schwimmen. Gelegentlich watete sie bis zu den Knien ins Wasser, bespritzte sich ein bißchen die Schultern, tauchte fast bis zu den Ellenbogen unter und lief dann schnell wieder nach Hause. Wenn sie unterwegs einem von uns begegnete, erklärte sie mit blauen Lippen und klappernden Zähnen, die Brandung sei diesmal besonders erfrischend. Die Wellen am Badestrand wurden selbst bei Flut nicht höher als dreißig Zentimeter, aber auch bei völliger Windstille sprach Mutter von einer Brandung.
Mutters Badeanzug ließ keinen Körperteil unbedeckt. Sogar Paps, der bei den Mädchen auf schwarzen, altmodischen Anzügen bestand, mußte zugeben, daß Mutter die Sittsamkeit ein bißchen zu weit trieb und sich zum Baden mehr an- als auszuziehen schien. Ihr Badeanzug hatte mancherlei Zubehör, unter anderem auch eine Schärpe und einen Schal. Seine Hauptteile waren ein schwarzes Unterkleid mit engem Halsausschnitt, das die Knie bedeckte, und ein mächtig langes, schwarzes, bauschiges Obergewand, von dem Paps sagte, wenn es khakifarben wäre, könnte man es als Zirkuszelt verwenden. Dieses Obergewand hatte lange Ärmel und reichte Mutter bis zu den Füßen; außerdem trug sie schwarze Baumwollstrümpfe und hohe Badeschuhe.
»Mutters Badeanzug kommt nicht in Frage«, sagte Anne zu Martha. »Darin machst du dich einfach lächerlich.«
»Wenn er für Mutter gut genug ist, werd' ich ihn wohl auch anziehn können«, sagte Martha. »Du solltest dich schämen, so von Mutters Sachen zu reden.«
»Ihre Sachen sind nicht lächerlich«, sagte Anne. »Vor ein paar Jahren haben alle solche Badeanzüge getragen, und viele Leute in Mutters Alter tun's heute noch. Aber du würdest darin lächerlich aussehn.«

»Nicht viel lächerlicher als in den Anzügen, in die Paps uns gesteckt hat«, widersprach Martha. »Wir müssen ja auch so 'n schwarzes Ding drunter und 'ne Art Kleid drüber tragen.«
»Weiß ich«, gab Anne zu. »Aber unsre reichen wenigstens bloß bis zum Knie und haben kurze Ärmel.«
Anne hatte Jahre gebraucht, bis Paps ihr und den anderen Mädchen erlaubt hatte, sich das Haar abschneiden zu lassen und kurze Röcke, Seidenstrümpfe und Hemdhosen zu tragen. Paps hatte den Stil, der nach dem Krieg aufgekommen war, nicht gebilligt. Er meinte, das werde sich bald wieder geben, und die Mädchen würden Vernunft annehmen; die Tatsache, daß alle außer uns sich so anzogen, ändere nichts daran. Halbe Ärmel und die Kürzung der Mädchen-Badeanzüge um ein paar Zentimeter hatte er erlaubt, alle weiteren Zugeständnisse aber abgelehnt. Bei den beiden ältesten Mädchen war das ein wunder Punkt.
Martha ließ es sich nicht ausreden, daß sie in Mutters Badeanzug ganz ordentlich aussehen würde, und Anne gab ihr schließlich nach.
»Na schön«, sagte sie. »Wenn's dir egal ist, wie du aussiehst, kann's mir auch egal sein. Solange Mutter nicht hier ist, geht sowieso keine von uns mit Jungens aus, also kannst du Ernestine und mich nicht endgültig kompromittieren.«
Frank, Bill und die jüngeren Kinder hatten schon ihre Badeanzüge an und zogen mit den Kleinen an den etwa zweihundert Meter entfernten Strand. Martha wollte also Mutters Badeanzug anziehen und dann zu ihnen stoßen. Anne und Ernestine hatten noch mit dem Sortieren der Bettwäsche und der Decken zu tun und sagten Martha, sie würden in einer halben Stunde unten sein.
Erst am Spätnachmittag kamen die beiden ältesten Mädchen an den Strand. Müde von der Reise nach Nantucket und von der Hausarbeit, seufzten sie erleichtert auf, als sie sich in den warmen Sand fallen ließen, in dem alle außer Martha saßen. Martha war der beste Schwimmer und Taucher der Familie und konnte stundenlang, ohne zu frieren, im Wasser bleiben.
»Das ist das richtige«, sagte Anne und rekelte sich zufrieden. »Davon hab' ich die ganze Zeit seit den Windpocken geträumt. Nun wird wohl alles viel einfacher.«
»Läßt du mich mal bis übern Kopf ins Wasser gehn?« fragte Jack. »Frank hat uns mit reingenommen, aber nicht bis übern Kopf.«
»Nachher«, erklärte Anne schläfrig. »Ich möchte noch was von der letzten Sonne abkriegen.« Sie legte sich flach auf den Rücken. »Verbietet doch mal dem Hund, daß er mich dauernd mit Sand beschmeißt.«

Frank bückte sich und versohlte den Präsidenten; es hatte aber keinen Zweck.
»Keiner läßt mich bis übern Kopf ins Wasser gehn«, quengelte Jack.
»Wo ist denn Martha?« fragte Ernestine. »Draußen beim Floß?«
Frank nickte.
»Wie sieht sie denn aus in Mutters Badeanzug?«
»Mensch, ganz groß«, sagte Frank enthusiastisch. »Solltest sie bloß mal sehn.«
»Miß Atlantic City 1890 – wetten?« lachte Ernestine.
»Sie ist da mit dem großen, dürren Kerl, den wir auf dem Schiff trafen.«
Anne war plötzlich hellwach geworden und setzte sich mit einem Ruck auf.
»Mit Morton Dykes?« fragte sie. »Dann hat er Martha in dem Aufzug gesehn? Ach, du grüne Neune! Was wird er nun von uns denken!«
»Was geht dich das an?« grinste Ernestine. »Deine Gefühle für ihn sind doch tot.«
»Vollkommen tot«, echote Bill.
»Dem scheint's egal zu sein, was sie für 'n Badeanzug anhat«, sagte Frank. Wenn sie springt, hilft er ihr immer wieder aufs Floß. Als ob sie verkrüppelt wär' oder so.«
Anne legte die Hand über die Augen und spähte zum Floß hinüber. Morton war leicht zu erkennen, weil er alle anderen beinahe um einen Viertelmeter überragte. Aber Martha konnte sie zunächst nicht entdecken.
»Ich seh' keinen in Mutters Badeanzug«, sagte sie. »Der müßte mir doch gleich auffallen.«
Dann trat eine vollschlanke Gestalt in schwarzem Badeanzug auf das Sprungbrett und vollführte einen tadellosen Kopfsprung: unverkennbar Martha. Ein roter Schopf tauchte auf, eine Hand winkte nachlässig zum Floß, dem großen Jungen zu, der eifrig zurückwinkte. In sprühenden Strudeln kraulte Martha ans Ufer.
»Wo hat sie denn *den* Anzug her?« schrie Ernestine, die ebenfalls Marthas Sprung beobachtet hatte. »Was würde Paps dazu sagen!«
»Was wird Mutter dazu sagen?« fragte Anne.
Martha schnaubte das Wasser aus der Nase, schüttelte sich das Haar aus den Augen und kam den Strand herauf. Frank und Bill schnalzten so laut mit den Zungen, als seien sie zwei in einen Nacktklub geratene Sittlichkeitsapostel, und rannten ihr mit Handtüchern entgegen. Sie gaben fürchterlich an, drehten die Köpfe weg und hielten sich die Hände vor die Augen.

Der Strand war um diese Tageszeit nicht sehr belebt, aber die wenigen, die da waren, setzten sich auf und sahen zu.

»Laßt das, Jungens«, zischte Anne. »Ich schäm' mich ja für euch.«

»Hier, Martha, rasch«, sagte Frank, als hätte er nichts gehört. »Nimm die Handtücher um. Mach schnell, vielleicht sieht's die Strandpolizei nicht.«

»Wir möchten auch nicht, daß du dir 'ne Lungenentzündung holst«, fügte Bill hinzu.

»Ihr wollt wohl eins auf die Nase?« fragte Martha gutmütig und wehrte sie mitsamt den Handtüchern ab.

Sie ließ sich nachlässig zwischen Anne und Ernestine in den Sand fallen und versuchte, dem Präsidenten eine alte Schuld heimzuzahlen, indem sie ihr nasses Haar über ihm ausschüttelte. »Junge«, sagte sie, »das Wasser ist wirklich prima.« Annes und Ernestines eisige Blicke schien sie nicht zu bemerken.

»Da draußen ist 'n Freund von dir«, erzählte sie Anne. »So 'ne doofe Nuß. Solltest ihn im Badeanzug sehn. Bloß noch Bohnenstange.«

Martha hatte etwas an, das wie eine enganliegende, schwarze Hemdhose wirkte. Bei näherem Hinsehen erkannte man das Unterteil von Mutters Badeanzug, das Martha an Armen und Beinen möglichst hoch aufgerollt hatte. Es unterschied sich durch nichts von den Badeanzügen anderer Mädchen, aber Anne und Ernestine waren fast sprachlos vor Entsetzen.

»Geh nach Hause«, flüsterte Anne schließlich, »und hol die andere Hälfte. Wie kannst du bloß!«

»Und roll die Beine runter«, sagte Ernestine.

Jack wollte immer noch, daß Anne ihn bis über den Kopf ins Wasser gehen ließe, aber sie hörte nicht auf ihn.

»Ich werde rot für dich«, sagte Anne zu Martha. »Was wird Mutter dazu sagen?«

»Was hab' ich denn nun schon wieder verbrochen?« fragte Martha. »Wovon redest du eigentlich?«

»Weißt du doch ganz genau«, sagte Anne. »Tu nicht so unschuldig.«

»Wenn du deinen Jüngling da meinst, um den mach dir bloß keine Sorgen. So 'ne doofe Nuß. Will einem immerzu aufs Floß raufhelfen. Die Sorte kenn ich.«

»Bitte, laß Morton aus dem Spiel«, sagte Anne.

»So was von Eifersucht ist mir noch nicht vorgekommen«, beschwerte sich Martha. »Deine drei Meter lange Bohnenstange fass' ich nicht mit der Feuerzange an.«

»Er ist nicht meine Bohnenstange, und von ihm ist überhaupt nicht die Rede«, sagte Anne. »Ich rede von deinem Badeanzug.«

»Du sagtest doch, ich könnt' ihn anziehn.«
»Den ganzen Anzug, hab' ich gesagt. Nicht bloß das Unterteil.«
»Hast du etwa gedacht, ich würd' das Oberteil auch anziehn?«
»Klar haben wir das gedacht«, sagte Ernestine. »Das weißt du ganz genau.«
»Ach, das habt ihr gemeint, als ihr sagtet, ich würde lächerlich aussehn.« Martha mußte lachen. »Stellt euch mal vor – ich in dem schwarzen Zelt! Wundert mich nicht, daß ihr geglaubt habt, alle würden mich anstarren. In dem Rettungsgürtel könnt' ich nicht einen Stoß schwimmen – das solltet ihr doch wissen.«
»Martha«, sagte Ernestine. »Nun hör mal zu, Martha. Das ist nicht anständig. In diesem Ding solltest du dich außerhalb des Schlafzimmers nicht blicken lassen. Hier, Liebes, nimm das Handtuch um.«
»Wir könnten sie so lange im Sand verbuddeln, bis wir nach Hause gehn«, schlug Fred hoffnungsvoll vor.
»Man sieht einfach alles«, sagte Anne. »Der Phantasie bleibt gar nichts überlassen.«
»Ich hab's satt, so rumkommandiert zu werden«, brüllte Martha los. »Immer dran denken, wie man aussieht – nie dran denken, wie man schwimmt. Außerdem ist da wirklich nichts für die Phantasie.«
Anne war die Geduld selber. »Du kennst doch Paps' Vorschriften für die Mädchen unserer Familie. Sittsamkeit, Martha. Sittsamkeit.«
»Aber kein Mensch trägt mehr zweiteilige Badeanzüge. Ihr kommt euch wer weiß wie modern vor und merkt gar nicht, daß die Zeiten sich geändert haben. Ich hab' ein Recht auf mein eignes Leben.«
»Du kennst die Vorschriften genausogut wie wir«, fuhr Anne fort. »Zweiteilige Badeanzüge. Die Röcke mindestens bis zu den Knien, schwarze Strümpfe und möglichst wenig Haut. Was würde Mutter dazu sagen!«
»Die sagt, die Zeiten haben sich geändert, und ich kann genauso einen Badeanzug tragen wie die andern Mädchen – wetten? Und wenn sie das sagt – wetten, daß ihr beide dann, hast du nicht gesehn, in die Stadt rennt und euch einteilige Badeanzüge kauft?«
»Du scheinst ja Mutter sehr gut zu kennen«, meinte Anne.
»Jawohl, Sir«, nickte Martha, sichtlich befriedigt von ihrem Phantasiegemälde. »Wenn Mutter das sagt, dann heißt's bei euch bloß noch: ›Achtung – fertig – los!‹«
»Aber sie sagt's nicht«, beharrte Anne. »Es wäre ihr Tod, wenn sie dich so sähe.«
»Na schön.« Martha gab sich geschlagen. »Du bist der Chef, und ich muß tun, was du sagst. Ich werd' auch das andre Ding anziehn. Aber unten mach' ich's mindestens dreißig Zentimeter kürzer. Und schwarze Strümpfe kommen diesen Sommer nicht mehr in Frage.«

Martha stand auf und machte sich, die angebotenen Handtücher mit Verachtung strafend, auf den Weg zu unserem Häuschen. Zweifellos: Mutters Badeanzug hatte noch nie so gut ausgesehen.
»Ich glaube«, sagte Ernestine zu Anne, »auf schwarze Strümpfe könnten wir alle verzichten. So was trägt kein Mensch mehr.«
Anne nickte. »Ich dachte grade dasselbe. Martha hat recht: die Zeiten ändern sich wirklich. Sogar Paps würde das zugeben. Würde er wohl.«
»Eigentlich sah sie mächtig schick aus in dem einteiligen Ding.«
»Ja, sehr schick«, sagte Anne. »Aber etwas kindlich.«
»Mein' ich ja – etwas kindlich. Muß sich viel leichter schwimmen, wenn man nur eins anhat.«
»Glaub' ich auch«, gab Anne zu. »Weiß der Himmel, ich schwärme auch nicht für zweiteilige Badeanzüge. Aber weißt du, hinter Mutters Rücken kann ich keine Vorschriften aufheben und – halt, Moment mal: auf wessen Seite stehst du eigentlich?«
»Ich glaube, auf deiner«, sagte Ernestine. »Ich wollte das Oberteil von meinem Badeanzug nicht ausziehn, Ehrenwort! Bloß die Strümpfe.«
Anne legte die Hand über die Augen und blickte noch einmal zum Floß hinaus. Die lange, hagere Gestalt war noch zu sehen.
»Läßt du mich jetzt mal bis übern Kopf ins Wasser, Anne?« fragte Jack. »Keiner läßt mich bis übern Kopf ins Wasser.«
»Na, dann werd' ich mal«, sagte Anne, legte ihren Schal um und schüttelte den Sand aus ihrem Badeanzug.
Sie nahm Jack bei der Hand, und Ernestine nahm Bob. So gingen sie langsam ins Wasser.

Sechstes Kapitel
Noch einmal davongekommen

Tom bereitete uns Ungelegenheiten: er wurde etwa eine Woche später vor Gericht zitiert. Ohne ihn entschuldigen zu wollen, sei darauf hingewiesen, daß er als Ire mit starken Vorurteilen behaftet war – vor allem gegen die Briten.
Tom war schon mehrere Tage denkbar schlecht gelaunt gewesen: eine Familie in unserer Nähe hatte eine englische Köchin mitgebracht, die in Toms Clique aufgenommen worden war.
Tom kannte aus den Vorjahren die meisten Hausangestellten in der näheren Umgebung unseres Häuschens und pflegte sich nachmittags am Strand mit ihnen zu treffen. Als der Älteste und als anerkannt guter Gesellschafter war Tom in dieser Clique tonangebend. Nun befand er sich in einem Zwiespalt: entweder mußte er die Engländerin akzeptieren oder seine Clique überhaupt aufgeben. Er wollte weder das eine noch das andere.
Sie war ungeheuer dick, stattlich, ruhig und würdevoll. Sie sprach mit prononciert britischem Akzent und trug einen hellgrünen einteiligen Badeanzug; Tom mißbilligte beides.
Tom ging nachmittags an den Strand zu seiner Clique, setzte sich aber möglichst weit von der Engländerin weg.
»Diese vielen gottverdammten Briten ruinieren die ganze Insel«, sagte er laut zu seinen Freunden. »Nächsten Sommer werden wir wohl woandershin gehen.«
Wenn ein gutaussehendes junges Mädchen in einem einteiligen Badeanzug vorbeiging, verkündete Tom:
»Also, die darf so was anziehn. Aber so 'ne fette Dampfwalze, die sollte möglichst viel verdecken oder überhaupt zu Hause bleiben!«
Die englische Köchin verstand die Anspielung wohl, ignorierte sie aber. Tom lag nichts an ihrer Freundschaft, aber Nichtachtung konnte er nicht vertragen; ihre Kaltschnäuzigkeit und ihr Akzent reizten ihn.
Eines Tages stand Tom auf und wollte ins Wasser gehen, als die Kö-

chin sich am Ufer bückte, um ein Boot loszumachen. Die Massen ihres kolossalen Hinterteils quollen, gewaltsam eingezwängt, aus dem kurzen Röckchen des Badeanzugs wie eine Muschel aus der Schale. Um ein Haar wäre Tom dagegengerannt.
Sie schien mit dem Boot nicht fertig zu werden, und Tom betrachtete angeekelt das mächtige Gewölbe.
Ohne nachzudenken, hob er ein ziemlich großes Stück Treibholz auf und zog ihr damit kräftig eins über.
Der Stock war breit und flach und klatschte sehr vernehmlich auf das Fleisch. Die Köchin kippte vornüber und steckte den Kopf in den Sand wie der Vogel Strauß. Alle – auch Tom, den das Ganze genau so überraschte wie die anderen – waren sprachlos vor Entsetzen. Er stand ganz dämlich mit dem Brett in der Hand da und wurde tatsächlich rot, was ihm nur sehr selten passierte. Frank und Bill, die dabei waren, konnten es beeiden.
Schließlich ließ Tom das Brett fallen und half der wohlbeleibten Köchin auf.
»Tut mir leid«, sagte er. »Auch bei 'nem Briten gibt's dafür keine Entschuldigung. Ich sah das da und hab' draufgehauen – warum, weiß ich nicht.«
Während die Köchin langsam wieder auf die Beine kam und sich den Sand aus Mund und Haar wischte, sah sie ihn mit leerem Blick an. Sie sah einfach durch Tom hindurch, als wäre er gar nicht vorhanden.
»Dafür gibt's keine Entschuldigung«, wiederholte Tom. »Noch nie hab' ich so was gemacht. Sie können die da alle fragen.«
Sie nahm auch jetzt keine Notiz von ihm.
»Da«, sagte Tom und hob den Stock auf. »Jetzt bück' ich mich, und Sie ziehn mir eins über. Aber feste!«
Er drückte ihr den Stock in die Hand und bückte sich; er kniff die Augen zu und zog die Schultern ein, um sich gegen den Schlag zu wappnen. Als nichts erfolgte, richtete er sich wieder auf.
Vielleicht wäre die Köchin nicht zur Polizei gelaufen, wenn er nun ins Wasser gegangen wäre, nichts weiter gesagt und sie in Ruhe gelassen hätte. Aber Tom, der sonst keine Damen zu verprügeln pflegte, schämte sich aufrichtig und wollte ganz sichergehen, daß er sich genügend entschuldigt habe.
»Dafür gibt's keine Entschuldigung«, sagte er. »Ich sah, wie Sie sich bückten, ich sah den Stock, und auf einmal . . .« Die Vorstellung, wie der Stock das wabbelige Fleisch getroffen hatte, war zuviel für ihn; er prustete einfach los. »Henk, henk, henk«, meckerte er. »Entschuldigen Sie. Ich kann nichts dafür. Henk, henk, henk.«
Das schlug dem Faß den Boden aus. Endlich faßte er sich; er fing

wieder an, sich zu entschuldigen, aber die Köchin stolzierte davon und zeigte ihn an.
Am nächsten Tag wurde Tom vorgeladen, und Frank ging mit, um nötigenfalls für ihn zu bürgen. Die englische Köchin war erschienen, und auch seine Clique war fast vollzählig da.
»Ich bekenne mich schuldig«, sagte Tom. »Ich hab' keine Entschuldigung für das, was ich gemacht hab'.«
»Warum haben Sie's dann getan?«
»Weiß nicht. Sie bückte sich und war hintenrum so dick und fett, daß ich beinah aus Versehn in sie reingerannt bin. Da sah ich 'nen Stock und . . . henk, henk.«
»Weiter«, sagte der Richter, der Toms Leichtfertigkeit unangebracht fand. »Hören Sie auf zu lachen.«
»Henk, henk, henk«, machte Tom.
Toms Lachen wirkte ansteckend, obwohl es viel zu nasal und gar nicht hübsch klang; einige seiner Freunde lachten mit.
»Weiter«, befahl der Richter streng.
»Erzähl von Anfang an«, flüsterte Frank. »Du lachst dich um Kopf und Kragen.«
Tom nahm sich zusammen und versuchte es noch einmal, aber über den Stock kam er nicht hinaus.
»Macht der das immer so?« wandte der Richter sich ärgerlich an Frank.
»Er scheint über den Stock nicht wegzukommen«, meinte Frank.
»Henk«, keuchte Tom. »Entschuldigen Euer Gnaden, aber . . . henk, henk, henk.«
»Fünfzig Dollar oder fünfzig Tage«, sagte der Richter. »Strafaufschub unter der Bedingung, daß Sie sich ein Jahr lang gut führen und unsern Badegast um Entschuldigung bitten.«
»Entschuldigen Sie«, sagte Tom ernst zu der Köchin. »Ehrenwort – ich wollt's gar nicht tun, und darüber lachen wollt' ich auch nicht – Ehrenwort!«
»Sie kämen nicht so leicht davon«, sagte der Richter, »wenn ich nicht wüßte, daß Sie seit Jahren nach Nantucket kommen und sich bis jetzt nichts haben zuschulden kommen lassen.«
»Ich hätt's auch nicht getan«, versicherte Tom noch einmal, »bloß, sie bückte sich und . . .«
Der Richter klopfte auf den Tisch. »Führ ihn raus«, sagte er zu Frank, »sonst fängt er wieder mit seiner Stock-Geschichte an, und ich überleg' mir die Sache mit dem Strafaufschub noch mal.«
Noch nach Jahren hörten wir manchmal, wenn wir abends im Bett lagen und das ganze Haus dunkel war, Tom in seinem Zimmer durch die Nase meckern. Dann wußten wir, daß seine zweifellos aufrich-

tige Reue durch eine unwiderstehliche Erinnerung gemildert wurde, die ihn bis ins Grab begleiten würde.

Die letzten vierzehn Tage vor Mutters Ankunft vergingen verhältnismäßig reibungslos. Der Spar-Etat blieb ausgeglichen. Ernestine suchte mit mäßigem Erfolg Toms Kochkünste zu heben. Martha wirkte in Mutters gekürztem Badeanzug pummelig, aber ungemein ehrbar. Tom hob keine Stöcke mehr auf.

Trotzdem kann es nicht geleugnet werden, daß unsere gute Laune allmählich nachließ. Annes aufmunternde Reden begannen hohl zu klingen, und wir bekamen uns immer häufiger in die Haare. Die ausgleichende Hand eines Erwachsenen wurde notwendig, und die meisten von uns wußten das.

Einmal gab es einen Krach, an dem sich die ganze Familie beteiligte; er begann damit, daß Frank sich beklagte, Ernestine bringe zu oft Muschelragout auf den Tisch.

Ernestine aß Muscheln besonders gern. Außerdem bekamen wir Muscheln umsonst, weil wir sie selber sammelten. Frank aß Muscheln, konnte aber ebensogut ohne sie auskommen. Jedenfalls fand er, viermal Muschelragout in einer Woche gehe auch im Rahmen des Sparprogramms über das Erträgliche hinaus. Auf dem Höhepunkt der Auseinandersetzung ergriff Frank die Ragoutschüssel und stülpte sie Ernestine über den Kopf.

Ernestine stand, bis über die Ohren mit Muscheln garniert, schweigend auf, ergriff ihrerseits eine Schüssel mit Ragout und verfuhr in gleicher Weise mit Frank. Die Fäuste erhoben sich zu einer Schlacht zwischen Muschelliebhabern und Muschelmärtyrern. Schließlich gelang es Anne, den Frieden wiederherzustellen – aber erst, als alle Ragoutschüsseln ausgekippt waren.

Wir hatten im *Schuh* weder Badewanne noch Dusche, weil Paps das Baden in Salzwasser gesünder fand; wir mußten also die Badeanzüge anziehen und uns am Strand das Haar auswaschen.

Nun, nachdem wir uns Luft gemacht hatten, waren wir alle in gutgelaunter, wenn auch schlüpfrig-feuchter Verfassung. Mit viel Gekicher und Geknuffe, uns gegenseitig schubsend und mit Sand bewerfend, liefen wir zum Wasser hinunter. Die Nachbarn, die ja nicht stocktaub waren, mußten es gehört haben, wie wir uns noch wenige Minuten vorher in unserem Häuschen mit Tod und Verstümmelung bedroht hatten. Jedenfalls schienen sie verblüfft zu sein, uns alle anscheinend völlig einig und – abgesehen von Muscheln und Kartoffeln in unserem Haar – unversehrt wiederzusehen.

Anne zog jedem zwanzig Cent vom Taschengeld ab; das hieß für die Kleinen, daß sie vierzehn Tage lang nichts bekamen; jedenfalls passierte derartiges nicht wieder.

Mutter schrieb täglich, und ihre Briefe enthielten stets für jedes Kind eine persönliche Mitteilung. Sie könne es kaum erwarten, Jack schwimmen zu sehen, und sei mächtig stolz darauf, daß er es gelernt hatte. Marthas Badeanzug werde sie bestimmt nicht vergessen, wenn sie durch Montclair käme. Ernestine solle nicht traurig sein, daß sie ihre College-Prüfung versäumt habe – es sei sowieso das beste, wenn sie noch ein Jahr auf der höheren Schule bleibe und mit dem College erst anfange, wenn die Familie sich etwas saniert habe. Das wichtigste aber war, daß die Vorträge in London und Prag gutgegangen waren – ihrer Meinung nach sogar sehr gut, und daß sie in unserem Haus in Montclair eine Schule für Bewegungs-Studium eröffnen wollte.

Morgens standen wir alle vor dem Haus und warteten auf den Briefträger Mr. Conway. Über dem Eßzimmer-Kamin hing ein Kalender, auf dem Mutters Ankunftstag rot umrandet war. Jeden Morgen beim Frühstück strich Lillian, die den Kalender unter sich hatte, einen Tag ab.

Am Morgen vor Mutters Ankunft scheuerten und ölten wir die Fußböden, wachsten die Möbel, putzten alle Messingteile und die Fenster und beschnitten die Lorbeerbüsche im Vorgarten. Alle, auch Tom, legten mit Hand an, und als wir fertig waren, war das Haus sauberer denn je, sauberer, als es jetzt ist und als es wohl je wieder sein wird.

Wir nahmen rasch ein Bad – mehr aus Reinlichkeit als zum Vergnügen – und zogen unsere besten Kleider an. Alle sahen prächtig aus, auch Martha in ihren geerbten Sachen.

Ernestine hatte zum Abendessen ein großes Roastbeef gekauft und verbrachte den halben Nachmittag damit, Tom zu drohen, was sie ihm alles antun und wie fürchterlich sie seine Katze piesacken würde, wenn er auch nur ein Pritzelchen davon anbrennen ließe. Es war das erste Roastbeef seit unserer Abreise von Montclair.

Lillian stand auf dem höheren der beiden Leuchttürme Posten und hielt nach dem Dampfer Ausschau. Sobald der Rauch sichtbar wurde, erstattete sie Meldung, und Anne ließ uns im Eßzimmer zur letzten Besichtigung antreten.

»Alle sind lebendig und unversehrt«, fing sie an; da steckte Tom den Kopf zur Tür herein, um zu sehen, was da vorgehe. »Und keiner ist im Gefängnis«, fuhr sie fort. Toms Kopf verschwand wieder. »Ich glaube also, wir haben unsere Sache ganz gut gemacht.«

Sie räusperte sich und ging vor der Front auf und ab.

»Ihr alle wißt«, sagte sie in ihrem besten Rednerton, »ich halte Reden gar nicht gern.«

Das wußten wir keineswegs, denn es gab kaum etwas, was Anne lieber tat. Bevor sie ins College eintrat, war sie eine Säule des Debattierklubs der höheren Schule gewesen; dort hatte sie ihren Standpunkt mit solcher Begeisterung verteidigt, daß ihre Lehrerin zu sagen pflegte, anscheinend wolle sie ihre Gegner mit Stumpf und Stiel ausrotten, anstatt sie in die Enge zu treiben.

»Jetzt, da ich im Begriff bin, mein Amt niederzulegen«, fuhr sie fort, »möchte ich euch allen für euern prachtvollen Gemeinschaftsgeist danken. Drei Dinge wollte ich euch noch ans Herz legen.« Sie hielt drei Finger der rechten Hand hoch und zählte die besagten drei Dinge auf: »Erstens, sagt Mutter nichts von Toms Verhaftung; zweitens nichts von der schmählichen Muschelragout-Affäre; und drittens nichts von Marthas mangelhafter Strandbekleidung an unserem ersten Tag hier.«

»Wovon redet sie eigentlich, Fred?« flüsterte Dan vernehmlich. »Warum brüllt sie so und fuchtelt mit den Armen?«

»Keine Ahnung«, flüsterte Fred ebenso vernehmlich zurück.

»Ich rede davon«, sagte Anne, die ihre Rolle als Volksredner vergessen und sich vorgebeugt hatte, um Dan und Fred ins Gesicht sehen zu können, »wenn ihr Mutter ein Wort von Tom und der dicken Frau sagt oder vom Muschelragout oder wie Martha am Strand im Unterkleid von Mutters Badeanzug rumgelaufen ist, dann bring' ich euch um.«

»Meinst du, wie sie ganz nackig war und bloß 'ne schwarze Hemdhose anhatte?«

»Das ist doch die Höhe!« protestierte Martha.

»Genau das mein' ich«, nickte Anne. »Es wär' Mutters Tod, wenn sie das erführe.«

Wir machten uns auf den Weg zum Pier. Das erste Stück lief Jane, dann trugen Anne und Ernestine sie, indem sie ihre Hände zu einer Trage verschränkten. Wir wußten, Mutter würde uns alle sehen wollen, wenn das Schiff anlegte.

Es gibt wohl nur wenige Stunden im Leben, die uns ungetrübt glücklich in Erinnerung bleiben. Der Weg zum Schiff an jenem Nachmittag war eine dieser seltenen Stunden.

Der Dampfer wurde hinter Brant Point sichtbar, und allmählich konnten wir die einzelnen Passagiere erkennen.

»Ich glaube, ich seh' Mutter«, rief Lillian atemlos.

»Wo?« fragten wir. »Wo?«

Lillian war viel zu aufgeregt, um antworten zu können. »Mutter«, quietschte sie und machte derartige Luftsprünge, daß Anne sie am Kleid packen und von der Kante des Piers fernhalten mußte.

Nun konnten wir alle Mutter sehen. Sie winkte, und fast schien sie selber auch ein paar Luftsprünge zu machen. Sie trug noch Schwarz,

aber ihr Gesicht hatte wieder Farbe. Vielleicht lag es nur an dem Wind, der ihr Kleid nach hinten wehte, oder auch an dem flotten Sitz ihres Hutes – jedenfalls erschien sie uns kraftvoller und selbstsicherer, als wir sie je gesehen hatten.
Schon nach wenigen Minuten legte das Schiff an, und Mutter kam mit zwei schweren Koffern über den Laufsteg. Nicht nur Martha war darauf bedacht, Trinkgelder zu sparen.
Als wir ihr entgegenliefen, traten die Leute zurück und machten uns Platz. Zuerst gab es eine Massenbegrüßung, dann sahen wir deutlich, wie Mutter jeden einzelnen von uns heraussuchte und uns in Gedanken zählte.
»Wie gut, wieder zu Hause zu sein«, sagte sie. »Ihr ahnt nicht, wie mir war, als ich euch am Pier stehen sah.«
Wir sagten, es sei schön, daß sie wieder da sei. Die Kleinen hängten sich an ihren Rock, wir anderen drängten uns möglichst dicht um sie. Wir gingen über den Pier.
»Ich glaube, ihr seid alle gewachsen«, sagte Mutter, »und ihr seht alle so braun und wohl aus.«
»Du hättest uns sehn sollen, wie wir die Windpocken hatten«, sagte Fred. »Da sahen wir nicht so wohl aus.«
»Hundeelend waren wir«, pflichtete Dan bei. »Aber wir haben auch Rizinus eingenommen, Mutter.«
»Das ist fein«, sagte Mutter zerstreut. »Ich wußte ja, daß ihr . . .« Das Wort erstarb ihr im Munde. »Windpocken?« fragte sie. »Wieso Windpocken?«
»Haben wir das nicht geschrieben?« fragte Anne unschuldig.
»Na, ich danke«, sagte Mutter. »Du weißt doch ganz genau, daß ihr nichts davon geschrieben habt. Wer hatte denn die Windpocken?«
»Alle«, grinste Anne. »Am Tag nach deiner Abreise.« Sie wandte sich zu den Jungen. »Mit diesen Neuigkeiten hättet ihr wenigstens warten können, bis Mutter zu Hause ist.«
»Das war's aber nicht, was wir nicht sagen dürfen«, verteidigte sich Fred.
»Habt ihr vielleicht noch was gehabt?« fragte Mutter.
Anne schüttelte den Kopf.
»Ist sonstwas passiert, was du nicht geschrieben hast?«
»Nein, wirklich nichts Wichtiges.«
Mutter langte über Bob und Jack hinweg und legte zärtlich den Arm um Anne. Anne machte ein Gesicht, als wollte sie sagen: alles, was ich in diesen fünf Wochen durchgemacht habe, hat sich wahrhaftig gelohnt.
Ernestine überwachte persönlich das letzte Stadium des Roastbeefs; es war zart und rosig. Wir aßen bei Kerzenbeleuchtung und benutz-

ten das gute Silber. In Nantucket gab es, wenigstens im Sommer, keine Stechpalmen; dafür hatten wir das ganze Haus mit Lorbeerzweigen ausgeschmückt.
Mutter fand das Roastbeef köstlich und ließ es sich nicht nehmen, Tom dafür ein Kompliment zu machen.
»Ist nicht so durch, wie's sein muß«, meinte Tom. »Sind eben zu viele Köche, die verderben den Brei.«
Als Tom sich wieder in die Küche zurückgezogen hatte, sagte Mutter: »Ich fürchte, Roastbeef werden wir uns nicht so oft wie früher leisten können. Das seht ihr doch ein, nicht wahr?«
»Wissen wir«, sagte Martha. »Darüber mach dir bloß keine Kopfschmerzen.«
»Wir sind an Surrogate gewöhnt«, warf Frank ein.
»Wir werden uns auf weniger kostspielige Sachen beschränken müssen, wie – na ja: Leber, Aufschnitt, Fisch oder Muschelragout.«
»Ich schwärme für Muschelragout«, sagte Ernestine mit einem Blick auf Frank. »Das sollten wir wirklich bald mal essen.«
»Davon ißt sie so viel, bis es ihr bei den Ohren rauskommt«, spottete Frank selbstgefällig. Dann ahmte er Tom nach und lachte durch die Nase: »Henk, henk, tut mir leid, was ich da gemacht hab', aber ... henk, henk, henk.«
»Was hast du denn, Kind?« fragte Mutter. »Hast du dich verschluckt? Klopf ihm mal auf den Rücken, Bill.«
»Gar nichts hat er«, sagte Bill, der absolut mitreden wollte.
»Das sind bloß so Töne«, erklärte Anne.
»Na, dann ist's gut«, sagte Mutter, sichtlich erleichtert. »Ich kann mir bloß nicht denken, daß ich solche Töne von mir geben würde, wenn ich nicht müßte.«
Anne fand, daß wir sowohl dem Muschelragout als auch der Stock-Geschichte von Tom gefährlich nahe kamen; sie bemühte sich, von etwas anderem zu reden.
»Jetzt ist's wohl Zeit für Marthas Überraschung«, sagte sie. »Was glaubst du, Mutter: von dem Geld haben wir bloß dreihundert Dollar ausgegeben.«
»Aber nein, das ist doch nicht möglich!« entgegnete Mutter. »Die Reise nach Nantucket kostet ... und die Milchrechnung ... und Martha schrieb, daß sie ihre Kleider vergessen hat ... Ihr habt doch nicht etwa was verkauft, Kind?«
»Das war doch *meine* Überraschung, du Volksredner du«, protestierte Martha. »Du hast gesagt, *ich* darf's erzählen.«
»Sollst du ja auch«, sagte Anne. »Du hast die Kasse gehabt, also sollst du's auch erzählen.«

»Ja, Kind, erzähl mal«, nickte Mutter.
»296.05 Dollar haben wir ausgegeben«, berichtete Martha, die den Kontostand immer auf Heller und Pfennig wußte.
»Ich versteh' nicht, wie ihr das gemacht habt«, sagte Mutter kopfschüttelnd. »Wenn wir weiter mit so wenig auskommen, wird bestimmt alles gutgehn.«
»Dabei haben wir gegessen wie die Fürsten«, warf Ernestine ein.
»Ich möchte, daß du mir weiter im Haushalt hilfst wie bisher«, sagte Mutter. »Und Martha soll die Kasse behalten – ich könnte, weiß Gott, nie so gut mit dem Geld auskommen.«
»Dann mußt du einen Anforderungsschein in dreifacher Ausfertigung ausfüllen, wenn du bloß 'ne Briefmarke brauchst«, warnte Anne.
»Nein, braucht sie nicht«, sagte Martha. »Mutter ist 'ne Ausnahme. Die braucht nur ein Formular auszuschreiben, die beiden andern füll' ich dann aus.«
»Danke, Kind«, sagte Mutter. Es klang ganz ernst.
Mutter hatte allen etwas mitgebracht. Keine kostbaren Geschenke, erklärte sie, wie Paps sie uns aus Europa mitzubringen pflegte. Nur Kleinigkeiten, damit wir sähen, daß sie an uns gedacht habe.
Während des Nachtischs packte sie ihre Gaben aus. Jane und Lillian bekamen tschechische Puppen, Martha, Ernestine und Anne Hüte aus Paris. Die Geschenke für die Mädchen hatten großen Erfolg.
Die Jungen hingegen konnten, als sie ihre Päckchen auswickelten, nur mühsam ihre Enttäuschung verbergen: in jedem fand sich eine blaue Baskenmütze.
»Alle Männer in Frankreich tragen so was«, sagte Mutter. »Ich dachte, vielleicht macht es euch Spaß, diese Mode hier einzuführen.«
»Grade so was haben wir uns immer gewünscht«, sagte Frank mannhaft und versuchte, nicht daran zu denken, was ihm und Bill passieren würde, wenn sie die Baskenmützen zur Schule aufsetzten.
»Auf Jungengeschenke versteh' ich mich wohl nicht so gut wie euer Vater, nicht wahr?« sagte Mutter.
»So was Schönes hat Paps nie mitgebracht«, widersprach Bill. »Bloß so ollen Kram wie Messer oder Uhren.«
»Meine guten Jungen«, sagte Mutter. »Wenn ich mal wieder verreise, werd' ich an den ollen Kram denken.«
Martha fragte, ob Mutter daran gedacht habe, aus Montclair ihren Badeanzug mitzubringen. Mutter schüttelte den Kopf.
»Ich hatte in New York zu tun und hatte für Montclair keine Zeit mehr. Dafür hab' ich dir in New York einen Badeanzug gekauft.«

Sie überreichte Martha ein Päckchen.
»Wenn er mir bis unters Knie reicht«, sagte Martha, »darf ich ihn dann umnähen?«
»Meine Güte, der ist dir bestimmt nicht zu lang«, lachte Mutter. »Ist ja ein einteiliger.«
»Ein einteiliger?« riefen Anne und Ernestine wie aus einem Munde.
»Kein Mädchen trägt mehr diese altmodischen zweiteiligen Anzüge, nicht wahr?« sagte Mutter.
»Bloß wir«, sagte Ernestine. »Du weißt doch: Paps' Vorschriften.«
»Sittsamkeit«, leierte Anne. »Röcke mindestens bis ans Knie. Schwarze Strümpfe. Möglichst wenig Haut.«
»Die Zeiten ändern sich«, meinte Mutter, »und euer Vater würde sich mit ihnen geändert haben. In den meisten Dingen war er seiner Zeit ein gutes Stück voraus. Allerdings – was die Garderobe seiner Töchter anging, war er ziemlich rückständig.«
Martha hielt sich den Badeanzug an: hellblau und tief ausgeschnitten.
»Untersteh dich zu sagen: ›Achtung – fertig – los!‹« sagte Ernestine zu Martha. »Ich kratz' dir die Augen aus.«
»Dann kriegst du's auch mit mir zu tun«, sagte Anne. »Übrigens hab' ich die längeren Fingernägel.«
Martha sah ihre beiden Schwestern voller Mitgefühl an.
»Ob unser Etat nicht neue Badeanzüge für Anne und Ernestine erlauben würde?« fragte sie.
»Sonst werden unsre alten Jungfern zu sittsam«, warf Frank ein.
Die beiden Mädchen sagten nichts; sie sahen Mutter fragend an.
»Ich glaube, unser Etat erlaubt für jeden Jungen ein Taschenmesser«, sagte Mutter. »Badeanzüge brauchen wir wohl nicht zu kaufen.«
Damit überreichte sie Anne und Ernestine je ein gleiches Päckchen wie Martha.

Siebentes Kapitel
Schönheitskonkurrenz

Mit Mutters Rückkehr wurde das Rendezvous-Verbot, das die Mädchen sich selber auferlegt hatten, automatisch aufgehoben. Anne und Ernestine wurden wieder in Umlauf gesetzt und kehrten hoffnungsgeschwellt zu ihrer Strandclique vom vorigen Sommer zurück.

Der Konkurrenzkampf war ungewöhnlich hart, denn es gab da ungefähr dreimal so viele Mädchen wie Jungen. Die meisten Eroberungen des letzten Sommers waren nun im College und hatten eine Ferienarbeit auf dem Festland angenommen. Offensichtlich mußten die jungen Mädchen sich mächtig anstrengen, wenn sie es zu einem Ring am Finger bringen wollten.

Morton Dykes war nicht nur ein großer, gutaussehender junger Mann; er hatte auch einen Hupmobile-Sportwagen mitgebracht und ein Motorboot gemietet. So war er längst in die Gesellschaft aufgenommen – eigentlich sogar von ihr gekapert worden. Die Clique traf sich jeden Vormittag, bevor man ins Wasser ging, zwischen drei Sanddünen in der Nähe des Strandbades. Von allen Jünglingen, die auf diesem einigermaßen abgeschlossenen Stück Strand lagerten, hatte Morton den größten und beflissensten Harem um sich versammelt.

Anne wollte jedoch trotz der Männerknappheit zunächst nichts mit ihm zu tun haben.

Anne war vielleicht keine aufregende Schönheit, konnte sich aber durchaus sehen lassen, vor allem in ihrem neuen Badeanzug. Außerdem hatte Morton es möglicherweise satt, daß ein halbes Dutzend Weiblichkeiten sich keuchend mit einem brennenden Streichholz auf ihn stürzten, sobald er eine Zigarette in den Mund steckte. Wie dem auch gewesen sein mag – er tat alles, um bei Anne wieder in Gnaden aufgenommen zu werden.

»Ich versteh' nicht, warum du mir immer die kalte Schulter zeigst«, sagte er eines Morgens und setzte sich neben Anne in den Sand.

»Wenn ich keine Dame wäre«, sagte Anne, »würde ich dir was zeigen, was weiter unten liegt. Das ist noch viel kälter.«
»Weswegen bist du mir bloß so böse?«
»Hör mal«, flüsterte Anne. »Hier sind mindestens fünfzehn bildschöne Frauen, die danach lechzen, neben dir sitzen zu dürfen. Warum beglückst du nicht eine von ihnen? Laß mich in Ruhe!«
»Aber die kenn' ich doch erst ein paar Wochen, und du und ich, wir sind doch alte Kameraden.«
»Mein lieber Kamerad«, sagte Anne spöttisch. »Du solltest lieber abhauen, eh deine Mutter sieht, daß du dich mit einem Mädchen der unteren Stände einläßt.«
»Du meinst damals auf dem Schiff?« fragte Morton. »Hör mal, dazu möcht' ich dir was sagen.«
»Wenn du meinst, daß 'ne große Familie ein Grund zum Genieren ist«, entgegnete Anne scharf, »dann bist du so 'ne doofe Nuß, wie ich's nie geglaubt hätte.«
»Das wär' ja 'n Weltrekord«, rief Ernestine, die ein paar Schritte entfernt saß.
»War ja nicht wegen deiner Familie«, beharrte Morton so leise, daß nur Anne ihn hören konnte. »War doch wegen diesem randalierenden kleinen Kerl von euch mit der Katze auf der Schulter.«
»Du sprichst von dem Mann, den ich liebe«, warnte Anne; aber sie schien schwach zu werden – die Männerknappheit war zu offensichtlich. »Wir alle schwärmen für Tom, und seinetwegen braucht sich kein Mensch zu genieren.«
»Ich kannte doch deinen Vater nicht und hatte keine Ahnung, daß er gestorben ist. Und dann sah ich diesen Mann. Und ich dachte ... na ja, und Mutter dachte auch ...«
»Du erzählst mir wohl besser nicht, was du dachtest und was deine Mutter dachte«, sagte Anne. »Wär' wohl keine Schmeichelei für mich und für Tom vermutlich auch nicht.«
»Schwamm drüber«, lächelte Morton. »Reg dich ab und nimm 'ne Zigarette. Na, sind wir nun wieder gut Freund?«
Er langte nach einem Päckchen Zigaretten, während ein Schwarm von Weiblichkeiten, denen nichts entgangen war, krampfhaft nach Streichhölzern suchte. Anne vergewisserte sich durch einen raschen Blick über die Dünen, daß keiner ihrer Brüder herumspionierte.
»Okay, alter Kamerad«, grinste sie. »Zünd mir eine an, ja?«
Er steckte zwei Zigaretten in den Mund, wählte zwischen fünf brennenden Streichhölzern, die ihm vor die Nase gehalten wurden, zündete beide Zigaretten an und reichte Anne eine. Sie zog zweimal lange und tief.

»Die erste Zigarette, seit ich von Northhampton weg bin«, sagte sie befriedigt. »Das schmeckt aber.«
Ernestine saß mit offenem Munde da und sah neidisch und voller Bewunderung zu, wie Anne paffte, routiniert mit dem kleinen Finger die Asche abklopfte und schließlich den Stummel über eine Düne warf.
»Das wußt' ich ja gar nicht«, flüsterte Ernestine und schlängelte sich seitlich an Anne heran. »Du machst das ja, als hättest du wer weiß wieviel Erfahrung.«
»Wovon redest du eigentlich?« fragte Anne unschuldig. »Was mach' ich denn?«
»Du weißt ganz genau, was ich meine. Pafft hier wie 'n Kettenraucher. Keine Ahnung, daß du so ausschweifend bist.«
»Gibt noch allerhand, was du von mir nicht weißt. Im College rauchen übrigens alle.«
»Kann ich auch eine haben?«
»Du bist noch nicht im College.«
»Bloß mal probieren!« flüsterte Ernestine.
»Lieber nicht. Wird schon schlimm genug, wenn ich Mutter sagen muß, daß ich rauche, auch wenn ich ihr nicht beichten muß, daß ich deine Moral ruiniert hab'.«
»Kann mir einer ein Stäbchen geben?« fragte Ernestine laut.
»Laß sie doch«, sagte Morton, der das Geflüster größtenteils verstanden hatte. »Hier, Kleine.« Er warf ihr sein Zigarettenpäckchen und eine Schachtel Streichhölzer zu.
»Muß meine zu Hause gelassen haben«, sagte Ern.
Sie nahm eine Zigarette und klopfte mit dem einen Ende auf den Daumennagel der linken Hand, wie sie es bei Morton gesehen hatte. Dann klopfte sie auch mit dem anderen Ende. Sie steckte sich die Zigarette zwei Zentimeter tief in den Mund und zündete sie an.
»Nimm das sofort raus«, flüsterte Anne ihr ins Ohr. »Du machst dich ja lächerlich. Die sind nämlich zum Rauchen da und nicht zum Essen.«
Niemand außer Anne hatte es bemerkt.
Ernestine paffte, ohne zu inhalieren; dann nahm sie die Zigarette aus dem Mund.
»Ach, wie das die Nerven beruhigt«, sagte sie laut und spuckte die Tabakkrümel aus, die ihr an Zunge und Lippen klebten. »Zu fürchterlich, wenn man keine Stäbchen bei sich hat.«
»Stäbchen«, flüsterte Anne. »Ach, du grüne Neune!«
»Wie kommt das bloß?« fragte Ernestine und musterte das bräunlich zerfaserte Zigarettenende, das sie im Mund gehabt hatte. »Es löst sich ja ganz auf.«

»Man steckt sich das zwischen die Lippen und nicht hinter die Mandeln«, sagte Anne. »Wenn du rauchen willst, warte wenigstens, bis ich dir's gezeigt hab', und blamier mich nicht vor allen.«
Dieser Vorschlag leuchtete Ernestine ein. Sie nahm den feuchten Stummel zwischen Daumen und Mittelfinger, zielte kühn auf die höchste Düne und warf. Die Zigarette entblätterte sich und landete fünfzehn Zentimeter vor ihrer Hand; sie verscharrte sie hastig im Sand.
Später auf dem Heimweg erzählte Anne, daß sie etwa vor einem halben Jahr mit Rauchen angefangen habe; sie hatte es Paps beichten wollen, wenn sie in den Sommerferien zu Hause wäre. Als Paps gestorben war, hatte sie Mutter in ihrem Kummer nicht auch noch damit kommen wollen, und so hatte sie nichts gesagt.
»Im College rauchen sie alle immerzu«, erzählte sie. »Im ersten Jahr hab' ich's nicht getan, aber immer ablehnen und Spielverderber sein ist schwer.«
»Hast du dir's richtig angewöhnt?« wollte Ern wissen.
»Manchmal hab' ich 'n Päckchen in einer Woche verqualmt«, gab Anne zu.
»Man kann nicht widerstehn«, stimmte Ernestine zu. »Ich glaube, ich hab' mir's schon mit dieser ersten angewöhnt. Ich hab' direkt 'n Gieper danach.«
»Vielleicht hast du dir das Lutschen angewöhnt; wie du dir das Rauchen angewöhnt haben solltest, ist mir unklar. Zigaretten lutscht man nämlich nicht.«
»Weiß ich ja«, nickte Ernestine. »Wirst du Mutter sagen, daß du rauchst?«
»Daß wir rauchen, meinst du«, sagte Anne. Dann äffte sie Ern nach: »›Muß wohl meine Stäbchen zu Haus gelassen haben.‹ Bitte, gebrauch dieses Wort nie wieder!«
»Na, schön, aber wirst du's ihr sagen?«
»Ich denke, ja«, meinte Anne. »Mal muß ich's ja. Ich tu nicht gern was hinter ihrem Rücken.«
Sie griff in die Tasche ihres Bademantels, in der sich ein Päckchen Zigaretten – ein Geschenk von Morton – befand, außerdem ein Röllchen Pfefferminz, das sie im Strandbad gekauft hatte.
»Inzwischen sollten wir hiervon eins nehmen«, sagte sie und bot Ern die Pfefferminzplätzchen an.
Auf Mutters Vorschlag hin waren die beiden ältesten Mädchen mit ihren Siebensachen in den einen Leuchtturm gezogen, damit sie morgens länger schlafen konnten. Mutter fand, sie hätten ein gewisses Recht auf Ruhe und Privatleben, nachdem sie sie während ihrer Europareise vertreten hatten.

Anne hielt ihr Versprechen und brachte noch am selben Abend im Leuchtturm Ernestine das Rauchen bei. Ernestine war keine besonders gelehrige Schülerin, dafür aber sehr wissensdurstig. Die Mädchen verrauchten mehr als die Hälfte der Zigaretten, bevor Ernestine für flügge erklärt wurde.

»Du mußt mir aber versprechen, daß du wenigstens so lange nicht rauchst, bis du ins College kommst«, sagte Anne.

»Ein ganzes Jahr nicht rauchen?« fragte Ernestine. »Nee, Sir. Das kann ich nicht versprechen.«

»Na ja, eine oder zwei die Woche, wenn du 'ne Verabredung hast oder so, das schadet nichts. Mehr aber nicht. Und auch nicht, wenn Martha oder die Jungen dabei sind.«

»Eine oder zwei die Woche, das geht«, willigte Ernestine ein. »Das wird gerade reichen für meinen Gieper.«

»Wir wollen doch kein schlechtes Beispiel geben. Schließlich mußt du bedenken, wie verheerend es gewirkt hat, als du mich mit der Zigarette sahst.«

»Ich verspreche es«, sagte Ernestine feierlich.

Die Mädchen hatten Mutter den Gutenachtkuß gegeben, bevor sie zum Leuchtturm hinübergegangen waren, der nur wenige Schritte vom *Schuh* entfernt lag. Mutter ging für gewöhnlich gegen neun zu Bett, las noch eine halbe Stunde – tagsüber kam sie nicht dazu – und schlief dann ein. Morgens stand sie meistens um halb sechs oder sechs auf, um mit den Kleinen zu frühstücken.

An diesem Abend konnte sie aus irgendeinem Grunde nicht einschlafen. Auch das Lesen hatte sie nicht schläfrig gemacht. Sie fühlte sich einsam und geselligkeitsbedürftig. Die jüngeren Kinder waren alle im Bett, aber unter der Tür des Leuchtturms sah sie vom Fenster aus noch Licht. Mutter zog Bademantel und Hausschuhe über und ging zum Leuchtturm, um mit den Mädchen zu schwatzen.

Nach Mutters Ansicht hatten Kinder genau wie Erwachsene das Recht auf ein Privatleben; daher überrumpelte sie die Kinder nie in ihren Zimmern und schlich auch nicht vorsichtig auf Zehenspitzen hinein. Sie blieb also ein paar Schritte vor dem Leuchtturm stehen und rief leise:

»Andie! Ern! Huhu! Ich bin's, Mutter. Darf ich reinkommen?«

Zunächst kam keine Antwort aus dem Leuchtturm; die Mädchen drückten ihre Zigaretten aus, versteckten den Aschenbecher unter Annes Bett, stopften sich Pfefferminz in den Mund und bemühten sich, mit Handtüchern den Qualm zum Fenster hinauszuwedeln.

»Hier ist Mutter«, rief es draußen wieder. »Darf ich reinkommen?«

»Komm doch rein, Mutter«, rief Anne herzlich und ging zur Tür.

»Mir war doch so, als hörte ich vorhin jemand rufen, aber dann dachte ich, ich hätte mich getäuscht.«
Mutter kam über die Stufen in den bläulich verqualmten Leuchtturm.
»Ich konnte nicht einschlafen und sah noch Licht bei euch«, erklärte sie. »Da dacht' ich mir, ich besuch' euch mal eben, falls ihr nicht zu müde seid. Eigentlich hab' ich noch gar keine Gelegenheit gehabt, mit euch zu . . .«
Sie trat zur Tür herein, stutzte vor dem verqualmten Zimmer und mußte husten.
»Hier brennt doch was«, rief sie. »Riecht ihr's denn nicht?«
»Nein«, sagte Anne. »Hier brennt nichts. Hat nur was gebrannt.«
»Puh«, seufzte Mutter und setzte sich auf Erns Bett. »Ich hab' mich zu Tode erschreckt. Was war denn los?«
Anne wurde rot: »Also, ich kann dir's ebensogut auch gleich sagen. Ich hab' geraucht. Ich wollte dir's schon sagen. Morgen wollt' ich dir's sagen – übermorgen auf alle Fälle.«
»Geraucht hast du«, sagte Mutter. »Das ist es also.« Sie schluckte und hustete. »Na, da hast du aber mächtig viel blauen Dunst gemacht.«
»Ich hab' auch geraucht«, sagte Ernestine kläglich.
»Das ist wohl meine Schuld«, erklärte Anne. »Ich hab' ihr's beigebracht.«
Mutter war offensichtlich gar nicht erfreut. Hätte sie ihrer ersten Regung nachgegeben, so hätte sie vielleicht geweint, hätte protestiert, gebeten oder gescholten. Aber sie wußte: was sie jetzt sagen würde, war entscheidend für ihre künftige Beziehung zu den Töchtern. Sie weinte also nicht; sie sagte erst dann etwas, als sie eine Weile über die Sache nachgedacht hatte.
»Zu meiner Zeit«, fing sie schließlich an, »rauchten anständige Mädchen nicht. Ich weiß, das ist anders geworden. Es wäre falsch von mir, die Maßstäbe anzulegen, die zu meiner Zeit galten. Ich mag's immer noch nicht, wenn Mädchen rauchen, ich müßte lügen, wollte ich so tun, als ob ich's billigte.«
»Ich komm' mir so gemein vor«, sagte Anne, den Tränen nahe. »Wenn du willst, versprech' ich dir, daß ich's nie wieder tue.«
»Solche Versprechen mag ich nicht«, sagte Mutter. »Die meisten Leute rauchen heutzutage, und Eltern sollten sich von ihren Kindern nicht versprechen lassen, etwas zu unterlassen, was alle andern tun.«
»Außerdem würde sie vielleicht wortbrüchig werden«, warf Enestine ein. »An Stäbchen gewöhnt man sich nämlich unheimlich rasch, Mutter.«

»Wann hast du denn das entdeckt, mein Kind?« fragte Mutter etwas besorgt.
»Heute«, sagte Ernestine.
»Dann ist's nicht so schlimm«, lächelte Mutter. »Vielleicht könntest du dir's wieder abgewöhnen – wenigstens für ein paar Jahre.«
»Ich könnt's vielleicht bekämpfen«, räumte Ernestine ein.
»Ich versuche die ganze Zeit, mir ein paar gute Argumente gegen das Rauchen auszudenken«, sagte Mutter, »aber bei Licht besehen wirken sie nicht sehr überzeugend.«
Sie begann die Argumente an den Fingern aufzuzählen:
»Rauchen verdirbt den guten Ruf eines jungen Mädchens. Dieses Argument lasse ich sehr ungern fallen, aber ich muß zugeben, heute trifft es nicht mehr zu. Schmach und Schande!
Rauchen ist gesundheitsschädlich. Darüber läßt sich streiten. Bestimmt nicht so schädlich wie zuviel Essen oder zuwenig Schlaf.
Rauchen behindert das Wachstum. Das bezweifle ich; im übrigen seid ihr beide groß genug.
Rauchen ist ordinär. Das stimmt wirklich nicht. Alte Streichholzschachteln sammeln ist viel ordinärer.
Rauchen ist kostpielig. Da haben wir's!« Triumphierend strahlte Mutter uns an. »Endlich ein gutes Argument. Es *ist* kostspielig – können wir's uns leisten?«
»Wir kaufen uns ja keine«, sagte Anne. »Wir kriegen sie von unsern Verehrern angeboten.«
»Damit fällt mein letztes Argument«, lächelte Mutter und breitete die Hände aus. »Dann bleibt nur noch zu sagen, daß ich es nicht mag, aber das ist ein Vorurteil. Und da ich von Vorurteilen nichts halte, zündet euch ruhig eine an, wenn ihr wollt.«
Anne angelte unter dem Bett nach Zigaretten und Aschenbecher und bot Ernestine an.
»Jetzt nicht«, sagte Ernestine, deren Kehle und Magen zu streiken begannen. »Ich glaube, für dies Jahr ist mein Gieper gestillt – wahrscheinlich, bis ich aufs College komme.«
Anne nahm eine Zigarette, zündete sie an und blies selbstgefällig Ringe zur Decke hinauf.
»Was sind das für Manieren?« fragte Mutter. »Willst du nicht allen anbieten? Scheint doch Spaß zu machen.«
»Nee, Sir!« protestierte Ernestine.
»Nein, du kriegst keine«, sagte Anne und versteckte das Zigarettenpäckchen hinterm Rücken. »Ich hab' heute schon ein Familienmitglied verführt; wenn jetzt noch eins auf die schiefe Ebene gerät.«
Zögernd drückte sie ihre Zigarette aus.
»Mein letztes ›Stäbchen‹ – entschuldige den Ausdruck!–, bis ich

wieder ins College gehe«, erklärte sie. »Wer weiß – sonst fängt Jane nächstens an, Zigarren zu rauchen. Ich glaube, in einer Sprengstoff-Fabrik zu rauchen ist nicht so gefährlich wie in dieser Familie.«

Da Anne nun über Morton verfügen konnte, hatte sie in gesellschaftlicher Hinsicht für den Rest des Sommers ausgesorgt. Sie hatte immer noch nicht so sehr viel für ihn übrig, aber es war nichts Besseres da; außerdem hatte er ein Hupmobile und ein Motorboot. Ernestine war eifrig auf der Suche, fand aber erst in der letzten Woche des Sommers etwas Passendes. Sie tat höchst geheimnisvoll damit.

Er hieß Al Lynch und arbeitete den Sommer über im Kolonialwarenladen, wo Ern ihn beim Einkaufen kennengelernt hatte. Er war groß, kräftig und laut und hatte ausgesprochen College-Manieren – ein bißchen zu ausgesprochen. Er trug einen flauschigen, karminroten Sweater, auf dem ein großes grünes »S« und ein juwelenbesetztes Verbindungsabzeichen von der Größe eines Fünfzig-Cent-Stücks prangten.

Wir alle hatten Al schon das eine oder andere Mal im Laden gesehen, denn einen wie ihn übersah man nicht so leicht. Von allen Jünglingen auf der Insel hatte er die geschniegeltste Frisur, die breitesten Hosenaufschläge, das größte Verbindungsabzeichen, den grellsten Sweater und den schreiendsten Klubbuchstaben.

Er war nicht ausgesprochen hübsch, hatte aber gutgeschnittene Gesichtszüge und war überzeugt davon, daß er mit Frauen umzugehen verstand.

Wir wußten, daß Ernestine sich in der letzten Woche mit jemand traf, denn sie war Annes Strandclique abtrünnig geworden und pflegte sich nach dem Abendessen stundenlang ihr Haar einzudrehen. Sie ging abends aber nie aus, und er besuchte sie auch nie. Erst später erfuhren wir, daß er abends die Warenbestände aufnahm und am Vormittag meistens frei hatte.

Morton und vier oder fünf von Marthas treuen, aber schlecht behandelten Anbetern standen am Pier, als wir nach Montclair abreisten. Diesmal gab es keine Scherze wie Kinderbilletts und ähnliches, denn Mutter hatte die Leitung. Tom war mit Frank und den Kleinsten vor ein paar Tagen vorausgefahren, um das Haus in Ordnung zu bringen.

Anne erlaubte Morton einen Kuß auf die Wange, den Mutter absichtlich übersah. Martha schüttelte ihren Jungen die Hand und ließ sich sogar dazu herab, ihnen auf den Rücken zu klopfen.

Dann bemerkten wir Ernestine und Al. Sie hielten sich bei den Händen, bei beiden Händen, und sahen einander in die Augen. Das

grüne »S« haftete noch fest und sicher an Als karminrotem Sweater, aber das Verbindungsabzeichen war verschwunden.
Endlich riß Ernestine sich von ihm los. Agnes Ayres, die von Rudolph Valentino Abschied nimmt, um zu dem alten Wüstling zurückzukehren, den sie seines Geldes wegen heiraten muß, hätte die Szene nicht besser spielen können.
»Huch«, brüllte Bill, »guckt mal da, die Blutwurst im roten Sweater!«
»Ist das nicht der Verkäufer aus unserem Laden?« fragte Mutter. »Wie lange geht sie schon mit dem?«
Auf der Mitte des Laufsteges machte Ernestine kehrt, rannte zu Al zurück und warf sich ihm in die Arme. Auch diese Szene hätte Miß Ayres nicht besser spielen können.
Sogar Mutter war derart überrascht und entsetzt, daß sie das nicht übersehen konnte. Ernestine riß sich wieder los und rannte strahlend über den Laufsteg.
»Aber Kind, so etwas tut man doch nicht in aller Öffentlichkeit«, sagte Mutter mahnend zu Ern, als wir sie sicher an Bord hatten. Mutter rügte selten ein Kind vor den anderen, aber diesmal war wohl eine Ausnahme angebracht.
»Auch nicht, wenn man allein ist«, stimmte Anne zu. »So 'ne Idee – ein Mädchen in deinem Alter!«
»Ich weiß«, sagte Ernestine, warf den Kopf zurück und schaute den Wolken nach. »Ich wollt's auch nicht. Ich hab' mir alle Mühe gegeben. Aber es war, als zöge mich ein mächtiger Magnet zurück an sein Herz.«
»Ach so – das grüne Ding, das wie 'n ›S‹ aussieht!« spottete Anne. »Ein Magnet. Kann der auch leuchten?«
»Pure Eifersucht«, trällerte Ernestine und schaute weiter in die Wolken. »Übel möge sie dir bekommen, unselige Dirne, die du dich einer Bohnenstange anverlobt hast.«
»Stimmt auffallend«, sagte Anne. »Sehr übel bekommt's mir – im Magen nämlich.«
Mutter befahl den Kleinen, beiseite zu gehen.
»Gewiß ist er ein reizender Junge«, sagte sie zu Ern.
Anne quietschte: »Der denkt doch, alle Frauen können sich die Finger nach ihm lecken.«
»Kannst es wohl nicht vertragen, daß deine jüngere Schwester sich vor dir verlobt, was?« fauchte Ernestine; sie war nun aus den Wolken zurückgekehrt und blickte Anne drohend an.
»Verlobt?« Mutter schrie es fast. »Willst du damit etwa sagen, daß du und dieser . . . Gewiß ist er ein reizender Junge«, wiederholte sie rasch.

Ernestine schlug ihren Mantelaufschlag zurück: da steckte das Verbindungsabzeichen.
»So 'n großes hab' ich noch nie gesehn«, gab Anne zu. »Wenn du noch so eins hättest, brauchtest du obenrum nichts weiter anzuziehn. Was ist das denn für 'ne Verbindung?«
»Tau Tau Tau«, erklärte Ernestine stolz.
»Nie gehört. Und was bedeutet das ›S‹? Eine höhere Schule?«
»Nein, keine höhere Schule, weißt du ganz genau!« schrie Ernestine sie an. »Verbiet ihr doch den Mund, Mutter.«
»Manchmal zweifle ich, ob ich einem von euch überhaupt was verbieten kann«, seufzte Mutter.
»Entschuldige«, sagte Anne. »Welche höhere Lehranstalt bedeutet denn dies meterhohe ›S‹?«
»Geht dich eigentlich nichts an, aber Al ist einundzwanzig und ist im dritten Jahr auf dem Sagiwan College für Agrikultur und Technik. Wahrscheinlich hast du auch davon noch nie etwas gehört.«
»Du vielleicht?« fragte Anne.
»Sagiwan College kennt doch jeder. Grade weil da nicht lauter Snobs sind wie in Amherst oder Harvard.«
»Ein Tau Tau Tau in Saggie Aggie«, sagte Anne kopfschüttelnd. »Saggie Aggie. Klingt schick – bißchen indianisch und bißchen wie 'ne dicke Frau, die lieber 'n Korsett tragen sollte.«
»Du bist doch der gehässigste Mensch der Welt«, sagte Ernestine und brach in Tränen aus. »Ja, find' ich wirklich.«
»Mein Gott, kannst du denn keinen Spaß verstehn?«
»Du und Martha, ihr beide habt euch den ganzen Sommer amüsiert«, schluchzte Ernestine. »Und nun, wo ich endlich . . . endlich . . .«
»Sei nicht böse«, brachte Anne mühsam heraus und legte den Arm um Ernestine. »Schließlich hast du ja recht: dieser Morton ist auch kein Adonis. 'ne Bohnenstange ist er, nicht wahr? Und Al ist wirklich nett, muß ich zugeben.«
»Im Ernst?« fragte Ernestine und schnaubte sich die Nase.
»Aber ja doch«, flunkerte Anne.
»Wo wohnt er denn, Kind?« fragte Mutter.
»Im Staat New York. Warum muß so was immer mir passieren, Mutter?« schluchzte sie. »Jetzt, wo die Ferien zu Ende sind, muß es mir passieren. Nun werd' ich ihn bis zu den Weihnachtsferien nicht wiedersehn.«
»Weihnachtsferien?« fragte Mutter.
»Ich will mich in New York mit ihm treffen«, sagte Ernestine. »Er kommt extra hin.«

»Vielleicht könnte er uns in den Ferien besuchen?« schlug Mutter vor.

»Darf er das?« rief Ernestine ekstatisch und umarmte Mutter. »Meinst du wirklich?«

»Warum denn nicht?« fragte Mutter. »Schließlich möchte ich ihn erst kennenlernen, wenn du ihn heiraten willst.«

»Oh, heiraten werden wir wohl nicht«, meinte Ern fröhlich. »Wir sind bloß verlobt. Al sagt, zum Heiraten eignet er sich nicht. Al sagt: Warum soll man 'ne Kuh kaufen, wo doch die Milch so billig ist.«

»Also, was denkt der sich . . .«, fing Anne an.

»Wäre doch sehr schön, wenn er käme«, unterbrach Mutter. »Viel besser, als wenn du dich in New York mit ihm triffst. Er scheint doch ein – na, ein sehr interessanter Mensch zu sein.«

»Das ist er, weiß Gott«, stimmte Ernestine bei. »Kannst du mir deinen Füll borgen? Ich will ihm gleich schreiben und ihn einladen.«

Ernestine ging in den Salon, und Anne und Mutter wechselten einen verständnisvollen Blick.

»Weißt du, was ich finde?« frotzelte Anne. »Daß du eine ganz hinterlistige Person bist. Aber ich durchschaue dich.«

»Ich weiß nicht, wovon du redest«, grinste Mutter und machte ein dummes Gesicht.

Achtes Kapitel
Schwierige Kunden

Jeden Herbst fuhr Mutter mit den Jungen nach New York zum Einkaufen, um sie für das kommende Jahr einzukleiden. Diesmal wollte sie, um Zeit zu sparen, die Einkäufe in New York auf der Durchreise von Nantucket nach Montclair erledigen.

Wir bewältigten die Fahrt nach New York verhältnismäßig mühelos. Anne fuhr mit den Mädchen – einschließlich der liebeskranken Ernestine, die sie fast an der Hand führen mußte – weiter nach Montclair. Mutter ging mit den Jungen in ein Warenhaus, das Gelegenheitskäufe in Schulkleidung angezeigt hatte.

Nach Mutters Ansicht war der äußere Ausdruck der Persönlichkeit wesentlich für die Entwicklung eines Kindes; sie ließ uns daher unsere Kleidung selber wählen. Gelegentlich beriet sie uns, im übrigen hatten wir aber freie Hand.

Vor unserer Abreise aus Nantucket hatte Ernestine als Vorsitzende des Einkaufskomitees die Garderobe der Jungen überprüft und Mutter eine Liste der notwendigen Anschaffungen übergeben.

Jeder Junge sollte einen neuen Anzug bekommen und daneben einen Anzug des nächstältesten Bruders auftragen. Für Frank, der als Ältester nichts auftragen konnte, wurden zwei neue Anzüge bewilligt. Außerdem brauchten alle Jungen neue Hemden, Krawatten, Strümpfe, Unterwäsche und Schuhe, denn vor allem die Schuhe hielten selten so lange, daß sie weitervererbt werden konnten. Frank war mit Tom in Montclair und nahm an der Einkaufstour nicht teil. Mutter fand, mit dreizehn Jahren sei er alt genug, um seine Garderobe ohne ihre Hilfe einzukaufen.

In der Untergrundbahn wurden die Jungen sich darüber einig, daß die neuen Anzüge nicht nur ihren unmittelbaren Besitzern, sondern auch den jeweils jüngeren Brüdern, die sie später auftragen sollten, gefallen mußten.

Es war noch früh am Tage, als sie ins Warenhaus kamen; in der Knabenabteilung war es noch still. Ein Verkäufer mittleren Alters

eilte Mutter beflissen entgegen, erfreut durch die Aussicht, den Tag mit so vielen Kunden beginnen zu können. Er war dick und umständlich und trug einen Hörapparat, der wie Kopfhörer an seinen Ohren befestigt war.
»Tag, meine Herrschaften«, sagte er bieder in einem Ton, als wäre er selber auch nur ein großer Junge. »Na, bald fängt die Schule wieder an, was? Sicher freut ihr euch alle drauf.« Lachend fuhr er Bob durchs Haar, und Bob versteckte sich hinter Mutter.
»Was darf's denn heute sein?« fragte der Verkäufer hoffnungsvoll, »Anzüge für die Jungen?«
»Ja, bitte«, sagte Mutter, woraufhin der Verkäufer angesichts dieses Glückstages strahlte.
Mutter griff in ihre Tasche im Format einer Aktenmappe und förderte zwei Lichtpausen zutage, dann das Konzept eines Vortrags, den sie demnächst halten mußte, eine Nummer der Zeitschrift *Das eiserne Zeitalter*, einen Schal, den sie für ihre Mutter häkelte, ein Paar Strümpfe, die sie auf dem Schiff gestopft hatte, und schließlich ihr schwarzes Notizbuch. Mutters Tasche hatte mit Rationalisierung nie sehr viel zu tun.
»Mal sehn«, sagte sie und las Ernestines Liste vor: »Fünf Anzüge, fünfzehn Krawatten, zwanzig Garnituren Unterwäsche, fünfundzwanzig Paar Strümpfe, zwanzig Hemden und fünf Paar Schuhe.«
»Jawohl, gnädige Frau.« Der Verkäufer lächelte – ein breites, aufrichtiges Lächeln, wohl sein letztes, solange die Jungen in der Knabenabteilung ihr Unwesen trieben, möglicherweise sogar für Wochen sein letztes Lächeln.
»Darf er denn Radio hören, wo er doch arbeiten soll?« fragte Dan Mutter.
»Das ist kein Radio, Kind«, antwortete Mutter verlegen; da aber ihrer Meinung nach alle Fragen erschöpfend beantwortet werden mußten, fuhr sie fort: »Das ist ein Hörapparat. Danach fragt man nicht, das ist unhöflich.«
»Oh, tut mir leid«, sagte Dan und fragte dann flüsternd: »Was ist denn ein Hörapparat?«
»Der Herr ist ein bißchen schwerhörig, Kind«, flüsterte Mutter. »Aber hör jetzt auf damit.«
»Was sagt Mutter?« erkundigten Fred und Jack sich flüsternd bei Dan.
»Der ist stocktaub«, flüsterte Dan. »Laßt's ihn nicht so merken.«
»Hier geht's lang, Jungen«, sagte der Verkäufer, »wir werden schon was finden.«
»Wir möchten nicht mehr als siebzehn Dollar fünfzig für die Anzüge anlegen«, sagte Bill, getreu den Anweisungen der Mädchen.

»Und wir hätten sie gern mit zwei Paar Hosen.«
Fred stieß Bill an und flüsterte: »Taub.«
»Wir möchten nicht mehr als siebzehn Dollar fünfzig für die Anzüge anlegen«, brüllte Bill, so laut er konnte.
»Weiß ich, mein Sohn«, versetzte der Verkäufer geduldig. »Hab's schon verstanden. Du brauchst nicht so zu schreien.«
»Entschuldigen Sie«, sagte Bill und warf Fred einen Blick zu.
»Paßt mal auf, Jungen«, sagte der Mann. »Ihr könnt ruhig nach dem Hörapparat fragen. Viele Jungen tun das. Soll ich euch mal zeigen, wie er funktioniert?«
Er zeigte ihnen die Trockenbatterie in der Hosentasche und den Lautstärkeregler in der Seitentasche seines Jacketts.
»Jetzt aber zur Sache, Jungen«, sagte er und zog einen Ständer mit einer Reihe von Anzügen heran. Er wandte sich an Mutter.
»Eine besonders günstige Gelegenheit, gnädige Frau.«
»Wie teuer?« fragte Bill.
»Haben mal dreißig Dollar gekostet«, fuhr der Verkäufer fort, ohne Bill zu beachten. »Äußerst günstig, gnädige Frau.«
»Wie teuer?« fragte Bill.
»Auf neunzehn fünfzig runtergesetzt«, gestand er mit eiserner Miene.
»Leider zu teuer, Sir«, sage Bill. »Wir möchten was Billigeres.«
»Ich weiß nicht, Kind«, warf Mutter ein. »Wollen wir sie nicht erst mal ansehn? Vielleicht gefallen sie euch.«
»Nein, die gefallen uns nicht«, sagte Bill kopfschüttelnd. »Ernestine würde vielleicht nichts sagen, aber Martha würde ein Geschrei machen. Wir mußten ihr's versprechen.«
»Na ja, du hast wohl recht«, gab Mutter zu.
»Ernestine?« fragte der Verkäufer. »Martha?«
»Ern ist Vorsitzende des Einkaufskomitees, und Mart hat die Kasse unter sich«, klärte Bill ihn auf.
»Ah, ich verstehe«, sagte der Verkäufer, der offensichtlich gar nichts verstand, es aber für das beste hielt, die Sache auf sich beruhen zu lassen.
Er zog einen zweiten Ständer heran. »Die hier kosten siebzehn«, sagte er. »Von fünfundzwanzig runtergesetzt. Welche Farbe hatten Sie denn gedacht, gnädige Frau?«
»Ich denke, wir lassen die Jungen selber aussuchen«, lächelte Mutter. »Wenn's Ihnen recht ist, fangen Sie bitte mit Bill an, er ist der größte; der Blonde da.«
»Welche Farbe möchtest du denn, junger Mann?«
»Ach, die Farbe ist wohl egal«, meinte Bill.
»Und was für 'n Stoff soll's sein?«

»Ist mir auch egal. Ich will 'nen Anzug mit Schnallen unten an den Hosen, weil sonst die Strümpfe immer rutschen.«
Der Verkäufer warf Mutter, die sich hingesetzt und ihre Häkelei vorgenommen hatte, einen flehenden Blick zu.
»Sehr vernünftig, mein Kind«, sagte sie, ohne aufzublicken. »Die Hosen, die du jetzt hast, rutschen immer, nicht wahr?«
»Die Schnallen waren schon nach einer Woche verbogen«, beschwerte sich Bill. »Ein gräßlicher Anzug.«
Bill prüfte die Anzüge am Ständer und probierte drei oder vier an; die Schnallen fielen nicht zu seiner Zufriedenheit aus. Schließlich fand er ein Modell aus grauem Stoff mit Gürtel, das ihm zusagte.
»Der gefällt mir«, sagte er und drehte sich, damit Mutter sehen konnte, ob er paßte.
»Sitzt wie angegossen«, sagte der Verkäufer, der vom Herunternehmen und Wiederaufhängen der Anzüge schon ein wenig in Schweiß geraten war.
Mutter befühlte den Stoff. »Ich glaube, der ist schön, Kind. Der wird sich gut tragen, sitzen tut er auch. Und hochelegant sieht er aus.«
Der Verkäufer war sichtlich erleichtert.
»Darf ich den einpacken lassen?« fragte er.
»Augenblick noch«, sagte Bill. »Fred – bist du einverstanden?«
Fred besichtigte und befühlte den Anzug und untersuchte die Schnallen.
»Einverstanden«, erklärte er.
»Müssen denn alle damit einverstanden sein?« fragte der Verkäufer erstaunt. »Müssen wir über jeden Anzug abstimmen lassen?« wandte er sich an Mutter.
»O nein«, beruhigte ihn Mutter.
»Bloß der Kleine da?« fragte der Verkäufer und deutete auf Fred. »Muß der mit allen einverstanden sein?«
»Ganz so ist es nicht«, erklärte Mutter. »Die Jungen haben sich bloß geeinigt, daß Fred Bills Anzug gefallen muß, Dan wieder Freds Anzug und Jack ...«
»Ja, ja, natürlich, ich verstehe«, fiel ihr der Verkäufer ins Wort und sah sich verstohlen um.
Als alle Anzüge ausgesucht waren, sah es in der Knabenabteilung wie in einem Feuerwehrrevier bei Alarm aus. Stühle, Tische, Garderobenhaken und Fußboden – alles lag voller Jacketts, Hosen und Westen, meistens so, wie die Jungen sie gerade abgeworfen hatten. Die Kleiderständer waren kahl wie eine Bratpfanne, nachdem der Gänsebraten verspeist ist.
Der inzwischen in Schweiß gebadete Verkäufer ging mit den Jungen

in die Abteilung für Unterwäsche, wo Mutter sich wieder einen Sitzplatz suchte.

»Einen Dollar das Paar dürfen wir ausgeben«, verkündete Bill.

»Welche Farbe?« fragte der Verkäufer; er hatte inzwischen gelernt, nicht um den Preis zu feilschen.

»Deswegen machen Sie sich keine Gedanken«, sagte Bill. »Bloß keine Lausewäsche, wie Tom sagt.«

»Laß diese Eskimo-Wörter«, mahnte Mutter. »Eskimo« nannte Mutter alles, was sie häßlich fand und ablehnte. Sie traf dabei meistens den Nagel auf den Kopf.

»Ach so, die kratzigen«, nickte der Verkäufer mürrisch. »Ist ja zum Totlachen.« Er zog ein paar Kästen heraus. »Also, mal sehn. Hier – noch nicht mal 'nen Dollar, alle Farben am Lager, keine Lausewäsche. Ich muß schon sagen, so was hab' ich noch nicht erlebt.«

»Also, ich hasse diese kratzigen Hosen – du nicht auch, Mutter?« fragte Dan. »Da drin kann man keine Minute stillsitzen.«

»Ich glaube«, sagte Mutter lächelnd und beugte sich tief über ihre Häkelei, »du solltest lieber aufpassen, was der Herr euch da zeigt.«

Die Unterwäsche, für die man sich schließlich entschied, war ein Gelegenheitskauf und wurde erst vorgelegt, als alle anderen Marken als »Lausewäsche« abgetan waren.

»Die sind goldrichtig«, erklärte Bill, als die zurückgesetzten Waren unter dem Ladentisch vorgeholt wurden. »Bitte zwanzig Paar. Die Größen hat Mutter.«

Der Verkäufer schüttelte den Kopf: »Nur drei Paar für jeden Kunden. Bei dem Preis setzen wir sowieso schon zu.«

»Klar – das Geschäft verderben wollen wir Ihnen nicht«, sagte Bill entgegenkommend. »Wir sind sechs, dann kriegen wir also bloß achtzehn Paar.«

Der Angestellte, der allmählich in eine Art Trancezustand geraten war, ließ sich von Mutter die Größen nennen und legte die Unterwäsche zu dem wachsenden Haufen Kleidungsstücke.

Als sie in die Schuhabteilung gingen, sagte er: »Wir könnten viel Zeit sparen, und ich brauchte euch nicht jedes einzelne Paar Schuhe vorzulegen, wenn ihr mir erst mal beschreiben könntet, wozu ihr die Schuhe haben wollt.«

»Wer jetzt ›zum Laufen‹ sagt, der kriegt's mit mir zu tun«, ermahnte Bill die anderen Jungen. »Wir stehlen dem Mann reichlich viel Zeit, find' ich.«

»So was wollt ihr doch nicht«, fuhr der Verkäufer unbeirrt fort, »was alle Leute für ihre Jungen kaufen – solche derben Laufschuhe?«

»Doch«, nickte Bill, »grade die wollen wir.«

»Welche Farbe und ob Stiefel oder Halbschuh, ist euch wohl egal, was? Hauptsache, die Ösen rosten nicht, und die Schnürsenkel sind echt Leder.«
»Haben Sie welche mit solchen Schnürsenkeln?« fragte Fred begierig.
»Nein«, schrie der Angestellte, »haben wir nicht. Und ob unsre Ösen rosten, weiß ich auch nicht.«
Fred war ganz niedergeschmettert. »Komischer Laden«, flüsterte er. »Bieten einem was an, was sie gar nicht haben.«
Es gab noch viel Hin und Her, bis die Jungen endlich die richtigen Schuhe, Hemden, Krawatten und Strümpfe gefunden hatten.
»Das war wohl etwas anstrengend für Sie«, sagte Mutter aufrichtig zu dem Verkäufer, als sie die Rechnung bezahlte. »Aber ich glaube nun einmal, daß Einkaufen unbedingt zur Kindererziehung gehört, meinen Sie nicht?«
»Wie bitte?« fragte er und fummelte am Schalter seines Hörapparates in der Jackentasche herum. »Ich hab' ihn nämlich abgestellt. So – jetzt versteh' ich Sie. Ich konnte einfach nicht mehr zuhören.«
»Sie brauchen also nur abzuschalten, und dann hören Sie überhaupt nichts?« fragte Mutter, und die Jungen glaubten etwas von Neid in ihrer Stimme zu hören.
Er nickte.
»Wunderbar – was die Wissenschaft alles fertigbringt«, sagte Mutter. Kein Zweifel: es *war* Neid.

Neuntes Kapitel
Mutters Schule

Acht von uns – von Ernestine bis hinunter zu Jack – gingen nun wieder in Montclair in die Schule. Anne fuhr nach Ann Arbor und wurde für das dritte Studienjahr in die Universität von Michigan aufgenommen. Sie trat nach wenigen Wochen in eine Sorority ein und wurde im Frühling Phi-Beta-Kappa-Mitglied.

Mutter überwachte nicht nur das ganze Hauswesen, sondern wandte sich auch wieder der Aufgabe zu, für den Lebensunterhalt der Familie zu sorgen.

Wie sich herausstellte, waren die finanziellen Aussichten womöglich noch schlechter, als Mutter angenommen hatte. Die großen Firmen wollten ihre Verträge für Bewegungs-Rationalisierung nicht erneuern. Sie gaben verschiedene Begründungen dafür; letzten Endes liefen aber alle darauf hinaus, daß Mutter zwar theoretisch als Rationalisierungs-Expertin anerkannt wurde, daß man aber bezweifelte, ob sie als Frau den technischen Einzelheiten dieser Aufgabe gewachsen wäre und sich bei Arbeitern und Werkmeistern den nötigen Respekt verschaffen würde, um sie zur Mitarbeit zu veranlassen.

Der Kursus für Bewegungs-Rationalisierung, den Mutter schon auf ihrer Europa-Reise geplant hatte, schien der einzige Ausweg zu sein. Wenn die Industrie sie nicht für fähig hielt, die Theorie der Zeitersparnis in den Betrieben in die Praxis umzusetzen, würde man ihr vielleicht Ingenieure oder andere Angestellte schicken, um die Theorien zu studieren und sie selber anzuwenden.

Mutter schickte Prospekte an ein Dutzend ehemaliger Klienten und an andere Firmen, die schon früher Interesse für Bewegungs-Rationalisierung gezeigt hatten. Der Kursus sollte in Paps' und Mutters Büro- und Laborräumen in unserem Hause in Montclair stattfinden.

Das Unternehmen mußte genau durchkalkuliert werden. Mutter rechnete aus, daß sie die ganze Idee fallen lassen müsse, wenn weniger als sechs Firmen ihre Vertreter entsandten. Das hieße dann, daß wir nach Kalifornien übersiedeln oder auf die freundlichen Angebote einiger Familienfreunde zurückkommen müßten.

Wenn sich sechs Teilnehmer einfanden, war es immerhin möglich, daß die Familie beisammenblieb. Wurden es mehr als sechs, dann würde die Familie beisammenbleiben und sich's leisten können, Ernestine im Herbst aufs College zu schicken.

Mutter hatte sich's nun einmal in den Kopf gesetzt, daß wir alle ein College besuchen mußten. Wenn jemand ihr das als undurchführbar ausreden wollte, schob sie nur eigensinnig das Kinn vor.

Manche Eltern meinen, sie hätten schon viel geleistet, wenn sie morgens ein Kind zur Schule expediert haben. Mutter expedierte acht Kinder: sie kontrollierte, ob das Haus sauber und die Betten gemacht waren, sie überwachte Ernestines Speisezettel und Marthas Kasse, sie behielt Bob und Jane im Auge, stopfte, nähte Knöpfe an, schrieb jeden Tag an Anne und fand immer noch Zeit, uns abends etwas vorzulesen, uns bei den Schularbeiten zu helfen und mit uns zur Sonntagsschule zu gehen. Außerdem arbeitete sie täglich zehn Stunden im Büro und im Labor.

Abends war Mutter dann ein bißchen langsam und konfus und hatte Ringe unter den Augen. Morgens aber war sie wieder ganz in Form, und ihre Müdigkeit war wie weggeblasen.

Von sechs bis sieben Uhr früh half sie den Kleinen beim Bettenmachen und Zimmeraufräumen und hörte ihnen dabei die Schulaufgaben wie Gedichte, Vokabeln oder das Einmaleins ab.

Um sieben weckte sie die Großen und half auch ihnen beim Bettenmachen und bei ihren Aufgaben. Kurz nach acht machten wir uns auf den Schulweg; dann überließ Mutter die beiden Kleinsten Tom und ging in ihr Büro. Das Büropersonal, das nur noch aus einer Stenotypistin bestand, erschien um neun, und Mutter wollte keinesfalls, daß Miß Butler nicht genug zu tun hätte.

Jede Stunde sah Mutter nach Bob und Jane. Ernestine und Martha, denen Paps Maschineschreiben beigebracht hatte, kamen abwechselnd nachmittags direkt von der Schule nach Hause und halfen im Büro.

Obwohl es streng verboten war, Mutter zu stören, waren manchmal mehr Kinder innerhalb als außerhalb des Büros. Miß Butler pflegte zu sagen, sie hätte lieber Kindergärtnerin werden als auf die Handelsschule gehen sollen.

Keiner von uns durfte das Büro betreten, ohne anzuklopfen, und auch das nur, wenn es sich um etwas Dringendes handelte. Wir klopften zwar an, aber unser Begriff von etwas Dringendem deckte sich nicht immer mit Mutters Vorstellung.

»Was meinst du«, fragte etwa Lillian, nachdem sie laut an die Tür getrommelt hatte, »soll ich zu Boodles Geburtstagsgesellschaft das rosa Kleid anziehn oder das gelbe?«
Das schlimmste war, daß so eine Frage Mutter wirklich interessierte und daß sie darüber alles andere vergaß.
»Das gelbe mag ich am liebsten«, sagte sie. »Die Fältchen an der Seite sind so nett, findest du nicht?«
»Meinst du, daß es noch lang genug ist?«
»Ein bißchen kurz ist es schon«, gab Mutter zu. »Ich werde nach dem Abendessen den Saum auslassen. Wie alt wird Boodle eigentlich? Hatte sie nicht grade Geburtstag . . .«
Plötzlich dämmerte es ihr, daß man sie in der Arbeit unterbrochen hatte. »Kind, wir sprechen beim Abendessen darüber«, sagte sie fest. »Ich weiß, es ist wichtig, und ich werd's nicht vergessen. Aber jetzt hab' ich zu tun.«
Sie schrieb Lillians Kleid auf ihren Notizblock und vergaß es wirklich nicht.
Schließlich dachte Mutter sich eine Störungs-Tabelle aus, die sie hinter ihrem Schreibtisch an die Wand hängte. Wenn nun einer von uns sie mit einem nicht lebenswichtigen Problem im Büro behelligte, sagte sie zu dem Missetäter:
»Hättest du wohl etwas dagegen, auf der Störungstabelle hinter deinen Namen einen Strich zu machen? Ich versuche grade, einen Überblick zu gewinnen; vielleicht können wir die Störungen etwas einschränken.«
Beschämt machte der Störenfried sein Zeichen, während Miß Butler sich grinsend über ihre Schreibmaschine beugte.
»Danke, mein Kind«, sagte Mutter, ohne eine Miene zu verziehen. »Wieviel Striche hast du denn diese Woche schon.«
»Acht.«
»Mein Gott, das ist ja gar nichts gegen Tom. Der hat's schon auf dreißig gebracht.«
Tom fand, die Störungstabelle sei eine gute Erfindung; es sei wirklich eine Schande, wie oft wir Mutter belästigten, wenn sie arbeiten wollte.
»Bleib mir bloß vom Büro weg«, blaffte er jeden, der sich der Bürotür näherte, an. »Kannst du denn nicht ein bißchen Rücksicht auf deine arme Mutter nehmen? Wenn du was wissen willst, frag mich, ich werd's dir schon sagen.«
»Ich wollte bloß wissen«, antwortete Ernestine einmal träumerisch und schwenkte dabei einen Brief aus dem Staate New York, »was würdest du tun, wenn der schickste Mann der Welt rasend in dich verliebt wäre?«

Tom dachte darüber nach. »Ich glaube«, antwortete er zurückhaltend, »zuallererst würd' ich ihn um sein Verbindungsabzeichen bitten. Wenn du deins suchen solltest – es liegt unten in der Waschküche auf dem Regal.«
»Wie kommt das dahin?« fragte Ernestine besorgt.
»War an deinem Schlafanzug. Hätt' ich's nicht gesehen – meine ganze Wringmaschine wär' zum Teufel.«
Seine eigenen Bürobesuche hielt Tom für so lebenswichtig, daß sie nicht unter die Kategorie »Störungen« fielen.
»Würden Sie 'nen Augenblick in die Küche kommen, Mrs. Gilbreth?« fragte er und steckte den Kopf zur Tür herein. »Ich wollt' Ihnen mal was zeigen.«
»Ist es wichtig?« fragte Mutter, schob gottergeben ihre Papiere beiseite und stand von ihrem Drehstuhl auf.
»Ich stör' Sie schon nicht, wenn's nicht wichtig ist – wissen Sie doch.«
»Haben Sie was dagegen, wenn ich einen Strich auf der Störungstabelle mache?«
»Nein, gnä' Frau. Die Tabelle ist 'ne gute Einrichtung, Mrs. Gilbreth. Die Kinder stören Sie nicht mehr halb soviel.«
»Die *Kinder* scheinen die Sache erfaßt zu haben.«
»Sie sollten für die Küche auch so 'ne Tabelle machen. Die stören mich dauernd. Stellen Sie bloß mal Ihren Schreibtisch in die Küche, da können Sie sehn, wie's bei mir zugeht.«
Mutter sandte einen Blick gen Himmel, den nur Miß Butler sah, und folgte ihm in die Küche; dort zeigte Tom ihr dann eine Zeichnung von Bob, einen Maulwurf, den der Präsident aus dem Vorgarten hereingeschleppt hatte, oder das neueste Kunststück von seiner Katze.
Inzwischen durchstöberten wir voller Unruhe jede Post nach Antworten auf Mutters Prospekt. Fast zwei Wochen lang kam nichts. Dann gingen im Laufe von zwei Tagen fünf Anmeldungen ein: von dem größten Warenhaus der Welt in New York, von einer pharmazeutischen Fabrik, von einer Werkzeugfirma, von einer Handelsgesellschaft für Molkereiprodukte und von einer Aktiengesellschaft für elektrische Geräte.
Wir warteten eine weitere Woche und hielten es schon für sicher, daß der Kursus abgesagt werden müsse. Dann aber meldeten sich drei Ausländer an: ein japanischer Ingenieur, ein belgischer Technologe und der Vertreter eines britischen Lebensmittelkonzerns. Damit waren es acht Teilnehmer; war das Unterrichtshonorar erst eingegangen und von Martha zur Bank gebracht, dann hatten wir genug Geld auf unserem Konto, daß die Familie ein weiteres Jahr

beisammenbleiben, Anne nächstes Jahr an der Universität von Michigan ihre Abschlußprüfung machen und Ernestine das Smith College besuchen konnte.

Mutter beabsichtigte, diese Kurse möglichst fünf Jahre lang durchzuführen, jedes Jahr mit einer anderen Teilnehmergruppe. Nach diesen fünf Jahren würden Anne und Ernestine ihre Diplome haben, und Martha und Frank würden im College sein. Dann wären zu Hause nur noch sieben Kinder zu versorgen, und Mutter würde mehr reisen und sich nach Beratungsaufträgen umsehen können. Im Laufe dieser fünf Jahre hoffte sie die Arbeitgeber davon zu überzeugen, daß sie auf diesem männlichen Arbeitsgebiet durchaus etwas leisten konnte.

Am Abend vor Beginn des Kurses sagte Mutter, sie brauche nun unsere Unterstützung: »Daß ihr nicht ins Büro oder ins Labor kommt, wenn es nicht unbedingt notwendig ist, halte ich für selbstverständlich; ich hoffe aber auch, daß ihr die acht Teilnehmer freundlich als Hausgenossen aufnehmt.«

Wir sagten, das mit den »Hausgenossen« sei noch nicht ganz raus. Wir wußten zwar, daß die Schule aus finanziellen Gründen notwendig war; aber wir waren offen gestanden nicht gerade begeistert davon, daß nun lauter fremde Leute im Hause sein und Mutters Zeit beanspruchen sollten.

»Sicher alles alte Kracher, die sich beschweren, daß sie sich bei unserm Radau nicht konzentrieren können«, meinte Frank.

»Durchaus nicht«, widersprach Mutter. »Ich kenn' sie ja schon: sie sind alle denkbar angenehm. Ich glaube, ihr werdet sie auch mögen.«

»Ich kenn' diese alten Kracher«, nickte Martha. »Blaue Serge-Anzüge mit Kopfschuppen drauf, und ewig wollen sie einen in 'ne Ecke ziehn und einem was von niedlichen Grübchen in den Knien vorquatschen.«

»Die Alten quatschen nicht von Grübchen im Knie«, sagte Ernestine, »sondern bloß von hübschen Fesseln.«

»Sie sind gar nicht alt«, lächelte Mutter. »Wenigstens nicht sehr alt. Eine Frau ist auch dabei – Miß Lies. Im Auftrage von Macy.«

»Wahrscheinlich hat sie 'n seidenweiches schwarzes Bärtchen und geht in Männerhosen«, johlte Ernestine.

Auch Tom war von dieser Aussicht nicht entzückt, zumal er erfahren hatte, daß unter den Teilnehmern ein Engländer war.

»Als wenn ich nicht schon genug zu schuften hätte«, jammerte er, womit er nicht ganz unrecht hatte. »Die sollen mir bloß nicht in meine Küche kommen. Vor allem der gottverdammte Brite nicht – und der Japs auch nicht.«

Er kramte Bleistift und Papier aus seiner Schublade und legte umständlich ein Verzeichnis seiner Werkzeuge an, um kontrollieren zu können, wenn etwas davon verschwände.
Auf dem Treppenabsatz versteckt, beobachteten wir die Ankunft von Mutters Schülern. Als erster kam Mr. Yoyogo, der japanische Ingenieur. Tom, mit einer frischen Metzgerschürze und auf dem Kopf seine Küchenchef-Mütze, machte ihm auf.
»Sie müssen Yoyo sein«, begrüßte Tom ihn mürrisch, wobei er das »Mister« absichtlich, die letzte Silbe des Namens aber aus Versehen wegließ. »Hängen Sie nur Hut und Mantel dahin.« Er deutete auf einen Schrank. »Und dort geht's ins Büro.« Er zeigte auf die Bürotür und wollte wieder in die Küche gehen.
»Und Sie müssen Tom sein«, sagte Mr. Yoyogo. »Mrs. Gilbreth hat uns von Ihnen erzählt: daß Sie kochen, waschen, beim Einkaufen helfen und fast alle schwere Gartenarbeit machen. Sie müssen ja selber ein Musterbeispiel für Bewegungs-Rationalisierung sein.«
Tom machte kehrt: »Darf ich Ihnen Hut und Mantel abnehmen?«
»Ich muß doch mal genau Ihre Bewegungen beobachten«, fuhr Mr. Yoyogo fort. »Sie müssen das haben, was die Gilbreths *die Optimale Methode* nennen.«
»Was ich kann, will ich Sie gern lehren, Sir«, sagte Tom und hielt ihm die Bürotür auf.
Die anderen sechs Herren kamen zusammen im Wagen und wurden ebenfalls von Tom eingelassen. Alle waren Ende Zwanzig oder Anfang Dreißig, und zwei von ihnen waren große, kräftige, gutaussehende Männer.
»Ich werd' verrückt – seht euch das bloß an«, zischelte Ernestine entzückt und vergaß vorübergehend den Staat New York. »Ich hab's mir schon anders überlegt – vielleicht sollte man sie doch als Hausgenossen aufnehmen. Anne ärgert sich tot, wenn sie hört, was sie versäumt.«
»So hatt' ich sie mir nicht vorgestellt«, gab Martha zu. »Anscheinend nicht von der Kopfschuppen-Sorte.«
Die Männer lachten über irgend etwas und lärmten wie die Schuljungen. Sie fragten Tom, was die Kartenkunststücke machten, und fingen an abzulegen. Die beiden Großen hielt Tom anscheinend für Amerikaner; er nahm ihnen die Mäntel ab und hängte sie auf. Bei den vier anderen zögerte er. Als er den Engländer nicht herausfinden konnte, nahm er schließlich auch ihnen die Mäntel ab. Tom wußte immer gerne, mit wem er es zu tun hatte; deshalb fragte er, bevor er wieder zum Schrank ging:
»Wünscht einer der Herren eine Tasse Tee?«
Keiner wollte eine Tasse Tee.

»Wie wär's mit einem Stück Kuchen?«
Auch das wollte keiner haben.
»Wenn Sie wissen wollen, wer von uns der gottverdammte Brite ist – der bin ich«, grinste einer der beiden Großen; offenbar hatte Mutter alle gründlich darüber informiert, was ihrer wartete. »Wenn Sie mir meinen Mantel wiederbringen, häng' ich ihn selber auf.«
»Macht nichts«, sagte Tom mürrisch, »einmal ist keinmal.«
Wir erlebten eine weitere freudige Überraschung, die auch Tom zu freuen schien: Miß Lies entpuppte sich als eine blonde, schlanke, auffallend hübsche junge Dame. Tom fiel, als er sie galant ins Büro hineinkomplimentierte, vor lauter Bücklingen die weiße Mütze vom Kopf.
Wir mußten schnell zur Schule und konnten Mutters Schüler nicht begrüßen; auch als sie am Spätnachmittag weggingen, sahen wir sie nur flüchtig. Am nächsten Tag aber sagte Mutter, sie wolle sie zu Tee und Apfelkuchen einladen: wenn wir uns nach der Schule beeilten, könnten wir dabei sein.
Die Jungen erschienen zum Tee in ihren Schulanzügen, aber Ernestine und sogar Martha, die neuerdings ihre Sommersprossen mit Zitronenschale behandelte, warfen sich in ihre besten Sachen: Kleider mit tiefen Taillen und kniefreien Röcken, hohe Absätze und seidene Kniestrümpfe mit Zwickel.
Mutter stellte uns vor: »Dies ist Ernestine, meine Zweitälteste; dies ist Martha und dies Frank, mein ältester Sohn; und dies hier ist Bill.« -
Sie wurde von Tom unterbrochen.
»Ach, hätten Sie wohl mal Zeit, in die Küche zu kommen, gnä' Frau? Ich muß Ihnen was Wichtiges zeigen.«
»Hat das nicht Zeit bis nach dem Tee?«
Tom sah ganz niedergeschmettert aus. »Na ja«, sagte er, »bis dahin hat's wohl Zeit. Nichts Besonderes.«
»Hat etwa der Präsident wieder was ausgebuddelt? Sie wissen doch: so was seh' ich mir nicht gern an.«
»Nein, gnä' Frau. Was andres.«
Tom ging hinaus, und schon tat er Mutter leid.
»Wahrscheinlich die Katze«, sagte sie. »Ich geh' lieber und seh' mir's an, sonst verzeiht er mir nie.« Sie stand vom Sofa auf. »Würden Sie mich entschuldigen . . .«
»Wenn wir dürfen, gehn wir mit«, sagte Miß Lies. »Ich bin wahnsinnig neugierig, weshalb er Sie aus dem Büro holen wollte.«
»Tom hat sicher nichts dagegen«, erklärte Mutter.
Wir gingen alle in die Küche; Tom war entzückt über so viel Publikum.

»Sie wissen doch: die Kinder treten Vierzehn immer aus Versehn auf den Schwanz, wenn sie grad beim Fressen ist«, sagte Tom. »Da hab' ich mir gedacht: ich stell' ihre Milch oben auf den Eisschrank und füttere sie da.«

»Sehr vernünftig«, bestätigte Mutter etwas unsicher.

»Zweimal hab' ich sie raufgehoben, und jetzt passen Sie mal auf, was ich ihr gelernt hab'.«

Tom machte den Eisschrank auf und bückte sich, als wollte er eine Flasche Milch herausnehmen. Die Katze hatte unter dem Tisch gesessen und ihn beobachtet; nun sprang sie auf seinen Rücken und von dort auf den Eisschrank.

»Bravo«, rief Mr. Yoyogo und wurde deshalb für tausend Jahre und vier Tage in Toms Klub aufgenommen.

»Noch nie hab' ich so 'ne schlaue Katze abgerichtet – das macht ihr keine nach!« triumphierte Tom, goß Vierzehn etwas Milch ein und streichelte mit dem Zeigefinger ihre Schnurrhaare.

Wir alle fanden dieses Kunststück sehr hübsch und brachten das auch zum Ausdruck.

»Mal sehn, ob sie's bei Ihnen macht, Mrs. Gilbreth«, schlug Tom vor. Er hob die Katze wieder herunter. »Bücken Sie sich mal, als ob Sie Milch rausnehmen wollen.«

Mutter schüttelte sich: »Ich kann so was Kitzliges am Rücken nicht ausstehn – ihr wißt's doch, Kinder. Schon bei dem Gedanken krieg' ich 'ne Gänsehaut.«

Mutters Rücken war ihre Achillesferse. Manchmal schlichen wir uns aus Spaß an sie heran und krabbelten ihr mit den Fingern wie ein Mäuschen das Rückgrat hinauf. Dann quietschte sie wie ein kleines Mädchen und schüttelte sich.

Schließlich gab Mr. Yoyogo sich freiwillig für das Experiment her, und Vierzehn vollführte es brav.

»Das macht ihr keine nach!« wiederholte Tom. »Bist doch meine Klügste.«

»Von heute ab kommen wir immer mit, wenn Sie Mrs. Gilbreth in die Küche rufen«, sagte Miß Lies zu Tom. »So was darf man nicht versäumen.« Auch Miß Lies wurde für tausend Jahre und vier Tage in den Klub aufgenommen.

Als wir wieder im Wohnzimmer saßen, meinte Mr. Bruce, der gutaussehende Amerikaner von der pharmazeutischen Fabrik, er kenne sich unter uns Kindern noch nicht recht aus.

»Die beiden größten Mädchen sind Ernestine und Martha«, sagte er. »Welche ist nun Ernestine?«

»Ich«, sagte Ernestine und klapperte mit den Augendeckeln, als gälte es, Knaben zu verführen.

»Und ich bin Martha«, girrte Martha und lächelte zögernd mit halbgeöffneten Lippen, als wollte sie einen Jüngling um sein letztes bißchen Verstand bringen.
»Sie unterscheiden sich dadurch, daß Martha Grübchen in den Knien und Ernestine hübsche Fesseln hat«, erklärte Frank.
Mutter sagte zu Frank, nun sei es genug, und die Männer meinten, sie hätten weder an den Knien noch an den Fesseln beider Mädchen etwas auszusetzen. Irgendwie aber schienen sie sich für Mutters Apfelkuchen und für die jüngeren Kinder mehr zu interessieren als für die großen Mädchen.
»Wetten, daß Sie als Junge Fußball gespielt haben?« fragte Bill Mr. Bruce.
»Ja, früher hab' ich gespielt«, gab Mr. Bruce zu. »Aber das ist ziemlich lange her. Vor dem Krieg. Seitdem hab' ich wohl keinen Fußball angerührt.«
Es stellte sich heraus, daß alle Männer irgendwann einmal Fußball oder Rugby gespielt hatten – bis auf Mr. Yoyogo, der Baseball spielte.
»Habt ihr zufällig einen Fußball da?« fragte Mr. Bruce die Jungen. »Wär' doch ganz lustig, wieder 'n bißchen in Übung zu kommen.«
»Klar haben wir einen«, sagte Bill. »Wir können gleich loslegen.«
»Ach nein, jetzt nicht«, sagte Mr. Bruce hastig. »Ich meinte, irgendwann mal. Jetzt trinken wir Tee.«
»Spielen Sie ruhig, wenn Sie Lust haben«, sagte Mutter zu ihm. »Ich plaudere inzwischen mit Miß Lies und den Mädchen. Vor einer halben Stunde fangen wir nicht wieder mit der Arbeit an.«
»Die Herren haben keine Lust, mit euch zu spielen«, sagte Ernestine zu den Jungen. »Hört doch mit der Quengelei auf.«
Die Männer schienen es aber gar nicht für Quengelei zu halten. Sie fragten Mutter, ob sie wirklich nichts dagegen habe, und folgten den Jungen auf den Rasen hinaus; dort bildeten sie zwei Parteien, um Fußball zu spielen. Alle Männer spielten mit, außer Mr. Yoyogo, der lieber noch zusehen wollte, bis er die Spielregeln beherrschte.
Im Vordergarten war Tom beim Rasenmähen; er ging zu dem Japaner hinüber, der am Rande des Spielfeldes stand.
»Sie haben wohl für Sport nicht viel übrig, Mr. Yoyo?« fragte er.
»Doch, sehr viel sogar. Aber das hab' ich noch nie gespielt.«
»Na, wenn Sie 'n Sportliebhaber sind«, sagte Tom, »dann kann ich Sie ja mal 'n bißchen Bewegungs-Rationalisierung beim Rasenmähen lehren.«
Sie gingen zur Rasenmähmaschine, und Tom setzte dem Japaner seine Methode auseinander: eine Reihe hin, eine Reihe zurück, dann wieder eine Reihe hin.

»Genial«, sagte Mr. Yoyogo mit todernstem Gesicht. »Also, wir in Japan sind darauf noch nicht gekommen. Wir mähen eine Reihe hin, dann tragen wir die Maschine auf der Schulter wieder zurück und mähen dann die nächste Reihe.«
»Da kann ich Ihnen noch 'ne Masse lernen«, versicherte Tom. »Versuchen Sie's doch mal; werden sehn, wie schön das geht.«
Der Japaner, der tatsächlich gerne Sport trieb, fing an zu mähen. Tom setzte sich ins Gras, um Yoyo, falls dieser durcheinanderkäme und aus alter Gewohnheit die Mähmaschine schulterte, die nötigen Anweisungen zu geben.
Mutter, Miß Lies und die Mädchen kamen auf die Veranda, setzten sich auf die Liegestühle und sahen dem Fußballspiel zu. Mutter hatte Jane auf dem Schoß und stopfte Strümpfe. Miß Lies zeigte Ernestine und Martha eine neue Art, das Haar einzudrehen.
Mr. Bruce rief seine Mannschaft zusammen und instruierte sie, daß beim nächsten Spiel der Ball von Bill nach außen abgegeben werden solle. Der Engländer, der Verteidiger auf der Gegenseite, gab dem vor ihm kauernden Schlußmann einen Klaps auf den Körperteil, der ihm am nächsten war, und feuerte die Mannschaft zu wütendem Kampf an. Tom saß schläfrig im Vorgarten und zog träge an seiner Zigarette. Mr. Yoyogo hatte den Vorderrasen vortrefflich geschoren und rollte nun den Rasenmäher resolut in den Hintergarten, wo das Gras nahezu fünfzehn Zentimeter hoch stand.

Nachdem die Kursteilnehmer für die Nacht nach New York zurückgefahren waren, sagte Mutter beim Abendbrot zu uns, sie habe mit ihnen besprochen, ein wenig Sport täglich könne nur gesund sein.
»Ich muß sagen, ich freue mich sehr, daß ihr mich so unterstützt«, sagte sie. »Ich weiß, es ist nicht so einfach, Haus und Garten voll fremder Leute zu haben.«
»Och, laß man«, sagte Bill.
»Und ihr Mädchen müßt nicht denken, daß ihr euch jeden Nachmittag umziehn müßt; ihr Jungen braucht auch nicht mit ihnen Fußball zu spielen, wenn ihr keine Lust habt.«
»Trinken sie morgen wieder Tee bei uns?« fragte Ernestine interessiert.
Mutter nickte: »Ja, kurz nach drei.«
»Dann sollten wir spätestens drei Uhr zwanzig mit Fußball anfangen«, sagte Frank.

Zehntes Kapitel
Die rationalisierte Küche

Mutter hatte sich überlegt, daß sie vielleicht eher zu Rationalisierungsaufträgen kommen würde, wenn sie die zeitsparenden Methoden auf die Küche anwendete. Die Fabrikanten würden vielleicht auf eine Frau hören, wenn es sich um Haushaltsangelegenheiten handelte.

Wenn der Zutritt zu einem männlichen Arbeitsgebiet nur durch die Küchentür möglich war, dann wollte sie diesen Weg benutzen.

Ihre Schüler halfen ihr bei der Konstruktion eines elektrischen Nahrungsmittel-Mixers und entwarfen moderne Typen elektrischer Herde und Kühlschränke. Mutter machte einen Entwurf für eine rationalisierte Kleinküche, wie sie heutzutage in vielen Apartments anzutreffen ist. Diese Küche war so eingerichtet, daß man mit ein paar Dutzend Schritten einen Kuchen zubereiten, in den Ofen schieben und das Geschirr abwaschen konnte.

Auf Grund ihrer Entwürfe schloß Mutter einen Vertrag mit einem New Yorker Konzern für elektrische Geräte ab. Das Honorar war so niedrig, daß Paps nicht darauf eingegangen wäre. Für Mutter war es aber der erste selbständige Vertragsabschluß, und sie war stolz darauf.

Durch den Konzern erfuhr die Presse von dem Vertrag. Ein weiblicher Rationalisierungsexperte mit elf Kindern – das war ein guter Zeitungsstoff. Außerdem war im Jahre 1924 eine wissenschaftlich durchdachte Küche etwas Neues.

Die Gesellschaft arrangierte für Mutter einen Presse-Empfang in New York. Die Artikel über Mutters Pläne, die daraufhin erschienen, erweckten den Eindruck, als wäre unsere Küche in Montclair ein Muster an Rationalisierung.

Tatsächlich war genau das Gegenteil der Fall. Unsere Küche – Toms Wirkungsstätte – war denkbar unpraktisch. Nicht gerade, daß sie eine Handpumpe am Ausguß oder einen Bratspieß zum Geflügelbraten gehabt hätte – aber ähnlich schlimm war es doch.

Unser Haus stammte aus einer Zeit, in der alles sehr geräumig sein mußte, und der ursprüngliche Besitzer hatte die Küche so angelegt, daß drei bis vier Dienstboten darin Platz hatten. Wenn Tom einen Kuchen – oder das, was er Kuchen nannte – buk, mußte er ungefähr einen Kilometer zurücklegen. Vom Ausguß, der so niedrig lag, daß man vom Bücken Rückenschmerzen bekam, bis zu dem altmodischen Gasherd waren es etwa sechs Meter. Die Lebensmittel standen in der Speisekammer, die vom Herd sechs und vom Ausguß zwölf Meter entfernt lag. Und das Geschirr befand sich in der Anrichte, die etwa ebensoweit weg auf der anderen Seite lag. Der Eisschrank stand in einer Extranische. Um dorthin zu gelangen, mußte man um einen Ständer mit dem Vogelkäfig und um einen Tisch herumgehen, auf dem Toms Werkzeug und Schraubenschlüssel, einige Magazine mit Wildwestgeschichten und uralte Nummern des *Newark Star-Eagle* lagen; meistens mußte man auch noch über den Präsidenten oder Vierzehn oder über beide wegsteigen.
Als nun in der Presse die Notizen über Mutters Vertrag erschienen waren, rief ein Mann von der Wochenschau an und teilte Mutter mit, er wolle mit seinem Stab nach Montclair kommen, um sie in ihrer rationalisierten Küche zu filmen.
»Ich würde Sie schrecklich gern bitten, herzukommen«, sagte Mutter, »aber wissen Sie, unsere rationalisierte Küche ist noch nicht fertig eingerichtet. Bisher haben wir nur die Pläne.«
»Macht nichts«, sagte der Mann von der Wochenschau, »dann machen wir eben von Ihnen in Ihrer Küche ein paar Aufnahmen.«
»Ich glaube nicht, daß unsre Küche dafür geeignet ist«, brachte Mutter mühsam heraus.
»Das Publikum merkt das gar nicht. Das kann 'ne rationalisierte Küche nicht von 'ner andern unterscheiden.«
»Wirklich nicht?« stammelte Mutter.
»Nein, wirklich nicht. Und Sie als Rationalisierungsexpertin werden doch 'ne einigermaßen neuzeitlich eingerichtete Küche haben.«
»Aber wir brauchen doch etwas nicht nur einigermaßen, sondern *ganz* Neuzeitliches«, meinte Mutter.
»Im Grunde, Mrs. Gilbreth, brauchen wir einfach einen menschlich interessanten Stoff. Nichts Wissenschaftliches. Einfach Sie in Ihrer Küche und drumrum die Kinder.«
»Ich versteh' schon«, sagte Mutter lebhaft und suchte verzweifelt einen Ausweg. »Menschlich interessant.« Sie dachte an Toms Küche. »Na, wenn Sie vielleicht was animalisch Interessantes brauchten ...«
»Wir können in dieser Woche rauskommen; welcher Tag würde Ihnen passen?«

»Diese Woche ist leider schon besetzt. Vielleicht ein andermal?« Das klang so, als dächte sie bei ›ein andermal‹ vielleicht an das übernächste Jahr.

»Wir möchten's gerne machen, solange die Sache noch aktuell ist. Wär' doch 'ne schöne Reklame für Ihr Geschäft. Dauert bloß paar Minuten.«

»Also gut.« Mutter gab sich geschlagen. »Sagen wir Samstag. Samstag nachmittag um drei.«

Samstag fand kein Kursus statt, und – was noch wichtiger war – Tom hatte Ausgang. Paps und Mutter hatten schon lange die Küche modernisieren wollen, aber Tom und seine Vorgängerin hatten sich immer wieder durchgesetzt. Schließlich hatte Mutter eingesehen, daß man mit Tom am besten möglichst wenig über diesen Punkt redete.

Sie zeichnete einen Grundriß der Küche und bestellte für Samstag Klempner und Installateur, um den Ausguß höher legen und den Herd umsetzen zu lassen.

Tom ging meistens Samstag mittag nach dem Lunch fort und kam sonntags am frühen Vormittag wieder. Diesmal gab Mutter ihm den ganzen Samstag frei, und er ging kurz nach dem Frühstück weg. Er war in fröhlicher Ferienlaune. Er deutete an, ein großer Teil der weiblichen Bevölkerung von West Orange, einer an Montclair angrenzenden Stadt, in der Tom meist seine freien Tage verbrachte, werde freudig überrascht sein, wenn er unprogrammäßig vier Stunden früher auftauche.

Der Klempner und der Installateur waren gegen Mittag mit ihrer Arbeit fertig. Wir brachten Toms Werkzeug und Lektüre in den Keller und stellten die Kanarienvögel in sein Zimmer im Dachgeschoß.

Dann zeichnete Mutter entsprechend ihrem Grundriß auf dem Fußboden mit Kreide an, wohin sie den Eisschrank, den Tisch und einen Schrank für Lebensmittel, Töpfe und Schüsseln haben wollte. Wir räumten alles um, scheuerten den Fußboden und richteten eine Art Frühstücksecke ein.

Mutter probierte nun alle Bewegungen, die das Backen eines Apfelkuchens erforderte, um sich mit dem Platz aller dazu notwendigen Dinge vertraut zu machen. Sie brauchte sich kaum von der Stelle zu rühren. Alle Handreichungen konnte sie von der Mitte der Küche aus verrichten.

Übrigens war Apfelkuchen das einzige, wovon Mutter das Rezept kannte. In ihrem Elternhaus hatte in der Küche ein chinesischer Koch regiert, und seit ihrer Heirat hatte sie keine Zeit gehabt, sich viele Kochkünste anzueignen. Apfelkuchen aber hatte zu Paps'

Leibgerichten gehört; deshalb hatte Mutter sich Rezept und Zubereitung genau eingeprägt, um ihm einen Mitternachts-Imbiß bereiten zu können, wenn er abends lange arbeitete.
Als die Wochenschauleute kamen, prangten wir alle in unseren besten Kleidern – vor allem Ernestine und Martha, die sich keine Chance entgehen lassen wollten, falls Hollywood Nachwuchstalente suchte. Während im Wohnzimmer die Scheinwerfer aufgestellt wurden, setzte der Aufnahmeleiter uns auseinander, wie er sich die Sache dachte.
Mutter sollte Klavier spielen, und wir sollten singend um sie herumstehen. Dann sollte Mutter sich umdrehen und uns etwas fragen, und wir sollten uns den Mund lecken und den Magen reiben. Dann sollte in die Küche übergeblendet werden, wo Mutter mit einem Minimum an Bewegungen etwas zubereitete. Die Schlußszene sollte wieder im Wohnzimmer spielen, wo wir das, was sie gekocht hatte, essen sollten.
»Können Sie irgendwas machen, was nicht zu lange dauert?« fragte er Mutter.
»Ich glaube, schon«, sagte sie.
»Wie wär's mit Hühnerfrikassee?« fragte Bill.
»Oder Blaubeerkuchen?« meinte Frank.
»Ich glaube, Blaubeeren haben wir nicht da«, lächelte Mutter.
»Aber Äpfel sind da«, kam Ernestine ihr zu Hilfe.
»Äpfel?« rief Bill, als spräche er eine mühsam auswendig gelernte Rolle. »Das wäre ja großartig.«
»Prima«, sagte Frank in gleichem Ton. »Mutter, ich mache dir einen Vorschlag: willst du uns nicht zur Abwechslung mal Apfelkuchen machen?«
»Schluß damit!« Mutter lachte und erklärte: »Die Kinder ziehn mich auf. Ich bin nämlich keine besonders gute Köchin. Mit Apfelkuchen ist mein Repertoire so ziemlich erschöpft.«
Der Wochenschau-Mann meinte, Mutter wäre sicher zu bescheiden, außerdem sei Apfelkuchen prächtig.
Die Wohnzimmer-Szene klappte sehr schön. Natürlich war es ein Stummfilm, und alles wurde pantomimisch ausgedrückt.
Dann verlegten wir den Schauplatz in die Küche, und die Leute waren von dem Arrangement beeindruckt.
»Ich versteh' nicht, warum Sie auch nur eine Minute gezögert haben, das filmen zu lassen«, sagte der Aufnahmeleiter. »Die Frauen werden ganz aus dem Häuschen sein, wenn sie diese Einrichtung sehn.«
»Der Herd ist natürlich nicht so, wie er sein sollte, und der Kühlschrank auch nicht«, erklärte Mutter. »Ich brauche einen Herd in

der richtigen Höhe, damit man sich zur Backröhre nicht zu bücken braucht, und einen Kühlschrank, in den man nicht förmlich hineinkriechen muß.«
Die Scheinwerfer wurden auf Mutter gerichtet, die in der Mitte des Arbeitsraumes stand. Sie zündete den Herd an, dann schälte und entkernte sie die Äpfel mit einem Apparat, den Mr. Yoyogo für sie angefertigt hatte. Sie siebte und mischte die trockenen Bestandteile des Teigs und fettete die Backform ein. Bis dahin hatte sie nur vier oder fünf Schritte getan. Die Kamera lief weiter.
Nun öffnete Mutter die Tür des Eisschranks, bückte sich und nahm in eine Hand zwei Eier, in die andere eine Flasche Milch. Als sie sich gerade aufrichten wollte, kam Vierzehn unter dem Tisch vorgeschossen, sprang und landete auf Mutters Kreuz.
»Ih!« kreischte Mutter. Sie warf die Hände über den Kopf, und die Molkereiprodukte verteilten sich zwischen Frühstücksecke und Anrichte.
»Halt!« brüllte der Aufnahmeleiter. »Teufel noch mal, was soll das?«
»Wer hat das gemacht?« schrie Mutter Frank und Bill an. »Ich kann ja Spaß verstehn, aber so was – na, danke!«
Vierzehr ging sichtlich stolz auf dem Eisschrank auf und ab. Mutter sah die Katze an, als wüßte sie nicht recht, ob sie ihr den Hals gleich oder erst nach dem Weggang der Wochenschauleute umdrehen sollte.
»Entschuldigt, Kinder«, sagte sie. »Ich hätte wissen können, daß ihr in diesem Augenblick so was nicht tun würdet.«
Wir konnten uns das Kichern nicht verbeißen. Auch die Kameraleute, die sich nur mühsam beherrscht hatten, prusteten los.
»Runter mit dir, Vierzehn«, sagte Mutter und holte ein- oder zweimal völlig wirkungslos nach der Katze aus. »Runter mit dir, hab' ich gesagt.«
Vierzehn kannte Mutter gut genug, um zu wissen, daß nichts anderes erfolgen würde, und stolzierte weiter hin und her. Erst als Mutter nach dem Brett über dem Ausguß langte, wo Tom das Chinin aufbewahrte, sprang die Katze herunter und verdrückte sich.
Mutter mußte selber kichern, dann aber fiel ihr etwas Fürchterliches ein. Vor einigen Jahren hatte eine Wochenschau-Gesellschaft Aufnahmen von uns am Mittagstisch in Nantucket gemacht. Als der Film dann lief, wurde er durch folgenden Text eingeleitet: »Die zeitsparende Familie Frank B. Gilbreth beim Mittagessen.« Die Bilder liefen im Zeitraffer ab, und das ganze Kino johlte.
»Sie müssen mir versprechen, daß Sie das mit der Katze nicht zeigen«, sagte Mutter zum Aufnahmeleiter.

»Aber woher denn, meine Dame, ich weiß doch, daß Sie elf Mäuler zu stopfen haben«, protestierte er. »So was würd' ich Ihnen nie antun.« – Und er hielt Wort.

Ernestine und Martha wischten Eier und Milch auf, und Mutter fing wieder da an, wo sie sich zum Eisschrank bückte.

Ausgerechnet an diesem Samstag kam Tom zeitig aus West-Orange zurück. Er war immer etwas in Unruhe, wenn er zu lange von den kleineren Kindern fort war, denn er war überzeugt, daß kein anderer richtig für sie sorgte. Außerdem bildete er sich ein, wir stellten, sobald er aus dem Hause war, sein Zimmer und die Küche auf den Kopf, um nach Süßigkeiten oder nach irgendwelchen Überraschungen zu suchen, die er vor uns versteckt haben könnte. Da er früher als sonst von Hause fortgegangen war, hatte er sich anscheinend entschlossen, auch früher wiederzukommen und nach dem Rechten zu sehen.

Er erschien in der Hintertür, als Mutter gerade den Kuchen in den Ofen schob. Ein erster Blick auf die umgeräumte Küche bestätigte seinen Verdacht. Bis zum Schluß der Aufnahme stand er finster grollend im Hintergrund.

»Ach, Tom, guten Tag«, sagte Mutter schuldbewußt.

»Was habt ihr mit meiner Küche angestellt?« wollte Tom wissen. »Und wer hat meiner Katze solche Angst eingejagt, daß sie sich nicht ins Haus traut?«

Mutter wollte die Kameraleute hinaushaben, ehe Tom noch mehr über die umgeräumte Küche sagte.

»Vielleicht gehn die Herren ins Wohnzimmer«, sagte sie und versuchte, sie zur Tür zu drängen.

»Und wo sind meine Vögel geblieben?« fragte Tom. »Sie wissen doch, ohne meine Vögel kann ich nicht kochen.«

»Wir sprechen nachher drüber, Tom«, sagte Mutter eisern. »Hier lang, bitte, meine Herren.«

Die Kameraleute, die ihre Lampen und Apparate einpackten, fanden das alles hochinteressant.

»Das ist Tom, unser Koch«, stellte Mutter ihn endlich vor. »Ohne Tom könnten wir nicht auskommen, was, Kinder?«

»Sie werden ohne mich auskommen müssen«, maulte Tom, »wenn mir nicht gleich jemand hilft, meinen Herd und meinen Eisschrank dahin zu stellen, wo sie hingehören.«

»Schon gut, Tom«, beschwichtigte ihn Mutter.

In so 'ner Engigkeit arbeit' ich nicht«, schmollte Tom halb entschuldigend. »Bin nämlich kein Zwerg, wissen Sie.«

Elftes Kapitel
Lynch-Justiz

Mutters Kursus setzte während der Weihnachtsferien aus. Anne kam am 19. Dezember vom College nach Hause, und am nächsten Tag sollte Al Lynch zu Besuch kommen.

Ernestine hatte uns schon vier Wochen lang instruiert, wie wir uns in seiner Gegenwart zu benehmen hätten.

Niemand durfte mit Essen anfangen, bevor nicht alle sich bedient hatten. Frank sollte nicht vergessen, Mutter den Stuhl zurechtzurücken. Martha sollte sich etwas zusammennehmen und bei den Mahlzeiten nicht die Preise der einzelnen Speisen aufzählen. Mutter sollte darauf achten, daß Bob und Jane nicht mit offenen Hosen rumliefen. Die Jungen sollten Al im Badezimmer den Vortritt lassen.

»Ich hab' nur eine Bitte«, betonte Ern immer wieder, »versucht mal vier Tage lang so zu tun, als wären wir einigermaßen zivilisiert.«

Diese Forderung schien nur recht und billig zu sein. Unser erster Eindruck von Al war zwar nicht günstig gewesen, aber auf erste Eindrücke kann man sich nicht immer verlassen, und wenn Ernestine nun einmal daran gelegen war, ihm zu imponieren, so war es nicht zuviel verlangt, daß wir sie dabei unterstützten.

»Wir werden uns bemühen, daß alles glattgeht«, versprach Mutter ihr. »Mach dir nur keine Sorgen.«

Frank und Bill räumten ihr Schlafzimmer und zogen zu Fred und Dan. Anne und Martha halfen Ernestine, das Bett frisch zu überziehen, das Zimmer sauberzumachen und die Habseligkeiten der Jungen zu verstauen – wie Radioteile, Pfeilspitzen, Hockeyschläger und einige mit Formaldehyd gefüllte Gläser, in denen undefinierbare Dinge schwammen. Dann wurde auch im Wohnzimmer saubergemacht, denn Ern wollte eine Abendgesellschaft mit kaltem Büfett geben, um Al mit ihren Freunden aus Montclair zusammenzubringen.

Wir wußten, daß Al direkt vom College kam, und stellten uns vor, er würde in einem alten Ford, die Karosserie vermutlich mit Inschriften bemalt, ankommen. Wir saßen im Eßzimmer und waren gerade mit dem Lunch fertig, als ein neuer Packard-Sportwagen, Modell 1925, vorfuhr. Von Inschriften keine Rede, nur auf beiden Wagentüren die fünfzehn Zentimeter großen Initialen A. L. Am Steuer saß Al in dem elegantesten Waschbärmantel, den wir je gesehen hatten.

»Der Mantel hat seine sechshundert Dollar gekostet, mindestens«, zischelte Martha. »Und was der Packard kostet, wissen die Götter.«

»Wehe, wenn du ihn danach fragst!« warnte Ernestine.

»Verlaß dich auf mich, ich werd' mich schon zivilisiert benehmen«, versicherte Frank. »Wenn du bei dem landen kannst, brauchen wir alle nicht mehr zu arbeiten.«

»Geht doch vom Fenster weg«, flehte Ernestine, die selber hinter einem Vorhang hinausspähte. »Donnerwetter, ist das ein schnittiger Wagen!«

»Alle hinsetzen!« befahl Mutter. »Wo sind eure Manieren?«

Wir setzten uns wieder an den Tisch und hörten draußen Tom aufmachen. Gleich darauf öffnete er die Tür von der Halle und steckte den Kopf herein.

»Für dich, Prinzessin«, verkündete er. »Der hat ja 'n Mantel an – ein Glück, daß heut keiner auf Jagd ist.«

»Genug, Tom«, sagte Mutter streng.

»Henk, henk«, meckerte Tom. »Den kenn' ich doch aus Nantucket.«

Ernestine warf ihm einen Blick zu und legte den Zeigefinger an die Lippen, bemühte sich aber, fröhlich zu lachen.

»Wie er reinkam, hab' ich ihn gefragt, ob ich sechs Dosen Erbsen haben kann«, sagte Tom. »Da ist er gleich gesprungen und hat gesagt: ›Jawohl, mein Herr, sonst noch was gefällig?‹ Henk, henk.«

»Mit Tom gibt's doch immer was zu lachen, findet ihr nicht?« sagte Ernestine laut. »Würdest du mich wohl einen Augenblick entschuldigen, Muttchen? Ich lauf' eben raus und seh' nach, wer da ist.«

»Bring ihn nur rein«, sagte Mutter. »Vielleicht mag er ein bißchen Nachspeise.«

Ernestine ging zur Tür. »Nein, so was – Al!« rief sie. »Wie reizend!«

Sie schloß die Tür hinter sich, und wir hörten in der Halle ein Hinundhergelaufe.

»Ich wußte gar nicht, daß er aus so 'ner reichen Familie ist«, flüsterte Anne.

»Er hat's Ern geschrieben«, erklärte Martha. »Sein Vater hat sein Produktengeschäft verkauft und sein Geld in Aktien angelegt.«

Ern und Al erschienen eng umschlungen in der Eßzimmertür. Al hatte seinen Waschbärmantel und seinen runden Hut abgelegt; auf seinem Lacklederhaar war die ringförmige Druckstelle des Hutes zu sehen.

»Deine Koffer und die Ukulele lassen wir in der Halle«, sagte Ern. »Ich lass' sie dann von unserm Diener ins Gastzimmer bringen.« Sie warf einen besorgten Blick zur Anrichte, aber Tom war glücklicherweise in der Küche und außer Hörweite.

Al befleißigte sich, genau wie in Nantucket, etwas zu ausgesprochener College-Manieren. Außerdem fanden wir seinen Luxus ziemlich aufdringlich. Er hatte lauter neue, teure und streng moderne Sachen an. Seine überweiten Knickerbocker hingen ihm fast bis auf die Schuhe, und über dem Ausschnitt seines blau-weiß karierten Sweaters funkelte eine juwelenbesetzte Krawattennadel.

Al sah sehr gut aus und lächelte unentwegt. Er fühlte sich ganz als Herr der Situation. »Gott zum Gruß, alle miteinander«, sagte er. »Was für 'ne große, glückliche Familie!«

Wir begrüßten ihn und hatten nichts dagegen einzuwenden. Alle Jungen standen auf – wie Ernestine es ihnen eingeschärft hatte.

»Ich möchte dich mit meiner Mutter bekannt machen«, sagte Ernestine formell. »Mutter, darf ich dir Mr. Lynch vorstellen?«

»Guten Tag, Mr. Lynch«, sagte Mutter. »Wir haben uns schon alle auf Ihren Besuch gefreut.«

»Ist mir ein Bockbierfest«, kicherte Al und quetschte ihr die Hand. »Meine Freunde nennen mich Al.«

»Sehr nett«, sagte Mutter und schenkte ihm ein herzlich gemeintes Lächeln. Sie sah aber so aus, als überlegte sie, wie ihn wohl seine Feinde nennen mochten, und als könnte sie ihnen notfalls mit einer passenden Bezeichnung aushelfen.

»Und dies ist Anne«, sagte Ernestine. »Sie kommt gerade von Michigan.«

»Markigen Handschlag«, sagte Al und schlug zu. Dabei vollführte er nicht gerade einen Grotesktanz, man hatte aber das Gefühl, als wäre er nicht weit davon entfernt. »Wo hast du denn die ganze Zeit gesteckt, Baby?«

Wir glaubten, Anne würde sagen, sie habe sich vor ihm versteckt; sie schluckte es aber herunter und fragte, wie es am Sagiwan College für Agrikultur und Technik gehe.

»Alles in Butter«, tönte Al. »Könnte gar nicht besser gehn. Hast wohl gelesen, wie wir die Fußballmannschaft von Wallace Teachers fertiggemacht haben?«

»War das nicht das große Traditionsspiel im November?« fragte Anne auf gut Glück.

»Na klar«, stimmte Al zu. »Hast du gelesen, was?«

»Die ersten Seiten der Zeitungen in Michigan waren voll davon«, sagte Anne unschuldig. »Hätt' ich's doch für dich ausgeschnitten!«

Ernestine machte ihn mit den übrigen bekannt, und wir alle tauschten einen markigen Handschlag mit ihm. Er zog sich einen Stuhl an den Tisch, drehte ihn um und setzte sich rittlings drauf.

»Hast du den Karren da gesehn?« fragte er Ern und deutete nachlässig mit dem Daumen zum Fenster.

»Nein«, sagte Ern. »Wo steht er denn?« Sie ging zum Fenster. »Donnerwetter, ist das deiner? Du, das ist doch 'n Packard?«

»Kleines Weihnachtsgeschenk vom Alten. Kostet über zweitausend Eier.«

»Damit ist deine Frage wohl beantwortet«, sagte Anne zu Martha.

»Ist ja großartig!« rief Ernestine. Aber es klang ein bißchen unsicher. Im Familienkreise schien Al nicht ganz so anziehend zu wirken wie im Tête-à-tête in Nantucket.

Während Al den von Mutter angebotenen Tapiokapudding verspeiste, erzählte er: er habe zwei Touchdowns gegen die Wallace Teachers zu verzeichnen; sein alter Herr baue sich am Niagara ein Häuschen mit zwanzig Zimmern, das fünfundsiebzigtausend Eier kosten werde; die Tau Tau Taus hätten auf einem Bauernhof eine kleine Hütte gestohlen und sie auf der Vorderveranda des Tri-Alph-Hauses aufgestellt, kurz bevor die Gäste zu der Semester-Abschlußfeier eintrafen.

Wir hörten zu und trugen sogar pflichtschuldigst durch höfliches Lachen zur Unterhaltung bei. Aber jetzt wußten wir's: wenn es je zweifelhaft gewesen war – dies war kein Mann für Ernestine.

Al und Ern beschlossen, nach dem Lunch im Packard spazierenzufahren. Al mummelte sich behaglich in seinen Pelzmantel, Ern nicht ganz so behaglich in ihr Wollmäntelchen. Draußen hatte es gefroren, und Ern war ein bißchen besorgt, ob ihr im offenen Wagen nicht zu kalt sein werde.

»Laß nur, Baby«, beruhigte Al sie, während beide sich in der Halle von uns verabschiedeten. »Wenn du frierst, geb' ich dir was von meinem Mantel ab – die Ärmel.«

Zur Bekräftigung umschlang er sie mit beiden Armen, ließ sie dann wieder los, schlug sich brüllend vor Lachen auf die Knie und gab doch tatsächlich Mutter einen kleinen Rippenstoß.

»Du solltest lieber rauflaufen, Ern, und dir eine Decke holen«, sagte Mutter; sie war zusammengezuckt und machte ein Gesicht, als ob sie Al am liebsten die Ukulele um die Ohren haute.

Ern holte sich eine Decke; dann brausten sie ab, beim Klang von Als Hupe, die die ersten Takte von »Jingle Bells« trompetete.

»Da siehst du's, was für einen fürchterlichen Mißgriff sie gemacht hat«, sagte Martha entrüstet zu Mutter. »Du wirst es ihr sagen müssen.«
»Ich glaube, nach so kurzer Bekanntschaft kann man den Jungen nicht richtig beurteilen«, meinte Mutter.
»Wir sind mit einem Punkt im Rückstand«, machte Frank nach, »und stehn auf der Fünfunddreißig-Yard-Linie.«
»Fünfunddreißig-Yard-Marke«, verbesserte Martha.
»Marke«, gab Frank zu. »Ich geb' das Signal für einen Dropkick, und der Mittelstürmer . . .«
»Die Mitte«, sagte Martha.
»Und die Mitte sah sich um, als wär' ich verrückt geworden. Die Tribünen rasten.«
»Hört doch auf damit«, sagte Mutter. »Er ist Ernestines Freund und unser Gast; das sollte uns allen genügen.«
»Mir genügt's schon lange«, entgegnete Martha. »Da wett' ich um zweitausend Eier.«
»Stell dir vor, Dan, der soll unser Bruder werden«, sagte Fred. »Was meinst du dazu?«
»Die Frage ist nicht unberechtigt«, gab Martha zu. »Geht jetzt und seift euch eure ungewaschenen Mäuler aus.«
Wir fanden, Anne als Älteste sollte uns helfen, Mutter ein Licht aufzustecken. Aber Anne grinste Mutter nur vielsagend an, und Mutter mied ihren Blick.
»Jetzt wird nicht mehr drüber geredet«, sagte Mutter. »Tragt seine Koffer rauf, Jungen, und wehe, wenn ihr was anstellt, was Ernestines Gefühle verletzt.«
Frank und Bill ergriffen die mit Hotelzetteln vollgeklebten Koffer, und Fred folgte mit der Ukulele.
»Wenn Paps da wäre«, sagte Bill, als er das Gepäck am Fußende seines Bettes absetzte, »würde er diesen Fatzke hochkant rausschmeißen.«
»Bei dem Gequatsche, von wegen Ern mit den Ärmeln wärmen, da hätte Paps ihm eine geknallt«, stimmte Frank bei. »Mutter hat keine Ahnung, wohin so was führt; Paps wußte Bescheid.«
Die Jungen beschlossen, daß es ihnen als den männlichen Familienmitgliedern zukam, Al aus dem Hause zu ekeln. Da es zwecklos war, auf Ernestine einzuwirken, ging man am besten gegen Al direkt vor.
Nachmittags badeten alle Jungen, so daß schließlich das heiße Wasser aufgebraucht war. Frank holte einen Schraubenzieher und entfernte den Riegel an der Tür des Jungenbades. Bill machte das Badezimmerfenster sperrangelweit auf.

Trotz Mänteln und Decke kamen Ern und Al blaugefroren, etwa eine halbe Stunde vor Ankunft der Abendgäste, zurück. Beide gingen schnell hinauf, um zu baden und sich umzuziehen.
Die Jungen waren im Zimmer von Fred und Dan; sie hörten, wie Al nebenan hin und her ging, auspackte und sich auszog. Dann hörten sie ihn ins Badezimmer gehen, an der Tür, die sich nicht abschließen ließ, herumprobieren und schließlich das Fenster zuknallen.
Das Wasser begann in die Wanne zu rauschen.
»Noch drei Minuten«, kicherte Frank. »Ich seh' ihn direkt, wie er bibbernd dasteht und den Finger unter den Hahn hält, ob das Wasser nicht endlich heiß wird.«
Nun ließ sich aus dem Badezimmer ein beleidigt bibbernder Bariton vernehmen: in Sagiwan opfere der jüngste Student bereitwillig alles für das Allgemeinwohl, in anderen Lehranstalten herrschten eben kein Zusammenhalt und keine Disziplin.
Mr. Lynch hatte anscheinend die Theorie, wenn das Badezimmer nicht abzuschließen sei, müsse man möglichst viel Krach machen, damit jeder merke, daß es besetzt sei.
Endlich wurde das Badewasser abgedreht. Der Bariton wurde noch bibberiger und beleidigter und setzte japsend aus, um dann wieder atemlos zu tönen.
»Jetzt ist er im Wasser«, sagte Frank. »Los, Bill.«
Bill ging über die Diele ins Badezimmer. Als die Tür aufging, griff Al, der kläglich im zwei Zentimeter hohen Wasser hockte, nach einem Waschlappen und bedeckte, so gut er konnte, sein Blöße.
»Brrr«, schudderte Bill, »warum hast du's denn hier so kalt werden lassen?«
»Großer Gott«, zischte Al, »ich dachte schon, es wär' eins von den Mädels. Mach doch in Dreiteufelsnamen die Tür zu.«
»Och, keine Bange«, sagte Bill und machte die Tür zu. »In so 'ner großen Familie denkt sich keiner was dabei.«
»Wirklich?« fragte Al ungläubig.
»Die sehn überhaupt nicht hin, wenn sie reinkommen«, versicherte Bill. »Die merken nicht mal, daß du in der Badewanne sitzt.«
»Ja, kommen sie denn rein?«
Bill zuckte die Achseln. »Warum hast du's eigentlich so kalt werden lassen? Gehört das zu euerm Training?«
»Ich hab's nicht kalt werden lassen, da kannst du Gift drauf nehmen«, blaffte Al ihn an. »Das Fenster stand auf, und kein Tropfen heißes Wasser.«
»Da lass' ich vielleicht die Tür auf«, schlug Bill vor. »Wenigstens bis es hier 'n bißchen durchgewärmt ist.«

»Laß die Tür gefälligst zu. Ich bin nicht aus so 'ner großen Familie.«
»Wie du willst. Dann werd' ich Mutter um heißes Wasser bitten; wird gleich raufgebracht.«
»Laß nur«, sagte Al, der im Zweifel war, ob Bill oder Mutter ihm das Wasser bringen würde. »So lange halt' ich mich hier nicht auf.«
Bill nahm sich ein Glas Wasser und ging, wobei er die Tür zu schließen vergaß.
»Mach die Tür zu«, brüllte Al ihm nach. »Wie oft soll ich das noch sagen!«
»Okay«, sagte Bill und kam zurück. »Wenn du's durchaus kalt haben *willst!*« Er knallte die Tür zu.
Dann wurden Fred und Dan zum Händewaschen ins Badezimmer geschickt. Sie warfen keinen Blick auf Al, der brummelnd in der Wanne saß und sich beeilte, um schnell wieder herauszukommen.
Nun kam Frank an die Reihe. Er hatte ein Kleid von Martha angezogen, dazu Seidenstrümpfe, Stöckelschuhe und einen Glockenhut.
»Wenn er nun merkt, daß ich's bin«, sagte Frank und bekam kalte Füße. »Vielleicht kommt er dann raus und verhaut mich.«
»Der ist erst so kurz da, der kann uns noch nicht unterscheiden«, beruhigte ihn Bill. »Und wenn wir dich schreien hören, kommen wir alle angerannt. Mit dem werden wir schon fertig.«
»Holt lieber die Hockeyschläger – zur Sicherheit«, beharrte Frank.
Frank trat ins Badezimmer. Als Al die Tür aufgehen hörte, griff er vorsichtshalber wieder nach dem Waschlappen.
»Au, verflucht!« kreischte er, als er die Mädchenkleider sah. Er versuchte ganz unterzutauchen, aber die zwei Zentimeter Wasser boten wenig Schutz.
»Tag, Bübchen«, rief Frank und winkte Al wie ein Mädchen zu. »Habt ihr 'ne nette Fahrt gehabt? Du entschuldigst doch 'n Sekündchen?« Er ging zur Wasserleitung, ließ ein Glas Wasser einlaufen, trank es aus und wollte wieder gehen.
»Halt, Moment mal!« knurrte Al. »Ich erkenn' dich doch. Findest das wohl sehr witzig, was?« Er langte nach ihm, aber Frank flitzte an der Wanne vorbei in die Diele hinaus. Al folgte ihm nicht.
Ernestine hatte, als sie baden wollte, auch gemerkt, daß es kein heißes Wasser gab. Sie war wütend, aber die ersten Gäste kamen schon, und so hatte sie keine Gelegenheit, sich die Jungen vorzunehmen.
Ernestine empfing ihre Freunde und führte sie ins Wohnzimmer. Es waren etwa zwanzig. Wir kannten alle und mochten sie gern. Wir rollten die Teppiche auf und stellten das Grammophon an.
Al kam ziemlich spät herunter. Vielleicht hatte er an der Heizung gesessen und sich gewärmt; vielleicht brauchte er auch soviel Zeit

für seine Toilette, oder er hatte sich das Haar frisch pomadisieren müssen.
Ernestines Freundinnen starben angeblich vor Neugierde, Al kennenzulernen; auch die Jungen waren höchst gespannt auf den auswärtigen Jüngling, der sie alle ausgestochen hatte. Alle hatten vor dem Hause den parkenden Packard bemerkt, der ihnen mächtig imponiert hatte.
Endlich erschien Al. Die anderen Jungen hatten ihre guten Anzüge an, aber Al schien Sweater und Knickerbocker vorzuziehen. Er hatte seine Ukulele bei sich und lächelte siegesbewußt. Er ging zum Grammophon und stellte es ab. Alle hörten auf zu tanzen und wandten sich ihm zu.
»Gott zum Gruß, Jungs und Mädels«, sagte er, ohne abzuwarten, daß Ernestine ihn vorstellte. Diesmal vollführte er wirklich einen Grotesktanz und ließ sich zum Schluß wie Al Jonson auf ein Knie nieder.
»Eine kleine Einlage«, sagte Ernestines Al. »Sie heißt: ›I used to shower my sweetie with presents, but it ain't gonna rain no more.‹«
Er warf den Kopf zurück, klimperte auf der Ukulele und sang: »Djuh ecker djuh ecker djuh, wuh duh dih oh duh.«
Ukulele spielen konnte er zweifellos. Und sein Bariton klang jetzt weitaus besser als vorhin in der Badewanne. Schließlich aber war das keine Art, sich in eine Gesellschaft einzuführen, nicht einmal im Zeitalter des Jazz. Nach Mitternacht, wenn alle ihn besser kannten, wäre das etwas anderes gewesen.
Erns Gäste standen hölzern herum und sahen erst sie und dann Mutter an, die mit einer Strickarbeit am Kamin saß. Mutter zeigte keine Mißbilligung, welcher Art ihre Gefühle auch sein mochten.
Ernestine wollte ihrem Beau zu Hilfe kommen. Sie tanzte im Charleston-Schritt vor ihm auf und ab und rief: »Alle mitmachen!« Sie wirbelte sogar die Arme wie Windmühlenflügel herum und leckte sich abwechselnd die Daumen; man nannte das »Kirschenpflükken«.
Auch das wirkte nicht. Das schlimmste aber war, daß alle außer Al genau verstanden, was Ern da machte und was sie damit bezweckte. So taten sie ihr den Gefallen: eine ihrer Freundinnen begann auch Charleston zu tanzen, und ein paar Jungen stimmten in Als Gesang ein.
»Eine kleine Einlage«, sagte Al. »Sie heißt: ›When bathing girls take up aviation, I want to be there at the takeoff.‹« Lachend begann er zu klimpern. Man mußte zugeben: gut sah er aus. »Djuh ecker djuh ecker djuh.«
Ernestine war hochrot und außer Atem. Sie wußte, eine weitere

Einlage würde sie nicht überstehen, nicht einmal die allerkleinste. »Bitte, Al«, bat sie, »steh erst mal auf, damit ich dich bekannt machen kann.«
»Hab' mich schon selber bekannt gemacht, Baby«, protestierte Al. Trotzdem stand er auf.
»Das ist Mr. Lynch«, sagte Ern und führte ihn herum. »Er ist ein paar Tage bei uns zu Besuch, und wir amüsieren uns prima.«
»Ist mir ein Bockbierfest«, grinste Al. Jeder bekam einen markigen Handschlag.
Ern nahm ihm die Ukulele ab und legte sie hinten auf den Flügel; dort würde er sie hoffentlich nicht finden. Al schlenderte von einer Gruppe zur anderen und hörte sich Unterhaltungen über New Yorker Dirigenten, über Princeton und Dartmouth, über neue Operetten und über die Neuigkeiten in Montclair an. Zuerst versuchte er, das Gespräch an sich zu reißen, aber niemand schien sich für das große Spiel gegen die Wallace Teachers zu interessieren.
Noch vor dem Essen fand Al, er habe nun genug von der Gesellschaft.
»Hör mal«, sagte er zu Ern und zog sie in eine Ecke, »bring mich hier raus. Wir wollen spazierenfahren oder so.«
»Jetzt kann ich nicht weg, das weißt du doch.«
»Was ist denn eigentlich los mit deinen Freunden? Wann tauen die endlich 'n bißchen auf?«
»Gar nichts ist mit ihnen los«, sagte Ernestine scharf. »Das liegt an dir. Du benimmst dich wie 'n Fisch auf dem Trocknen.«
»So, findest du? Na, in euerm Haus würd' sich nicht mal 'n Fisch ins Wasser trauen. Würde glatt erfrieren.«
»Tut mir leid mit dem heißen Wasser. Das ist aber keine Entschuldigung für dein Benehmen.«
»Außerdem würde ein Haufen Lausebengels um sein Goldfischglas rumtanzen und ihn zum Wahnsinn treiben.«
Ernestine stemmte kriegerisch die Hände in die Hüften: »Das ist gelogen. Was soll das heißen?«
»Deine Brüder kommen fortwährend ins Badezimmer gerannt – das weißt du wohl nicht?«
»Woher soll ich das wissen? Warum hast du nicht zugeriegelt?«
Al ignorierte die Frage und fuhr fort: »Und der eine Bengel war sogar als Mädchen verkleidet.«
»Nein«, stöhnte Ernestine. »Also – nein!« Dann mußte sie kichern. »Das war bestimmt Frank oder Bill. Na ja, sind schon Lausebengels.«
»Wart nur, wenn ich die zu fassen krieg'!«
»Gott, muß das komisch gewesen sein«, lachte Ernestine und legte

ihre Hand auf seinen Arm. »Armer Al. Was hast du denn gemacht?«
»Dir kommt das vielleicht komisch vor«, sagte Al und reckte die Nase in die Luft, »aber ich find's typisch für alles bei euch, auch für deine Freunde.«
»Und wie findest du alles bei uns?« wollte Ernestine wissen.
»Geschmacklos. Hochgradig geschmacklos.«
Ernestine fand, daß dieses Urteil aus diesem Munde eines der nettesten Komplimente sei, die ihr je gesagt worden waren. Sie nahm das Tau-Tau-Tau-Abzeichen ab und gab es ihm zurück; Al ging hinauf und holte seine Koffer. Während er oben war, nahm Ern die Ukulele vom Flügel und legte sie zu seinem Waschbärmantel. Dann ging sie ins dunkle Eßzimmer, schloß hinter sich die Tür und beobachtete, hinter einem Vorhang versteckt, wie er in seinen Wagen stieg und beim Klang von »Jingle Bells« davonfuhr.
Sie fand den Trost, daß die Zeit alle Wunden heile, nicht sehr befriedigend. Wenn sie sicher wüßte, daß die Zeit allen Verrätern Wunden schlüge . . .
Als Al weg war, wurde die Gesellschaft ein großer Erfolg. Einer von Erns Freunden aus Dartmouth belegte sie fast den ganzen Abend mit Beschlag. Über Al schienen sich alle im klaren zu sein: keiner fragte nach ihm.

Zwölftes Kapitel
Die Weihnachtsüberraschung

Wir konnten zwar nicht viel Geld ausgeben, aber Weihnachten war immer unser höchster Festtag gewesen, und Mutter wollte es auch in diesem Jahre so halten.

»Über was Teures aus dem Laden freu' ich mich lange nicht so«, erklärte sie, »als wenn ihr mir selber was arbeitet, einen Kalender oder eine Schreibunterlage zum Beispiel. Das schönste Geschenk ist immer die Liebe und Zuneigung, mit der etwas geschenkt wird.«

Wir hatten schon im Sommer angefangen, unser Taschengeld zu sparen; die Gefahr, daß wir ausschließlich auf Kalender und Schreibunterlagen angewiesen wären, bestand also nicht. Außerdem verdienten Ernestine und Martha etwas als Kassiererinnen in ihrer Schulkantine, und Frank und Bill hatten bei den Nachbarn im Garten gearbeitet.

Wir hatten auf dem Boden noch eine Menge Christbaumschmuck aus den Vorjahren. Aber Mutter wußte, wie beglückend die Vorfreude auf etwas Schönes ist, und spornte uns an, aus bunten Inseraten und Illustrationen, die sie aus Zeitschriften ausgeschnitten hatte, meterlange Papierketten zu fabrizieren.

Es war bei uns Sitte, daß jedes Familienmitglied alle anderen persönlich beschenkte. Aber dank gelegentlicher Zankereien und Auseinandersetzungen schienen unsere Geschenklisten sehr zusammenzuschrumpfen.

Fast alle Streitigkeiten von November bis Weihnachten gipfelten darin, daß die Gegner jede weihnachtliche Beziehung unwiderruflich abbrachen und sich nichts zu schenken versprachen, nicht einmal eine Schreibunterlage.

»Also, dafür streich' ich dich auf ewig von meinem Weihnachtszettel«, schrie der eine. »Ich bring's sofort wieder in den Laden zurück, was ich dir schenken wollte.«

»Du hättest von mir sowieso nichts gekriegt«, blaffte der andere.

»Übrigens hast du mich in dieser Woche schon viermal von deinem Zettel gestrichen.«
Natürlich war bis Weihnachten alles vergeben und vergessen. Aber wenn man darüber Buch geführt hätte, wäre der Eindruck entstanden, als dürfte nur Mutter mit Sicherheit auf Geschenke rechnen.
In vielen Familien schmücken die Eltern als Überraschung für die Kinder am Heiligabend den Baum. Mutter und Paps hielten das für verkehrt; dann hätten die Eltern ja ein doppeltes Vergnügen – das Schmücken des Weihnachtsbaumes und die Freude an der Überraschung ihrer Kinder. Bei uns schmückten die Kinder den Baum, als Überraschung für die Eltern.
Am Tag vor Weihnachten wurde Mutter aus dem Wohnzimmer verbannt. Nicht einmal bei der Ankunft des Baumes durfte sie dabeisein; Fred holte ihn auf seinem Handwagen, und wir schmuggelten ihn zur Küchentür herein.
Während wir diesmal den Baum schmückten, saß Mutter allein im Büro und arbeitete. Wir behängten den Baum mit Lametta, spannten die Papierketten vom Kaminsims zum Kronleuchter und sangen dabei.
Mutters Büro und das Wohnzimmer waren durch eine breite Schiebetür verbunden, und von Zeit zu Zeit hörten wir Mutters Sopran in unseren Gesang einstimmen. Nur noch selten kam uns der Gedanke, daß Mutter einsam sein könnte. Aber vielleicht war sie an jenem Heiligabend einsam.
In einer großen Familie glauben auch die Kleinen nicht unbedingt an den Weihnachtsmann. Er wird zwar nicht offiziell abgeleugnet, aber alle reden ein bißchen zuviel von ihm, als daß man noch an ihn glauben könnte. Bei uns waren Bob und Jane die einzig Gläubigen, und auch sie waren verwirrt durch die widersprechenden Auskünfte, mit denen sie bedacht wurden.
Nichtsdestoweniger hängten wir alle unsere Strümpfe auf. Nachdem Bob und Jane im Bett waren, füllte Mutter unsere Strümpfe, und wir füllten die ihren. Wir brachten unsere Strümpfe zu ihr und trugen sie gefüllt wieder ins Wohnzimmer, zu dem Mutter keinen Zutritt hatte.
Schließlich hingen alle Strümpfe prall gefüllt am Kamin; wir betrachteten unser Werk und fanden, daß es gut war.
»Genau wie bei Woolworth sieht das Zimmer aus«, seufzte Jack glückselig, »bloß noch viel schöner.«
Gewöhnlich konnten wir am Heiligabend nur schwer einschlafen. Schliefen wir aber erst einmal, dann pflegten wir fest durchzuschlafen, bis uns Mutter mit den Kleinen um sechs aus den Betten jagte.
Diesmal nun konnte Martha keine Ruhe finden, sie schlief einfach

nicht ein. Gegen zwei Uhr hörte sie jemand auf Zehenspitzen die Treppe hinuntergehen und Licht anknipsen. Martha witterte Unrat; sie wartete ein paar Minuten, dann zog sie Bademantel und Hausschuhe an und ging ebenfalls auf Zehenspitzen hinunter.
Die Wohnzimmertür stand offen, das Licht brannte. Unter dem Weihnachtsbaum, mit dem Rücken zur Tür, saß Mutter.
Martha sah sie in den Geschenken kramen, die wir unter dem Baum aufgeschichtet hatten; sie suchte eins heraus, befühlte und drückte es, schüttelte und schnupperte. Aber Mutter mußte irgendwie gespürt haben, daß sie beobachtet wurde, denn schließlich blickte sie sich verstohlen um und sah Martha.
Martha stand mißbilligend da, hatte die Hände in die Hüften gestemmt und klopfte mit dem rechten Fuß auf den Boden. Sie sagte nichts.
»Was machst du denn so spät nachts?« fragte Mutter streng; sie dachte wohl, der Hieb sei die beste Parade.
Martha schnalzte kopfschüttelnd mit der Zunge.
»Du solltest längst schlafen«, sagte Mutter. »Morgen bist du dann schon mittags todmüde.«
»Ich habe mit dir zu reden«, teilte Martha ihr mit. »Weißt du, daß du schlimmer bist als Bob und Jane?«
»Was soll das heißen?« protestierte Mutter. »Findest du, daß das eine Art ist, mit seiner Mutter zu reden?«
»Nicht eine Minute kann man dir trauen. Kaum denkst du, daß alles schläft – was machst du da?«
»Ich inspiziere«, sagte Mutter. »Ich muß nachsehn, ob alles in Ordnung ist.«
»Du spionierst also.«
»Wenn man von Natur aus mißtrauisch ist, könnte man's so auffassen«, gab Mutter zu.
»Du weißt, daß du nicht ins Wohnzimmer darfst, bis wir dir's erlauben. Das war immer so.«
»Weiß ich ja«, kicherte Mutter. »Aber Vater und ich sind immer vorher reingegangen und haben's uns angesehn.«
»Dann war das alles Theater – die vielen ›Ohs‹ und ›Ahs‹ und wie Paps in Ohnmacht fiel, weil der Glanz ihn so blendete?«
»Wenn du den andern ein Wort sagst«, warnte Mutter, »dann ist dein Strumpf morgen leer.«
»Die Sache mit der Ohnmacht kam mir schon immer komisch vor.«
»Völlig leer«, wiederholte Mutter.
»Du hast dir doch zu Weihnachten bloß ein bißchen Liebe und Zuneigung gewünscht«, sagte Martha. »Die kann man aber nicht schütteln oder drücken oder beschnuppern!«

»Komm, setz dich, ich will dich mal drücken und beschnuppern«, grinste Mutter. »Also – ich verpetz' dich nicht, wenn du mich nicht verpetzt.«

»Der Schlag soll mich treffen«, sagte Martha und hockte sich neben sie auf den Boden. »Hast du was für mich entdeckt?«

»Hier – das ist für dich von Anne«, sagte Mutter; sie fühlte, schüttelte, lauschte, schnupperte und machte von sämtlichen Sinnen Gebrauch, über die Menschen – zum Teil allerdings nur Frauen – verfügen. »Ein Notizbuch, glaub' ich.«

»*Glaubst* du!« spottete Martha. »Du weißt's so genau, als hättest du das Päckchen im Krankenhaus röntgen lassen.«

Am Weihnachtsmorgen gingen wir hinunter und nahmen unsere Strümpfe in Empfang, wobei Mutter das Wohnzimmer offiziell zum erstenmal betrat. Sie vergaß nicht, »oh« und »ah« zu rufen und zu beteuern, daß der Christbaum noch nie so hübsch ausgesehen habe.

Wir nahmen die Strümpfe mit in Mutters Zimmer hinauf und packten aus. Dann räumten wir die Papiere weg, frühstückten und gingen in die Kirche. In der frischen Luft fühlten wir uns alle glücklich und guter Dinge.

Als wir zurückkamen, hatte Tom im Wohnzimmer Feuer gemacht. Mutter setzte sich an den Flügel; wir gingen in die Oberdiele hinauf und stellten uns nach dem Alter in einer Reihe auf. Dann stimmte Mutter *Adeste Fidelis* an. Wir marschierten singend im Gänsemarsch ins Wohnzimmer hinunter, Anne wie immer an der Spitze. Früher war Paps als letzter gegangen; er hatte das Jüngste entweder getragen oder es auf seinen Schuhen stehend transportiert, wobei er Riesenschritte oder sogar Luftsprünge machte. In diesem Jahr marschierte Jane selbständig am Ende des Zuges.

Wir sangen, am Flügel möglichst dicht um Mutter geschart, das Lied zu Ende. Frank sang, so gut es ging, den Baß, aber wir alle wußten, daß im Zusammenklang etwas fehlte.

Unter dem Baum lagen außer unseren Geschenkpäckchen über zwanzig Pakete von Verwandten und Freunden. Mutter holte Stenographieblock und Bleistift aus dem Büro, um sich Notizen für die Dankbriefe zu machen.

Frank begann die Geschenke zu verteilen. Nach altem Brauch durfte immer nur ein Geschenk ausgepackt werden, damit alle zusehen konnten und Weihnachten möglichst lange dauerte.

In diesem Jahr hatte Dan darauf bestanden, er sei alt genug, seine Weihnachtsgeschenke selbständig einzukaufen, und Mutter hatte es ihm erlaubt. Er war allein mit seinem Handwagen in die Stadt gezogen und mit einer vollen Ladung zurückgekommen. Niemand, nicht

einmal Fred, vor dem er kaum Geheimnisse hatte, konnte ihm auch nur eine Andeutung über die Art seiner Geschenke entlocken.
Ein flüchtiger Blick unter den Weihnachtsbaum genügte aber, um zu erkennen, daß Dans Einkäufe völlig identisch waren und daß ihm beim Einwickeln niemand geholfen hatte.
Er hatte seine elf Päckchen etwas abseits von dem allgemeinen Haufen in eine Reihe gelegt. Sie hatten etwa die Größe eines Basketballs, waren aber unregelmäßig geformt.
Diese geheimnisvollen Geschenke waren in grünes Seidenpapier gehüllt – mehr gezwängt als eingewickelt – und durch zahlreiche Klebemarken mühsam zusammengehalten. Einige dieser Klebemarken wünschten fröhliche Weihnachten, andere stießen gräßliche Drohungen aus, falls man sein Päckchen vor Weihnachten aufmachte.
Seit Dan die Päckchen am Vorabend aus seinem Zimmer heruntergebracht hatte, zerbrachen wir uns den Kopf darüber. Nicht einmal Mutter und Martha hatten durch Drücken einen Anhaltspunkt gefunden.
Bei früheren Weihnachtsfesten hatte Dan sich in erster Linie für das interessiert, was er bekam. Manchmal war er beim Auswickeln der einzelnen Geschenke ungeduldig geworden, und Paps hatte ihm seine Geschenke aus dem Haufen herauswühlen müssen.
Diesmal war Dan ganz still. Selbst wenn er eins seiner Geschenke auspackte, schien er nicht ganz bei der Sache zu sein und ließ die übliche Begeisterung vermissen. Unentwegt behielt er seine elf Päckchen im Auge.
Mutter erfaßte die Situation und flüsterte Frank etwas zu. Frank ging zu der Reihe unförmiger grüner Pakete und nahm eins davon.
»Für Mutter in Liebe von Dan«, entzifferte Frank das Gekrakel auf dem Anhängeschild.
Dan wand sich vor Aufregung und Verlegenheit. »Wahrscheinlich gefällt's dir nicht«, brummte er. »Nichts Besonderes.«
»Was kann das bloß sein in aller Welt?« fragte Mutter.
»Wie nett – wenigstens noch eine Überraschung für dich«, sagte Martha leise zu ihr.
»Ich kann mir gar nicht vorstellen, was das ist, Dan«, sagte Mutter.
»Och, wetten, du hast's schon erraten«, erwiderte Dan. »Nichts Besonderes.« Mit hochroten Backen starrte er zu Boden. Er wußte, daß alle Blicke auf ihn gerichtet waren, und wollte ihnen nicht begegnen.
Mutter entfernte das letzte Papier, und nun stand es nackt und bloß vor uns.
Zunächst einmal: es war ein sehr großer Aschenbecher aus Por-

zellan, so groß, daß er für eine ganze Familie von Kettenrauchern genügt hätte, was bei uns keineswegs der Fall war.
Dieser Aschenbecher war nicht nur groß, er war auch scheußlich. Er war wirklich einer der scheußlichsten Aschenbecher des zwanzigsten Jahrhunderts, das noch in künftigen Zeiten für die Erzeugung der Atombombe und scheußlicher Aschenbecher berühmt sein wird.
Die Mittelschale bestand aus weißem Porzellan und sah so aus, als gehörte sie nicht ins Wohnzimmer, sondern ganz woandershin. Diese Schale war mit grüngoldenen Putten dekoriert, die nur mit rosa Bändern bekleidet waren, deren Flattern mit dem Newtonschen Gravitationsgesetz nicht ganz in Einklang zu bringen war. Am Rand der Schale befanden sich vier Löcher, aus denen je eine Zigarette herausragte. Wenn man von den Putten absah – was aber einfach unmöglich war –, wirkte das Ganze wie der umgestülpte produktive Körperteil einer Kuh.
Einen Augenblick verzog Mutter gepeinigt das Gesicht, als könne sie nicht glauben, daß eine solche Scheußlichkeit von einem ihrer Mitmenschen erdacht worden sei. Sagen konnte sie zunächst nichts.
»Wird dir wohl nicht gefallen«, sagte Dan, der sie jetzt gespannt beobachtete. »Im Laden sah's nach viel mehr aus.«
Mutter versuchte zu reden, brachte aber zunächst kein Wort heraus. Frank hätte beinahe gelacht, aber Anne gab ihm einen Fußtritt.
»War aber hübsch eingewickelt, find' ich«, fuhr Dan verzweifelt und mit den Tränen kämpfend fort. »Und die Engelchen sind doch niedlich, auch wenn man nicht raucht.«
»Also, Danny, mein Liebling«, flüsterte Mutter nun wieder gefaßt, »so was hab' ich mir schon immer gewünscht. Und wir können's so gut gebrauchen, vor allem wenn Besuch da ist. Hast du das wirklich ganz allein ausgesucht?«
Sie ging zu ihm und gab ihm einen Kuß.
»Och«, sagte Dan und strahlte übers ganze Gesicht, »ist doch nichts so Besonderes. Gefällt's dir wirklich?«
»Seht doch mal, Kinder«, sagte Mutter zu uns. »Ist es nicht einfach reizend? So geschmackvoll. Und so praktisch.«
»Und kostet bloß fünfzehn Cent«, krähte Dan.
»Denkt bloß, Kinder«, sagte Mutter. »Bloß fünfzehn Cent.«
»Sehr preiswert«, stimmte Martha bei. »Wirklich schön, Dan.«
»Manche Leute haben eben Glück«, sagte Anne mit einem Blick auf die zehn gleichförmigen Päckchen. »Wenn mir doch mal jemand so was schenkte!«
»Im Ernst, Anne? Ehrenwort?« fragte Dan.

»Weiß Gott, ja«, sagte Anne.
»Hand aufs Herz«, sagte Frank.
»Ach, wahrhaftig«, sagte Ernestine. »Hast du ein Glück, Mutter!«
Frank ging wieder zu den Geschenken und hob das nächste Päckchen auf. »Für Fred in Liebe von Dan«, las er.
»Donnerwetter, gib her«, sagte Fred, der auch nicht auf den Kopf gefallen war. »Was kann das bloß sein in aller Welt?«
Damit begann er das grüne Papier aufzureißen. Dan sank mit einem Seufzer höchster Glückseligkeit in sich zusammen.

Dreizehntes Kapitel
Mutter auf dem Podium

Irgendwie fand Mutter die Zeit, sich um die Sonntagsschule und den Elternrat zu kümmern, dem Bibliotheksausschuß von Montclair anzugehören und im ganzen Lande Vorträge über Bewegungs-Rationalisierung zu halten.

Sie gab sich auf dem Podium genauso natürlich wie bei uns im Wohnzimmer. Oft häkelte oder strickte sie, bis ihr das Wort erteilt wurde. Sie verstand es ausgezeichnet, einen technischen Gegenstand allgemeinverständlich darzustellen, indem sie ihre Behauptungen durch Beispiele aus dem täglichen Leben illustrierte. Ihre Vorträge fanden stets großen Anklang, und sie wurde immer öfter von Colleges, Arbeitsgemeinschaften und Betriebsführern eingeladen. Das Honorar für diese Vorträge floß nicht in die Haushaltskasse. Mutter verwendete es für einen besonderen Fonds für notwendige Anschaffungen, die unser Budget überstiegen.

»Der Vortrag in Chikago ist für Marthas neuen Mantel«, sagte sie, während sie ihre Reiseroute mit uns besprach, »und von dem in Detroit wird Ernestine fürs College eingekleidet.«

Wir alle wünschten uns ein kleines Segelboot für Nantucket. Mutter ließ Martha bei der Bank ein Sonderkonto einrichten, den »Gilbreth-Boot-Fonds«. Bestimmte Vortragshonorare wurden auf dieses Konto eingezahlt, und nach zwei Jahren konnten wir das Boot kaufen.

Um möglichst wenig Spesen zu machen, nahm Mutter im Schlafwagen das billigere Oberbett, oder sie reiste mit dem Autobus. Die meisten Vorträge fanden am Wochenende statt, so daß sie mit dem Kursus nicht kollidierten.

Keiner von uns liebte es, wenn Mutter nicht zu Hause war. Aber wir sahen ein, daß sie es unseretwegen tat; deshalb fiel es uns leicht, sie dabei zu unterstützen.

Die Vorträge, die Mutter in unseren Schulen hielt, brachten ihr natürlich nichts ein. Unserer Meinung nach hätte sie diese Vorträge auch unterlassen können. Eigentlich wäre uns das sogar lieber gewesen, denn sie waren für uns ewig eine Quelle der Verlegenheit. Aber wir wollten Mutters Gefühle nicht verletzen und sagten zunächst nichts dagegen.

Nach Mutters Ansicht hatte jeder Einwohner einer Gemeinde gewisse Bürgerpflichten und Verantwortlichkeiten. Wie überbeschäftigt sie auch sein mochte, einer Eltern- und Lehrerversammlung wegen sagte sie alles andere ab.

Am meisten Arbeit machte ihr die alljährliche Veranstaltung »Sei dein Kind«. Die ging von der Eltern- und Lehrervereinigung aus; die Mütter mußten auf den Schulbänken ihrer Kinder sitzen, mußten ihre Lehrer kennenlernen, ihre Schulbücher beurteilen und sich zu ihren Zeugnissen äußern.

Das Programm war auf Mütter mit einer durchschnittlichen Kinderzahl zugeschnitten und rechnete nicht mit dem unwahrscheinlichen Fall, daß jemand gleichzeitig acht schulpflichtige Kinder haben könnte.

Mutter pflegte sich also ein Taxi zu nehmen und von einer Schule zur anderen zu rasen: zuerst zur Grundschule, wo sie auf vier verschiedenen Schulbänken sitzen mußte; von der Grundschule zur Unterstufe der höheren Schule, wo sie zwei Bänke drückte, und von dort zur Oberstufe der höheren Schule, wo sie ebenfalls auf zwei Bänken saß. Mit Hilfe eines Merkbuchs gelang es ihr, die Komplimente und Beschwerden, die sie über jeden von uns zu hören bekam, auseinanderzuhalten.

»Ich hätte nie gedacht, daß ich einem Ihrer Kinder eine F-Note geben müßte«, sagte Franks Lateinlehrer bei einer »Sei-dein-Kind«-Veranstaltung zu ihr. »Ich habe Anne gehabt, ich habe Ernestine gehabt, ich habe Martha gehabt. Aber Frank ist einfach unmöglich.«

»Ich weiß doch, was für ein guter Lehrer Sie sind; da kann ich nicht glauben, daß Sie ein Kind unmöglich finden«, entgegnete Mutter mit ihrem liebenswürdigsten Lächeln. »Manche Kinder verlangen eben mehr vom Lehrer als andere, stimmt das nicht?«

»Vielleicht«, sagte der Lehrer unsicher. »Wenn man's so nehmen will, dann – dann hat noch kein Kind, das ich in meinen fünfzehn Jahren unterrichtet habe, so viel verlangt wie Frank.«

Mutter machte sich eine Notiz, daß sie und Ernestine Frank bei seinen Lateinarbeiten helfen müßten.

»Ich werde dafür sorgen, daß er zu Hause unter Aufsicht arbeitet, und hoffe zuversichtlich, daß Sie inzwischen das Ihre tun«, warf Mutter dem Lateinlehrer an den Kopf und rauschte hinaus zu ihrem Taxi.

In der höheren Schule gab Ernestines Englischlehrerin ihrer Entrü-

stung Ausdruck. Sie hatte festgestellt, daß Ernestine für eine Buchbesprechung den Klappentext des betreffenden Buches benutzt und sich nicht die Mühe genommen hatte, das Buch selber zu lesen.
»Ich kann Ihnen nicht sagen, wie entsetzt ich war, Mrs. Gilbreth. So etwas hätte Anne bestimmt nicht getan. Und von Ernestine hätte ich es auch nicht gedacht. Ich hielt sie immer für durch und durch ehrenhaft.«
»Aber das ist doch wirklich kein Grund, anderer Meinung zu werden«, erwiderte Mutter etwas scharf.
»So etwas nenne ich schlicht und einfach ein Plagiat.«
»Vielleicht ist es das«, gab Mutter zu. »Aber wenn ich mir's recht überlege, habe ich wohl auch schon so was gemacht. Manchmal, wenn ich mit jemand über ein neues Buch sprach, habe ich wohl so getan, als hätte ich das Buch gelesen und nicht bloß die Besprechungen in den Zeitungen.«
»Na ja, das hab' ich wahrscheinlich auch schon gemacht, aber . . .«
»Eigentlich ist das doch genau dasselbe, nicht wahr?« lächelte Mutter.
»Nein, finde ich durchaus nicht . . .«
»Machen Sie sich doch deshalb keine Vorwürfe«, unterbrach Mutter. »Wenn man schließlich alle Neuerscheinungen lesen wollte, hätte man für nichts anderes mehr Zeit, nicht wahr?«
»Mag sein«, sagte Erns Lehrerin und gab sich geschlagen.
»Sie sollten das nicht so schwernehmen. Eigentlich ist das doch eher Faulheit als Plagiat. Und ob wir's nun zugeben oder nicht – mal ist doch jeder ein bißchen faul, nicht wahr?«
Damit rauschte Mutter zur Tür hinaus. Aber obwohl sie die Angelegenheit in der Schule so glatt ausgebügelt hatte, nahm sie sich Ernestine später unter vier Augen vor.
Manche Lehrer hielten es einfach für ausgeschlossen, daß Mutter unseren Lebensunterhalt verdienen und uns dabei zu Hause richtig beaufsichtigen könne. Jacks Kindergärtnerin, eine Anfängerin, versuchte ihn eines Tages darüber auszuholen.
»Was macht denn deine Mutter, John?« fragte sie.
»'ne ganze Menge«, sagte Jack. »Die hat immer was zu tun.«
»Was denn zum Beispiel mein Kind?«
»Die stopft meine Strümpfe, wenn sie kaputt sind, und dann teilt sie bei Tisch das Essen aus, und morgens holt sie mich aus dem Bett, und dann erzählt sie uns Geschichten und spielt Klavier, und wir singen dazu.«
»Aber das alles kann sie doch nicht machen, John.«
»Warum denn nicht?« fragte Jack mißtrauisch.
»Hat sie denn keinen Beruf, John?«

»Glaub' ich nicht.«
»Aber du weißt doch ganz genau, daß sie einen hat«, sagte die Kindergärtnerin vorwurfsvoll.
»Na, wenn sie einen hat – ich hab' noch nie was davon gemerkt!« brüllte Jack.
Bei ihren ersten Vorträgen in Eltern-Lehrer-Versammlungen setzte Mutter auseinander, wie sie und Paps versucht hatten, bei der Erziehung einer großen Kinderschar die Methoden der Bewegungs-Rationalisierung anzuwenden. Dabei erzählte sie einige Geschichten von uns, die uns am nächsten Tag von den Kindern, deren Eltern bei der Versammlung gewesen waren, wiedererzählt wurden.
Das war schon schlimm genug. Als Mutter aber zu Abschluß- und anderen Schulfeiern herangezogen wurde, ging es uns allmählich über die Hutschnur.
Das erstemal sprach sie in der Grundschule Nishuane und erzählte den Kindern, wie Paps seine eigenen Bewegungen studiert habe, um morgens länger schlafen zu können. Paps seifte sich nämlich, um Zeit zu sparen, das Gesicht mit zwei Rasierpinseln ein und brauchte kaum eine Minute dazu, um in die Badewanne zu steigen, sich abzuseifen, abzuspülen und wieder herauszusteigen.
»Es ist sehr gut, wenn man weiß, wie man sich auf die schnellste Weise abseifen kann«, sagte Mutter, »dann kommt man, auch wenn man verschlafen hat, nicht zu spät zur Schule.«
An jenem Vormittag holte ein Junge aus der sechsten Klasse in der Pause ein Stück Seife aus dem Waschraum, kam damit auf den Spielplatz und drückte es Fred in die Hand.
»Hier«, sagte er, während sich rasch ein Auflauf um sie bildete, »zeig uns mal, wie dein Vater sich abgeseift hat.«
Fred wußte schon, wie, obwohl er selber gern eine halbe Stunde im Wasser blieb. Aber er hatte keine Lust, sich auf die Erde zu setzen und es vorzumachen, vor allem nicht, weil unter den Zuschauern auch Mädchen waren.
»Komm mit rein«, brummte er, »ich zeig's dir drin.«
»Nein, grade hier«, grinste der große Junge. »Hier, nimm die Seife und mach's vor, damit wir morgens nicht mehr zu spät kommen.« Lachend gab er Fred einen Stoß.
Fred war in der dritten Klasse, und der andere war über einen Kopf größer als er. Eine Prügelei schien wenig Aussicht zu bieten. Wenn Bill nur nicht gerade dieses Jahr in die höhere Schule gekommen wäre – als der in der sechsten Klasse war, wurde er mit jedem Jungen in Nishuane fertig, was er auch häufig bewies, wenn er genügend gereizt wurde. Fred nahm die Seife in die rechte Hand und legte sie auf die linke Schulter.

»Hier oben fängt man an und fährt mit der Seife die linke Seite runter«, sagte er fast flüsternd mit niedergeschlagenen Augen.
Ein Mädchen kicherte, und Fred fing an zu stottern.«
». . . fährt mit der Seife die linke Seite runter . . .« Er brach ab, blickte auf und stieß die Faust mitsamt der Seife seinem Quälgeist in den Bauch.
»Woll'n doch mal sehn, ob du mich dazu zwingen kannst«, brüllte Fred und bemühte sich um eine getreue Kopie von Toms Boxerstellung und seinen wilden Grimassen. »Ich lass' mir von keinem nichts gefallen, verstanden? Von keinem nichts.«
Schön war es, sich als Mann und nicht als Waschlappen zu fühlen, wenn man dabei auch etwas abkriegte; Fred schlug grinsend noch einmal zu.
Der Junge aus der sechsten Klasse kriegte ihn unter und setzte sich auf ihn. Er stellte Fred vor die Alternative, entweder die Seife zu fressen oder vorzumachen, wie man sich abseift. Er hatte Fred schon ungefähr das halbe Stück Seife in den Mund gestopft, als Lill, die auf der anderen Seite des Spielplatzes Rollschuh lief, dahinterkam und Dan und Jack holte.
Lill schritt sofort zur Tat: sie nahm einen Rollschuh beim Riemen und schwenkte ihn überm Kopf. Das war vielleicht nicht ganz sportlich, aber hier schienen ungewöhnliche Maßnahmen am Platze zu sein. Dan gebrauchte seine Fäuste, während Jack biß und um sich trat.
Ein Schlag mit dem Rollschuh machte Freds Widersacher kampfunfähig; er vertilgte wortlos die andere Hälfte der Seife, während Lill auf seiner Stirn, Dan auf seinen Füßen und Jack auf seinem Magen saß. Fred hielt seine Arme fest und fütterte ihn.
Lill und die beiden Jungen wollten Mutter die Sache erzählen, damit sie künftig bei Vorträgen in unseren Schulen keine Familienereignisse mehr zum besten gäbe. Aber die Großen redeten es ihnen dann doch aus.
»Damit verletzt ihr bloß Mutters Gefühle«, sagte Ernestine. »Seid ihr denn eine Schule von Wilden?«
»Na, und ob«, bekräftigte Fred.
»Mutter hält die Vorträge bloß, weil sie uns helfen will«, sagte Ernestine. »Wenn ihr euch jetzt beklagt, dann denkt sie, ihr könnt das nicht würdigen.«
»Wenn du die Wahrheit wissen willst: können wir auch nicht«, erklärte Lill. »Alle sehn einen an, während sie redet, und hinterher wird gekichert.«
»Und dann muß man Seife fressen«, nickte Fred. »So 'ne dunkelgraue Seife für fettige Hände.«

»Der Vortrag hat doch sehr gut gewirkt, nicht wahr?« fragte Ernestine. »Ihr solltet auf Mutter stolz sein.«
»Großartig hat er gewirkt«, gab Lill zu. »Wir sind ja auch stolz auf sie. Aber hoffentlich hält sie den nächsten Vortrag in deiner Schule.«
Die nächste Aufforderung bekam Mutter von der Unterstufe der höheren Schule, in die Frank und Bill gingen. Beim Mittagessen brachte Frank ihr so taktvoll wie möglich bei, sie möge doch tunlichst alle Familienangelegenheiten aus dem Spiele lassen.
»Natürlich, wenn euch das lieber ist«, versprach Mutter, aber ihre Gefühle *waren* ein bißchen verletzt. »Ich werde den Vortrag überhaupt nicht halten, wenn es euch unangenehm ist.«
»Du solltest dich schämen«, sagte Ernestine zu Frank. »Hör doch gar nicht auf ihn, Mutter.«
»Oh, wir möchten schon, daß du den Vortrag hältst – was Bill?« sagte Frank mit aller Herzlichkeit, die er aufbringen konnte. »Wir freuen uns drauf.«
»Klar«, stimmte Bill zu, »vor allem, wenn nichts von der Familie drin vorkommt.«
Mutter versuchte in diesem Vortrag auseinanderzusetzen, wie wichtig es sei, Schrauben, Schraubenmuttern und andere Maschinenteile zu normen. Sie merkte, daß das für die Kinder etwas zu hoch war, und wollte es anschaulicher machen.
»Ich meine das so«, sagte sie. »Denkt einmal an Knabenhemden. Fast jedes Hemd hat andere Knöpfe. Wenn nun ein Knopf abreißt und verlorengeht, dann wißt ihr ja, wieviel Mühe eure Mütter haben, den passenden Knopf zu bekommen.«
Das schienen die Kinder zu verstehen; Mutter fuhr fort:
»Denkt nur, wieviel Zeit gespart würde, wenn alle Hemden die gleichen Knöpfe hätten. Wißt ihr, was ich mache? Wenn an einem Hemd ein Knopf abgerissen ist, schneide ich den Kragenknopf ab und nähe ihn da an, wo der Knopf fehlt. An den Kragen nähe ich einfach irgendeinen alten Knopf; der wird ja vom Schlips verdeckt und ist nicht zu sehn.«
Frank und Bill warfen sich quer durch die Schulaula einen Blick zu; sie wußten: das genügte schon.
Nach der Schule fingen drei Jungen Bill ab und verlangten, er solle seinen Schlips aufmachen, sie wollten sich den Knopf ansehen. Bill hätte, wenn sie ihn anständig gebeten hätten, nichts dagegen gehabt. Er war an sich sehr gutmütig, aber im allgemeinen war es empfehlenswert, ihn anständig zu bitten.
In Bills Schule galt es als Ehrensache, anständig zu kämpfen; Bill konnte sich also seine Gegner einzeln vornehmen, ohne Franks Hilfe

in Anspruch nehmen zu müssen. Als alles vorbei war, hatte Bill einen zwar zerfetzten und blutbespritzten, aber immer noch stolz flatternden Schlips.
Wieder überredeten Ernestine und Martha die jüngeren Geschwister, Mutter nicht zu erzählen, wodurch die Prügelei heraufbeschworen worden war.
Dann aber wurde Mutter von der höheren Schule aufgefordert, und die großen Mädchen bekamen einen Todesschreck.
»Wir sind ruiniert«, stöhnte Martha.
»Wenn ich drüber nachdenke«, sagte Ernestine zu Bill und Fred, »und wenn ich mir's reiflich überlege, dann scheint mir doch, ihr hättet Mutter sagen sollen, was in eurer Schule nach ihrem Vortrag passiert ist.«
»Sag ihr ja nichts«, grinste Bill. »Ich fand's großartig. Bloß nicht ihre Gefühle verletzen!«
»Wovor hast du eigentlich Angst?« fragte Fred. »In der höheren Schule werden sie dir doch keine Seife zu fressen geben, was?«
»Wenn du jetzt was sagst, wo wir den Mund halten mußten«, drohte Bill, »dann geb' ich ihr für ihren Vortrag noch 'n paar Tips. Zum Beispiel, wie damals im Kino dein Schlüpfer rutschte, daß du beinah darüber fielst, weil du ihn vor lauter Bewegungs-Rationalisierung mit 'ner Sicherheitsnadel zugesteckt hattest.«
»Na, dann gute Nacht«, sagte Ernestine erbleichend. »Glaubst du etwa, daß sie das erzählen wird?«
»Bloß nicht ihre Gefühle verletzen!« warnte Bill.
Mutter sprach in der höheren Schule über Tätigkeitstabellen in der Industrie. Sie veranschaulichte diese Tabellen durch die Beschreibung unserer Tabellen in den Badezimmern.
Nur wenig Redner waren in der höheren Schule so beliebt wie Mutter. Aber Ernestine und Martha hätten es lieber gesehen, wenn sie wie andere Mütter Bridge gespielt oder ihre Vorträge nur westlich des Mississippi gehalten hätte.
»Du mußt etwas vorsichtiger sein«, bestürmte Martha Mutter an diesem Abend.
»Das ging zu weit«, stimmte Ernestine zu. »Das vergessen die uns nie!«
»Um Gottes willen, was meint ihr denn?« fragte Mutter. Die Mädchen bestürmten sie selten in dieser Weise; sie war ehrlich besorgt.
»Schlimm genug, daß Fred Seife fressen mußte – dunkelgraue Seife«, sagte Martha. »Schlimm genug, daß Bill sich um seinen Schlips prügeln mußte.«
»Aber weißt du, was ich den ganzen Tag zu hören bekam?« fragte Ernestine. »›Ei, siehst du aber sauber aus, Baby. Frisch wie 'n Gän-

seblümchen. Wetten, daß du heut morgen vor der Schule 'nen Strich auf deiner Badetabelle gemacht hast?‹«
Mutter hatte, wie üblich, einen arbeitsreichen Tag hinter sich. Nach dem Vortrag hatte sie zu Hause ihren Kursus abgehalten. Tom hatte sie auch heute mehrmals gestört. Dan lag mit Halsschmerzen im Bett; sie hatte ihm eine halbe Stunde vorgelesen und eine weitere halbe Stunde ein Brettspiel mit ihm gespielt. Ihr Stopfkorb schien immer voller zu werden, soviel Zeit sie ihm auch widmete. Alles in allem war sie todmüde und deprimiert. »Da bin ich wohl ins Fettnäpfchen getreten«, gab sie zu. »Dabei hab' ich die Vorträge bloß gehalten, weil ich dachte, ich tu euch einen Gefallen damit.«
»Ach, verflixt noch mal, tust du ja auch«, sagte Martha. »Bloß . . .«
»Ich geb' mir doch bloß Mühe«, sagte Mutter; darin lag nichts Theatralisches, nur die Feststellung einer Tatsache.
»Wissen wir ja«, sagte Ernestine. »Wir hätten gar nichts sagen sollen.«
»Wieso mußte Fred Seife essen?«
»Wegen der Bewegungs-Rationalisierung beim Baden«, sagte Martha.
»Und Bill?«
»Knöpfe«, sagte Ernestine.
Mutter ging aus dem Zimmer. Sie war blaß und ließ die Schultern hängen. Seit einigen Monaten begann ihr rotes Haar graue Spuren zu zeigen. Sie sah mutlos, beinahe alt aus.
»Aber der Vortrag war doch prima«, sagte Martha und rannte ihr nach. »Bloß die eine kleine Geschichte.«
»Noch nie hab' ich bei 'nem Schulvortrag so viel Applaus gehört«, sagte Ernestine und lief hinterdrein.
»Wirklich?« fragte Mutter.
»Die waren doch alle ganz weg«, sagte Martha. »Wir sind so stolz auf dich.«
»Das freut mich, Kind«, sagte Mutter und straffte die Schultern. »Ehrlich gesagt, ich fand's auch recht gut.«
»Die fraßen dir direkt aus der Hand«, nickte Ernestine.
»Ich will euch was sagen«, erklärte Mutter. »Ich verspreche euch, daß ich in den Schulen von Montclair keine Vorträge mehr halte.«
»Ach nein, wir finden's doch sehr schön«, widersprach Ernestine. »Das imponiert doch den Lehrern und den Kindern auch.«
»Nur keine Familiengeschichten mehr, wolltest du sagen, nicht wahr?« lächelte Mutter. »Also gut, das verspreche ich.«
»Bloß 'n bißchen vorsichtiger sein«, bettelte Martha, »und nichts sagen, was auch wir nicht sagen würden.«

Vierzehntes Kapitel
Mutters neue Nase

An einem Frühlingsabend fuhr Mutter im Taxi von zu Hause fort, um bei einer Versammlung von Rationalisierungs-Fachleuten in Jersey City zu sprechen. Anderthalb Stunden später rief der Vorsitzende der Versammlung bei uns an, ob Mutter aufgehalten worden wäre; die Zuhörer warteten seit zwanzig Minuten, und sie war immer noch nicht da.

Von unserem Hause bis Jersey City waren es keine zwanzig Kilometer, und Mutter hatte, wie immer, die Fahrzeit reichlich berechnet. Zuspätkommen sah ihr gar nicht ähnlich. Vielleicht hatte der Wagen eine Panne gehabt.

Gegen zehn Uhr abends läutete wieder das Telefon. Ernestine meldete sich: Mutter war am Apparat.

»Um Gottes willen, wo bist du denn?« fragte Ernestine. »Wir haben uns schon halb tot geängstigt. Die aus Jersey City haben angerufen.«

»Hab' eben mit ihnen telefoniert«, sagte Mutter mit etwas dumpfer Stimme. »Ist schon in Ordnung. Kein Grund zur Sorge.«

»Wo bist du denn jetzt?«

»Ich hab' einen kleinen Unfall gehabt, Kind«, sagte Mutter. »Stell dir vor: ich bekomm' eine neue Nase.«

Sie ist überanstrengt, überlegte Ernestine. So etwas mußte ja kommen. Keine Frau konnte elf Kinder großziehen, einen Beruf ausüben und wöchentlich zwei oder drei Vorträge halten, ohne zusammenzuklappen.

»Klar kriegst du 'ne neue Nase«, ging Ernestine scherzend darauf ein. »Hast ja auch schwer genug dafür gearbeitet. Die hast du dir bestimmt verdient.«

»Die neue Nase wird viel schöner«, sagte Mutter.

»Klar, viel schöner«, bestätigte Ernestine. »Davon bin ich überzeugt.«

»Du weiß doch: die alte war so dünn – ich hab' sie nie leiden können.

Mein Vater hat mich immer damit aufgezogen, sie war nämlich genau wie seine. Er hatte auch so 'ne dünne Nase, erinnerst du dich?«
»Jetzt zieht dich bestimmt keiner auf«, versprach Ern. »Du mußt einfach mal richtig lange ausspannen.«
»Das hat der Doktor auch gesagt«, bestätigte Mutter vergnügt.
»Nun sag mir bloß noch, wo du bist; dann hol' ich dich ab.«
»Ach, hab' ich das nicht gesagt? Ich bin hier in Montclair. Sie haben mich ins Mountainside-Krankenhaus gebracht.«
Nun war Ernestine auf das Schlimmste gefaßt. »Bleib schön da«, brachte sie mühsam heraus. »Dort machen sie dir bestimmt die schönste Nase der Welt.«
»Ich seh' mir grad eine Illustrierte an und such' mir eine aus.«
»Sehr vernünftig«, sagte Ernestine.
»Vor morgen darf mich keiner besuchen. Ich hab' schrecklich kämpfen müssen, bis sie mich telefonieren ließen. Morgen krieg' ich die neue Nase.«
Dann erzählte Mutter richtig von Anfang an. Ein aderer Wagen war in das Taxi hineingefahren und hatte es umgeworfen. Mutters Nase und ihr rechtes Knie waren verletzt. In ein paar Stunden wurde ein Gesichtschirurg aus New York erwartet, der sollte die Nasenoperation vornehmen. Mutter hatte im Krankenhaus eine schmerzstillende Spritze in den Arm bekommen und fühlte sich jetzt ausgezeichnet.
»Von der alten Nase ist wohl nicht viel übrig«, fügte Mutter hinzu, »da können sie mir ebensogut eine hübsche machen. Weiß Gott, kein Mensch würde sich freiwillig so was wie meine alte Nase aussuchen.«
Mutter hängte ein, und Ernestine berichtete denen, die noch wach waren, von dem Unfall. Dann rief sie das Krankenhaus an, um nähere Einzelheiten zu erfahren. Mrs. Gilbreths Zustand sei befriedigend, sie habe aber starke Schmerzen. Besuchsstunde sei um zehn Uhr vormittags. Kinder unter zwölf Jahren dürften nicht mitkommen.
Am nächsten Morgen gingen wir nicht zur Schule. Wir wußten genau, daß Mutter uns alle sehen wollte, ungeachtet der Krankenhausvorschriften. Wir waren sogar überzeugt davon, daß sie viel langsamer gesund werden würde, wenn man ihr diese Vergünstigung nicht gewährte.
Ernestine schlug vor, wir sollten Mutter zur Aufheiterung Blumen aus dem Garten mitbringen. Es gab massenhaft Flieder, Maiglöckchen und Narzissen, und die Jungen pflückten sie. Mutters Aufheiterung lag ihnen derart am Herzen, daß sie systematisch den ganzen Garten plünderten. Schließlich waren die Verandastufen mit Blu-

men überhäuft, und die Fliedersträucher waren zu Zwergstauden zusammengeschrumpft.
Als wir zum Krankenhaus gingen, waren wir so mit Blumen beladen, daß wir mehrmals stehenbleiben und verschnaufen mußten. Der Übergang an den Straßenkreuzungen war mühsamer als sonst, weil uns die Riesensträuße die Sicht versperrten.
Ernestine schleppte außer ihrem Strauß einen Koffer mit Kleidung und Büchern, mit der heutigen Post und etwas Büroarbeit.
Zunächst gingen Ernestine, Martha und Frank ins Krankenhaus und ließen sich im Büro Mutters Zimmernummer geben. Dann kam Frank wieder heraus und brachte die jüngeren Kinder hintenherum durch den Eingang für ambulante Patienten hinein. Auch der Präsident kam mit, obwohl wir es ihm verboten hatten; er ließ sich nicht davon abbringen und kroch auf dem Bauch hinter uns her. Dan entdeckte ihn noch rechtzeitig, und wir warteten, bis er ihn zur Tür hinausbugsierte.
Dann schlichen wir auf Zehenspitzen im Gänsemarsch die Hintertreppe hinauf und Mutters Korridor entlang; ängstlich spähten wir um alle Ecken, um keinem Arzt und keiner Stationsschwester zu begegnen. Ernestine und Martha, die mit dem Fahrstuhl hinaufgefahren waren, standen vor Mutters Zimmer und gaben uns ein Zeichen, als die Luft rein war.
Während wir auf dem Flur warteten, ging Ernestine ins Zimmer. Mutters untere Gesichtshälfte war verbunden und ihr Knie lag in einem Gipsverband. Aber sie saß im Bett, strickte und las in einer Zeitschrift. Außer ihr waren noch zwei Patienten im Zimmer. Es stellte sich heraus, daß der Mann, der das Taxi angefahren hatte, die Krankenhauskosten bezahlen mußte. Aber Mutter wollte nichts riskieren, falls die Rechnung doch an uns ginge.
»Da bist du ja«, seufzte Mutter. »Mir war, als finge die Besuchszeit niemals an. Wie geht's zu Hause?«
»Ach, Mutter«, rief Ern und stürzte an ihr Bett. »Tut's sehr weh? Geht's dir auch nicht schlecht?«
»Warum soll mir's schlechtgehn? Ich kann mich mal richtig ausruhn. Setz dich und laß dich ansehn.«
Mutter stellte Ern den beiden anderen Patientinnen vor, und Ern rückte sich einen Stuhl ans Bett. Mutter blickte immer noch zur Tür.
»Martha und Frank sind wohl nicht mitgekommen?« fragte sie. »Ach nein, natürlich nicht. Ich vergaß: die sind ja alle in der Schule, nicht wahr? Für die Kleinen ist's ja wohl verboten, aber meinst du, daß die Großen heut nachmittag kommen?«
Nun kamen wir alle herein und legten unsere Blumen um Mutters

Bett herum. Bob und Jane fingen an zu weinen, als sie den Verband sahen. Sie kletterten auf Mutters Bett und kuschelten sich in ihre Arme.

»Was ist denn los?« fragte Mutter, küßte durch den Verband hindurch ihre Hand und legte sie den beiden Kleinen auf die Backen. »Warum weint ihr denn? Ihr seid wohl eifersüchtig, weil ich die schönste Nase in ganz Montclair bekomme?«

Bob sagte, die alte Nase habe ihm, so wie sie war, sehr gut gefallen.

»Dieses knochige alte Ding?« sagte Mutter verächtlich. »Puh!«

»Tut's weh?« fragten wir. »Du darfst uns nichts vormachen. Tut's sehr weh, Mutter?«

»Eine hübsche Nase kriegt man nicht, ohne daß es ein bißchen weh tut«, gab Mutter zu. »Aber es lohnt sich. Wartet nur, wenn sie erst enthüllt wird.«

Sie sagte, wenn sie uns sehe und die Blumen rieche, sei ihr gleich besser; sie fürchte nur, die Krankenschwestern würden nicht sehr entzückt sein, wenn sie herauskriegten, daß wir das Kinderverbot übertreten hatten.

»Dann möchte ich mal wissen, wie hier Babys geboren werden sollen«, sagte Lill. »Die sind doch unter zwölf.«

»Und noch etwas«, sagte Mutter. »Ihr dürft meinetwegen die Schule nicht mehr schwänzen. Das müßt ihr mir versprechen.«

Wir versprachen es. Ernestine sagte, wir würden alle noch heute vormittag nach dem Krankenhausbesuch zur Schule gehen.

»Wir brauchen schriftliche Entschuldigungen fürs Zuspätkommen«, fügte sie hinzu. »Ich hab' sie heute früh geschrieben. Sie sind im Koffer. Du brauchst bloß zu unterschreiben.«

Ernestine kramte im Koffer und förderte ein maschinegeschriebenes Original nebst sieben dünnen Durchschlägen ans Tageslicht. Mutter las es durch und unterzeichnete.

»Vielen Dank, mein Kind«, sagte sie dankbar zu Ern. »Du schreibst die schönsten Entschuldigungen in der ganzen Familie.«

Dann kam eine Schwester herein; ihr schienen die Blumen größere Sorgen zu machen als unsere Übertretung des Kinderverbots.

»Ich glaube, wir haben nicht genug Vasen«, sagte sie, »und hier drin können sie auch nicht bleiben. Eure Mutter sieht ja aus wie aufgebahrt.«

Das war uns noch gar nicht aufgefallen, es sah aber wirklich so aus. Zu beiden Seiten des Bettes waren Flieder, Maiglöckchen und Narzissen aufgetürmt und reichten bis zu Mutter hinauf. Die Schwester bahnte sich einen Weg zum Bett und hob Bob und Jane herunter.

»Ihr dürft nicht aufs Bett«, ermahnte sie die beiden. »Eure Mutter hat starke Schmerzen und kann das Rütteln nicht vertragen.«

»Jetzt hab' ich keine Schmerzen mehr«, sagte Mutter.
»Das Büro läßt euch sagen«, fuhr die Schwester fort, »ihr dürft nur noch fünf Minuten bleiben, und dann sollt ihr hintenrum rausgehn, wie ihr reingekommen seid. Die Leute in den Tagesräumen brauchen nicht zu wissen, daß ihr die Vorschriften übertreten habt.«
»Sie sind alle so reizend hier im Krankenhaus«, sagte Mutter.
»Und wenn ihr morgen – *nach der Schule* – wiederkommt«, fuhr die Schwester fort, »dann kommt wieder durch die Hintertür.«

Fünfzehntes Kapitel
Ein Königreich für ein Pferd

Wir hatten uns eine Überraschung für Mutter ausgedacht: wir wollten hinter dem Haus einen Gemüsegarten anlegen. Sicher konnten wir erheblich sparen, wenn wir einen Teil unserer Nahrungsmittel selber zogen.

Ernestine hatte an die Landwirtschaftskammer geschrieben und um Anweisungen gebeten; die Antwort kam, während Mutter im Krankenhaus lag. Martha ging in die Stadt und kaufte Samen. Selbst Tom, der sich als Städter nicht klarmachte, wieviel Arbeit das geben würde, war von dem Plan begeistert. Wir gruben fast einen halben Morgen um, harkten ihn glatt und säten. Von dieser Arbeit, die uns fast zwei volle Tage beschäftigte, waren wir ziemlich erledigt; Tom mußte den größten Teil der schweren Arbeit allein bewältigen.

Der Boden war recht gut, aber in den Richtlinien der Landwirtschaftskammer stand, um bessere Erträge zu erzielen, solle man Dünger zusetzen. Als Martha sich bei der Samenhandlung erkundigte, war sie entsetzt darüber, wie teuer Dünger war. Sie kam mit der Hiobsbotschaft zu uns in den Garten, wo Tom mit Gießen beschäftigt war, während wir unser Werk betrachteten und hier und da nachsahen, ob ein Samenkorn schon keimte.

»Wenn's richtig gemacht wird, kommt es mindestens auf zehn Dollar«, sagte Martha niedergeschlagen. »Überraschen wollen wir Mutter ja, aber nicht mit 'ner Zehn-Dollar-Rechnung.«

Tom hatte Blasen an den Händen und einen steifen Rücken. Seine anfängliche Begeisterung war merklich abgekühlt, aber umsonst wollte er auch nicht gearbeitet haben.

»Das mit den zehn Dollar hättet ihr euch überlegen sollen, ehe ihr zugelassen habt, daß ich mich halb tot schuftete«, sagte er ärgerlich zu Martha. »Ich weiß ja nicht, wovon ihr redet, aber den besten Ertrag wollen wir.«

»Wir reden vom Dünger«, erklärte Martha. »Die verlangen für Kunstdünger zehn und für Mist zwölf Dollar.«

»Für Mist zwölf Dollar?« schrie Tom. »Die sind wohl verrückt? Laß dich bloß nicht so begaunern.«
»Hab' ich ihnen auch gesagt«, stimmte Martha zu. »Die sollten bloß nicht denken, daß ich von gestern wär', hab' ich gesagt.«
»Ich verschaff' euch von dem Zeug, soviel ihr wollt«, versprach Tom. »Und kosten tut's keinen Cent.«
Martha fand das großartig, aber Ernestine meinte, Mutter sei das vielleicht nicht recht.
»Du sollst dafür kein Geld ausgeben«, sagte sie zu Tom. »Vielleicht geht's genausogut ohne.«
»Keine Sorge, Herzogin«, meckerte Tom. »Ich bin nämlich auch nicht von gestern. Ich hab' nur so meine Beziehungen, da krieg' ich massenhaft Mist.«
Am Spätnachmittag montierte er eine Kiste auf den Handwagen, holte drei Schneeschaufeln aus der Garage und rief Frank und Bill. Damit die Mädchen nichts merkten, benutzten sie die Hinterpforte. Dann begannen sie die Nachbarschaft abzugrasen. Damals wurden Milch und Eis noch mit Pferdewagen geliefert, außerdem waren einige Straßen in unserer Gegend beliebte Reitwege.
Kein Sperling konnte entzückter auf das losschießen, wonach die drei suchten, als Tom.
»Henk, henk«, meckerte er und schaufelte eifrig.»Hab' ich nicht gute Beziehungen? Pferde sind mit meine besten Freunde.«
»Zwölf Dollar!« sagte Frank verächtlich. »Direkt handeln sollten wir damit.«
»Hätt' ich mir auch nicht träumen lassen, daß man so was mal für Geld verkauft«, nickte Tom. »Zieh den Wagen näher ran, Billy. Ich bin vom Hacken wie zerbrochen.«
Wir wohnten in einer eleganten Gegend, und die meisten Anwohner kannten Mutter oder uns. Als Tom und die beiden Jungen mit geschulterten Schaufeln die Straße entlangzogen und hoffnungsvoll den Fahrweg absuchten, winkten einige von der Veranda oder aus dem Fenster.
Ein paar Chauffeure kamen zur Straße herunter, um sich die Sache näher anzusehen; glücklicherweise stand Tom bei ihnen im Ruf eines Streithammels, so daß sie ihn in Ruhe ließen und nur einen Gruß hinüberriefen.
Tom schien enttäuscht, daß sie keine unbequemen Fragen stellten.
»Na los«, reizte er einen Chauffeur, der wohl dreißig Jahre jünger und achtzig Pfund schwerer war als er. »Nu frag schon, was wir hier machen!«
»Immer mit die Ruhe, Tom«, meinte der Chauffeur gemütlich. »Du bist der Stärkere. Da halt' ich lieber den Mund.«

»Ist auch besser«, sagte Tom und warf einen vielsagenden Blick in den Wagen. »Wenn ich dich fertigmach', kriegst du ihn nicht wieder zu.«
Nach ein paar Stunden war die Kiste voll. Tom und die Jungen fuhren den Wagen nach Hause und kippten ihn an einer versteckten Stelle am Hinterzaun aus.
»Wir gehn jetzt jeden Nachmittag«, sagte Tom zu Frank und Bill, »das heißt: bloß, wenn ihr euch anständig benehmt. Wenn ihr ungezogen seid, bleibt ihr zu Haus.«
Den beiden Jungen machte die Sache genausoviel Spaß wie Tom; sie versprachen brav zu sein.
»Nichts den Mädels sagen!« warnte Tom. »Martha faßt's vielleicht richtig auf. Aber die Herzogin sagt bestimmt, das wär' unter ihrer Würde.«
Die Jungen kamen nachmittags vor den Mädchen aus der Schule und konnten sich daher unbemerkt aus dem Staube machen. Am zweiten Tag dauerte es viel länger, bis die Kiste voll war, weil sie dieselbe Gegend absuchten. An den folgenden Tagen mußten sie sich immer weiter vom Hause entfernen. Aber der Haufen hinter dem Zaun wurde zusehends größer. Auch als er hoch genug war, fanden sie allerlei Vorwände, um weiterzusammeln.
»Vielleicht brauchen wir nächstes Jahr welchen«, erklärte Tom. »Und die Pferde werden von Jahr zu Jahr weniger.«
Sie hatten bald herausgefunden, welche Straßen am ergiebigsten waren und wie oft sie sich die einzelnen Straßen vornehmen durften. Manchmal stritten sie darüber, ob es lohne, um einen bestimmten Block herumzufahren; wer für die betreffende Tour gewesen war, bekam, je nach dem Ertrag, entweder einen Orden oder eine Abreibung.
»Da sind wir wohl schon gestern gewesen«, sagte Tom etwa. »Ich seh' aber Spatzen. Und wo Spatzen sind, da ist auch das, was wir suchen.«
Tom behielt bei der Auswahl der Straßen ausnahmslos recht. Er muß eine Art sechsten Sinn dafür gehabt haben. Vielleicht aber hatten Frank und Bill mit der Vermutung recht, daß er vormittags, wenn sie in der Schule waren, in der Nachbarschaft herumspionierte, um ihnen dann mit seiner Unfehlbarkeit zu imponieren. Jedenfalls schwor er, daß er Vögel sehe, wenn die anderen keine sahen, und er wußte immer genau vorher, was hinter der nächsten Straßenecke liegen würde.
Dieser Sport – denn als solchen betrachteten sie es – hätte noch wochenlang weitergehen können, wären sie nicht eines Tages mit Ernestine zusammengestoßen. Die Straßen, durch die sie und Martha

von der Schule heimkommen mußten, hatten sie stets sorgfältig gemieden. An jenem Nachmittag aber war Ernestine ein Stück im Wagen mitgenommen worden und ging, zusammen mit einem Schulkameraden, einen anderen Weg.
Keiner der drei sah sie kommen. Bill hatte gerade den Handwagen in die richtige Stellung manövriert, und Tom und Frank schaufelten.
»Henk, henk«, kicherte Tom. »Ich sag's ja, ich hab' Spatzen gesehn. Dem alten Falkenauge könnt ihr nichts vormachen. Hier ist immer 'ne gute Stelle. Hier gehn wir jetzt alle Tage lang.«
»Elf zu fünf für Tom«, sagte Bill neiderfüllt. »Der sieht so was kilometerweit.«
»Ich bin Sieger«, krähte Tom. »Kein Zweifel. Noch dazu der größte Haufen heut. Eure kleinen Häufchen können wir genausogut wegschmeißen.«
Dann blickte er auf und sah Ernestine.
»Versteckt euch«, warnte er und hockte sich hinter den Wagen. »Die köpft uns, wenn wir wieder im Palast sind.«
Ernestines Freund war ins Gespräch vertieft. Frank und Bill hatten ihn noch nie gesehen, und er beachtete sie nicht. Ernestine hatte sie aber bemerkt und beobachtete sie mit halbem Auge. Sie wurde rot vor Wut. Mit hocherhobenem Kopf ging sie vorbei und bemühte sich, so zu tun, als lausche sie angelegentlich den Worten des Jünglings neben ihr. Frank und Bill drehten ihr, um sie nicht noch mehr in Verlegenheit zu bringen, den Rücken zu. Tom, der schuldbewußt hinter dem Wagen vorspähte, brummelte etwas von Gangstern, die zwölf Dollar für Mist verlangten.
Ernestine ging vorüber, ohne daß ihr Freund gemerkt hatte, daß sie die drei kannte. Im Weitergehen hatte sie aber ein ungutes Gefühl. Was die Jungen da auch taten – sie waren ihr Fleisch und Blut. Da war es sehr billig, einfach so zu tun, als kenne man sie nicht. Schließlich sammelten sie ja etwas, was der Familie Geld sparen half.
»Warte mal einen Moment«, sagte sie zu ihrem Freund. Sie machte kehrt, ging zurück und warf einen Blick in den Handwagen.
»Tag, Frank«, sagte sie laut. »Tag, Bill. Tag, Tom.«
»Tag, Ernestine«, sagten die drei.
»Ganz hübsche Ladung«, sagte sie anerkennend. »Aber jetzt solltet ihr wohl lieber nach Hause fahren.«
Sie sagten, sie freuten sich über die Anerkennung, und sie hätten gerade heimfahren wollen.
Ernestine ging wieder zu ihrem Freund, der den Vorgang offenbar nicht weiter beachtet hatte.

»Meine Brüder«, sagte sie entschuldigend. »Das heißt: die beiden Jungen. Wir haben nämlich einen Gemüsegarten angelegt.«
»Mit dem Mist wird's gut wachsen«, nickte er. »Wir düngen unsern Rasen auch immer damit.«
»Ja, sicher«, stimmte Ernestine zu.
»Viel besser als Kunstdünger.«
»Sicher«, nickte sie.
»Du kannst ihnen sagen, daß wir da hinten an ein paar Haufen vorbeigekommen sind. Hast du sie gesehen?«
»Ich glaube nicht«, sagte Ernestine. »Aber sie haben sowieso schon reichlich.«
»Doch schade, ihn liegenzulassen. Wird jedes Jahr teurer.«
Während Ernestine mit ihrem Freund weiterging, überlegte sie, wie in einer Familie mit so vielen kleinen Brüdern jemals so etwas wie Romantik aufkommen sollte und warum sie ausgerechnet bei diesem Thema landen mußte, wo es doch soviel Gesprächsstoff in der Welt gab.

Bevor Mutter aus dem Krankenhaus kam, verbot Ernestine den Jungen, ihr etwas über die Herkunft des Düngers zu sagen. Mutter hatte wahrhaftig genug im Kopf und sollte sich nicht noch darüber ärgern, daß wahrscheinlich fast alle unsere Bekannten Frank und Bill bei ihren Handwagen-Runden gesehen hatten.
Aber Mutter fiel die gute, fruchtbare Erde gleich auf.
»Wo habt ihr bloß den herrlichen Dünger her?« fragte sie. »Ich hab' gar keinen Scheckabschnitt dafür gesehn.«
»Das ist 'ne lange Geschichte«, sagte Ernestine. »Tom scheint so seine Beziehungen zu haben.«
»Vielleicht erzählst du mir's lieber nicht«, lächelte Mutter. »Ich hab' so eine Ahnung, als sollte ich besser möglichst wenig davon erfahren.«
»Hast du mal vom Pegasus gehört?« fragte Ernestine strahlend. »Also: es war einmal . . .«
»Laß nur, Kind«, unterbrach Mutter. »Ich hab' die Kiste auf dem Handwagen gesehn.«
»Kommt nicht wieder vor«, versprach Ernestine. »Und sieh dir mal draußen am Hinterzaun an, wieviel noch übrig ist!«
Mutter hielt den Gemüsegarten für einen glänzenden Einfall. Die Saat war schon lange aufgegangen. Ernestine und Martha ergänzten unsere Arbeitstabellen durch eine Rubrik für Jäten und sonstige Gartenarbeit.
Vielleicht haben wir nicht gerade den besten Ertrag erzielt; denn Mist soll, bevor er als Dünger verwendet wird, lagern, worauf die

Richtlinien der Landwirtschaftskammer ausdrücklich hinwiesen. Aber einen guten Ertrag erzielten wir immerhin. Wir ernteten Mais, Bohnen, Erbsen, Karotten, Tomaten, rote Rüben, Grünkohl und Salat. Einiges davon machten die Mädchen für den Winter ein.

Später schafften wir ein Dutzend Hühner an; das bedeutete eine weitere Verbilligung des täglichen Lebens und löste teilweise auch das Düngerproblem für die kommenden Jahre. Fred und Dan meinten, das Problem wäre restlos gelöst, wenn wir ein Pony kauften, aber die Großen redeten es ihnen, wenn auch ungern, aus.

Tom gab den einzelnen Hühnern Namen und erzog sie zu Haustieren; im Garten liefen sie ihm nach, flatterten hoch und setzten sich auf seinen Finger. Wenn sie nicht recht legen wollten, mischte er ihnen mit großem Getue Chinin unters Futter. Die günstige Wirkung dieser Therapie war unverkennbar. Nach den Richtlinien für Geflügelzucht, die wir inzwischen auch bekommen hatten, durfte man von zwölf Hühnern nicht mehr als acht bis zehn Eier pro Tag erwarten. Wir fanden aber manchmal, wenn wir aus der Schule kamen, fünfundzwanzig bis dreißig Eier in den Nestern.

Manchmal allerdings fanden wir auch im Küchenpapierkorb unter alten Zeitungen leere Eierkästen, wie es sie im Laden zu kaufen gibt. Wir wollten Tom den Spaß nicht verderben. Wenn er nicht hinsah, deckten wir sie schnell wieder zu.

Sechzehntes Kapitel
. . . da waren's nur noch zehn

Anne verliebte sich in einen Arzt an der Universität von Michigan, und diesmal war es der Richtige. Wie sie Mutter schrieb, trug sie nun einen Verlobungsring, und ihr Verlobter hoffte, bald eine Praxis zu eröffnen. Er war ein paar Jahre älter als sie. Sie hatte ziemlich angestrengt zu arbeiten und konnte nicht soviel mit ihm zusammen sein, wie beide es sich gewünscht hätten.

Obwohl Anne nichts davon erwähnte, interessierte sie sich nicht mehr für ihr Studium. Sie wollte nur noch heiraten. Aber sie fühlte sich der Familie gegenüber verpflichtet und wollte nichts tun, was Mutter betrüben könnte.

Als sie in den Frühjahrsferien nach Hause kam, war sie launisch und nervös. Sie saß fast den ganzen Tag in ihrem Zimmer und schrieb Briefe. Ihre Freunde in Montclair suchte sie überhaupt nicht auf.

Mutters Nase war so schön geworden, wie sie's vorausgesagt hatte, und Mutter war wieder ganz und gar in die Arbeit eingespannt. Trotzdem sorgte sie sich um Anne, die sich anscheinend niemand anvertrauen wollte.

»Ich weiß, wie das ist«, sagte Mutter eines Abends und setzte sich auf Annes Bett. »Weiß der Himmel – ich hab' das ja auch durchgemacht, als ich mit deinem Vater verlobt war. Ich in Kalifornien und er fünftausend Kilometer weit in Boston.«

»Keiner weiß, wie's ist«, sagte Anne hoffnungslos. »Was hinderte dich denn, zu heiraten?«

»Na ja, ich war etwas älter als du«, gab Mutter zu. »Ich war schon mit dem College fertig. Aber in reichlich einem Jahr bist du ja auch soweit.«

»Wir möchten so gern gleich heiraten«, flüsterte Anne. Sie schlang die Arme um Mutter. »Ach, Mutter, was soll ich bloß machen?«

»Wird schon alles werden«, versicherte Mutter.

»Ich weiß, es klingt egoistisch«, sagte Anne. »Aber wir möchten zu gerne gleich heiraten.«

»Gar nicht egoistisch«, sagte Mutter. »Ist doch die natürlichste Sache der Welt. Wenn du nicht so empfändest, würd' ich mir sagen, daß du dir nicht den Richtigen ausgesucht hast. Aber, Kind, ich halte es wirklich für besser, wenn du noch ein bißchen wartest.«
»Ich weiß«, sagte Anne und brach in Tränen aus. »Ich weiß, du brauchst mich hier, bis die Kleinen groß sind.«
»Leg dich hin, Kind, ich massier' dir den Rücken.«
»Ich weiß es, und er weiß es auch«, schluchzte Anne. »Wir wissen beide, daß es nicht geht.«
»Die Kinder sind erst in fünfzehn Jahren groß«, sagte Mutter. »Glaubst du etwa, daß du so lange warten mußt? Ich brauch' dich hier nicht. Ich möchte nur, daß du wartest, bis du mit dem College fertig bist.«
»Das wär' aber nicht richtig, nein, bestimmt nicht.«
»Natürlich ist's richtig. Jetzt hilft mir Ernestine, so wie du früher geholfen hast. Und Martha wird's genausogut können wie ihr beide – vermutlich sogar noch besser –, wenn Ernestine im Herbst aufs Smith College geht.«
»Bitte massieren«, sagte Anne, die auf dem Bauch lag und sich die Augen am Kopfkissen wischte.
»Glaubst du vielleicht, ich will einen Haufen alter Jungfern im Haus haben, die hier rumnörgeln, weil nicht ordentlich staubgewischt ist?« fragte Mutter und massierte Anne den Rücken.
»Nein, wirklich nicht?«
»Und denkst du vielleicht, ich will dich ewig weiter ernähren?« frotzelte Mutter.
»Ach wo, aber ich dachte, ich soll einen Beruf ergreifen.«
»Wenn du einen Beruf hast, kannst du mir zu Hause auch nicht helfen«, sagte Mutter und versetzte Anne einen nachdrücklichen Klaps aufs Hinterteil. »Wenn wir dich bloß endlich los wären!«
»Kann ich verstehn«, seufzte Anne, »weiß Gott!«
»Ich halt' es nur für das beste, daß du erst die Abschlußprüfung machst. Schon wegen des guten Beispiels.«
Anne sagte, ein Jahr warten sei ein Kinderspiel. Was sie so unglücklich gemacht habe, sei die Aussicht gewesen, fünfzehn Jahre warten zu müssen.
»Ich würde dich nicht einmal bitten, dies eine Jahr zu warten«, erklärte Mutter. »Aber du weißt doch, Vater lag so viel daran, daß ihr alle das College durchmacht. Ich hab' mir sozusagen das Versprechen gegeben, das für ihn durchzusetzen.«
»Und glaubst du wirklich, daß du mich zu Hause nicht brauchst?«
»Man darf sich nicht immer für unentbehrlich halten«, sagte Mutter, massierte weiter und gab Anne noch einen Klaps aufs Hinterteil.

»Willst du ihn nicht anrufen und fragen, ob er den Rest der Ferien bei uns verbringen mag? Wir alle würden ihn gern kennenlernen.«
Anne sprang mit einem Satz aus dem Bett. »Klar«, rief sie. »Der packt sofort seinen Kram und . . . Halt, Moment mal! Ihr werdet an ihm doch keine Lynch-Justiz üben wie bei Al?« fragte sie mißtrauisch.
»Nur, wenn er mit einer Ukulele ankommt.«
»Nein, so einer ist er nicht. Du wirst schon sehn.«

Wir nannten ihn Doktor Bob, zum Unterschied von unserem Bruder Bob. Zunächst waren wir uns nicht ganz klar darüber, ob er uns gefiele; denn solange er noch fremd war, redete er sehr wenig. Er hatte eine unauffällige schwarze Ford-Limousine und kleidete sich gar nicht collegemäßig, sondern eher wie ein Geschäftsmann.
Frank und Bill hatten wieder ihr Zimmer geräumt und schliefen bei Fred und Dan. Als Doktor Bob dahinterkam, ruhte er nicht, bis Frank zu ihm gezogen war.
»Ich habe die ganzen letzten zehn Jahre in Schlafsälen und Krankenhäusern geschlafen«, erklärte er. »Ich würd' mich in einem Zimmer allein gar nicht wohl fühlen. Ist doch nicht nötig, daß ihr euch so zusammenschachtelt.«
Das Manöver mit der Badewanne und mit Frank in Mädchenkleidern hatte bei Al so gut gewirkt, daß die Jungen daran gedacht hatten, es auch an Doktor Bob auszuprobieren. Nachdem er aber der Drängelei in Freds und Dans Zimmer abgeholfen hatte, beschlossen sie, davon Abstand zu nehmen.
»Bei dem wirkt das sowieso nicht«, erklärte Bill. »Dem macht's gar nichts aus, wenn einer reinkommt. Wahrscheinlich würd' er sagen. ›Ach, du bist's, Kleine!‹ und würde sich weiter waschen.«
Tom hatte vor Annes Verlobtem einigen Respekt, weil er – wenn auch ein junger – Arzt war. Dieser Respekt hinderte ihn aber nicht, Doktor Bob eine Lektion zu erteilen, als der eines Abends auf seinem Küchentisch saß.
Mit diesem Tisch war Tom sehr penibel. Der Küchentisch war sein Amtssitz, ein Symbol für etwas, das ihm allein zustand. An diesem Tisch nahm er seine Mahlzeiten ein, auf diesem Tisch lag sein Werkzeug, und unter diesem Tisch stand Vierzehns Körbchen. Obwohl Tom selber auf diesem Tisch oft Hühner ausnahm oder Eichhörnchen abbalgte, durfte ihn niemand anders mit etwas Unhygienischem in Berührung bringen, vor allem nicht mit der eigenen Sitzfläche.
Anne machte nach dem Kino einen Mitternachtsimbiß zurecht, und

Doktor Bob sah vom Tisch aus zu; da kam Tom aus seinem Zimmer, um sich einen Krug Eiswasser zu holen.
»Mein Tisch!« japste er. »Nehmen Sie Ihren Hintern runter.«
»Hör nicht auf ihn, Bob«, sagte Anne errötend. »Das sagt er zu allen.«
»Da dran muß ich nämlich essen, Sie!« kreischte Tom.
»Wir sind keine kleinen Kinder«, fuhr Anne ihn wütend an. »Halt den Mund und geh in dein Zimmer.«
»Ich gehe«, schrie Tom und langte nach alter Gewohnheit hinter sich, um die Schürze abzubinden, fand aber nur seinen Bademantel. »Soll deine Mutter sich nach jemand anders umsehn, der hier die Dreckarbeit macht.«
»Moment mal«, sagte Doktor Bob und rutschte vom Tisch, »ich kann mich doch auf den Stuhl setzen. Bloß keine Aufregung.«
Tom holte Wischlappen und Seife und schrubbte den Tisch nach allen Regeln der Kunst.«
»Ich wollt' ja nichts sagen, wenn ich nicht dran essen müßte«, brummelte er. »Schlimm genug, wenn die Familie sich draufsetzt.«
»Kann ich verstehn«, sagte Doktor Bob verständnisvoll; Anne hatte ihm erzählt, welche Rolle Toms Krankheiten spielten. »Wenn man so viel durchgemacht hat wie Sie, kann man mit Bazillen nicht vorsichtig genug sein.«
»Richtig«, stimmte Tom etwas besänftigt zu. »Aber darauf nimmt hier niemand keine Rücksicht. Wie kommen Sie drauf?«
»Kommen Sie mal her ans Licht.« Doktor Bob zog Tom die Augenlider auseinander und sah ihm ins Auge. »Mal Mund aufmachen und ›ah‹ sagen.«
Tom machte den Mund auf und sagte »ah«.
»Verheilte Rippenfellentzündung – klarer Fall. Jetzt sind Sie in Ordnung, aber Vorsicht mit den Bazillen. Wenn Sie mal merken sollten, daß ein Anfall kommt – es gibt da ein altes Mittel, viel besser als all die neumodischen Sachen. Es heißt . . . .«
»Chinin«, ergänzte Tom strahlend.
Doktor Bob nickte weise.
»Jawohl, *Sir*«, sagte Tom, zog den Bauch ein und bedeckte den Tisch mit Zeitungspapier. »Sie können sich jetzt draufsetzen, wenn Ihnen das bequemer ist.«
»Ich sitze sehr gut auf dem Stuhl.«
»Kommen Sie doch, Sir«, bettelte Tom. »Machen Sie sich's bequem.«
Doktor Bob kletterte wieder auf den Tisch.
»Jetzt schlägt's dreizehn«, sagte Anne ungläubig. »Der erste, der das darf, seit Paps tot ist.«

»Wenn Papier untergelegt wird, hab' ich nichts dagegen«, erklärte Tom geduldig. »Deinem Vater hab' ich auch immer Papier untergelegt. Ich muß nämlich dran essen, verstehn Sie?«
»Jaja, man kann nicht vorsichtig genug sein«, stimmte Doktor Bob zu.

Nach zwei Tagen hatten wir alle entschieden, daß man Doktor Bob in die Familie aufnehmen könne. Es lag uns sogar so viel daran, daß wir Vorsichtsmaßnahmen trafen, damit er Anne nicht wieder durch die Lappen ginge.
Frank, Bill und Fred setzten einen Plan auf, nach dem sie morgens abwechselnd aufpaßten, daß kein Lärm gemacht und Doktor Bob nicht geweckt wurde. Frank hatte Dienst im zweiten Stock, Bill im ersten und Fred vor Doktor Bobs Fenster. Tom bereitete ihm besonders schöne Nachspeisen und schickte ihm fortwährend Milch und belegte Brötchen aufs Zimmer.
Wenn Doktor Bob morgens früher als Anne aufstand, spielte er mit den Jungen Baseball oder fuhr die Mädchen in seinem Wagen spazieren.
»Langweilst du dich auch nicht?« fragten wir ihn dann. »Sollen wir lieber Anne rufen? Die hat jetzt lang genug geschlafen. Sonst steht sie doch mit den Hühnern auf und macht die ganze Hausarbeit.«
»Nein, tut das nicht. Laßt sie schlafen.«
»Und kochen kann die – Junge, Junge!«
»Kann ich mir denken«, grinste er.
»Möchtest du irgendwas? Vielleicht noch 'ne Tasse Kaffee?«
»Nein, danke. Ist sehr schön so.«
Schließlich beschwerte sich Anne bei Mutter.
»Er muß ja denken, sie wollen mich mit Gewalt loswerden«, jammerte sie.
»Dazu ist er zu vernünftig«, sagte Mutter.
»Wenn früher einer von meinen Freunden kam, waren die Gören nicht loszuwerden. Immerzu wimmelten sie um mich rum, versteckten sich unterm Sofa, guckten durchs Schlüsselloch oder machten laute Knallküsse, wenn einer nur meine Hand anfaßte.«
»Ich weiß«, sagte Mutter mitfühlend. »Und Vater bestärkte sie noch. Ich hab' ihm immer die Leviten gelesen.«
»Weiß ich. Dir mach' ich auch keinen Vorwurf. Aber das war, weiß Gott, immer noch besser als das Getue jetzt. Kaum kommen wir ins Zimmer, dann stoßen sie sich an, wenn sie denken, wir sehn's nicht, und dann stehn sie alle auf und gehn raus. Geradezu taktlos.«
Mutter schüttelte den Kopf und unterdrückte ein Lächeln. »Nein, so geht's nicht weiter«, gab sie zu.

»Sie denken sich alles mögliche aus, weshalb sie rausgehn müssen. Die lahmsten Entschuldigungen – und er soll sie schlucken. Zum Beispiel: Höchste Zeit, den Baseballschläger ganz zu machen. Oder: Mal sehn, ob Vierzehn Junge gekriegt hat. Oder: Sie hätten Tom versprochen, beim Aschesieben zu helfen.«
»Ja, Älteste sein ist schwer«, stimmte Mutter zu.
»Wenn Bob und Jane den Wink nicht verstehn, werden sie am Schlafittchen genommen und abgeschleppt. Und dann murmeln Frank und Bill was von Stromsparen und knipsen überall das Licht aus. Ich hab' schon ganz zerschundene Schienbeine, weil ich im Dunkeln immer gegen was anrenne.«
»Daran siehst du, daß die Kinder Doktor Bob mögen«, sagte Mutter. »Wirklich, Kind, das ist ein Kompliment für ihn.«
»Aber stell dir bloß vor«, stöhnte Anne, »wenn er nun denkt, daß sie diese Lichtausknipserei immer gemacht haben, wenn mich früher mal ein Junge besuchte!«
Doktor Bob hatte Kinder gern und verstand mit ihnen umzugehen. Bob und Jane wichen ihm nicht von der Seite und wollten abends nicht ins Bett, wenn er nicht heraufkam und sie zudeckte. Obwohl wir sie davon abzubringen versuchten, verlegten sie sich aufs Betteln, Anne und er möchten sie bei ihren Nachmittagsfahrten in seinem Wagen mitnehmen. Dann saß Bob zwischen Doktor Bob und Anne, und Jane saß auf Annes Schoß. Wir waren entsetzt, aber die beiden Kleinen wollten keine Vernunft annehmen.
»Ich geb's auf«, sagte Anne eines Nachmittags bei einem solchen Ausflug zu ihrem Verlobten. Sie setzte Jane auf ihrem Schoß zurecht. »Entweder sitzen sie uns auf der Pelle wie jetzt, oder sie schleichen rum und knipsen das Licht aus.«
»Stört mich beides nicht«, lachte Bob. »Ich kenn' bloß keine Familie, wo's so viele Baseballschläger ganz zu machen gibt und soviel Asche ... Sieh mal, Bobby«, unterbrach er sich. »Siehst du die große Puffpuffbahn?«
»Wo?« fragte Bob und beugte sich über ihn weg. »Wo denn, Doktor Bob?«
»Gerade sind wir vorbei. Geh ans Rückfenster, da kannst du sie noch sehn.«
Bob kletterte auf den Sitz und dann auf Doktor Bobs Schenkel, wo er noch besser sehen konnte. »Puff, puff, puff«, machte er. »Ist aber 'n ganz doll langer Zug, was, Doktor Bob?«
»Na, klar. 'n ganz furchtbar doll langer.«
»Früher«, sagte Anne, »war ich so dumm, mir einzubilden, wenn ich verlobt wäre, könnt' ich ab und zu mal ohne Kind auf dem Schoß Auto fahren. Als kleines Kind träumte mir, ich würde vorne auf ei-

nem Platz ganz für mich allein sitzen. Ich träumte . . . Sieh mal, Janey, das Hottehü!«
»Wo denn, Anne? Ich seh' kein Hottehü.«
»Schon vorbei«, sagte Anne und hielt sie hoch, damit sie aus dem Rückfenster sehen konnte.
Doktor Bob langte zu Annes Hand hinüber und drückte sie. Ein Sonnenstrahl fiel auf den Brillanten in ihrem Verlobungsring, und der Stein funkelte.

Nachdem Anne im September des nächsten Jahres ihre Prüfung bestanden hatte, heirateten sie. Die Hochzeit fand in unserem Hause statt. Anne bestand darauf, daß Mutter die Braut übergebe.
Der Geistliche unserer Kirche in Montclair, der bei den meisten Trauungen in unserer Familie und bei der Taufe von einem Dutzend Enkelkindern amtierte, traute das Paar.
Er hatte selber Kinder und war nicht aus der Ruhe zu bringen. Er war nicht empört, als Lillian und Fred in das Zimmer hineinplatzten, in dem er gerade seinen Talar anlegte. Er kicherte auch mit uns, als der kleine Bob auf Annes Schleppe trat und den Hochzeitszug ins Stocken brachte.
Es war eine glückliche Hochzeit, aber wir waren für Mutter traurig. Wir glaubten zu wissen, wie ihr zumute war. Anne war das erste ihrer Schäflein, das von ihr ging. Ernestine und Martha würden wohl die nächsten sein. Wie würde Mutter mit einer Familie von nur acht Kindern auskommen? Wie würde es für sie sein, wenn alle Kinder, auch Jane, verheiratet und aus dem Hause gegangen waren?
Arme Mutter, dachten wir. Arme, arme Mutter . . .
Tom wohnte der feierlichen Handlung im Hintergrund bei und führte ab und zu ein nicht ganz sauberes Taschentuch an die Augen. Als die Trauung zu Ende war, drängte er sich zu Anne vor, griff in seine Tasche und überreichte ihr zwanzig zerknitterte Dollarscheine.
»Hier«, sagte er, »wenn er dich nicht gut behandelt, kaufst du dir davon 'ne Fahrkarte und kommst wieder nach Hause.«
Anne machte einen Augenblick ein Gesicht, als wolle sie sich vorbeugen und ihm einen Kuß geben, aber Tom duckte sich wie ein Boxer, tänzelte und schnitt wilde Grimassen:
»Und wenn er sich nicht anständig benimmt, dann gibst du ihm 'nen Linken, wie ich dir's beigebracht hab', und gleich danach 'nen Rechten – siehst du, so!«
Er tat, als griffe er Doktor Bob an, und Doktor Bob stellte sich ganz verwirrt und hilflos.

»Wenn er auch nur den Ellbogen auf meinen Küchentisch legt, ruf' ich dich zu Hilfe«, versprach Anne.
Erst als Doktor Bob und Anne mit ihren Koffern zum Wagen gingen, wurde es Jane und Bob klar, daß das junge Paar abreiste.
»Nimm uns mit, Doktor Bob«, bettelten sie und hängten sich an seine Beine. »Du bist heute noch gar nicht mit uns spazierengefahren.«
Er nahm Jane auf den Arm, gab ihr einen Kuß und sah Anne hilfesuchend an.
»Nee, Sir«, sagte Anne und versuchte ihn von Jane zu befreien. »Nicht auf unsere Hochzeitsreise. Alles hat seine Grenzen.«

Siebzehntes Kapitel

Der Knalleffekt

Martha hatte Beziehungen, obwohl sie nichts dazu tat. Sie kannte den Bürgermeister und seine Sekretärin, sie kannte Bibliothekare, Ladeninhaber, Autobesitzer, Polizisten, Lieferanten und Feuerwehrmänner.

Als Anne verheiratet und Ernestine auf dem Smith College war, führte Martha während Mutters Geschäftsreisen den Haushalt; sie reichte länger mit dem Geld als irgend jemand vor ihr. Ohne mehr auszugeben, brachte sie es fertig, uns allerlei Wünsche zu erfüllen.

Martha führte den Haushalt genauso, wie sie ihre Schularbeiten machte: tüchtig, ohne sich besonders anzustrengen und ohne Anspruch auf Vollkommenheit. Sie sorgte dafür, daß die notwendigen und wichtigen Dinge getan wurden, und lehnte es ab, sich über unnötige oder unwichtige Dinge den Kopf zu zerbrechen.

Wenn sie in einem Schulfach bequem ein B oder ein C erzielen konnte, sah sie nicht ein, weshalb sie sich für eine A-Note abschuften sollte. Natürlich, wenn das A sich von selber einstellte, was gelegentlich vorkam – um so besser. Wenn wir morgens das Haus saubergefegt und Staub gewischt hatten, sah sie deshalb keinen Grund zum Nörgeln, wenn einer mal nachmittags nach der Schule Füße abzutreten oder den Mantel aufzuhängen vergaß. Übrigens nahm sie es damit selber nicht so genau.

Marthas Beziehungen in Montclair erleichterten uns allen das Leben. Sie hatte den Botenjungen vom Gemüseladen dazu gebracht, uns im Vorbeigehen mitzubringen, was wir in der Eisenwarenhandlung eingekauft hatten. Sie fragte die Männer, die die städtischen Schneepflüge fuhren, ob sie wohl eben noch den Schnee von unserer Auffahrt wegschaffen könnten. Wenn Tom krank war, bat sie den Milchmann, Frank und Bill beim Herausschaffen der Asche aus dem Heizungskeller zu helfen.

Die Leute schienen Martha gern einen Gefallen zu tun, und ebenso selbstverständlich half sie ihnen. Sie wußte, an wen man sich wenden mußte, wenn eine Straßenlaterne kaputt war, wenn die Müllabfuhr unseren Block vergessen hatte oder wenn sich in unserer Gegend ein toller Hund herumtrieb. Mutter und selbst die Nachbarn verließen sich allmählich auf sie, wenn irgend etwas bei der Stadtverwaltung zu erledigen war.

Als Mutter einmal verreist war, wurde die Stromleitung durch ein Hagelwetter beschädigt; die Elektrizitätsgesellschaft gab bekannt, daß erst nach vierundzwanzig Stunden wieder mit Strom zu rechnen sei. Martha rief bei der Feuerwehr an und fragte den diensttuenden Hauptmann um Rat.

»Bei unsern vielen Kindern halte ich es für feuergefährlich, wenn alle mit brennenden Streichhölzern im Dunkeln rumstolpern.«

Einige Minuten später fuhr ein Feuerwehrwagen vor und brachte ihr leihweise sechs Taschenlampen. Sie hatte eine Thermosflasche mit Kaffee bereitgestellt, die sie dem Hauptmann auf die Wache schickte.

Martha überprüfte regelmäßig unsere Ausgaben, um festzustellen, wo das Geld blieb, und um zu versuchen, das eine oder andere billiger einzukaufen. Wenn ihr selber nichts Gescheites einfiel, wandte sie sich an den betreffenden Lieferanten.

Da war zum Beispiel das Haarschneiden. Wie Martha uns erklärte, war das zwar eine kleine, aber regelmäßig wiederkehrende Ausgabe. Sie rief den Friseur an, bei dem die Jungen sich das Haar schneiden ließen, und setzte ihm ihr Problem auseinander. Bei unseren sechs Jungen gäben wir mehr Geld für Haarschneiden aus als die meisten anderen Familien, sagte sie, mindestens drei Dollar im Monat. Ob es wohl möglich sei, uns einen Sonderpreis einzuräumen? Wenn sich das für ihn nicht lohne – vielleicht wüßte er ein neu eröffnetes Geschäft, das Kundschaft suchte und dazu bereit wäre?

Der Friseur sagte, er habe noch nie Sonderpreise gewährt, er würde es aber tun – vorausgesetzt, daß die Jungen nicht samstags oder in der Hauptgeschäftszeit nach fünf Uhr nachmittags kämen.

Für das Geld, das durch solche Transaktionen eingespart wurde, konnten wir uns Dinge leisten, die sonst als Luxus galten. Wenn einer von uns einen großen, nicht allzu kostspieligen Wunsch hatte, versuchte Martha ihn zu erfüllen, ohne damit unseren Etat zu überschreiten. Wir hätten uns, falls sie uns einen Korb gab, immer noch an Mutter wenden können, die meistens unsere Wünsche zu erfüllen suchte – ganz gleich, ob die Kasse sich's leisten konnte oder nicht. Aber die sonst so umgängliche Martha wurde wütend, wenn einer von uns mit Geldangelegenheiten zu Mutter lief. Und da wir es für die Zukunft nicht mit Martha verderben wollten, schien es uns geraten, sie nicht zu übergehen.

Wir kauften, sofern die Preise dort uns vernünftig erschienen, möglichst bei dem United Cigar Store, der bei jedem Einkauf Rabattschecks gab. Diese Firma hatte einen Prämien-Katalog herausgebracht, der fast alles enthielt, was wir uns wünschten.
Da gab es zum Beispiel für 415 Gutscheine ein Paar Boxhandschuhe, original Rindleder, schwarz, mit Garantieschein. Außerdem stand im Katalog, daß Jungen, die von diesem erstaunlichen Angebot Gebrauch machten, für eine bestimmte Zeit kostenlos einen Baseball in vorschriftsmäßiger Größe geliehen bekämen.
Fünf gelbe Abschnitte ergaben einen grünen Gutschein; wir bewahrten die Gutscheine in mehreren Zigarrenkisten auf, die auf Marthas Ankleidetisch standen. Alle paar Wochen rief sie uns in ihr Zimmer, und wir durften die Schecks nachzählen, die gelben Abschnitte zu je hundert und die grünen Gutscheine zu je zwanzig mit Gummiband bündeln und uns ausrechnen, wann wir genug haben würden, um sie einzulösen.
Tom war Kettenraucher und kaufte seine Zigarettenpäckchen bald in diesem, bald in jenem Laden. Er war immer knapp mit Zigaretten, borgte sich welche bei Mutters Kursteilnehmern oder suchte sich die Stummel aus den Aschenbechern zusammen. Martha kaufte einen Karton seiner Lieblingsmarke im United Cigar Store und stellte ihn in den Küchenschrank. Wenn Tom ein Päckchen herausnahm, mußte er einen Schuldschein in den Karton legen.
»Nie hätt' ich gedacht, daß du aus mir Geld ziehn würdest wie 'n Händler«, brummte er, wenn er seine Schuldscheine bezahlte.
Aber Martha wies ihm nach, daß sie die Zigaretten zum Selbstkostenpreis verkaufe und daß er Geld spare, wenn er nur den Engrospreis zu zahlen brauche. Ihr lag lediglich an den Gutscheinen.
Tom fand Marthas »Kantine« sehr bequem, aber er scheute keine Mühe, ihre Abrechnung immer wieder nachzuprüfen und die Echtheit seiner Schuldscheine anzuzweifeln.
»Ist doch nicht meine Handschrift«, sagte er. »Wo ist das Vergrößerungsglas?« Wenn er dann sichtlich ungern bezahlt und das Wechselgeld zweimal nachgezählt hatte, fügte er hinzu: »Gib mal her die Schuldscheine, daß ich sie zerreißen kann. Da waren, glaub' ich, welche drunter, die ich schon vorige Woche bezahlt hab'.«
Mutters Schüler erfuhren von dem Zigarettenvorrat und wurden ebenfalls Kunden des Küchenschrankes. Später legte Martha auch einen Vorrat von Rasierklingen hin, denn Tom vergaß meistens, welche zu kaufen.
Die erste Prämie für unsere Gutscheine war ein Geschenk zum Muttertag, eine reichverzierte Nachttischlampe mit Schaltern für helles und für gedämpftes Licht. Mutter hatte immer gesagt, der

Muttertag sei eine lächerliche Einrichtung; wenn jemand seiner Mutter an einem bestimmten Tag des Jahres etwas schenken müsse, dann wolle er damit wohl nur dreihundertvierundsechzig Tage der Vernachlässigung gutmachen.

Wir glaubten aber, sie sage das nur, damit wir nicht traurig wären, wenn wir kein Geschenk für sie erschwingen könnten.

Die Lampe kostete sechshundertfünfzig Gutscheine. Mutter bekam geradezu einen Schreck, als wir sie ihr überreichten. Als sie aber erfuhr, daß wir dafür weder unser Taschengeld ausgegeben noch die Kasse angegriffen hatten, freute sie sich so, als hätte sie selber den Muttertag erfunden.

»Wenn ich bedenke, daß ihr monatelang diese Gutscheine gesammelt habt, bloß um mir was schenken zu können . . .«, fing sie an.

»Du denkst doch nicht, daß wir gutmachen wollen, was wir an andern Tagen versäumt haben, nicht wahr, Mutter?« fragte Lillian ängstlich.

»Nein, Kind, das denke ich nicht«, sagte Mutter mit etwas schwankender Stimme. »Ich weiß doch, wie lange ihr diese Gutscheine gesammelt habt, wie ihr sie abends gezählt habt und . . . Also, da gibt's bestimmt nichts gutzumachen.«

Auf diese Weise erwarben wir nach und nach auch die Boxhandschuhe, einen elektrischen Toaströster, Schlittschuhe und Skier, ein Feuerzeug für Tom und schließlich einen Flaschenverschließ-Apparat. Letzteren hatte Martha vorgeschlagen, damit die Kleinen sich selber Limonade brauen könnten. Unser Budget hatte bisher weder Brauselimonade noch Ingwerbier erlaubt. Martha wußte, wie gern die Kinder so etwas tranken und wie herrlich sie es finden würden, ihre eigene Brauselimonade aus dem Kühlschrank nehmen und ihren Freunden anbieten zu können. Im Laden waren solche Getränke für uns immer noch zu teuer, denn bei uns wäre ein Kasten an einem Nachmittag verbraucht worden. Wenn aber die Kinder sich ihre Limonade selber brauten, kostete sie fast nichts.

Alte Gin-, Whisky-, Sirup- und Waschblauflaschen wurden aus den Nachbarkellern zusammengeholt, gründlich gespült und dann auf dem Küchenherd in einem Kessel ausgekocht. Manche Etiketten gingen nicht ab, aber innen waren die Flaschen wohl sauber.

Wir mischten Limonadenessenz mit Zucker und gossen sie nach und nach in ein Gefäß mit siedendem Wasser. Ein bißchen Hefe kam noch dazu, dann wurde die Mischung in Flaschen abgefüllt. Die verschlossenen Flaschen mußten eine Woche im Keller stehen und waren dann gebrauchsfertig.

Die Kinder und ihre Freunde fanden, daß unsere Limonade jede im Laden gekaufte weit übertreffe. Alle paar Wochen wurde gebraut, und allmählich entwickelte sich die richtige Arbeitsteilung: zwei Kinder spülten im Keller die Flaschen, zwei kochten sie aus, und zwei mischten das Gebräu.

Die fertige Limonade wurde mit einem Gummischlauch in die Flaschen gefüllt, die vor dem Herd aufgebaut waren. Für mehrere hundert Flaschen Limonade brauchten wir keine vierzig Minuten; wir hatten nun im Keller immer eine Anzahl trinkfertiger Flaschen stehen, außerdem weitere Flaschen, die noch lagern mußten.

Zum Glück trank Tom selber gern Brauselimonade und erhob keinen Einspruch gegen die Schmutzerei in der Küche. Nach einigen Wochen sagte er allerdings, immer denselben alten Geschmack habe er nun satt.

Beim Brauen der nächsten Limonade schlug er vor, wir sollten ein paar Liter auf dem Herd stehenlassen, er wolle dann einen anderen Geschmack zusetzen, wie er ihm behage.

Tom tat ein Paket Backpflaumen, eine Tasse Zucker und ein ganzes Päckchen Hefe hinein. Dann ließ er das Gebräu noch eine halbe Stunde kochen.

»Auf diese Flaschen schreib' ich mit Kreide meinen Namen«, verkündete er. »Daß mir's keiner anrührt, ich weiß noch nicht, was draus wird. Die Flaschen können erst mal 'n halbes Jahr stehn, dann werd' ich sie probieren.«

»Du hast dir doch nicht etwa Schnaps gebraut?« wollte Frank wissen.

»Wer, *ich*?« fragte Tom scheinheilig. »Meines Wissens ist das verboten.«

Gewiß – es war verboten. Aber manchmal, wenn Tom von seinem Ausgang aus West Orange heimkam, verbreitete er einen durchdringenden Geruch – nun, nicht gerade nach Brauselimonade.

Tante Leora war keine richtige Tante von uns, wofür wir von Herzen dankbar waren. Ihre und Mutters Familie waren in Oakland Nachbarn und eng miteinander befreundet gewesen; sie hatte etwa zur selben Zeit wie Mutter geheiratet und war nach dem Osten gezogen. Sie war dick, liebenswürdig, von oben bis unten mit Schmuck behängt und sehr neugierig. Keiner von uns konnte sie ausstehen, und Paps hatte sie verabscheut. Er nannte sie eine aufgeblasene Drohne und sagte, wenn die Bolschewisten je an die Macht kämen – was ihn nicht verwundern würde –, müßte Tante Leora auf der Säuberungsliste obenan stehen.

Tante Leoras Mann hatte klugerweise schon im ersten Jahr nach der Heirat seinen Geist aufgegeben. Wir waren der Überzeugung, daß er diese Maßnahme nie bereut haben konnte, obwohl er über beträchtliche weltliche Güter verfügt hatte. Leora lebte nun als wohlhabende Witwe allein in einer Wohnung in New York, und die Geldscheine glitten ihr durch die Finger wie Klopapier.

Seit Paps' Tode kam sie sehr viel häufiger zu uns. Sie fragte uns gern über Familienangelegenheiten aus und kam darum meistens, wenn Mutter verreist war. Sie platzte ausnahmslos ins Abendessen hinein. Fast ebenso ausnahmslos traf sie damit den einen Abend der Woche, an dem wir Reste aßen.

Einmal hatte sie an Großie, Mutters Mutter in Oakland, geschrieben, sie fürchte, daß wir nicht genug zu essen bekämen. Daraus ergaben sich mehrere besorgte Telefonanrufe von Großie, ob bei uns alles in Ordnung sei und ob wir etwa Geld brauchten.

Mutter hatte sich über diese Anrufe so aufgeregt, daß wir alle uns bemühten, einen besonders wohlerzogenen und wohlgenährten Eindruck zu machen, wenn Tante Leora zu Besuch kam.

Einige Monate, nachdem wir das Limonadebrauen eingeführt hatten, erschien Tante Leora eines Abends, als wir uns gerade zu Tisch gesetzt hatten. Tom sah ihre Limousine vorfahren, kam ins Eßzimmer gestürzt und alarmierte uns.

»Seid mal alle ganz ruhig und benehmt euch«, rief er. »Die alte, dicke Schnüffelnase aus New York ist da.«

»Bitte, nein!« japste Martha und faßte sich an den Kopf. »Tante Leora! Woher weiß die denn, daß wir heute Haschee haben?«

»Mein Geheimrezept!« sagte Tom stolz. »Ich glaube, die alte Schnüffelnase riecht mein Haschee bis übern Hudson.«

»Mach ein paar Dosen Gemüse auf«, brüllte Martha, während sie in die Halle stürzte, um Mäntel aufzuhängen und Galoschen und Schlittschuhe in einen Schrank zu stopfen. »Jeder nimmt seinen Teller in die Hand, wir legen ein Sonntagstischtuch auf.«

Schon stand Tante Leora, ohne zu klingeln, in der Halle.

»Nanu, wer ist denn das?« flötete Martha. »Tante Leora! So eine nette Überraschung! Du bleibst doch hoffentlich zum Abendessen?« – Ja, Tante Leora blieb gern, vorausgesetzt, daß sie den lieben Kindern nichts wegäße. Martha half ihr beim Ablegen, und als sie ins Eßzimmer trat, war der Tisch mit einem gestärkten Tafeltuch gedeckt. Mutter hielt an diesem Abend eine Vortrag in Philadelphia und war noch nicht zurück. Wir erwarteten sie aber jeden Augenblick, und Tom hatte ihr Essen warm gestellt. Tante Leora schien es nicht unangenehm zu sein, daß Mutter nicht da war. Im Gegenteil: wir glaubten in ihren Augen ein befriedigtes Aufleuchten zu bemerken.

»Eure arme Mutter ist wohl kaum mehr zu Hause, was?« fing Tante Leora an, während Frank ihr den Stuhl zurechtrückte.

»Sie ist fast immer da«, sagte Martha. »Sie hat doch hier ihren Kurs für Bewegungs-Rationalisierung. Ich glaube, heute ist sie seit mindestens einem Monat das erstemal weg.«

»Soso«, nickte Tante Leora und setzte dabei allerlei Kinne in Bewegung, die wie Wogen an den ausgedehnten Strand ihres Busens schlugen. Sie zog ein spitzes Mündchen und machte kein Hehl daraus, daß sie kein Wort glaubte.

»Leider haben wir heut abend wieder Haschee«, stotterte Martha.

»Du scheinst immer das Pech zu haben, ausgerechnet zum Haschee zu kommen.«

»Ich finde Haschee sehr gut nach all den fetten Sachen, die wir gehabt haben«, sagte Frank, um sie zu unterstützen.

»Aber, aber, Kinder«, tröstete Tante Leora. »Bei mir braucht ihr euch nicht zu entschuldigen. Ich gehöre ja doch zur Familie. Ich weiß, wie schwer ihr's habt, seit euer lieber Vater entschlafen ist.«

»Schwer eigentlich nicht«, erwiderte Martha mühsam lächelnd, während sie sich vor Augen hielt, daß sie nicht ungezogen werden durfte. »Gestern abend hatten wir Schweinebraten und vorgestern falschen Hasen.«

»Glaub' ich schon, mein Kind.« Tante Leora zog wieder ein spitzes Mündchen.

»Wenn sie's glaubt, warum schneidet sie dann solche Grimassen?« flüsterte Fred zu Dan hinüber.

Tante Leora hatte gute Ohren, und so entging ihr kaum etwas.

»Feine Leute flüstern nicht bei Tisch«, tadelte sie Fred. »Ich habe gesagt, ich glaube es, und von Grimassen habe ich nichts gemerkt.«

»Entschuldige«, verteidigte sich Fred. »Wir haben's aber gemerkt. Kannst jeden fragen.«

Martha hätte Fred gern zugestimmt, aber noch mehr lag ihr daran, zu verhindern, daß Mutter sich wieder über Telefonanrufe aus Kalifornien aufregen müßte.

»Flüstern ist unhöflich, und Tante Leora hat bestimmt keine Grimassen geschnitten«, sagte sie zu Fred. »Wenn du dich nicht anständig benimmst, stehst du auf und gehst ohne Essen ins Bett.«

»Um Gottes willen, bring doch das arme Kind nicht um sein Essen«, protestierte Tante Leora, und man hörte deutlich heraus, daß wir bei unseren knappen Rationen wahrscheinlich Skorbut bekommen würden, wenn wir auch nur eine einzige Mahlzeit versäumten.

»Vielleicht reden wir lieber von was anderm. Was hört ihr denn von eurer Großmutter, Kind?«

»Der geht's großartig«, sagte Martha, die dieses Thema sehr begrüßte und zäh daran festhielt. »Jawohl, Sir, ganz großartig. Großie ist quietschfidel und puppenlustig. Na klar.«

»Ich hab' eure Großmutter schon als kleines Mädchen gekannt. Eine reizende Frau, nicht wahr?«

»Das finden wir auch«, stimmte Martha zu. »Na, und ob wir das finden. Es gibt keinen goldigeren Menschen!«

»Und finanziell geht's ihr doch recht gut, nicht wahr? Sie ist doch wohl sehr freigebig?«

»Sie schenkt uns immer sehr hübsche Sachen«, nickte Martha.

»Aber sie muß doch auch in anderer Weise freigebig sein, sicher. Ich meine: freigebig, indem sie eure Mutter unterstützt.«

»Sicher hat sie ihr's angeboten«, nickte Martha wieder.

»Dacht' ich mir's doch«, sagte Tante Leora süßlich lächelnd. »Zwei Mädchen im College und der große Haushalt . . . Eure Mutter ist wohl ziemlich stark auf sie angewiesen, was?«

»Meinst du, Mutter wäre auf ihr Geld angewiesen?« fragte Martha, so höflich sie konnte.

»Natürlich geht's mich nichts an«, kicherte Tante Leora nervös, »aber ich bin doch mit eurer Mutter so gut befreundet.«

Fred, der sich unbeobachtet glaubte, beugte sich zu Dan hinüber und flüsterte ihm wieder etwas zu, diesmal so leise, daß es niemand verstand.

»Ich hab's gesehn«, fuhr Tante Leora ihn an. »Was hast du da gesagt, junger Mann?«

»Ich . . . nichts«, brummte Fred.

»Ich will wissen, was du gesagt hast. Raus mit der Sprache!«

»Muß ich's ihr sagen?« wandte Fred sich an Mart. » Da wird sie aber 'ne Wut kriegen.«

»Es ist wohl besser, du sagst's«, nickte Martha mitleidig.

»Ich hab' gesagt«, stotterte Fred mit niedergeschlagenen Augen, »wenn du mit Mutter so gut befreundet bist, warum fragst du sie dann nicht?«

Dan beschloß, Fred möglichst weitgehend moralisch zu unterstützen. Da Tante Leora sowieso überzeugt war, daß wir nicht genug zu essen bekämen, konnte er ihr ruhig noch etwas interessanten Stoff für ihre Briefe nach Kalifornien liefern.

»Wenn Fred wegen Flüstern vom Tisch aufstehn muß«, fragte Dan, »kann ich dann sein Haschee haben? Ich hab' in diesem Jahr mehr abgenommen als ihr andern.«

Fred fletschte die Zähne und knurrte wie ein Raubtier: »Wenn du's anrührst, beiß' ich dich.«

»Mein Gott«, sagte Tante Leora.

»Genug jetzt, Jungen«, mahnte Martha streng. »Wenn jemand das Haschee bekommt, dann bin ich's. Ich als Älteste brauche die Ernährung nötiger als alle andern.«

Da hörten wir Mutter die Haustürstufen heraufkommen und rannten ihr entgegen. Bill nahm ihr Hut und Mantel ab, und Tom brachte ihren Teller aus der Küche. Mutter sagte, ihr Vortrag in Philadelphia sei großartig gegangen und sie freue sich so, daß sie diesmal Leora nicht versäume. »Haschee ess' ich zu gern«, verkündete Mutter begeistert, als sie sich zu Tisch setzte, teilweise, um Tom einen Gefallen zu tun. »Ich komme auch zu gern nach so einer Bahnfahrt nach Hause. Wovon habt ihr denn grade gesprochen?«

»Nichts Besonderes«, warf Martha hastig ein. »Nur so geplaudert.«

»Eigentlich, Lillie, sprachen wir grade davon, ob der da vom Tisch aufstehn sollte«, sagte Tante Leora düster und deutete mit ihrem brillantenbesetzten Finger auf Fred.

»Aber Freddy!« sagte Mutter sanft. »Was hast du denn angestellt, Kind?«

»Ich hab' geflüstert«, gestand Fred. »Ich dachte, es säh' grade keiner.«

»Flüstern ist unhöflich«, verkündete Mutter erleichtert, daß keine schwerere Missetat vorlag. »Weißt du, als ich noch klein war, ließ mein Vater uns immer laut sagen, was wir geflüstert hatten. Manchmal war das schrecklich peinlich«, sagte sie lachend.

»So hat's Tante Leora mit mir auch gemacht«, sagte Fred.

Für Mutter klang das alles ganz vergnüglich und in keiner Weise ernst. »Was hast du denn geflüstert?« fragte sie und lachte wieder.

»Ä-hem«, räusperte Tante Leora sich vernehmlich.

»Na«, sagte Fred, »sie fragte, ob du Geld kriegst.«

»Sag mal, Lillie, vor welcher Gruppe hast du denn in Philadelphia gesprochen, Liebste?« unterbrach Tante Leora.

Aber Mutter hörte jetzt Fred zu. »Wer fragte, ob ich Geld kriege, Freddy?«

»Ä-hem, ä-hem«, räusperte sich Tante Leora.

»Tante Leora wollte wissen, ob Großie dir Geld schickt, und ich hab' geflüstert, wenn sie das wissen will, soll sie dich doch fragen.«

Eine Weile sagte keiner etwas. Tante Leora machte ein Gesicht, als sei ihr das Haschee in die falsche Kehle geraten, und Mutter starrte sie halb verwundert, halb verächtlich an.

»Ich will deine Frage beantworten, Leora«, sagte Mutter endlich. »Ich habe kein Geld aus Kalifornien bekommen. Natürlich haben sie mir's angeboten. Aber bisher bin ich allein fertig geworden. Und ich glaube, das Schlimmste ist überstanden.«

Tante Leora warf Mutter einen feindseligen Blick zu. Wir hatten es immer gewußt, daß sie uns nicht leiden konnte; jetzt wußten wir, daß sie auch Mutter nicht leiden konnte.

»Du bist eben nicht damit fertig geworden«, zischte sie gehässig. »Deine Kinder haben ja nicht einmal genug zu essen.«
Wenn sie sich ihr Leben lang auf diese Rede vorbereitet hätte – sie hätte nichts aushecken können, worüber Mutter sich mehr ärgerte. Aber Mutter wollte vor ihren Kindern nicht die Beherrschung verlieren. Sie tastete mit dem Fuß nach der Klingel unter dem Teppich, klingelte und sagte Tom, er möge die Nachspeise bringen. Ihr linker Mundwinkel zuckte – oder zitterte; genau konnten wir es nicht unterscheiden. Wir bemerkten das zum erstenmal bei ihr.
Tom brachte ein schweres Tablett mit Schokoladenpudding. Vielleicht wurde der Fußboden durch seine Schritte so erschüttert, vielleicht war es auch nur ein Zufall: im Keller gab es einen donnernden Krach, der das Haus erbeben ließ, dann ein metallisches Klirren, als würde direkt unter uns etwas gegen die Kellerdecke geschleudert. Tante Leora sprang entsetzt vom Stuhl auf; sogar Mutter fiel die Gabel aus der Hand.
»Erdbeben!« krächzte Leora, die das Erdbeben in San Franzisko miterlebt hatte. Dann schrie sie noch einmal lauter: »Erdbeben!«
Noch viermal krachte es, daß die Scheiben schepperten, und immer folgte darauf ein metallisches Klirren; dann hörten wir unter uns im Keller etwas plätschern und tröpfeln.
»Hört doch mal« sagte Tom. »Das ist kein Erdbeben. Bloß keine Aufregung.«
»Aber was kann das denn sein?« fragte Mutter scharf.
»Bloß das Bier von den Kindern«, beruhigte er sie.
»Na, ich danke«, seufzte Mutter. »Ich bin ja richtig erschrocken.«
»Was hat er gesagt?« kreischte Tante Leora. »Das Bier von den Kindern?«
»Nur Brauselimonade«, erklärte Mutter, und ihr linker Mundwinkel zuckte wieder. »Selber gebraut.«
»Brauselimonade explodiert nicht«, sagte die Besucherin und wandte sich zur Halle. »Explodieren kann nur was Alkoholisches. Hier scheint man ja seines Lebens nicht sicher zu sein.«
Sie öffnete die Tür zur Halle: unverkennbarer Alkoholdunst drang ins Eßzimmer.
»Sogar das erlaubst du deinen Kindern, was?« rief sie zurück, während sie ihren Mantel ergriff und zur Haustür stürzte. »Das werd' ich deiner Mutter berichten, Lillie Gilbreth!«
Die Tür knallte zu, und zwei weitere Flaschen explodierten. Draußen hörten wir die Limousine über den knirschenden Kies davonfahren.
Mutter war wütend. Sie war zwar Psychologin und Doktor der Philosophie. Aber dieses eine Mal ließen sie alle Psychologie und Philo-

sophie im Stich. »Soll sie nur hingehn und schreiben«, murmelte Mutter. »Ist mir ganz egal. Meine Leute sind viel zu vernünftig, um so was zu glauben. Soll sie hingehn, soll sie ein ganzes Buch darüber schreiben. Ist mir ganz egal.«

»Regen Sie sich über die bloß nicht auf, gnä' Frau«, sagte Tom. »Ist ja bloß 'ne alte, dicke Schnüffelnase.«

»Alte, dicke Schnüffelnase«, wiederholte Mutter, als hätte sie gerade diesen Ausdruck gesucht. »Alte, dicke . . .« Da fiel ihr Blick auf Tom, der sich nervös an das Austeilen des Puddings gemacht hatte.

»Jetzt zu Ihnen«, sagte sie in einem Ton, den wir noch nie von ihr gehört hatten. »Woher kommt dieser Alkoholdunst?«

»Schon gut, gnä' Frau«, sagte er und wagte, wie wir alle, kaum zu atmen. »Muß eine von den Flaschen sein, wo die Backpflaumen drin sind. Bloß, um mal 'n andern Geschmack zu kriegen, klar.«

Mutter zitierte Tom in die Küche. Sie schloß die Tür hinter sich, aber wir konnten das Steigen und Fallen ihrer Stimme hören. Dann hörten wir Tom schluchzen und die Hintertreppe zu seiner Dachkammer hinaufgehen.

Als Mutter zurückkam, war sie blaß, und sie zitterte etwas; wütend war sie nicht mehr.

»Es ging nicht anders«, sagte sie zu uns, »ich mußte ihn gehn lassen. Ich weiß, wie gern ihr ihn habt, aber das geht einfach zu weit. Ich hab' genug im Kopf, wenn ich euch Kinder allein lassen muß; über so was kann ich mir nicht auch noch den Kopf zerbrechen.«

Keiner hatte Appetit auf Nachspeise, alle waren wie auf den Mund gefallen. Wir wußten, so etwas mußte Mutter entscheiden, und wir konnten ihr nicht einmal unrecht geben. Aber wir sagten uns, Tom würde in unserem Haus eine Lücke hinterlassen.

Er hatte nicht viel zu packen; wir hörten ihn ziemlich bald wieder herunterkommen und in den Keller gehen.

Mutter blickte kläglich um den Tisch, aber wir mieden ihren Blick.

»Ich hab' ihm gesagt, eh er geht, soll er die Flaschen mit den Backpflaumen wegschaffen«, erklärte sie.

Wir sagten immer noch nichts.

»Wenn er die Flaschen rausgeschafft hat«, seufzte Mutter, »dann gehst du runter, Frank, und fragst ihn, ob er bleiben will. Sag ihm, ausnahmsweise hab' ich mir's noch mal überlegt.«

Achtzehntes Kapitel
Der Marsch auf Washington

Die nächsten Jahre brachten Mutter die volle Anerkennung als Rationalisierungs-Expertin. Angesichts der Massenproduktion der zwanziger Jahre begann die Bewegungs-Rationalisierung eine immer wichtigere Rolle zu spielen.
Zwar hatte es einen zähen Kampf gekostet, aber schließlich hatten viele von Paps' früheren Klienten – außerdem sehr viele neue – zugegeben, daß Mutter ihre Sache gut verstand, und hatten sie als Beraterin zugezogen. Wenn wir auch nicht gerade wohlhabend geworden waren, so hatten sich unsere Geldverhältnisse doch entschieden gebessert. Mutter reiste immer noch im Autobus oder im Oberbett des Schlafwagens, aber sie konnte allmählich ihre Schulden abzahlen und einen Teil der auf dem Hause lastenden Hypotheken tilgen. Mutters Ziel, uns alle aufs College zu schicken, war damit in erreichbare Nähe gerückt. Martha war im Mädchen-College des Staates New Jersey eingeschrieben und Frank an der Universität von Michigan. Nun mußten also nur noch Bill, Lillian, Fred, Dan, Jack, Bob und Jane zu den Pforten akademischer Bildung geleitet werden. Das werde schneller gehen, als man denke, meinte Mutter.
Sie hatte nach ihrer Nasenoperation das Buch *»Die Heimgestalterin und ihre Aufgabe«* begonnen; es erschien 1927. Ein Jahr später folgte *»Leben mit unseren Kindern«*. Mutter hielt weiter Kurse für Bewegungs-Rationalisierung, saß im Schulrat von New Jersey und nahm als Delegierte an der Weltkraft-Konferenz in Tokio teil. Außerdem wurde sie Pfadfinderin.
Daran war Mrs. Herbert Hoover schuld. Mutter kannte Hoovers seit vielen Jahren gesellschaftlich, denn sie stammten ebenfalls aus Kalifornien; außerdem war Mr. Hoover als Betriebswissenschaftler ihr Berufskollege.
Als Hoover Präsident geworden war, besuchte Mutter die Hoovers ein paarmal in Washington und am Rapidan River, wohin sie zum Angeln fuhren. Hoover berief sie in seinen Bundesausschuß für Ar-

beitsfragen. Mrs. Hoover, als Bundesvorsitzende der weiblichen Pfadfinder, bot ihr in dieser Organisation die Leitung der Personalabteilung an.
Mutter wußte nicht recht, ob sie dafür Zeit haben würde. Aber Mrs. Hoover lud sie zusammen mit einer Delegation uniformierter Damen zum Tee ein und verkündete ganz überraschend, sie wolle Mutter sofort in die Organisation der Pfadfinderinnen aufnehmen. Die anderen Damen lächelten ermutigend, und Mutter stand auf, um den Eid zu leisten.
Keines unserer Mädchen war Pfadfinderin, nur Frank und Bill waren vor einigen Jahren bei den Pfadfindern eingetreten. Mutter hatte ihnen geholfen, die Eidesformel auswendig zu lernen.
Nun stand sie im Weißen Haus und hob drei Finger der rechten Hand. Mrs. Hoover nickte ermutigend. Es war ein feierlicher Augenblick. Mutter begann:
»Ich schwöre bei meiner Ehre, mein Bestes zur Erfüllung meiner Pflicht gegen Gott und mein Vaterland zu tun . . .«
Die Damen kicherten.
»Sehr schön«, lächelte Mrs. Hoover, als Mutter fertig war. »Damit sind Sie bei den Pfadfindern aufgenommen. Aber wollten Sie nicht eigentlich bei den Pfadfinderinnen eintreten?«
Mutter bejahte das.
»Die Pfadfinderinnen *bemühen sich*«, sagte Mrs. Hoover. »Ihre Eidesformel fängt an: ›Ich schwöre bei meiner Ehre, mich nach besten Kräften zu *bemühen*, meine Pflichten usw.‹«
Mutter hob noch einmal drei Finger und schwor, daß sie sich bemühen wolle. Später bekam sie sogar eine Uniform. Wenn die großen Mädchen sie damit aufzogen und sie immer wieder ihre Behauptung bei ihrer Pfadfinderinnenehre beschwören ließen, dann drohte sie, sie werde sich Hemd und Hose aus Khaki kaufen und einen Südwester.
»Wenn ihr diese Uniform nicht schön findet, kann ich mich immer noch auf die andere Seite schlagen«, erklärte sie. »Ihr wißt: ich habe zwei Eide geleistet.«
Als Mutter einmal bei Hoovers zu Besuch war, bat der Präsident sie dringend, uns alle zu einem offiziellen Nachmittagsempfang ins Weiße Haus kommen zu lassen. Der Empfang sollte in einigen Tagen stattfinden; dazu waren das Kabinett, der Oberste Gerichtshof und das diplomatische Korps eingeladen.
»Ich möchte alle Gilbreth-Kinder kennenlernen«, sagte der Präsident herzlich.
Mutter wußte die Einladung zu schätzen; sie wußte aber genau, daß wir höchst ungern irgendwo *en masse* auftraten. Außerdem

schwebten ihr die Reise- und Einkleidungskosten als ein Schreckgespenst vor.
»Sicher würden sie alle nur zu gern kommen«, sagte sie, »aber ich fürchte, dann ist das Weiße Haus überfüllt.«
»Unsinn«, sagte Mr. Hoover. »Wir würden uns schrecklich freuen.«
Mutter versuchte, einen Kompromiß zu schließen, und schlug vor: »Wie wär's, wenn ich nur die sechs Jungen kommen ließe?«
»Sehr schön«, willigte Mr. Hoover entgegenkommend ein. »Rufen Sie sie doch gleich an. Kommen Sie, Neinsagen gilt nicht.«
Mutter bekam den Telefonhörer in die Hand gedrückt und meldete ein Gespräch nach Montclair an. Es meldete sich Frank, der in den Universitätsferien zu Hause war.
»Große Neuigkeiten«, sagte Mutter, während Hoovers strahlend dabei saßen. »Der Präsident hat die große Freundlichkeit, euch Jungen zu einem Empfang ins Weiße Haus einzuladen.« Sie legte die Hand auf die Muschel und sagte zu Hoovers: »Ich seh' direkt die Gesichter, Sie auch?«
»Ich werd' verrückt«, stöhnte Frank. »Sieh bloß zu, daß du das abdrehn kannst, Mutter.«
»Unmöglich«, sagte Mutter. »Hab's schon versucht. Ich kann's selber noch nicht glauben.«
»Glaubst du, ich hab' Lust, mit der ganzen Bande hinzufahren?« beschwerte sich Frank. »Außerdem hab' ich fast jeden Abend 'ne Verabredung.«
»Da wirst du absagen müssen, Kind. Bring's den andern nur schonend bei, sonst geraten sie ganz aus dem Häuschen, wenn sie die große Neuigkeit hören. Denk dir, Hoovers sitzen hier neben mir.«
»Na, dann gute Nacht«, sagte Frank mit gedämpfter Stimme. »Entschuldige. Da sitzen wir wohl in der Falle?«
»Du bestimmt«, sagte Mutter. »Wir alle. So was kommt nicht alle Tage vor.«
Dann sagte sie Frank, sie könne nicht nach Montclair kommen, um nach dem Rechten zu sehen, sie habe noch in Washington zu tun. Die Jungen sollten ihre besten Anzüge und natürlich weiße Hemden und schwarze Schuhe anziehen. Wenn sie am frühen Morgen von Newark abfuhren, konnten sie gegen Mittag in Washington sein. Mutter wollte sie im Hotel erwarten; sie sollten zu ihr aufs Zimmer kommen und sich vor dem Empfang etwas säubern.
Bill, der nun schon die Oberstufe der höheren Schule besuchte und zur Zeit das Bankkonto verwaltete, holte von der Bank das Geld für drei volle Fahrkarten und drei Kinderbilletts nach Washington und zurück.

Das war sehr viel Geld, fanden Bill und Frank; es wäre doch billiger, die Reise mit dem Wagen zu machen. Sicher würde Mutter einverstanden sein, wenn sie ihr in Washington erklärten, wieviel sie gespart hatten.
Die beiden ältesten Jungen besaßen zusammen mit Martha einen alten Ford-Tourenwagen, Modell T. Sie hatten ihn vor einem Jahr für zwanzig Dollar gekauft; schon damals war er ein Museumsstück gewesen, und unter seinen neuen Besitzern war er weiterhin merklich gealtert.
Der Wagen hatte weder ein Verdeck noch Kotflügel. Die Karosserie war silbrig gestrichen wie ein Flugzeug. Um den Rumpf lief in mittlerer Höhe eine nicht sehr fachmännisch gepinselte fünfzehn Zentimer breite rote Wellenlinie.
Zum Starten waren zwei Mann nötig: einer bediente die Kurbel und rüttelte an einer Drahtschlinge, die vorn aus dem Kühler herausragte, während der andere am Steuer saß und die Zündung regulierte, sobald der Motor zu keuchen begann. Die drei Besitzer hatten eine Menge Arbeit in den Motor gesteckt; er lief zuverlässig und schnurrte wie eine Katze, nur wesentlich lauter.
Keiner bezweifelte es, daß der Wagen die Reise zur Hauptstadt schaffen würde. Sicherheitshalber wurden aber Luftpumpe, Flickzeug, Reservezündkerzen und verschiedene Werkzeuge unter den Sitzen verstaut. Die Jungen wollten vor Tau und Tag losfahren.
Am Tag vor der Reise hielt Frank einen Kleiderappell ab, um sich zu vergewissern, daß die Delegation richtig angezogen war. Alle Jungen bis auf Frank hatten blaue Serge-Anzüge. Frank hatte im Herbst seinen blauen Anzug an Bill weitergegeben und sich dafür in Ann Arbor im Campus Toggery Shop einen richtigen College-Anzug gekauft.
Der Anzug hatte wattierte Schultern, eine Wespentaille, sechzig Zentimeter weite Hosenbeine und eine zweireihige Weste mit Revers. Die Farbe war nicht ganz Braun und nicht ganz Gelb, auch kein sehr schönes Braun und kein sehr schönes Gelb. Der Stoff war rauh und schwer wie eine Militärdecke, aber der Anzug hatte achtundzwanzig Dollar gekostet und gefiel Frank ausnehmend gut.
Nach der Haltbarkeit des Stoffes zu urteilen, würde der Anzug sich wohl nie abtragen. Daher fand er, als Frank zum Kleiderappell erschien, bei den anderen Jungen wenig Anklang.
»Großer Gott, was ist denn *das*?« wieherte Bill los, als Frank ins Wohnzimmer kam. »Hoffentlich hast du den Kassenzettel nicht weggeworfen. Zieh das bloß schnell aus, damit du's nicht verknautschst.«
»Was hast du denn dagegen?« fragte Frank gekränkt.

»Ist das in Washington ein Kostümfest?« fragte der neunjährige Bob. »Darf ich meinen Cowboy-Anzug anziehn?«
Bill befühlte den Stoff. »Wenn du dir was Dünnes kaufst, das du selber abträgst, ist's ja deine Sache«, beschwerte er sich. »Aber wenn du so 'n dicken Anzug aussuchst, hast du mich zu fragen.«
»Bei so 'nem dicken Anzug hat er uns alle zu fragen«, fügte Fred hinzu. »Den können wir alle noch tragen, auch Bob.«
»Was habt ihr bloß für einen Geschmack?« fragte Frank verwundert. »Ihr seid wohl hier noch von Anno dazumal? In Michigan ist diese Farbe das Neuste.«
»Sieht aus wie 'n Mostrichtopf ohne Deckel drauf«, sagte Bob.
»Tut er nicht«, sagte Frank zu ihm, »du hast überhaupt nicht mitzureden. Zufällig haben sie mir in Michigan viele Komplimente drüber gemacht.«
»Du hast ihn also schon angehabt?« fragte Bill enttäuscht. »Dann kannst du ihn nicht mehr umtauschen?«
»Ich trag' ihn schon den ganzen Herbst.«
»Aber der hing doch nicht in deinem Schrank, als du ausgepackt hattest?«
»Ich kenn' dich doch«, sagte Frank. »Immer, wenn ich 'nen neuen Anzug hab', borgst du ihn dir und schmierst ihn voll, weiß ich doch.«
»Wenn man Mostrich drauf schmiert, brauchst du keine Angst zu haben, bloß trocknen lassen«, bohrte Bill weiter.
»Außerdem haart er«, fügte er vorwurfsvoll hinzu und las da, wo er Frank angestreift hatte, die Fusseln vom Ärmel seines blauen Anzuges. »Du wirst dem Präsidenten lauter gelbe Haare zum Andenken dalassen.«
»Ich werd' eben nicht so dicht an die Leute rangehn«, meinte Frank. »Ein bißchen haart er, muß ich zugeben. Aber bloß, weil er noch ziemlich neu ist.«
»Denkst du vielleicht, daß ich so mit dir zum Empfang geh'?« fragte Bill. »Ich möchte nicht erleben, daß das ganze Kabinett und das diplomatische Korps durch deine Fusseln waten, die du vom Südportal bis zum Blauen Saal verloren hast.«
»Glaubst du, daß die Fusseln alle ab sind, wenn ich ihn erbe?« fragte Bob.
»Glaub' ich kaum«, erwiderte Bill. »Ich kann dir versichern, ich werde nichts dazu tun, daß sie abgehn.«

Zwischen Montclair und Philadelphia hatten sie zwei Reifenpannen; die Jungen flickten, und der Wagen war wieder flott. Frank versuchte, etwas von der Zeit aufzuholen, die sie durch Reifenwechsel

verloren hatten. Kurz vor Baltimore kam ein Polizist auf dem Motorrad hinter ihnen her und hielt sie an: sie fuhren zu schnell.
»Herzlichen Glückwunsch, daß Sie mit dem ganzen Haufen von New Jersey bis hierher gekommen sind«, sagte er und notierte die Wagennummer. »Wenn ich's nicht mit eignen Augen gesehn hätte – nie würd' ich glauben, daß Sie da hundert Kilometer rausholen können.«
»Bergab sogar hundertdreizehn«, protzte Bob. »Frank und Bill haben was dran gemacht, daß er schneller fährt.«
»Halt den Mund«, flüsterte Bill, während er sich schnell vorbeugte und Bob einen Knuff gab. »Willst du uns denn alle ins Kittchen bringen?«
»Ins Kittchen?« höhnte Jack. »Können die mit uns nicht machen. Wir lassen uns von keinem nichts gefallen, verstanden? Von keinem nichts!«
Auch er bekam einen Knuff von Bill.
»So, hundertdreizehn?« sagte der Polizist und notierte. Er sah auf die geflickten Reifen ohne Kotflügel und schüttelte den Kopf. »Mensch, was haben Sie eigentlich vor, wollen Sie die Kinder alle umbringen?«
Frank war bereits so weit, daß er es ganz vernünftig gefunden hätte, sie alle umzubringen. Aber er schüttelte den Kopf, schluckte und überlegte, wie Mutter wohl den Hoovers erklären würde, daß ihre Söhne leider am Empfang nicht teilnehmen könnten, weil sie im Kittchen saßen.
»Wo wollt ihr denn eigentlich hin?« fragte der Polizist drohend.
»Nach Washington, Herr Wachtmeister.«
»Und was wollt ihr in Washington?«
Frank dachte nach und kam zu dem Schluß, jede Ausrede sei hier überzeugender als die reine Wahrheit.
»Ach, nichts Besonderes«, sagte er. »Bloß mal besichtigen.«
»Los, sag's ihm doch«, sagte Jack verächtlich. »Laß dich doch von dem nicht einschüchtern.«
Bill knuffte ihn wieder.
»Ja, sagen Sie die Wahrheit«, befahl der Polizist.
»Na schön«, sagte Frank. »Wir fahren zum Präsidenten Hoover.«
»Das hab' ich gern, auch noch witzig sein, und dann mit so 'nem Anzug«, höhnte der Polizist. »Ihr habt wohl 'ne persönliche Einladung vom Präsidenten, möchtet mal im Weißen Haus vorbeikommen und 'n Täßchen Tee bei ihm trinken? Das könnt ihr jemand anders erzählen.«
Frank nickte und machte ein dummes Gesicht.
»Wir lassen uns von keinem nichts gefallen«, wiederholte Jack auf

dem Rücksitz und schützte mit den Händen seinen Kopf vor Bills Knöcheln.
»Stimmt wirklich, Ehrenwort«, beteuerte Frank verzweifelt. »Wir hatten zweimal 'n Platten und kommen schon zu spät.«
»Du!« sagte der Polizist und deutete auf Jack. »Stimmt das? Fahrt ihr zum Präsidenten?«
»Nicht bloß zum Präsidenten«, sagte Jack zu ihm. »Auch zu Mrs. Hoover und 'n paar Richtern vom Obersten Gerichtshof. Hau doch endlich ab, Mensch.«
Der Polizist musterte den Wagen, den silbrigen Anstrich und die rote Wellenlinie. Er musterte jeden einzelnen: Frank, Bill und Fred, die vom Reifenwechseln schmutzig waren, den bleichen Dan, dem vom Autofahren übel war, und die zerknitterten, schmuddeligen kleinen Jack und Bob.
»Na, vielleicht ist's kein Schwindel«, sagte er. »Der Präsident hat nicht viel zu lachen; ich will nicht dran schuld sein, daß ihm das hier entgeht. Weiterfahren! Aber nicht über siebzig!«
Bei der Abfahrt in Montclair war schönes Wetter gewesen; in Baltimore bezog es sich, und zwischen Baltimore und Washington fing es an zu regnen. Als Frank bei Mutters Hotel vorfuhr, waren alle naß bis auf die Haut.
Der Portier hätte eine Zigeunerbande nicht grimmiger empfangen können. Er ließ die Jungen erst aussteigen, als Frank versprach, einen Häuserblock vom Hotel entfernt zu parken.
Als die Jungen hinaufkamen, saß Mutter lesend und strickend in einem Armsessel. Sie war schon umgezogen und für den Empfang bereit.
»O mein Gott!« Mehr brachte sie nicht heraus.
»Meine Schuld, Mutter«, sagte Frank. »Ich dachte, mit dem Wagen wär's billiger und bequemer.«
»Das mein' ich nicht«, sagte Mutter. »Dan, komm mal her. Du bist ja blaß wie ein Laken. Ist dir sehr schlecht, Kind?«
Dan erklärte, er sei autokrank gewesen, aber jetzt, da er festen Boden unter den Füßen habe, gehe es ihm wieder gut.
»Ich fing schon an, mir Sorgen zu machen«, lächelte Mutter und küßte ihre Jungen. »Seid ihr wahrhaftig in euerm grauen Ding den ganzen Weg von Montclair gefahren? Da könnte ja Lindbergh neidisch werden!«
Frank sagte, es tue ihm leid, aber sie seien so naß, daß sie nicht zum Empfang gehen könnten. Aber Mutter meinte, sie müßten hingehen, und sie würde dafür sorgen, daß sie rechtzeitig wieder trocken wären.
»Frisch gebügelt werdet ihr sehr gut aussehn«, fügte sie hinzu, »bis

auf . . . Was ist denn mit deinem Anzug, Frank? Ist die Farbe im Regen ausgegangen?«
»Der sieht doch immer so aus«, sagte Bill grollend.
»Was soll denn damit sein?« maulte Frank. »Ist doch das Allerneuste!«
Ja, sagte Mutter, das glaube sie schon. Sie zog ihr Bett ab und gab jedem Jungen ein Laken oder eine Decke. Alle gingen ins Badezimmer, zogen sich aus und saßen, in Bettzeug gehüllt, wartend herum, bis sie mit Baden an der Reihe waren.
Mutter rief unten beim Empfang an und ließ sich Bügeleisen und Bügelbrett aufs Zimmer kommen; die Schuhe der Jungen ließ sie zum Trocknen unten in den Heizungskeller stellen.
»Ach ja«, fügte sie hinzu, als fiele ihr das gerade ein, »schicken Sie mir bitte auch eine Zeitung herauf.«
Nachdem das Plättbrett aufgestellt war, machte Mutter sich daran, Unterwäsche, Strümpfe, Hemden und Anzüge der Jungen trockenzubügeln. Franks Anzug blieb bis zuletzt. Als sie mit Jackett und Weste fertig und gerade bei den Hosen war, unterbrach sie sich, um noch einmal unten anzurufen, man möge die Schuhe wieder heraufschicken.
Ein muffiger Geruch von verbranntem Farbstoff und angesengter Wolle machte sich im Zimmer bemerkbar.
»He!« rief Frank. »Meine Hosen!«
Mutter warf den Telefonhörer hin und stürzte zum Bügelbrett.
»Seht euch an, was ich da gemacht hab'!« sagte sie zerknirscht. »Jetzt hab' ich ein Loch in deine schönen Hosen gebrannt.«
»Au Backe!« lachte Fred schadenfroh.
»Die sind hin«, ächzte Frank. »Die kann ich nie wieder anziehn.«
»Kannst du wirklich nicht«, bekräftigte Bill.
»Wie konnt' ich nur so dumm sein«, klagte Mutter und sah nach der Uhr. »Aber wir haben noch eine Viertelstunde Zeit. Wir kaufen dir einen neuen Anzug. Ich nehme Nadel und Faden mit, dann mach ich dir gleich die Hosen kürzer; diesmal muß es eben so gehn.«
»Glaubst du, daß wir so was Solides finden?« fragte Frank.
»Hoffentlich. Na, ein Glück, daß ich mir die Zeitung kommen ließ! Sieh doch mal nach, wo's Anzüge zu kaufen gibt.«
»Halt mal!« rief Frank vorwurfsvoll. »Diese Zeitung! Ist das wirklich bloß ein glücklicher Zufall? Hast du die Hosen auch nicht mit Absicht verbrannt?«
»Um Gottes willen«, lachte Mutter. »Meinst du, ich bin scharf drauf, euch neue Anzüge zu kaufen? Oder hältst du mich für ein destruktives Element?«
Die Schuhe wurden heraufgebracht. Frank deckte das keilförmige

Loch in seiner Hose verlegen mit dem Jackettzipfel zu; so gingen sie alle in ein Warenhaus, das Anzüge annonciert hatte. Frank fand einen Anzug aus ähnlich solidem Stoff, nur war er etwas konservativer geschnitten als der alte und dunkelblau statt gelbbraun. Sogar Bill gab zu, daß er gut aussehe. Jackett und Weste paßten einigermaßen, die Hosen nähte Mutter um.
In einem Friseurladen ließen sie sich die Schuhe putzen, dann nahmen sie ein Taxi.
»Zum Weißen Haus, bitte«, sagte Mutter. Sie wirkte genauso kühl und gelassen wie bei der Ankunft der Jungen im Hotel.
Während sie warteten, bis sie vorgelassen wurden, zeigten die Jungen sich von ihrer besten Seite. Nur Bill flüsterte beim Anblick eines ungeheuer würdevollen, bärtigen Herrn Mutter aufgeregt und vernehmlich zu:
»Sag mal, ist das nicht Charles Evans Hughes?«
Der Präsident des Obersten Gerichtshofes hatte seinen Namen gehört; er drehte sich um und verbeugte sich tief vor Bill.
»Guten Tag, Sir«, sagte er, »guten Tag, gnädige Frau.«
Im Weißen Haus benahm man sich eben so, und die Jungen wollten nicht zurückstehen. Alle sechs verbeugten sich tief und sagten: »Guten Tag, Sir.«
Der Präsident und Mrs. Hoover waren sehr herzlich und gastfreundlich.
»Die sehn ja aus wie aus dem Ei gepellt«, sagte Mrs. Hoover. »Ich hätte nie gedacht, daß Jungen so frisch gebügelt aussehn können.« Sie wandte sich zu Frank. »Du bist der Älteste, nicht wahr?«
»Jawohl, gnädige Frau, das bin ich«, sagte Frank.
»Du hast dich wohl auf der Reise um alle kümmern müssen; da muß ich dir wirklich ein besonderes Kompliment machen: wie aus dem Ei gepellt!«
Frank sagte: »Vielen Dank, gnädige Frau.« Die Jungen verbeugten sich tief und gingen weiter.
Mutter hatte vorgehabt, noch an diesem Nachmittag mit der Bahn nach Hause zu fahren. Bisher hatte sie das Modell T gemieden; nun ließ sie sich dazu überreden, die Rückreise im Wagen zu machen. Der Himmel war wieder klar, und das Wetter war mild. Frank beschränkte sich auf würdevolle Siebzig, und es gab keine Reifenpanne. In Baltimore aßen sie zu Abend. Als sie das Restaurant verließen, standen die Sterne am Himmel, und es war friedlich und still.
»Gar nicht schlecht«, seufzte Mutter zufrieden. »Ich sollte mich auf meinen Reisen immer von euch fahren lassen.«
Sie begannen zu singen, Lieder, die Mutter uns früher beigebracht

hatte: »Old Black Joe«, »Clementine« und »Backward, turn backward, oh time in thy flight«.
Eine halbe Stunde hinter Baltimore kam mit Sirenengeheul ein Polizist auf dem Motorrad an den Wagen herangefahren.
»Na, wie war's zum Tee im Weißen Haus?« überschrie der Wachtmeister das Auspuffgeräusch.
»Schön«, rief Frank zurück.
»Wie geht's dem Jungen, dem vorhin übel war?«
»Wieder gut«, beruhigte ihn Dan.
»Und der, der sich von keinem nichts gefallen läßt?«
»Okay«, grinste Jack.
Der Polizist donnerte auf seinem Motorrad auf der Landstraße davon.
»Großer Gott«, fragte Mutter verwundert, »wie macht ihr Jungen das bloß?«
»Was denn?« fragten sie.
»Der Präsident des Obersten Gerichtshofs verbeugt sich vor euch, der Präsident und seine Frau halten den ganzen Empfang auf, um mit euch zu plaudern, und mit allen Polizisten zwischen Montclair und Washington seid ihr befreundet. So prächtige Söhne – was hab' ich für ein Glück!«
Ein Rest von Anstandsgefühl sagte den Jungen, daß Mutter vielleicht ein bißchen voreingenommen sei.

Neunzehntes Kapitel

Wer zuerst kommt . . .

Die Kinder, die nun im College waren, sahen Mutter meistens drei- bis viermal im Semester, denn sie kam auf ihren Geschäfts- und Vortragsreisen im ganzen Lande herum.

Manchmal hielt sie im College einen Vortrag und richtete ihren Reiseplan dann so ein, daß sie einen freien Tag hatte, an dem man mit ihr zusammen sein konnte. Oder ihr Vortrag fand in einer Stadt in der Nähe des Colleges statt; dann schwänzte man den Unterricht, hörte ihren Vortrag und besuchte sie im Hotel.

Mutter kannte die meisten Rektoren und Professoren unserer Colleges. In der betreffenden Stadt fand sie sich meist zurecht; sie wußte auch, wo die einzelnen Campus-Gebäude lagen und wie ihre Spitznamen lauteten.

Wenn man also als frisch gebackener Student seine Mutter wichtigtuerisch im College herumführte und erwartete, daß die einzigartigen Traditionen und das verwirrend komplizierte moderne System einen überwältigenden Eindruck auf sie machten, dann war es einigermaßen enttäuschend festzustellen, daß sie von dieser Universität mehr wußte als man selber.

Das Gebäude für Volkswirtschaft? Ja, das »Vo-Wi« sei bestimmt eines der modernsten Gebäude im ganzen Lande, stimmte Mutter zu. Und es zeigte sich, daß sie vor einem Jahr dort einen Vortrag gehalten und vor zwei Jahren das Haus mit eingeweiht hatte.

Das Stadion? O ja, nickte sie, das »Hufeisen« war eine imposante Anlage. Nahm man sie dann ins Kreuzverhör, so stellte sich's heraus, daß ihr vor einigen Jahren in ebendiesem Stadion ein Ehrengrad verliehen worden war.

Wir wählten unsere Colleges selber, aber in den meisten Fällen war Mutter dort schon vor unserer Zeit irgendwie gefeiert worden.

Über ein Dutzend Universitäten hatten ihr Ehrengrade verliehen, darunter alle Colleges, an denen wir studierten: Annes, Franks und Janes Universität von Michigan; Ernestines und Lillians Smith College; Rutgers, das männliche Pendant zu Marthas Staatlichem Mädchen-College von Jew Jersey; Bills Universität Purdue und Freds Universität Brown.

Um die Liste zu vervollständigen: Dan erhielt sein Diplom an der Universität von Pennsylvanien, Jack in Princeton und Bob an der Universität von Nordkarolina.

Mutter schickte unser Schulgeld nicht direkt ans College. Sie gab uns zu Beginn des Semesters eine größere Summe, die für das Studiengeld und alle anderen Ausgaben reichen mußte. Wenn man selber sein Scheckbuch zog und in der Quästur des Colleges sein Studiengeld bezahlte, dann sagte man sich unwillkürlich, daß man für sein Geld auch etwas haben wolle. Wir alle waren gute College-Schüler.

Am häufigsten sprach Mutter am Purdue-College in West-Lafayette im Staate Indiana, wo Bill eingeschrieben war. Purdue richtete ein Institut für Bewegungs-Rationalisierung ein, und Mutter sollte dort leitender Professor werden. Sie wollte zu ihren vielen Arbeiten auch diese noch übernehmen und einmal im Monat für etwa eine Woche zu Vorlesungen nach Purdue fahren.

Einmal wurde Mutter in Purdue unerwartet gebeten, vor einer großen Klasse zu sprechen, der auch Bill angehörte. Bill wußte nichts davon. Mutters Vortrag war für acht Uhr morgens angesetzt, und ausgerechnet an diesem Morgen verschlief Bill.

Bills Professor sprach einige einführende Worte: sie hätten das große Glück, eine bekannte Rationalisierungs-Expertin in ihrer Mitte zu haben, Dr. Lillian Gilbreth; er freue sich, daß in dieser Klasse ein Sohn von Dr. Gilbreth sei, der zweifellos einmal in die Fußtapfen seiner Mutter treten werde.

Er räusperte sich und begann, die Anwesenheitsliste zu verlesen. Vom A bis G schweiften Mutters Augen durch den Hörsaal und suchten Bill. Ihr Stuhl stand auf dem Podium neben dem Tisch des Professors.

»Gibbes«, sagte der Professor.

»Hier.«

»Gilbert.«

»Hier.«

»Gilbreth.«

Peinliche Stille. Mutter errötete und suchte nicht weiter. Der Professor sah auf, räusperte sich diesmal mißbilligend und fragte noch einmal laut: »Gilbreth?«

Einige von Bills Freunden erfaßten die Situation gleichzeitig und entschlossen sich einzuspringen. »Hier«, antworteten ein Dutzend Stimmen aus allen Ecken des Raumes.

Der Professor ließ die Anwesenheitsliste sinken und sah Mutter mit einem leeren Blick an. Er sagte nichts, aber Mutter meinte seinem Blick zu entnehmen, daß er ein schweres Los habe, an dem der Student Bill nicht ganz unschuldig sei.

Er warf einen drohenden Blick auf die Studenten und wollte die Missetäter ausfindig machen, die an Bills Stelle geantwortet hatten.

»Heute scheinen ziemlich viele Gilbreths hier zu sein«, bemerkte er sarkastisch.

»Die ganze Familie«, verkündete Mutter lebhaft und schenkte ihm unbefangen ihr freundlichstes Lächeln. »Das ist aber nett.«

Der Professor, der von Bill in diesem Semester nicht so viel gesehen hatte, wie er es für nötig hielt, fand das durchaus nicht nett. Er leckte an seinem Bleistift und malte im Klassenbuch eine Null hinter Bills Namen.

»Goldsmith«, fuhr er laut und deutlich in der Anwesenheitsliste fort.

Bill war nachmittags und abends mit Mutter zusammen und sah daher seine Klassengenossen den ganzen Tag über nicht. Mutter erwähnte mit keiner Silbe, daß sie vor seiner Klasse gesprochen und sein Schwänzen bemerkt habe. Sie fand, in seinem Alter müsse man selber entscheiden können, und es werde nicht zur Stärkung seines Verantwortungsbewußtseins beitragen, wenn er das Gefühl habe, kontrolliert zu werden.

Sie erzählte ihm ausführlich, wie sie die Bewegungen Körperbehinderter studierte, um ihnen zu einer Beschäftigung in der Industrie zu verhelfen. Das interessierte Bill; er ließ sich von Mutter ihre Aufzeichnungen, Fotografien und Diagramme über dieses Thema zeigen.

Am nächsten Morgen erschien Bill zwar zur Vorlesung, aber ein bißchen zu spät. Er schlüpfte auf seinen Platz, als in der Anwesenheitsliste der Buchstabe C erledigt war, und als der Professor zu G und damit zu Bills Namen kam, hatte er sich bereits akklimatisiert.

Nach der Namensverlesung sagte der Professor, er wolle die Klasse eine Prüfungsarbeit schreiben lassen.

»Sicher haben Sie alle gestern von unserem Gast eine Menge gelernt«, sagte er. »Schreiben Sie also heute bitte eine kurze Zusammenfassung des gestrigen Vortrags, in der die wesentlichen Punkte enthalten sind.«

Bill rutschte unbehaglich hin und her und wünschte, er hätte heute wieder geschwänzt.

Er stieß seinen Nachbar an. »Wen hat der alte Idiot denn gestern wieder angeschleppt?« fragte er halblaut.

»Du willst mich wohl auf'n Arm nehmen?«
»Nein, ich war gestern nicht da. Hab' verschlafen.«
»Ach, verschlafen hast du?« machte der andere ihn nach. »War doch deine Mutter, du Rhinozeros.«
»Och«, grunzte Bill, fiel auf seinem Stuhl zusammen und wäre am liebsten gleich in die Erde gesunken.
Die ganze Klasse schrieb eifrig. Man hörte Federn kratzen und beim Umblättern das Rascheln des Papiers. Bill allein saß müßig da und hoffte, niemand würde es bemerken.
Wieder stieß er seinen Nachbarn an: »Würdest du dem Rhinozeros bitte sagen, worüber seine Mutter gesprochen hat?«
»Bewegungs-Rationalisierung bei Körperbehinderten.«
»Danke«, grinste Bill und begann nun ebenfalls eifrig zu schreiben.

Zwanzigstes Kapitel
Pygmalion

Fast jedes Jahr gab es bei uns eine Schulentlassung, ein College-Diplom und eine Hochzeit. Im Sommer 1930 waren wir bis zu Lillian herunter alle verheiratet und hatten unsere eigene Häuslichkeit. Die meisten hatten auch schon Kinder.

Fred und Dan besuchten das College, Jack und Bob die höhere Schule, und Jane sollte in die zehnte Klasse und damit auch in die höhere Schule kommen. Zu Hause regierte nun Jack, wenn Mutter verreist war.

In Amerika war der New Deal proklamiert worden, und auch wir hatten zu Hause unseren New Deal.

Der war durch Toms Abwesenheit entstanden. Tom lag mit einem Herzleiden im Krankenhaus, und mit ihm waren alle Aufregungen und alle Gemütlichkeiten aus der Küche verschwunden. Alles Verbotene war nun erlaubt: das Füttern seiner derzeitigen Katze Sechzehn, das Spielen mit ihr, auch das Betreten der Küche ohne Toms ausdrückliche Aufforderung.

Eine energische Negerin kochte nun und besorgte auch die Hausarbeit und den Abwasch, soweit Mutter das zuließ.

Mutter ließ es sich nicht ausreden, daß alle, die für sie arbeiteten, schrecklich überlastet seien. Sie ging in dieser Überzeugung so weit, daß man manchmal schwerlich sagen konnte, wer nun eigentlich für wen arbeite.

Daraus ergab sich ein Wettrennen zwischen Mutter und dem energischen Hausmädchen, wem es zuerst gelang, morgens die Betten zu machen oder die Treppen zu kehren. Da sie beide Frühaufsteher waren, endete das Wettrennen oft mit einem hitzigen Zweikampf, bei dem Mutter das eine und das Mädchen das andere Ende eines noch warmen Bettes machte.

»Sie haben auch ohne Bettenmachen genug zu tun«, sagte Mutter, wenn das Mädchen sie anflehte, sich doch hinzusetzen und ein paar Minuten auszuruhen. »Diese Rumpfbeugen tun mir morgens grade gut. Ich mache gern ein bißchen Gymnastik, ehe ich in die Stadt fahre.«

Beim Abendessen pflegte Mutter jedem, der den letzten Bissen noch im Munde hatte, den Teller wegzureißen, um ihn in der Anrichte zu spülen und abzutrocknen, während das Mädchen in der Küche noch beim Essen saß. Dann mußte man seine Gabel wohl oder übel aufs Tischtuch legen oder, wenn man das nicht wollte, in der Hand behalten, bis Mutter wiederkam.

»Vielleicht will sie ins Kino oder sonstwohin«, erklärte Mutter dann, während sie die Bestecke einsammelte. Mutter und die Negerin enthoben uns Kinder aller häuslichen Pflichten, die früher von uns hatten erledigt werden müssen.

Da nun keine kleinen Kinder mehr im Haus waren, brauchte man keine Tabellen im Badezimmer mehr, und die Großen brauchten nicht mehr für eins der jüngeren Geschwister verantwortlich zu sein. Die deutschen und französischen Schallplatten waren abgenutzt oder zerbrochen und wurden von Mutter nicht ersetzt.

Wenn die verheirateten Kinder zu Besuch kamen, machten sie Mutter gegenüber kein Hehl daraus, daß sie es in diesem Alter nicht so leicht gehabt hatten und daß Mutter die drei Jüngsten verwöhnte. Mutter hatte ein Enkelkind auf dem Schoß und spielte »Hoppereiter« oder »Kuckuck« mit ihm; sie entgegnete, es sei noch gar nicht heraus, ob dieser kleine Kerl richtig erzogen werde. Erstens habe er viel zuviel an, und zweitens gefalle ihr seine Gesichtsfarbe nicht. Diese neuen Methoden möchten ja gut und schön sein, aber . . .

Wir wußten genau, daß sie uns etwas vormachte, denn Mutter mokierte sich selbst über die Großmütter, die sich in alles und jedes einmischen; in Wirklichkeit war sie davon überzeugt, daß die Kinder bei den neuen Methoden größer und kräftiger wurden. Aber sie erreichte, was sie wollte.

Wenn wir beobachteten, wie Mutter die drei Jüngsten aufzog, kam uns allmählich der Verdacht, daß sie mit Paps' strenger Disziplin nie recht einverstanden gewesen sein mochte. Manches war wohl notwendig gewesen, weil die Familie so groß war. Anderes hatte sie vielleicht, um Paps nicht bloßzustellen, beibehalten, bis es von selber einschlief.

Mutter schien sich immer enger an ihre drei jüngsten Kinder anzuschließen. Aber wir meinten, das Haus müsse ihr bei so wenigen Kindern sehr leer vorkommen. Sie mußte sich ja darüber klar sein, daß Jane in etwa drei Jahren ins College kommen und dann niemand mehr zu Hause sein würde.

Was würde sie mit dem großen, zugigen Hause anfangen, das so voller Erinnerungen war? Allein konnte sie natürlich nicht drin

wohnen bleiben. Aber verkaufen würde sie es auch nicht wollen, das war uns klar. Außerdem hatte sie immer wieder betont, daß sie nicht bei jemand anders leben wolle – nicht einmal bei einem ihrer Kinder.
Ehrlich gesagt: Mutter machte uns Sorgen.

Die vier jüngsten Jungen wollten ganz sichergehen, daß Jane auf der höheren Schule gesellschaftlichen Erfolg hätte. Die letzte Gilbreth sollte eine Rekordleistung an Beliebtheit vollbringen, und ihr Ruhm sollte so lange vorhalten, bis die Enkelkinder soweit wären.
Nach zehn Jahren der eleganten Nachmittagskleider, der Stöckelschuhe und der schöngelegten Dauerwellen brach das sportliche Zeitalter an. Swing und Volkstanz begannen von entgegengesetzten Seiten her das Reich Terpsichores zu erobern, und Jitterbug war der letzte Schrei.
Die Jungen wollten sichergehen, daß Jane zu den tonangebenden Swingtänzerinnen gehörte.
In mancher Hinsicht war Jane ganz wie Martha. Sie war groß für ihr Alter, merkte nicht, daß sie eine Figur bekommen hatte, und gab sich mit den von Lillian geerbten Kleidern und Schuhen zufrieden. Außerdem hatte sie die Angewohnheit, sich in Sesseln herumzuflätzen und die Beine so weit auszustrecken wie ein Nußbaum seine Äste.
Aber da sie sich für Jungen zu interessieren begann, lieh sie den Belehrungen von Fred, Dan, Jack und Bob ein williges Ohr.
Zunächst unternahmen es Fred und Dan, die als Studenten eine gewisse Autorität besaßen, Jane für die höhere Schule abzurichten. In den Sommerferien schärften sie ihr ein, wie sie sich im Herbst einzukleiden habe.
»Alles altmodisches Zeug, was du da anhast«, erklärte Fred. »So was tragen bloß olle Spinatwachteln. Du brauchst Sportschuhe, Sweater, Röcke und Söckchen, die nur bis zu den Knöcheln gehen.«
»Ich werd' mich doch nicht wie 'n kleines Mädchen anziehn«, empörte sich Jane. »Wenn ich auf die höhere Schule komme, kann ich mich doch richtig erwachsen anziehn, was, Mutter?«
»Die Jungen wissen meistens ganz gut Bescheid«, sagte Mutter unsicher.
»Ich kann von Lillian ein Seidenkleid haben, und von der Art kauf' ich mir noch 'n paar«, maulte Jane.
»Du tust, was wir dir sagen«, befahl Dan. »Seidne Kleider trägt kein Mensch mehr. Die Mädchen im College ziehn sich so an, wie Fred sagt, und in der höheren Schule mußt du dich als eine der ersten auch so anziehn.«

»Der erste Eindruck, den du in der höheren Schule machst, ist entscheidend für deine Beliebtheit«, stimmte Jack zu. »Die Jungen der höheren Klassen stellen sich an den Haupteingang und begutachten die neuen Mädchen.«
Jane mußte ihr blondes Haar wachsen und sich eine Pagenfrisur machen lassen. Sie durfte sich auch nicht mehr in Sesseln fläzen, als spiele sie Figurenwerfen, und außer dem Lippenstift war ihr kein Make-up erlaubt.
Fred musterte kritisch ihr Gesicht.
»Dunkelroter Lippenstift«, entschied er. »Das ist deine Farbe. Richtig, Dan?«
»Dunkelrot«, bestätigte Dan. »Aber nicht zuviel.«
»Mutter hat doch gesagt, wenn ich in die höhere Schule komm', kann ich mich zurechtmachen, soviel ich will«, sagte Jane. »Dieser ganze Kleinmädchenkram kommt mir nicht geheuer vor. Hat Mutter euch etwa aufgehetzt?«
»Ich habe damit nicht das geringste zu tun«, protestierte Mutter. »Ich finde die Schminkerei nicht schön, aber alle, die ich in der höheren Schule gesehen habe, malen sich wie die Indianer an. Wenn du so aussehn willst – bitte, ist ja dein Gesicht. Mir kann's egal sein.«
»Alles alter Käse, was die andern in der höheren Schule machen«, erklärte Fred. »Das wollen wir dir ja klarmachen. Willst du wie 'ne Spinatwachtel rumlaufen?«
Jane meinte, wennschon Wachtel, dann bestimmt keine Spinatwachtel.
Dan machte ihr vor, wie sie sich hinsetzen sollte. Er ging geziert, aber betont nachlässig zu einem Stuhl, drehte sich mit einem Hüftschwung um, hob sich auf die Zehenspitzen, setzte sich elegant mit festgeschlossenen Knien hin und zog mit einem kleinen Hopser seinen imaginären Rock herunter.
»Dieser Hopser am Schluß ist das Entscheidende«, erklärte er. »Du siehst: du mußt dich so gleichgültig benehmen und anziehn, als wüßtest du überhaupt nicht, daß es Männer gibt. Tatsächlich bist du aber die ganze Zeit verdammt auf Draht. Und solche Kleinigkeiten wie dieser Hopser am Schluß unterstreichen alles, was ein Mädchen zu zeigen hat.«
Jane probierte es, aber die Jungen waren durchaus nicht zufrieden. Sie probierte es noch einmal – wieder ohne Erfolg.
»Hops doch nicht so, als hätt' einer 'ne Hutnadel in den Stuhl gesteckt«, sagte Dan entsetzt. »Weiß Gott, du bist 'n hoffnungsloser Fall. Weißt du denn nicht, wie man sich diesen weiblichen kleinen Ruck gibt?«

»Ich hab's doch genauso gemacht wie du«, sagte Jane, der es allmählich zu bunt wurde. »Du bist auch so hochgehopst, als steckte 'ne Nadel im Stuhl, nicht wahr, Mutter?«
Mutter saß in einer Ecke und tat, als sei sie in ein Buch vertieft; sie antwortete nicht.
»Ich kann doch nicht genau wissen, wie man's macht«, brüllte Dan.
»Ich kann dir's doch nur ganz allgemein andeuten. Himmelherrgott, habt ihr Mädel denn keinen natürlichen Instinkt dafür, wie man so was macht?«
»Instinkt – das erste, was ich höre!« versetzte Jane patzig. »Und wenn du mich anbrüllst, hör' ich schon gar nicht mehr hin. Ich denk' auch nicht dran, mich so anzuziehn.«
Sie stakste durchs Zimmer, nahm sich eine Zeitschrift, setzte sich zu Mutter und – kein Zweifel! – machte einen kleinen Hopser, während sie ärgerlich ihren Rock zurechtzog.
»Richtig, Jane«, brüllte Fred. »Genau so.«
»Genau wie was?« bockte Jane. »Du fällst mir auf den Wecker mit deinem Gequatsche.«
»Was du eben gemacht hast«, sagte Fred, »als du dir den Rock runterzogst.«
»Ich hab' doch weiter nichts gemacht«, sagte Jane, »bloß so.« Sie machte noch einmal den kleinen Hopser.
»Genau das ist's«, bestätigte Dan.
»Na, warum habt ihr das nicht gleich gesagt! Das kann doch jeder.« Sie hopste zum drittenmal. »Wie Dan mir's vormachte, müßte man ja 'ne Sprungfeder in sich haben. Ich dachte, zwischen dem Stuhl und mir müßte 'n richtiger Zwischenraum sein.«
Versöhnt nahm sie weitere Anweisungen entgegen.
Jane kannte schon die meisten neuen Tanzschritte; darüber machten die Jungen sich also keine Sorgen. Aber sie trichterten ihr mit viel Zeitaufwand ein, wie sie sich beim Tanzen zu benehmen hätte.
Das wichtigste Rezept für die Beliebtheit beim Tanzen, fanden die Jungen, sei das richtige Benehmen beim Abklatschen. Viele Mädchen sähen gut aus, tanzten wunderbar und blieben trotzdem fast den ganzen Abend sitzen, weil sie den Eindruck machten, als ließen sie sich nicht gern abklatschen.
»Das Wesentliche ist folgendes«, sagte Dan. »Zugegeben – es ist eine Kunst. Der Junge, mit dem du grade tanzt, muß das Gefühl haben, daß dir die Unterbrechung leid tut; gleichzeitig mußt du dich aber so benehmen, daß der Junge, der dich abklatscht, denkt, du freust dich.«
Jane sagte, das komme ihr unaufrichtig vor, und ein Mädchen solle doch immer ehrlich sein. »Nicht wahr, Mutter?«

Darüber gab es bei Mutter keinen Zweifel.
»Sehr richtig, mein Kind«, sagte sie und sah von ihrem Buch auf. »Heucheln ist verkehrt.«
»Klar, du sollst ja aufrichtig sein«, gab Fred zu. »Aber man kann doch gleichzeitig erfreut und traurig sein, nicht wahr? So wie neulich, als du die Abschlußprüfung auf der Unterstufe machtest.«
»Traurig, weil ich endlich aus diesem Kindergarten rauskomme?« lachte Jane geringschätzig. »Da hab' ich mich bloß gefreut. Aber ich versteh' wohl schon, was du meinst.«
»Klar verstehst du's«, besänftigte Fred sie. »Bist 'n kluges Kind.«
»Okay«, gab Jane sich geschlagen. »Also wie?«
Fred und Dan, beide eins achtzig groß und nicht sehr graziös, fingen an zu tanzen, während Jack und Bob, die fast ebenso groß und womöglich noch ungraziöser waren, abwechselnd abklatschten.
Mutter hatte nun das Lesen aufgegeben. Ihr Buch lag umgekehrt auf ihrem Schoß. Ihre Miene sagte deutlich: Wohin soll das noch führen mit dieser Generation? Sie schien, auf das Schlimmste gefaßt, sich darauf vorzubereiten, Vasen und Lampen aufzufangen, falls die Jungen sie umstießen.
»Jetzt führ' ich«, sagte Fred zu Jane, »und das Mädchen muß über irgendwas plaudern.«
»Wenn du mein Partner wärst«, sagte Dan, »würd' ich dir schon was vorplaudern: wenn du nicht gleich die rechte Hand höher rauf nimmst, würd' ich sagen, lass' ich dich auf der Stelle stehn, du alter Wüstling!«
Jack trat heran und klopfte Fred auf die Schulter.
»Du weißt doch, Jane, ich spiel' deine Rolle«, erklärte Dan. »Bis jetzt hast du dich von deinem Partner führen lassen. Aber jetzt führst du, bloß so viel, daß du ihn rumschwenkst und dem Jungen, der abklatschen will, den Rücken kehrst.«
Dan schwenkte Fred herum.
»Ist aber nicht unbedingt nötig, daß du ihn beim Rumschwenken so trittst«, sagte Fred und rieb sich das Schienbein.
»Weiter«, fuhr Dan fort. »Siehst du, jetzt kehr' ich Jack den Rücken. Er kann nicht sehn, was ich mache. Ich seh' also Fred an und runzle ein bißchen die Stirn; ich bin enttäuscht, daß wir nicht weiter zusammen tanzen können.«
Er krauste Stirn und Nase und schnitt eine scheußliche Grimasse.
»Siehst du?« fragte Dan. »Jetzt denkt er, ich lass' ihn ungern gehn. Dann wird er mich nämlich bestimmt wieder auffordern.«
»Den Teufel werd' ich«, sagte Fred. »Nach so einem Blick würd' ich wahrscheinlich in die Garderobe abhaun und sehn, ob einer was zu trinken hat.«

Dan ging darauf nicht weiter ein. »Dann trennst du dich von deinem Partner. Du hältst ihn aber, wohlgemerkt, noch immer bei der Hand. Kurz bevor du ihn losläßt, drückst du seine Hand ganz leicht und vertraulich – so.«

Dan und Fred drückten sich aus Leibeskräften die Hand. Sie machten immer solche Kraftproben, zogen sich über den Tisch oder versuchten, sich gegenseitig mit den Ellenbogen wegzudrücken.

Der Händedruck endete unentschieden, und sie ließen sich los.

»Nun drehst du dich um«, sagte Dan eingedenk seiner Mission, wenn auch etwas rot im Gesicht. »Du kehrst deinem früheren Partner den Rücken. Du siehst deinen neuen Partner an, und deine Augen leuchten: er hat dich von dem andern erlöst. Du hast dich den ganzen Abend auf diesen Tanz gefreut. Du gleitest deinem neuen Partner in die Arme« – er stolperte in Jacks Arme – »und sagst ...«

»Nein, jetzt noch nicht«, unterbrach Mutter; sie war so bei der Sache, daß ihr das Buch herunterfiel. »Erst mußt du ein paar Schritte von deinem alten Partner wegtanzen. Du willst doch nicht, daß er das hört, nicht wahr?«

Dan ließ Jack los, und alle drehten sich interessiert zu Mutter um.

»Woher weißt du denn das?« fragte Fred. »Du hast völlig recht, bloß ... als du 'n junges Mädchen warst, gab's doch noch kein Abklatschen.«

»Abklatschen gab's nicht«, sagte Mutter, »aber die Herren forderten einen auf, wenn man mit seinem früheren Tänzer zusammen saß. Ich tanzte immer erst ein paar Schritte weg, und dann sagte ich ...«

»Na, wer ist denn hier der Heuchler?« johlte Fred.

»Erzähl doch, Mutter, was hast du gesagt?« kicherte Jane.

»Gar nichts hab' ich gesagt«, antwortete Mutter steif und bückte sich, um ihr Buch aufzuheben. »Nichts, was eure Generation interessieren könnte.«

»Ach, los, erzähl doch!« quälte Jane.

»Na ja«, sagte Mutter errötend, »wenn's euer Vater war, dann sagte ich wohl so was wie: ›Ich dachte mir, daß Sie hier sind, Mr. Gilbreth. Wo haben Sie denn den ganzen Abend gesteckt?‹«

»War das vor oder nach eurer Hochzeit?« fragte Jane.

»Vorher und nachher«, sagte Mutter und schien nun wieder ganz in ihr Buch vertieft zu sein.

»Und wo hatte er den ganzen Abend gesteckt?« fragte Jane, die sich nicht vom Thema abbringen ließ.

»Wie meinst du, Kind?« fragte Mutter, als habe sie nicht zugehört.

»Wo hatte er denn gesteckt?«

»Vater? Nie sehr weit weg, Kind«, lächelte Mutter. »Bestimmt nicht in der Garderobe.«
Jane hatte Erfolg bei ihrem ersten Auftreten in der höheren Schule; Jack und Bob berichteten, die Begutachtung am ersten Schultag sei günstig ausgefallen. Außer Jane kleideten sich nur ein paar ältere Schülerinnen nach der neuen sportlichen Mode. Aber diese waren in Modefragen tonangebend, und der neue Stil würde sich zweifellos durchsetzen.
Fred fuhr wieder nach Brown, Dan kehrte an die Universität von Pennsylvanien zurück, und Jack und Bob widmeten sich weiter der Dressur ihrer kleinen Schwester.
Sie mußte zu allen freundlich sein, auch zu Spinatwachteln und Lehrern. Sie mußte sich's merken, wie ihre Mitschüler hießen, und mußte sie beim Begrüßen mit Namen anreden. Als Schülerin mußte sie gut sein, durfte dabei aber nicht als Streber wirken. Gesicht, Hände und Nägel mußten immer sauber sein, auch wenn sie deswegen in jeder Pause in den Waschraum gehen mußte.
»Nichts ist schlimmer als ein schmuddeliges Mädchen«, sagte Jack. »Faß es also nicht als Bevormundung auf, wenn ich dir in der Schule mal sage, du sollst dich waschen gehn. Ich werd's auch bloß flüstern.«
»Na, und schmuddelige Jungen?« protestierte Jane.
»Wieso – Bob und ich sehn doch immer aus wie aus dem Ei gepellt«, grinste Jack.
»Mir noch gar nicht aufgefallen«, sagte Jane. »Und wenn, dann muß wohl 'n bißchen Eierschale drangeblieben sein.«
»Bei Jungen sieht man so was nicht«, sagte Jack und gab ihr einen liebevollen Knuff. »Ist ja auch nicht so wichtig, ob Jungen in der Schule beliebt sind.«
Manchmal fand Jane, die viele Mühe lohne sich nicht, vor allem, als die beiden Jungen sagten, sie müsse abnehmen, und ihr den Nachtisch entzogen. Aber sie mußte zugeben, daß sie in puncto Kleidung recht gehabt hatten; vermutlich wußten sie also auch in anderen Dingen Bescheid.
Sie begann, sich zu abendlichen Kinobesuchen am Wochenende zu verabreden. Mutter hatte nichts dagegen, und Jack und Bob waren sehr stolz. Trotzdem wollten sie nicht, daß irgend jemand sich von Jane falsche Vorstellungen machte; sie schärften ihr also immer ein, wann sie zu Hause zu sein habe. Um keine Mißverständnisse aufkommen zu lassen, schärften sie es meistens auch dem betreffenden Verehrer ein. Wenn dieser die beiden großen Brüder sah, die ihm mitteilten, sie würden aufbleiben und auf Jane warten, wagte er kaum oder gar nicht zu widersprechen.

»Sogar Aschenbrödel durfte bis Mitternacht ausbleiben«, beschwerte Jane sich bei Mutter. »Und Jack und Bob verlangen von meinen Jungen, daß sie mich um halb elf zu Hause abliefern.«

»Vater erlaubte Anne überhaupt nicht, abends auszugehn, wenn er nicht als Anstandswauwau mitging«, tröstete Mutter sie. »Du weißt gar nicht, was du für ein Glück hast mit so fortschrittlichen Männern in der Familie.«

»Na ja, das war doch die vorige Generation. Die Zeiten haben sich geändert.«

Der erste Schulball in diesem Jahr wurde von der Unter- und Oberstufe gemeinsam veranstaltet und fand im November statt. Üblicherweise wurden Mädchen der zehnten Klasse nicht eingeladen; die anderen Mädchen unserer Familie waren in diesem Alter nie dazu gebeten worden.

Aber Janes Privatkursus »Wie werde ich beliebt?« trug seine Früchte: ein Schüler der Unterstufe und zwei von der Oberstufe luden sie ein. Die Brüder rieten ihr, doch die Einladung des Jüngeren anzunehmen, weil er der erste gewesen war. Sie meinten, es gebe immer Gerede, wenn man eine Einladung zugunsten einer später erhaltenen ablehne.

Fred und Dan waren in den Ferien zu Hause und verabredeten mit den jüngeren Brüdern, ohne Damen auf die Gesellschaft zu gehen, damit Jane keinesfalls beim Tanzen sitzenbliebe. Außerdem sicherte sich jeder Junge die Unterstützung von vier oder fünf Freunden, die bereitwillig ihre Hilfe zusagten.

Jane wurde von Anfang an öfter abgeklatscht als alle anderen Mädchen. Ihr Händedruck bei der Verabschiedung von einem Partner und ihr erfreutes Lächeln beim Weitertanzen mit dem nächsten schienen ihre Wirkung nicht zu verfehlen, denn auch ohne Claque eroberte sie unleugbar alle Herzen im Sturm.

Dann klatschte Dan sie ab und fand sie den Tränen nahe.

»Er hat mich geküßt«, flüsterte sie empört. »Ich hab' ihm eine geklebt, so fest ich konnte, aber er hat bloß gelacht und mich noch mal geküßt.«

Dan schubste grob zwei Jungen beiseite, die Jane abklatschen wollten.

»Haut ab«, knurrte er, »sie will mit euch nicht tanzen.«

»Die waren's nicht«, flüsterte Jane, als die beiden Jungen sich zurückzogen.

»Mir egal«, sagte Dan. »Du tanzt jetzt mit keinem, eh du nicht was zugelernt hast.«

Er gab Fred, Jack und Bob ein Zeichen und führte Jane auf eine Veranda hinaus.

»Wer war's denn?« fragte Dan. »Dem werd' ich's schon zeigen, zu meiner Schwester frech zu werden.«
»Ned Morris heißt er«, sagte Jane. »Einer von der Oberstufe. Mach ihn nur richtig fertig.«
Fred, Jack und Bob kamen auch auf die Veranda, und Dan gab ihnen einen Bericht zur Lage.
»Der ist in meiner Klasse«, sagte Jack, »ich werd' ihn verdreschen. In Ordnung?«
Dan und Bob sagten, es sei in Ordnung, aber Fred war nicht einverstanden.
»Den ganzen Sommer über haben wir ihr beigebracht, wie man sich beliebt macht«, gab er zu bedenken, »und nun soll das alles für die Katz sein? Keiner wird sie mehr ausführen, wenn er fürchten muß, daß er's hinterher mit uns zu tun kriegt, falls er romantisch wird.«
»Eigentlich ist's unsre Schuld«, gab Bob mit edler Geste zu. »Wir haben ihr beigebracht, wie man die Jungen anlockt, aber wir haben ihr nicht gezeigt, wie man sie sich vom Leibe hält.«
»Dem hab' ich vielleicht eine geklebt«, sagte Jane. »Ich dachte, so hält man sie sich vom Leibe.«
»Das Dümmste, was du tun konntest«, sagte Fred kopfschüttelnd. »Unsre Schuld, ist schon richtig. Wir werden dich heut abend im Auge behalten; du darfst dich von keinem aus dem Saal führen lassen.«

Mutter schlief schon, als Jane und die Jungen vom Tanzen heimkehrten; sie hörte sie kommen und ging im Bademantel zu ihnen hinunter, um sich am Plündern des Kühlschrankes zu beteiligen. Janes Aufregung hatte sich gelegt, und sie berichtete Mutter haargenau von ihrem Erfolg.
»Ein Glück, daß du so viele Brüder hast, die dir den Start erleichtern«, sagte Mutter und blickte stolz auf ihre Söhne. »Ihr seid wirklich goldig zu ihr gewesen.«
»Das mein' ich auch«, bestätigte Jane aufgeregt. »Und denk dir, Mutter, heut abend wollen sie mir noch das Küssen beibringen.«
»Wie schön«, sagte Mutter. »Nicht jedes Mädchen . . . *Was* wollen sie dir beibringen?« rief sie plötzlich.
»Küssen«, sagte Jane.
»Das wünsch' ich nicht«, verkündete Mutter kategorisch. »Ich bemühe mich wirklich, modern zu sein. Ich hab' kein Wort gesagt, als sie dir Händchendrücken und so was zeigten – die meisten Mädchen lernen das erst, wenn sie über zwanzig sind.« Sie erhob wieder die Stimme: »Aber diesen Unterricht wünsch' ich nicht.«
Es bedurfte einiger Erklärungen, um Mutter begreiflich zu machen,

daß die Jungen Jane beibringen wollten, wie man es vermeidet, geküßt zu werden. Nachdem Mutter gehört hatte, was beim Tanzen passiert war, gab sie zu, daß es für diesen Unterricht höchste Zeit sei.

Während Fred ihr ein Brot mit Erdnußbutter bestrich, goß sie sich ein Glas Milch ein, holte Teller und schnitt für alle Apfelkuchen ab. Dann sah sie sich verstohlen um, als sei sie unsicher, ob Tom nicht unerwartet aus dem Krankenhaus gekommen sei, und hockte sich auf seinen Tisch.

»So, es kann losgehen«, erklärte sie.

Die Jungen fragten Jane, wo und wie es passiert sei.

»Wir haben getanzt, und er fragte mich, ob ich nicht mit auf die Veranda kommen und den Mond ansehn wolle«, erzählte Jane. »Ich drückte ihm die Hand so, wie ihr mir's gezeigt habt, und sagte, ich hätte nichts dagegen.«

»Kein Wunder, daß er dich geküßt hat, du Trottel«, jammerte Dan. »Was hast du dir denn dabei gedacht?«

»Ihr habt mir's doch so gesagt«, entgegnete Jane ärgerlich. »Nun versucht bloß nicht, die Schuld auf mich zu schieben. Ihr habt gesagt, ich soll mir Mühe geben, daß alle mich gern haben. Wie konnt' ich denn ahnen, daß er gar nicht den Mond ansehn will?«

»Jane hat recht«, stimmte Mutter zu. »Ihre Schuld ist das nicht.«

Die Jungen sagten, von nun an solle Jane Veranden und parkende Autos meiden und bei allen Gesprächen über Planeten, Trabanten und Sternbilder oder über die Notwendigkeit, frische Luft zu schöpfen, äußerst mißtrauisch sein. Sie zeigten ihr auch, wie man sich bei der Heimfahrt im Auto möglichst weit weg von seinem Partner setzt und wie man sich vorbeugt oder den Rücken an die Wagentür lehnt, wenn jemand eine Umarmung versucht.

»Wenn dich trotzdem ein Junge küßt«, sagte Jack, »dann erledigst du ihn am besten auf die dumme Tour: der Kuß ist dir einfach schnuppe. Die ganze Sache ödet dich an.«

»Ja, das verstehn sie meistens«, stimmte Bob zu. »Wenn nicht, dann wischst du dir die Lippen mit dem Handrücken ab und machst so 'n Gesicht, als hätt' er was am Mund, worauf ihn eigentlich 'n guter Freund hätte aufmerksam machen müssen.«

»Aber nie hauen«, warnte Fred. »Das macht sie erst recht verrückt. Außerdem wissen sie dann nicht, ob du wirklich nicht geküßt werden willst oder ob du dich bloß zierst.«

»Ihr scheint ja 'ne ganze Menge darüber zu wissen«, sagte Mutter mißbilligend. »Wo habt ihr das bloß her?«

»Man informiert sich«, grinste Fred. »So was vererbt sich vom Vater auf den Sohn.«

Ein paar Monate später starb Tom, überzeugt davon, daß sein alter Feind, die Rippenfellentzündung, ihm den Rest gegeben habe. Während er im Krankenhaus lag, besuchten ihn fast jeden Tag einige von uns. Manchmal bettelte er, man möge ihn wieder nach Hause bringen, dort könne er sich bestimmt mit seinem Chinin in ein paar Tagen kurieren. Aber die Ärzte erklärten ihn für nicht transportfähig.

Ein paarmal schmuggelten wir ihm eine Flasche seines Allheilmittels ins Krankenhaus, in der Hoffnung, sein Glaube an dessen heilsame Wirkung würde ihn gesund machen. Es schien nicht zu wirken.

Tom war Krankenhäusern gegenüber immer mißtrauisch gewesen. Er hatte uns oft gesagt, er glaube, die Ärzte gäben den unbemittelten Patienten manchmal »die schwarze Flasche«, das heißt Gift.

In der letzten Zeit, als er uns kaum noch erkannte, wollte er überhaupt keine Medizin mehr nehmen.

Man könnte sagen, Tom sei nicht viel wert gewesen. In gewissem Sinne war er vielleicht nicht einmal ein besonders guter Mensch. Er fluchte viel, und in seinen späteren Jahren trank er mehr, als ihm guttat. Aber als er starb, weinten zwölf Menschen um ihn.

Einundzwanzigstes Kapitel

Allein

Elf Kinder hatte unser Haus aufwachsen sehen; es war davon weit mehr mitgenommen als Mutter. Sie war immer noch schlank, flink und ungebeugt, aber das Haus war müde und altersschwach.

Die Treppen waren abgetreten, am Geländer fehlte manche Sprosse. Die nie sehr leistungsfähige Heizung ließ sich jetzt nur noch dazu herbei, die mittleren Räume des Hauses zu erwärmen. Die Fußböden waren so abgenutzt, daß sie sich nicht mehr reparieren ließen, und die Wandtäfelung war durch eingeschnitzte Buchstaben verunziert. Eine der Säulen, die die Vorhalle trugen, fing an zu faulen, so daß das Vordach herunterhing wie die Hutkrempe eines alten Vagabunden.

Als Jane aufs College kam, gab Mutter uns recht: es war Zeit, das Haus aufzugeben. Wir dachten, sie würde es verkaufen wollen; aber die Vorstellung, daß Fremde darin wohnen sollten, war ihr unangenehm; außerdem wußte sie, daß es nicht viel Geld bringen würde. Erstens war es sehr reparaturbedürftig, und zweitens war es ursprünglich für eine Familie mit zehn bis zwölf Kindern gebaut. Heutzutage hatten die Leute, die sich ein derart großes Haus leisten konnten, nicht so viele Kinder.

Mutter holte einen Voranschlag ein und ließ das Haus abreißen. Sie selber beaufsichtigte das Zerstörungswerk. Wenn sie etwas dabei empfand, während die Arbeiter die Wände einrissen und die Innenräume bloßlegten, so behielt sie es für sich.

Das Arbeitsmaterial für das Bewegungsstudium, die Akten, der Doppelschreibtisch, an dem sie und Paps ihre ersten Zeitsparexperimente ausgearbeitet hatten, wurden dem Institut in Purdue vermacht. Die Mahagonimöbel, die noch aus Mutters Mitgift stammten, wurden einem Schreiner übergeben, der die Schrammen und Flecke entfernte, die eine Generation von Kindern und mehrere Generationen von Hunden und anderem Getier hinterlassen hatten.

Seit Mutter mehr Beratungsaufträge erhielt, hatte sich ihre finanzielle Lage erheblich gebessert. Außerdem erbte sie nun einen Teil ihres Familienvermögens. Nur Jane mußte noch das College durchmachen, Bob hatte es schon teilweise hinter sich; Mutter konnte sich also, wenn sie wollte, ins Privatleben zurückziehen und sich für den Rest ihres Lebens zur Ruhe setzen.

Nach vielen mageren Arbeitsjahren hätte sie sich Pelzmäntel leisten können, ein Mädchen, das ihr das Frühstück ans Bett brachte, sogar eine Limousine mit einem Chauffeur – wenn sie gewollt hätte.

Mutter wollte nicht; sie hatte nicht die geringste Lust, mit Arbeiten aufzuhören. Sie zog mit Jane in eine nicht allzu teure Wohnung. Mit den alten Möbeln sahen Mutters neues Wohnzimmer und Eßzimmer ganz vertraut aus; nur war alles sauberer, frisch poliert und aufgepolstert. Sie benutzte nun wieder das gute Silber und das Porzellan, das sie vor Jahren, als Anne laufen lernte und alles von den Tischen zerrte, weggepackt hatte.

Zweimal wöchentlich kam eine Reinmachefrau, aber kochen taten Mutter und Jane selber. Da Mutter nun uneingeschränkt in ihrer Küche herrschte, entwickelte sie sich bald zu einer guten Köchin. Wenn Jane Mutter den Willen gelassen hätte, wäre ihr das Frühstück von Mutter ans Bett gebracht worden. Immerhin – wie früh Jane auch aufstand, ihre Eier und ihr Toast standen auf dem Tisch, sobald sie ins Eßzimmer kam.

Dann ging Jane ins College; Mutter war allein. Uns allen war das kein angenehmer Gedanke. Wir meinten, wenn jemand elf Sprößlinge aufgezogen hat, sollte er immer Kinder im Haus haben. Im übrigen schien es nur recht und billig zu sein, wenn wir, nachdem sie jahrelang auf uns aufgepaßt hatte, nun unsererseits ein bißchen auf sie aufpaßten.

Unser Familienrat war seit Jahren nicht mehr zusammengetreten. Als Anne wieder einmal aus Cleveland zu Besuch kam, beriefen wir eine Versammlung ein, in der über Mutter gesprochen werden sollte.

Der Familienrat war eine von Paps' Ideen, nach dem Muster der Arbeitgeber-Arbeitnehmer-Räte in der Industrie. Der Familienrat hatte über politische Fragen entschieden wie über die Höhe der Taschengelder und über die Verteilung der Haus- und Gartenarbeit. Paps hatte sich selbst zum Vorsitzenden ernannt; er hatte seine eigne Auffassung von parlamentarischen Regeln gehabt: er scheute sich nicht, die Obstruktion eines einzelnen durchzubringen oder in Ausschüssen Stimmzettel zu unterschlagen. Meistens aber herrschte die Mehrheit.

Damit Mutter von unserer Versammlung nichts erführe, wurde sie in Ernestines Wohnung abgehalten – keine formelle Sitzung, kein

Präsident mit dem Hammer in der Hand und mit einem Krug Eiswasser neben sich, wie früher bei Paps. Wir saßen in derselben Ordnung wie früher um Erns Eßtisch herum, und wir betrachteten Anne, die nun Ende Dreißig war, ebenso selbstverständlich als unser Oberhaupt wie früher zu Hause. Sie saß am oberen Tischende. Zunächst waren wir uns darüber einig, daß Mutter entweder zu einem von uns ziehen oder einen von uns mit Familie bei sich aufnehmen sollte. Wir meinten, Mutter sei die ganzen Jahre über durch das Ziel, uns alle aufs College zu schicken, rüstig erhalten worden. Wäre dieses Ziel erreicht, dann fehlte ihr vielleicht der rechte Ansporn; Mutter würde sich also umstellen müssen.

Auf diese Umstellung, fanden wir, müsse sie allmählich vorbereitet werden. Wir wußten, daß viele Frauen in den Sechzigern bereits jahrelange Erfahrung darin hatten, wie man sich das Leben bequem machte. Sie spielten Bridge, redeten über Filme oder über Bekannte, oder sie saßen mit einer Katze auf dem Schoß in ihrem Schaukelstuhl.

Alle diese Dinge hatte Mutter nicht gelernt; vielleicht aber konnten wir ihr dabei behilflich sein, sie zu lernen.

Noch etwas anderes ging uns allen durch den Kopf, aber wir wollten es nicht gerne aussprechen. Falls Mutter weiterarbeiten wollte, würde ihre Beratungs- und Vortragstätigkeit mit den Jahren immer weniger werden. In Purdue galt die Vorschrift, daß die Mitglieder des Lehrkörpers mit siebzig Jahren abtreten mußten. Mutter also in nicht allzu langer Zeit.

Der Familienrat beauftragte Ernestine damit, Mutter den Vorschlag zu machen, zu einem von uns zu ziehen. Wenn wir Mutter dazu kriegen konnten – wenn sie sich von dem Gedanken frei machte, daß sie uns zur Last fiele –, dann würde auch ihr Interesse für die heranwachsende neue Generation wach werden. Dann würde auch Janes College-Abschluß nicht so einschneidend wirken.

Am nächsten Tag unterbreitete Ernestine Mutter diesen Vorschlag; aber sie hätte ihre Worte sparen können.

»Ich kann dir nicht sagen, wie lieb ich das von euch finde, Kind«, sagte Mutter. »Aber das könnte ich nie.«

»Natürlich kannst du das«, widersprach Ernestine. »Sei doch nicht so eigensinnig.«

Mutter fand vielleicht, daß das Ei die Henne belehren wolle, aber sie erkannte die gute Absicht.

»Solange Jane und Bob im College sind«, sagte sie, »sollen sie wissen, daß wir drei unsere eigene Häuslichkeit haben. Ihr habt das alle gehabt, und ich glaube, es ist wichtig für sie. Für mich übrigens auch.«

»Und wenn sie mit dem College fertig sind und heiraten?« fragte Ernestine.

»Ich habe darüber nachgedacht. Ich weiß nicht. Die Mutter deines Vaters hat nach unserer Hochzeit ein paar Jahre bei uns gelebt. Ich hatte sie lieb und sie mich wohl auch. Aber ich glaube, wirklich glücklich waren wir in dieser Situation beide nicht. Ich weiß nicht.«

Mutter lebte also weiter allein, außer wenn Bob und Jane in den Ferien zu Hause waren. Und wir sorgten uns weiter um sie.

Dann kam der Zweite Weltkrieg. Fünf unserer Jungen rückten ein und gingen nach Europa. Mutter alterte plötzlich, und manchmal war sie müde.

Sie schrieb täglich jedem der Jungen und wartete morgens, bevor sie nach New York hineinfuhr, auf den Briefträger. Sie sprach nie vom Krieg oder von der Lage an der Front. Doch wenn ein Telegramm kam, wurde sie nervös; bevor sie es aufmachte, hielt sie es ans Licht.

An ihre Zeit wurden neue Anforderungen gestellt. Wir sahen ein, daß sie für die Dauer des Krieges nicht aufhören könnte zu arbeiten. Sie arbeitete in der Kommission für männlichen Kriegseinsatz. Die Regierung griff auf Mutters Studien über die Bewegungen Körperbehinderter zurück, um die Amputierten wieder arbeitsfähig zu machen. Die Rüstungsindustrie machte sich die neuesten Methoden der Zeitersparnis zunutze. Viele von Mutters ehemaligen Kursteilnehmern – seit vor einigen Jahren ihre Beratungstätigkeit wieder zugenommen hatte, waren die Kurse eingestellt worden – hatten wichtige Posten in der Industrie inne und ließen sich von ihr beraten. Walt Disney machte einen farbigen Lehrfilm von den Tätigkeitstabellen.

Sie reiste nach Providence, um ein Liberty-Schiff auf Paps' Namen zu taufen. Sie fuhr zu Bobs Abschlußprüfung nach Chapel Hill. Und schließlich kam der Tag, an dem sie in den Zug nach Ann Arbor stieg, um Janes Abschlußprüfung mitzufeiern.

Diese Fahrt war für Mutter ein besonderes Ereignis. Sie fuhr Schlafwagen in einem Unterbett. Von nun an reiste sie, wenn möglich, immer so bequem.

Mutter saß mit Anne unter den Zuschauern, als Jane ihr Diplom empfing. Eigentlich war es ein glücklicher Tag; die Erfüllung des Versprechens, das Mutter sich selber gegeben hatte. Als Anne aber an die Opfer dachte, die Mutter gebracht hatte, um dieses Versprechen zu halten, wurde ihr die Kehle eng.

Mutters Jüngste, die mit ihrer anmutig schief aufgesetzten viereckigen Mütze sehr hübsch aussah, hüpfte unbekümmert über das Podium. Sie nahm die Hand, die der Mann ihr reichte – möglicherweise mit einem kleinen Abschiedsdruck – und gesellte sich wieder zu ihrer Klasse.

Anne tupfte sich die Augen mit dem Taschentuch ab. Jane weiß es nicht zu würdigen, was Mutter für sie getan hat, dachte sie. Keiner von uns weiß es zu würdigen. Ich hab's zu meiner Zeit auch nicht gewürdigt. Ich dachte, ich tät's, aber in Wirklichkeit tat ich's nicht.

Jane drehte sich um, entdeckte sie im Publikum und winkte triumphierend mit ihrem Diplom.

Anne wandte sich zu Mutter: »Ich glaube, Paps würde stolz sein.«

Mutter antwortete nicht. Sie hatte die Augen geschlossen. Ihr Gesicht hatte sich, wenn es in Ruhe war, in all den Jahren nicht sehr verändert. Abgesehen natürlich von der neuen Nase.

Anne wartete einen Augenblick und stieß sie dann leise an.

»Du bist ja großartig«, frotzelte sie. »Arbeitest dein ganzes Leben, um die Kinder durchs College zu bringen, und wenn der große Augenblick endlich gekommen ist, schläfst du.«

Mutter schlug die Augen auf. »Ich hab' nicht geschlafen«, sagte sie leise. »Ich habe nur gedankt.«

Etwa ein Jahr später waren auch Bob und Jane verheiratet – wir alle haben früh geheiratet und Kinder bekommen. Dann war der Krieg aus, und die Jungen kamen zurück. Mutter schien ein paar von den Jahren, die sie gebeugt hatten, wieder abzuschütteln.

Sie war dafür, eine große Familien-Zusammenkunft zu veranstalten, um das Wiedersehen mit unseren Brüdern zu feiern; bei dieser Gelegenheit sollten die drei jüngsten Enkelkinder in unserer Kirche in Montclair getauft werden.

Wir kamen aus verschiedenen Gegenden des Landes angereist. Ein paar Auswärtige mit ihren Familien wohnten bei Mutter, die anderen wurden bei den Geschwistern untergebracht, die in oder bei Montclair wohnten.

In den Eßtisch wurden wieder Ausziehplatten eingelegt, und Mutters Kühlschrank war wieder voller Babyflaschen. Das gute Porzellan wurde aus dem Verkehr gezogen und auf hohe Regale gestellt.

Wenn Mutter unsere Kinder badete, puderte und ihnen die Flasche gab, kam sie uns glücklicher und vergnügter vor, als wir sie seit Paps' Tod gesehen hatten. Abends nahm sie zum Abwaschen drei oder vier ältere Enkelkinder in die Küche, damit sie das Geschirr abtrockneten, während sie abwusch. Da gab es viel Gekicher, und wir wußten, daß Mutter ihnen Geschichten aus unserer Kindheit erzählte. Manchmal sangen sie die alten Lieder, die wir von Mutter gelernt und nun wieder unseren Kindern beigebracht hatten.

Wir flüsterten einander zu, daß wir nicht begreifen konnten, warum Mutter nicht zu einem von uns ziehen wollte, da unser Besuch ihr doch so viel Freude zu machen schien.
Am Tage der Taufe versammelten wir uns in Mutters Wohnung und gingen zu Fuß zur Kirche. Außer Mutter und uns elf Kindern unsere Männer und Frauen, dazu fünfzehn Enkelkinder, einschließlich der drei Babys, die getauft werden sollten.
In der großen gotischen Kirche waren die beiden vordersten Bänke für uns reserviert. Wir gingen möglichst leise den Mittelgang entlang. Aber wir waren so viele, und Mutter hatte so viele Bekannte, daß unser Einzug ziemlich viel Aufsehen erregte. Mutter schritt steif wie ein Ladestock und ungeheuer würdevoll an der Spitze des Zuges. Stolz sah sie aus, fanden wir – stolz auf uns und auf ihre Enkel. Hoffentlich war das wirklich der Fall.
Der Gottesdienst begann. Die Orgel dröhnte laut, dann Stille und das Eingangsgebet. Drei unserer Brüder und ihre Frauen traten mit ihren Babys vor.
Für manche unter uns versanken Jahre.

In unserer Kindheit fand fast jedes Jahr in der Familie eine Taufe statt. Obwohl Paps in Kindtaufen viel mehr Erfahrung hatte als der Durchschnitts-Ehemann, machten sie ihn immer nervös und gereizt.
Nicht daß er gegen die Taufe an sich etwas einzuwenden gehabt hätte – er ging überhaupt nicht gern in die Kirche. Er sagte immer wieder, er sei ein frommer Mann, er habe gar nichts gegen die Kirche, und er finde es schön, wenn Mutter mit uns Kindern regelmäßig hingehe. Er selber ging aber nur bei besonderen Anlässen in die Kirche, zum Beispiel bei einer Taufe. Auch dann mußte Mutter den ganzen Weg über auf ihn einreden.
Kein Märtyrer auf dem Gang zum Scheiterhaufen kann so gequält ausgesehen haben wie Paps, wenn er mit einem Baby auf dem Arm zur Taufe ging.
»Diese Einzeltauferei ist höchst unpraktisch«, tobte er dann. »Empörend finde ich das, gottverdammt noch mal, einfach empörend.«
»Mag sein, Lieber«, beschwichtigte ihn Mutter, »aber ich möchte nicht lauter Heiden aufziehen. Einer genügt mir.«
»Ich ein Heide?« kreischte Paps. »Du weißt doch, ich bin ein frommer Mensch. Aber das ist meine letzte Einzeltaufe. Dann warten wir, bis das letzte geboren ist, und dann machen wir alles in einer praktischen Massenfeier ab.«
»Darüber können wir reden, wenn das nächste kommt«, lächelte Mutter.

»Das sagst du immer. Und zum Schluß steh' ich doch mit einem Baby auf dem Arm in der Kirche.«

Wenn Paps ein Baby halten sollte, war er sehr unsicher. Er fürchtete, ihm weh zu tun, und faßte darum nicht fest zu; dann strampelte das Kind so lange, bis sein Kleidchen über den Kopf gerutscht war. Paps wollte das Kleidchen wieder herunterziehen und stiftete dabei so viel Verwirrung, daß Mutter zu Hilfe kommen mußte.

Wenn er mit Mutter vor dem Altar stand, sah man seinem Gesicht an, daß er sich nicht ganz klar darüber war, ob er das Baby richtig herum hielt. Er schien zu fürchten, daß der Geistliche durch seine Schuld einen peinlichen Irrtum begehen könne.

Wir Kinder saßen zusammen mit unseren Sonntagsschulklassen auf der Galerie beiderseits des Altars; wir wußten, was passieren würde; wir hatten eine Todesangst davor und wußten doch, daß wir nicht anders konnten. Denn wir benahmen uns bei den Taufen unserer jüngeren Geschwister einfach schändlich.

Während das Baby auf Paps' Arm zappelte, während er unentwegt auf das Kleidchen starrte, um zu sehen, ob der Kopf auch wirklich auf der richtigen Seite lag, kam uns die Situation immer lächerlicher vor. Wir mußten daran denken, wie Paps vor der Kirche getobt hatte und wie er nachher beim Sonntagsessen wieder toben würde.

Dann geschah es – wir benahmen uns wieder einmal schändlich. Plötzlich prustete einer von uns los. Es ließ sich nicht unterdrücken – es war peinlich, aber es war einfach zu komisch; man konnte nichts dagegen machen.

Eins von den anderen Geschwistern, das bei seiner Klasse saß und geschworen hatte, sich diesmal zu beherrschen, hörte das Gekicher und prustete ebenfalls los. Zum Schluß kicherten wir alle, und die Gemeinde unten reckte die Hälse, um zu sehen, wer da so störte.

Paps ging ja nur zur Taufe seiner Kinder in die Kirche; er tröstete sich also damit, daß bei Kindtaufen immer ein paar kichernde Esel auf der Galerie säßen. Obgleich er sich damit völlig im Irrtum befand, taten wir nichts dazu, ihn aufzuklären.

»Die unerzogenste Gemeinde, die ich je erlebt hab'«, beschwerte er sich hinterher. »Die denken wohl, 'ne Taufe ist 'n Kabarett.«

Bobs Baby war ein Zappelphilipp. Als Bob mit seiner Frau und den beiden anderen Paaren vor dem Geistlichen stand, begann das Kleidchen von Bobs Tochter über den Kopf zu rutschen. Bob beobachtete es mit besorgter Miene. Einen Augenblick lang war er ganz Paps. Und in diesem Augenblick waren die anderen, die mit Mutter zusammensaßen, wieder die Kinder bei ihren Sonntagsschulklassen auf der Galerie.

Ernestine fiel etwas Entsetzliches ein: Wenn sie plötzlich kichern

müßte? Schlimm genug, wenn ein Kind so etwas tat. Aber eine Erwachsene und selber Mutter von zwei Kindern? Das kam natürlich nicht in Frage. Erwachsene konnten sich beherrschen. So etwas konnte ihnen einfach nicht passieren.
Bobs Tochter strampelte wieder, und Bob sah wieder nach, ob sie auch mit dem Kopf nach oben liege.
Ernestine prustete los. Sie hielt sich den Mund zu, aber das Kichern kam zur Nase heraus. Es war in der ganzen Kirche zu hören.
Ernestines Mann und ihre Kinder sahen sie verwundert an. Mutter zog instinktiv die Schultern ein und blickte starr geradeaus, als gehöre Ernestine nicht zur Familie und sei nur aus Versehen dazwischengeraten.
Ernestine biß sich auf die Lippen – es nützte nichts. Sie saß da und kicherte. Wir anderen platzten, einer nach dem anderen, ebenfalls heraus. Sogar Mutter wurde angesteckt, obwohl sie es noch heute ableugnet. Es gibt Zeugen dafür.
Auch die Gemeinde lachte, auch der Geistliche – er amtierte schon jahrelang an dieser Kirche und mußte an die alten Zeiten denken. Zum Glück hatte die Taufzeremonie noch nicht begonnen; er machte einfach eine Pause und lachte, bis er unter seinem Talar nach einem Taschentuch suchen mußte.
Schließlich war alles wieder ruhig, und die drei Babys wurden getauft. Der Geistliche stieg auf die Kanzel und sah zu uns herunter. Wir waren etwas unglücklich, weil wir uns eben so schlecht benommen hatten.
»Ich weiß nicht, ob ich mir wünschen soll, das alles noch einmal zu erleben, ob ich möchte, daß ihr elf jeden Sonntag da oben auf der Galerie sitzt«, begann er. »Ich bin nicht mehr so jung wie damals. Aber es ist gut, daß ihr alle wieder einmal da seid. Es ist gut, euch alle wieder einmal beisammen zu sehen. Wirklich, sehr, sehr gut ist das!«
Wir schielten zu Mutter hin, um zu sehen, wie sie das aufnähme; da begriffen wir zum erstenmal, warum sie allein leben wollte: sosehr sie sich freute, uns bei sich zu haben – sie lebte allein, weil sie es schön fand.
Denn Mutter nickte zustimmend. Auch sie wollte das alles nicht noch einmal durchmachen. Eine Generation war genug.
Man sah es Mutter an: der Geistliche hatte ihr aus der Seele gesprochen.

Mutter wohnt noch immer in derselben Wohnung. Als sie siebzig wurde, legte sie ihre Professur in Purdue nieder, aber sie ist heute tätiger denn je.

Kürzlich wurde sie – und posthum auch Paps – von dem Amerikanischen Verein der Ingenieure und dem Amerikanischen Betriebsleiter-Verband mit der Gantt-Medaille ausgezeichnet, »für ihre Pionierarbeit auf dem Gebiet der Betriebswissenschaft und für ihre Förderung der Grundlagen und Methoden der Bewegungs-Rationalisierung«. Der Amerikanische Frauenverband ernannte sie zur »Frau des Jahres«.

Mutter besucht auch vier- bis fünfmal im Jahr ihre Kinder an der Westküste, da sie im Westen viele Vorträge hält. Wer in oder bei Montclair wohnt, geht oft nach dem Essen zu ihr, und wenn sie verreist ist, geht immer jemand in die Wohnung, um die Post durchzusehen und ihr nachzuschicken.

Bevor Mutter auf eine Geschäftsreise geht, schreibt sie alle Hotel- und Privatadressen auf, unter denen sie zu erreichen ist, und am Schluß der Liste steht immer:

»Ich weiß, wenn ihr mich braucht, werdet ihr mich rufen.«